日本阳明学研究名著译丛

邓红 欧阳祯人 ——主编

明代哲学的本质

[日] 冈田武彦 著

焦堃 译

山东人民出版社·济南

国家一级出版社 全国百佳图书出版单位

图书在版编目（CIP）数据

明代哲学的本质/（日）冈田武彦著；焦堃译 . -- 济南：
山东人民出版社，2022.1
（日本阳明学研究名著译丛）
ISBN 978 - 7 - 209 - 11945 - 0

Ⅰ.①明… Ⅱ.①冈… ②焦… Ⅲ.①古代哲学—
中国—明代 Ⅳ.①B248

中国版本图书馆 CIP 数据核字（2019）第 119154 号

明代哲学的本质
MINGDAI ZHEXUE DE BENZHI
［日］冈田武彦　著　焦堃　译

主管单位　山东出版传媒股份有限公司
出版发行　山东人民出版社
出 版 人　胡长青
社　　址　济南市市中区舜耕路 517 号
邮　　编　250003
电　　话　总编室（0531）82098914
　　　　　市场部（0531）82098027
网　　址　http：//www. sd - book. com. cn
印　　装　山东新华印务有限公司
经　　销　新华书店

规　　格　16 开（169mm×239mm）
印　　张　23.5
字　　数　310 千字
版　　次　2022 年 1 月第 1 版
印　　次　2022 年 1 月第 1 次
ISBN 978 - 7 - 209 - 11945 - 0
定　　价　58.00 元
　　　　　如有印装质量问题，请与出版社总编室联系调换。

《日本阳明学研究名著译丛》为贵州省 2016 年度哲学社会科学规划国学单列课题（16GZGX09）。

本国学单列课题由贵州省社科规划办和贵阳孔学堂文化传播中心共同出资设立。

谨此致谢

《日本阳明学研究名著译丛》总序

"阳明"是中国明代思想家王守仁（1472—1529）的号。王守仁因筑室阳明洞讲学而名声大噪，世称"阳明先生"，称他的学说以及王门学问为"阳明之学""阳明之说"等。在《明儒学案》里，王阳明本人的学术被称为"姚江之学"，弟子们被称为"王门之学"，但是"阳明学"这一称谓，当时没有在中国流传开来。

作为一门近代学科的名称，"阳明学"是个典型的"和制汉语"，出现于19世纪八九十年代的日本。在此之前，日本人对王阳明一派的学问，也沿袭中国的学问传统，称"姚江"或"王学"。19世纪末到20世纪初叶，日本出现了一场由三宅雪岭、德富苏峰、陆羯南等当时的一些鼓吹日本主义的媒体人发动的、批判明治政府以"鹿鸣馆"为表象的全盘西化政策的社会运动。他们自称这场社会运动的目的是创造日本"国民道德"，创办了一本名为《阳明学》的杂志作为运动的主要阵地，于是"阳明学"这个类似于学术流派的名称成了这场精神运动的名称。

日本阳明学虽然号称起源自中国明代王阳明的姚江学派，但有完全不同的发展历程和自己的特色。在"阳明学运动"开展期间，出版了两本日本阳明学著作，奠定了日本阳明学的学术基础。一是高濑武次郎（1869—1950）的《日本之阳明学》（1898年铁华书院出版）。《日本之阳明学》以教科书的形式，分发端、陆象山、王阳明、心即理、知行合一、日本之王学者等章节对阳明学进行了阐述。二是井上哲次郎（1855—1944）的《日本阳明学派之哲学》（富山房1900年出版），该书按流派和人物全面论述了日本阳明学派的源流、哲学内容和思想特征。这两本书给予将日本阳明学传播到中国来的梁启超、张君劢、朱谦之等以重要影响。

但是与轰轰烈烈的日本阳明学之社会运动相比，日本作为学术研究的阳明学研究一直处于低潮。直到 20 世纪 40 年代，日本京都大学出现了两个阳明学研究方面的先驱者。

一是京都大学人文研究所研究员安田二郎（1905—1945）和他著述的《中国近世思想研究》（京都弘文堂 1948 年出版）。安田认为中国古代哲学家孔子的《论语》和王阳明的《传习录》那样的语录式著作，看上去杂乱无章，但内部有着某种必然的逻辑体系，于是他运用西方哲学史手法在《传习录》和其他朱王著作中去寻找这个逻辑，此书便是他研究的结晶。

二是京都大学原教授岛田虔次（1917—2000）的著作。岛田曾写过三本关于阳明学的著作。第一本是《中国近代思维的挫折》（1949 年筑摩书店出版，1970 年修订再版）。在该书中，岛田试图从王阳明、泰州学派、李贽的思想展开过程中，寻找中国近代思想，主要是近代市民意识的"萌芽"。第二本是《朱子学与阳明学》（岩波新书 C28，1967 年出版）。该书虽然是面向社会的通俗读物，写得简单通俗易懂，岛田却自认是对自己阳明学研究的总结。作为通俗读物，该书最大的特点在于将自己的阳明学论文和著作论证过的主要观点浓缩而总结概括出来。第三本是《中国思想史研究》（2002 年由京都大学出版会出版。邓红翻译，上海古籍出版社 2009 年出版）。日本和中国学界一般认为安田和岛田开创了战后日本的阳明学研究，特别是岛田，堪称世界阳明学研究的先驱。

随后，日本九州大学文学部中国哲学史研究室涌现出了一个阳明学研究群体。第一任教授楠本正继（1886—1963）著作有《宋明时代儒学思想之研究》（东京：广池学园出版部 1962 年出版）、《楠本正继先生中国哲学研究》（东京：国士馆大学附属图书馆 1975 年出版）。著名阳明学研究者冈田武彦、荒木见悟等都是其弟子。

日本最高学府东京大学的阳明学研究代表为山井涌（1920—1990），1964—1981 年任东京大学教授，《明清思想史研究》（东京大学出版会 1980 年出版）是他毕生研究的结晶，收集了中国近世思想史方面的 19 篇论文。在此之后，日本出现了山下龙二、友枝龙太郎、岩间一雄、沟口雄三、福田殖等阳明学家，延续至今。

如上所述，日本的阳明学研究发展起步较早，在很长一段时期内处于世界的领先地位，涌现出了一批世界级阳明学研究专家，出版了一系列阳明学研究的学术名著，形成了资料丰富、视野开阔、推论细腻、各当一面、深耕细掘的研究特点。他们的研究成果是全人类的共同财富，具有深远的学术意义，可为中国的阳明学研究提供借鉴。

中国的阳明学研究因为众所周知的原因在一段时期内严重滞后，但自从 1978 年改革开放以后，开始摆脱了教条主义的束缚，学者们积极从事学术研究活动，善于吸收外来先进成果，与海外学者特别是日本学者形成良好互动的学术局面，从而出现了一大批研究成果，掀起了一阵阵的阳明学热潮，在某些方面甚至可以说已经在世界处于领先地位。但是从整体上看，中国阳明学研究还没有完全恢复"心学固有的活泼天机状态"，还没有过日本阳明学在日本近代化进程、国民道德建设中发挥过巨大作用那样的成就，在冈田武彦式的民众启蒙和企业伦理教育的群众性实践活动方面也还有学习借鉴的余地。

本丛书以"知行合一、付诸实践"为宗旨，以吸收、参考、借鉴日本阳明学"知行合一、强调事功"的长处为主题，沿着上述日本阳明学的发展历程来翻译介绍日本阳明学研究名著。

以往也有一些日本方面的阳明学著作被翻译介绍到中国，但都显得零乱无序，既没有形成一套介绍推广日本阳明学研究成果的体制，也没有按照日本阳明学研究的历史发展来选择翻译对象，而是各取所好，有的译著甚至不是学术著作，翻译成果甚至还有不专业之处。

有鉴于此，本丛书旨在全面、系统、专业地翻译出版日本的阳明学研究成果。本丛书编委会在中日两国的中国哲学史学界集聚了一批精通中日双语的翻译人才。

本丛书的学术总顾问是武汉大学国学院院长郭齐勇教授。长期以来，郭教授为推动武汉大学乃至全国的阳明学研究，做出了极大的努力。武汉大学阳明学研究中心为这套丛书的翻译与出版做出了重要的贡献。本丛书的翻译者蒋国保教授、邓红教授都毕业于武汉大学，年青一代的陈晓杰博士、连凡博士、焦堃博士、符方霞博士、张亮博士分别毕业于日本关西大学、九州大学、京都大学和北九州大学，不仅精通日语，而且也是真正的阳明学研究的专家。陈晓杰博士、连凡博士、焦堃博士是武汉大学的在职教师，张亮博士是武汉大学的博士后，符方霞博士任教于广西师范学院外国语学院。

本丛书的日方主编邓红教授，1982年毕业于武汉大学历史系，后来于日本九州大学中国哲学史专业博士毕业，直接聆听过冈田武彦、荒木见悟、福田殖等先生的教诲，现任武汉大学中国传统文化研究中心兼职教授。本丛书的中方主编欧阳祯人教授为武汉大学阳明学研究中心主任，《阳明学研究》杂志的执行主编，中华孔子学会阳明学研究会副会长，长期从事儒家性情思想和陆王心学的研究。所以，丛书的主编和翻译者们都长期浸润于阳明学和中国思想研究，有的本人便是驰名中外的阳明学家。他们对世界阳明学的研究动向有着深刻的把握，对日本阳明学研究的历史发展了如指掌，对先行研究的优缺点有着明晰的认识，对本丛书的翻译对象都仔细研读过，选定的都是日本最经典、最具代表性的阳明学研究著作，不仅能够为中国的学者们提供最佳参考资料，为中国的读者们提供满意的读物，而且能够为当政者提供重要的借鉴。

《日本阳明学研究名著译丛》为贵州省 2016 年度哲学社会科学规划国学单列课题（16GZGX09），是武汉大学中国传统文化研究中心近年来取得的重大研究成果。本"国学单列课题"由贵州省社科规划办和贵阳孔学堂文化传播中心共同出资设立。贵州是王阳明"悟道"的圣地，多年来贵州省为中华民族优秀传统文化的传承和创新做出了巨大的贡献，贵阳市和贵阳孔学堂为阳明学研究的发展和心学的实践做出了不懈的努力，在此特致以由衷的感谢。

邓　红　欧阳祯人

2020 年 10 月吉日于武汉珞珈山麓

005

目　录

第一章

良知现成论的确立——王龙溪的为学精神

关于现存在人们心中的良知乃是完全的，亦即良知现成一事，王阳明也并非没有言及，但到了王门中的二王，也就是王龙溪与王心斋时，现成良知被作为学之宗旨，由此良知现成论才得以确立。而心斋锐于机锋，龙溪则是长于明悟的学者，虽然二人同样信奉良知现成，但其间却有些异同，且其流派的动向也是各有特色，不过到其末流，却都是弊害丛生。龙溪讲学于各地（在水西、洪都、白鹿、南都、滁阳、宛陵等举行讲会，历访江南各地），致力于布衍良知之说，因而其学流行于各地，但其门派之中力量无有及于龙溪者，且其与江右的邹东廓、欧阳南野、何善山、陈明水（以上为正统派），同为江右的聂双江、罗念庵、刘两峰（以上为归寂派）以及浙中的钱绪山（正统派）等互相规正切磋，因而其流弊还不至甚大；而心斋之亚流（泰州一派）中除了有罗近溪、周海门这样的有力人物外，又有能以赤手搏龙蛇的有骨气之士辈出，使得此派大为隆盛，而其流弊也至大。虽然其中也出现了林东城、徐波石、王一庵、耿天台、何克斋等论旨平实者，以及胡今山、方本庵等对过度的现成论持批判态度者，但颜山农、何心隐、祝无功等尊骨气者，以及管东溟、赵大洲、焦澹园、陶石篑等容禅者的思潮却成为其主流，因而势必陷于猖狂。其间更有李卓吾这样身披缁衣却器重泰州一派的骨气，又私淑龙溪甚笃、张大扬言儒佛一体现成论而大为紊乱世间纲纪者出现，因而明末的世教甚为现成派的末流所破坏。

龙溪、心斋长于笔舌，有让人直下了悟的妙手。不过心斋本是践履之人（罗近溪云阳明之学多得于觉悟，心斋则得于践履——《近溪子集》中多处），用功亦简易直接，因而其论旨也有欠精微之处。而龙溪则是王门中最为英发卓绝的学者，久在阳明膝下讲学，并且多与王门诸儒切磋琢磨，因而其透体深宏终非心斋所能及。为此本文亦以龙溪之学为中心展开论述，而这同时也是对龙溪为学精神的解明。

在撰写《朱子晚年定论》时，阳明难以与风靡一世的朱子学公然对抗，似处于宣称己说与朱子晚年悔恨之说相同以逃避朱子学派攻击锋芒的苦境之中。其后思熟而学成，自向天下揭示致良知之说（阳明首倡致良知之说是五十岁时）起，便自信只有此宗旨才能真正实现《大学》的经世理想（详细可参《王文成公全书》卷七《亲民堂记》，同书卷八《书朱子礼卷》，同书卷二十六《大学问》），而燃起了以此来匡救因陷溺于异学（佛老之学、俗学以及朱子学）而陷入狂乱的世人的至情，以至于丝毫不顾世间的非难（《传习录》卷中《答顾东桥》书、同卷《答聂文蔚》）。由此，或许我们当然应该预想阳明便已经信奉良知之现成了。盖阳明关于良知的论说虽然在揭示致良知之说以前便有，但将此作为学之大本、圣门之正法眼藏，却是在因经历宸濠忠泰之变而使其体察得以深潜精微之后（《王文成公全书》卷五《与杨仕鸣一》，同书卷三十三《年谱二》）。此时王阳明常有"人胸中各有个圣人，只自信不及"（《传习录》卷下）、"吾真见得良知人人所同，特学者未得启悟"（《王文成公全书》卷三十三《年谱二》）等论述良知现成的言辞，而在师弟之间会有"满街人都是圣人"（《传习录》卷下）这样的会话，也是因为有相信良知现成的倾向（此语尤其在泰州一派中广为流传，似成了良知现成说的标语，但他们失掉了阳明说出此语时的真意而坠于猖狂）。

在阳明的致良知说中，良知为本体，致这一本体者则为工夫，故而本体与工夫乃是一体。这应当认为是由陆子而来的综合全一思想发展的结果（现成论其实是将阳明的本体工夫论更进一步，进行彻底的同一化而产生的）。

※ 阳明进入晚年之后，其思想的综合化也日益显著。例如关于知行论，初期时就如"知是行的主意，行是知的工夫，知是行之始，行是知之成"（《传习录》卷上）一语所云，知行之间尚有区别目的与手段、始与终的倾向，而到后来这种区别已被拂拭，如

"知之真切笃实处即是行，行之明觉精察处即是知"（同书卷中《答顾东桥书》）所云，知行的同一性得到了彻底论述。此外在论及格物、致知、诚意、正心时，也以心为物之心，以物为心之物，彻底论述了心与物的同一性。

自从阳明论述本体与工夫为一体以来，此论在学者之间流行，不仅是王学派，在王学批判派（东林派、甘泉派）以及王学修正派（刘念台）中也成了重要课题。此论的源头可追溯到朱陆。朱子对其门生"陆子无工夫"的非难，虽以为过评而加以劝诫，但其自身却曾说过陆子以胸中流出的为天理而不着工夫（《朱子语类》卷一百二十四），指出陆子以自然本体为宗，而有轻视工夫之处，强调了工夫的重要。以在临终之际尚云"须要坚苦"的朱子的立场来说，此乃理所当然。朱子学从格物穷理（知识性的工夫）与居敬（实践性的工夫）的并进中探求学之本旨，在其看来，陆子的"心即理说"易导致单纯低俗的心之自然受到尊重，而工夫却被认为会使心之生命枯竭，从而可能产生轻视工夫之弊。

※ 居敬是实践性的工夫，因而也是综合性的工夫，但因其是反省性的心之工夫，因而绝不会有流于放任卑俗的自然性之患。只是也有人认为因为其会使身心紧张，故反而会使本体的自然性受到损坏，因而反对朱子学的人中有人提倡"打破敬字"。而在新朱子学派以敬为本体工夫后，此说也受到了批判。

阳明的良知是心即理的本体，是自为法则的道德性感知，因而也可以说其自身便是心之源泉性命。致良知便是致此等良知的工夫，因而前述的心即理说的缺点得到了补救。致良知的确是在遵从本体自然的同时，又向比自身更高的次元复归的向上一机，因而以自然为宗的立场其实并非轻视工夫，而是本体自身在追求工夫的同时，又超越工夫而进展的途径。换句话说，其乃是以工夫为本体之效用的。故而在其处本体与工夫并非相凑泊，而是本来便是一体，本体即工夫，工夫即本体。对于此点，阳明借助《中庸》中的戒慎恐惧说和不睹不闻说而进行了以下的论述："本体原是不睹不闻的，亦原是戒慎恐惧的。戒慎恐惧不曾在不睹不闻上加得些子，见得真时，便谓戒慎恐惧是本体，不睹不闻是功夫，亦得。"（《传习录卷下》）

※ 关于阳明此说，罗近溪曾云"籍令本体之外有工夫，则工夫未免碍心；工夫之外有本体，则本体未免支离"（《近溪子集·庭训下》），可以说适当地表达了阳明本体工夫论的精神。只是阳明此说与以敬为本体工夫的精神也有相通之处，因而亦为王学批判派所接受。

阳明亦曾云"能戒慎恐惧者是良知也"（《传习录》卷中《答陆原静书》），最为简明地论述了此事。佐藤一斋云"一加能字，便见功夫本体合一"（《传习录栏外书》），当为适评。总而言之，这是在叙述工夫的宗主乃是本体，论述本体工夫之为一体。如果真正自得了本体工夫之为一体，本体亦不再是本体，工夫亦不再是工夫（一切皆是本体，一切皆是工夫），因而本体实亦为工夫，工夫实亦为本体。故而阳明在本体上说工夫，在工夫上说本体，叙说本体工夫只是为一，不可规定为有，亦不可规定为无，而是超越有无的绝对性的存在，"有心俱是实，无心俱是幻。无心俱是实，有心俱是幻"（《传习录》下）。像这样，阳明以无代有，以有代无，说明了本体工夫乃是作为绝对之一的存在，但据《传习录》（卷下）所记，此说的主旨就连钱绪山这样的高徒也要数年才能理解，只有凭借龙溪之颖悟才得以即刻了悟。（关于以上的王阳明之说，《传习录》卷下、《王龙溪全集》卷二十《龙溪王先生传》及《绪山先生行状》《李氏续藏书》卷二十《理学名臣·郎中王公传》中有王龙溪的解释，东林之顾宪成《顾端文公遗书·东林商语上》，以及高忠宪、黄宗羲、佐藤一斋，还有东正堂《传习录讲义》都分别加以解说。由此亦可推测此说究竟是如何精微难解。）故而此说不靠通过直下悟入而一齐了透本体工夫的方法，似是难以自得。不过阳明似乎并未便将此说作为学之宗旨。如果知道阳明自倡致良知说以来，特意指出良知之上有一致字，而劝诫他人不要轻视工夫、轻易地论说良知本体，便可以理解这一做法了（《王文成公全书》卷五《与陆原静二》，同书卷六《与陈惟濬》，同书卷八《书朱守乾卷》，同书卷二十七《与顾惟贤书》）。

※ 不过，亦有王心斋以及王一庵等认为阳明之本旨乃是在于论述良知，而非论述致良知，其晚年只讲良知，而不云致良知，又或是认为阳明之所以不得不云"致"，乃是因为有人以良知为空虚之物而以超脱为易简，直指直觉而以凡情为性，为此陷入告子释氏之弊，故而不得不为之，本来阳明是只讲良知的（《泰州学案》卷三十二《泰州学案一·王一庵先生语录》）。而朱子学者罗整庵等则认为阳明不留意于指点"致"字，而只将其解作任、依之意，结果造成致良知任凭心之感应的自然而无视工夫，使得致良知与明心见性的佛学成为相同之物（正谊堂全书《罗整庵集》卷一《答允恕弟》），并就此与王门的欧阳南野论学。关于阳明之良知，既有人以知为主，亦有人以行为主，而关于"致"，有人以悟为中心，亦有人以行为中心加以思考。不管怎样，王门正统派及归寂派等重视良知以上有一"致"字，而属于朱子学系统的东林派的顾宪成亦承认点出"致"字的意义。龙溪与心斋不同，以致不致为圣愚之别，而论述了"致"的必要性，然而这其实是基于直悟的。故而到了其亚流，便只说良知而不云"致"，只说本体而不云修，以为一加工夫及修，本体之自然便会受到损坏，而终于陷入了无视工夫的猖狂之地。

阳明所说的"致"，看来主要是以将良知推行至事物之上、将其体充养至极为根本之义（王门三派可以说是因对"致"的解释的相异而分化形成的）。因而可以认为，致知乃是通过格物而完成的。阳明之所以在论述致良知时述及格物之要，原因便在于此。

※ 不过在致良知中，工夫也必须是本体的工夫，因而"致"最终也被看作是良知的作用。由此可以说，良知本体总是在作用于事物的同时，其自身也提高向上，这便是致

良知，因而致良知是所谓有头脑之学。站在这一立场上，阳明对于讲友湛甘泉的"随处体认天理"之说，亦认为与致良知说相比较，尚有毫厘千里之差、根本与枝叶之别（《王文成公全书》卷五《与方叔贤》，同书卷六《寄邹谦之一》《与毛古庵宪副》）。初期二人虽有相契之处，但到了晚年阳明开始提倡致良知说之后，便以为甘泉之学没有头脑，故而未至。所谓没有头脑，是指工夫没有主体（宗主），亦即没有成为本体之工夫，因而没有根本生命。故而阳明强调工夫必须要有头脑。在《答欧阳崇一》（《传习录》卷中）中亦云要见"大头脑"。阳明在论述《孟子》中的"集义"时，认为集义是通过致良知所得，而并非致良知是通过集义所得；在论述同书中"必有事焉"与"勿忘勿助长"的关系时，认为必有事焉为主，而勿忘勿助长只不过是其工夫之间的提撕（觉醒）（《传习录》卷中《答聂文蔚二》），由此亦可看出阳明在学中是如何重视头脑了。

头脑之学乃是阳明相对于朱子学最有力的武器之一。在王门之中，现成派与归寂派相当重视阳明论说头脑的精神。归寂说出自阳明的培灌根本说，而龙溪以一念独知处为入微工夫，云"致知无巧法，……只在一念入微处讨真假，一念神感神应，便是入圣之机。孟子所谓集义，是时时求慊于心"（《王龙溪全集》卷九《与陶念斋》），认为亿度属于知解，凑泊落于格套，庄严亘于气魄，结果落入"义袭"的窠臼，将这些都加以排斥而强调本体即工夫，这都是因为很好地理解了阳明的这一精神。龙溪在论述"必有事焉"与"勿忘勿助长"的关系时资于前者而排斥后者，可以说是进一步发展了阳明的头脑之学。此外，龙溪论曲礼（琐细的礼仪动作）时以为古人致曲之学从一根生意达之枝叶，而世间之曲礼却是在枝叶上打点周旋（《王龙溪全集》卷四《东游会语》），这不用说是体得了阳明培养根本的精神之后的论述。

阳明以为应在行的基础上致知（《王文成公全书》卷五《与陆原静二》），云"某之所谓格物，其于朱子九条之说，皆包罗统括于其中"（《传习录》卷中《答顾东桥书》），极力强调基于实际事物的体验，又云不可能有无工夫的本体。故而阳明在揭示良知宗旨之后，亦曾云"某于此良知之说，从百死千难中得来，不得已与人一口说尽。只恐学者得之容易，把作一种光景玩弄，不实落用功，负此知耳"（《王文成公全书》卷三十三《年谱二》），又云"吾党又觉领悟太易，认虚见为真得，无复向里着已（自得于心中）之功矣。故吾党颖悟承速者，往往多无成，甚可忧也"（同前），对以悟来径直承当（会得）良知之体的态度表示出了警戒。

阳明的致良知工夫最终须求之于悟，盖因其以本体之自然为宗，故而自当如此，不过阳明却并未向一般之人宣讲此说。之所以如此，是因为阳明认为只有天姿英迈到能将自己十数年经历的苦工一举完成的人物才可以由此路径，若非如此，则有玩弄光景、陷于虚寂的危险。结果阳明在论述本体工夫一体时，对以本体为主的立场与以工夫为主的立场、亦即究极的立场与现实的立场保持着调停两可的态度，认为不管渐修还是顿悟，至其成功则并无区别，其意图则似在于论说现实的立场即渐修之要，表述其功之所以为大（不过必须注意的是，阳明并没有否定究极的立场）。"无善无恶是心之体，有善有恶是意之动，知善知恶是良知，为善去恶是格物"（《传习录》卷下），阳明的这四句宗旨明确地传达出了这样的信息。

※ 四句宗旨的第一句在邹东廓《青原赠处》（《邹东廓文集》卷二）中作"至善无恶者心"，与《传习录》以及龙溪《天泉证道纪》（《王龙溪全集》卷一）中所记有所异同，故而在后世学者中引起了种种议论。不过此处并没有对此加以议论的必要，故而省略。

龙溪以为，阳明不云至善乃心之体，而云"无善无恶是心之体"，是因为当时的学者认情为性，误解了孟子提倡性善说的精神，故而标举以上之说来打破学者执着于意见的弊害（《王龙溪全集》卷三《答吴子问》），而阳明之究极精神，则在于一举扫尽意见情识，直下悟入良知之无体。由此龙溪以阳明的四句宗旨为"未是究竟话头"，以继承了阳明四句宗旨精神的绪山之四有论为非，而提倡四无论。也就是说，如果心之本体是无善无恶的，意、知、物也都只能是无善无恶的，若说意有善恶，那心体也是有善恶的（《传习录》卷下）。《天泉证道纪》中云："悟得无善无恶心体，便从无处立根基，意与知物，皆从无生，一了百当，即本体便是工夫，意简直截，更无剩欠。"也就是说，四无论的主旨，在于始终贯彻本体为无的立场，而欲将本体工夫一齐了透。对此，绪山则以为心体虽是天命之性，原本无善无恶，但人有习心，故而意念有善恶，穷尽致知、格物、正心、修身的工夫，其实便是复性体的工夫。如果意、知、物都没有善恶，那工夫也不消说了（《传习录》卷下）。世间将此称为四有论，即应当在有上用功夫，以复归本体之无。就从陆子流传到阳明的综合全一思想的发展以及阳明自身的思想方向来说，龙溪的四无论虽可充分发挥阳明之秘蕴（《王龙溪全集》卷二十《绪山钱君行状》），但若思及阳明的致良知说乃是经历千死万苦的难关后方才到达，那么绪山的四有论亦可谓不失阳明之主旨。

此处再次对龙溪终至于排斥绪山之四有论而论说四无论的经过进行考察，以解明龙溪必须将阳明的综合全一思想进一步推向彻底的旨趣。龙溪在《天泉证道纪》中对绪山之说进行批判，述说了以下的意趣。即，如果以为意、知、物有善恶，而欲在有上证无，在工夫上求本体，那自身便不免执着于有，而心不能成为无，因而难以到达心体之绝对。只能是有即无、工夫即本体。也就是说，必须做到悟得无善无恶之本体，从无处立根基，意、知、物一齐生于无。这样心便是无心之心而藏密，意便是无意之意而应圆，知便是无知之知而体寂，物便是无物之物而用神。有即无、亦即有无即一的真机便在此处。所为真机当是其所谓"先天无为之用"（《王龙溪全集》卷二十《龙溪王先生传》），又或是"自然之神应"（《王龙溪全集》卷一《抚州拟岘台会语》）。原本阳明之提倡致良知说，乃是为了将心物浑一之性命作为学的根本头脑，以救朱子学支离累积之弊。而据以上龙溪所论，可以明白其对于阳明的这一意图尤为敏感，故而将阳明的立场又向前推进，以至完全坚持有无即一（在这一点上现成派可能与归寂派相同，不过两者追求即一的场所不同，故而其方向不如说是正相反的）。不管是否有躐等（不按顺序越级前进）之病，龙溪追求不靠积累而一举成就的道路，并且认为这符合阳明的主旨。

※ 之前所述的龙溪与绪山的论争发生于天泉桥上，而当时阳明以龙溪所说为接上根之人时的教法，而以绪山所说为接中根之人时的教法，且云若将龙溪之法用于一般人，只不过养成虚寂、躐等之病，还是对龙溪进行了规诫（不过阳明亦云龙溪发明了自己的秘蕴。此外还有记载称阳明不只是给予规诫，还有贬损之语，《传习录》《青原赠处》《天泉证道纪》在这方面的记录有所差异）。

陆象山有诗云："涓流积至沧溟水，拳石崇成泰华岑。"据龙溪所云，阳明以为这不过是象山自己的见解，"须知涓流即是沧海，拳石即是泰山。此是最上一机，所谓无翼而飞，无足而至，不由积累而成者也。非深悟无极之旨，未足以语此"（《王龙溪全集》卷一《抚州拟岘台会语》）。

※ 据此，则王阳明之学乃是以顿悟为旨，不过如果阳明曾有过此论，那对象应当是英发的龙溪吧。此外由此还可推测阳明在接利根之人时的教法究竟如何。这样的材料在《传习录》以及《王文成公全书》中则难以见到。

龙溪之学乃是以阳明的究极处为出发点。故而在其亚流中，出现了阳明所担心的躐等之病，此乃龙溪之罪。不过另一方面，龙溪亦有发明师之秘传之功，这一点阳明亦给予承认，因而龙溪对于其师，可以说是功罪相半。阳明与龙溪的关系一见之下类似于陆象山及其弟子杨慈湖的关系（顾宪成曾云心斋是阳明之慈湖——《小心斋札记》卷四，不过从讲无这一点来说，龙溪也可以说是阳明之慈湖），不过龙溪并不能与打破师戒讲一讲无、从而失去师之本旨的杨慈湖一概而论。

如以上所云，龙溪最终是要单刀直入到达良知的绝对无，亦即以良知之无（也可称为虚、寂）为本体。他在论说为学之要时云"无中生有一言尽之"（《王龙溪全集》卷五《天柱山房会语》）以及"从混沌立根"（《王龙溪全集》卷四《东游会语》），或是频繁讲述虚、无、空、忘（有时甚至假

011

借老庄佛之语加以说明），又以自然为工夫，或是标揭先天正心之学，归根结底不外是因为欲始终于这一绝对无。龙溪慨叹尽管良知是知而无知的存在，但世儒却只知其为知，而不知无知为其本体，结果泥于典要而致使其体不明，不能"虚以适变，寂以通感"（《王龙溪全集》卷八《易与天地准一章大旨》①）。他以为若非虚无，便不能入微以成就德业。本体虚无，德业经世才能以绝对自然之力而自我完遂（《王龙溪全集》卷八《易与天地准一章大旨》，卷二《白鹿洞续讲义》），良知本体为虚，故而万变都具于其中。故而致虚则无物欲之间，可流用于万物（《王龙溪全集》卷二《宛陵会语》）。因而致知之学以虚为本，却又不曾离了伦理感应，虚者乃是其变动周流之体（《王龙溪全集》卷一《维扬晤语》）。为此龙溪以致良知为致虚，而在其看来，依据法则来处万变为致良知的做法则是蒙蔽良知之体（《王龙溪全集》卷二《宛陵会语》）。据龙溪所说，此等虚无之学并非沉溺于无、堕落于空，而是真正使有得以为有。龙溪将其比喻为正因目为空，故能分辨颜色（《王龙溪全集》卷十《答吴悟斋》），这便是"无中生有"之意。故而虚无乃是宰制经纶、道德经世的本体。致虚无则虽有而不滞，虽无而不落于空，有无相因，以应无穷。如此有无相混而为一，则经世德业也可超越管摄拘执之累、己私人为之安排，而依靠自然之力得以成就（《王龙溪全集》卷十四《赠梅宛溪擢山东宪副序》，卷十二《与魏敬吾》，卷五《天柱山房会语》）。至于虚无之道如何真是宰制德业的本体，此点从龙溪自乾坤的动静中见出生天下万物之所以，自无思无为、寂然不动中见出通天下之故之所以，以为其中有吾儒虚无之精髓一事来看，亦可明白（《王龙溪全集》卷四《东游会语》）。据龙溪所说，若非虚则不能"生"，若非无则不能"通"，亦即虚无之中藏有化机。故而他以为只知有之利而不知无之利、只

① 按：据译者所查，此语当出自《王畿集》（吴震整理编校，凤凰出版社2007年版）卷十一《与莫中江》。——译者注

知用之用而不知无用之用、一说到虚无便立即以其为禅的世间的非难乃是不正当的（龙溪将无之利、无用之用比作不动而系五脏、输九窍百骸之滋润的背，并云知此则知无知之所以为知——《王龙溪全集》卷八《易与天地准一章大旨》①）。

龙溪之虚无既不同于流于有之俗学，又不同于绝有之禅学，的确是真正有无即一的绝对存在。

若以为无中生有，则无既是本体，又必须是工夫。（王东崖亦云空无既是本体又是工夫——《明儒学案》卷三十二《泰州学案一·东崖语录》。现成派的特色即在于此）如果无是本体工夫，那自然也是本体工夫。因而无中生有之道自容不得些许人为的安排。龙溪讲论自混沌中立根之工夫，又或以不学不虑为工夫，又连连论说所谓"忘"，归根结底是因为其不仅以无为本体，还以之为工夫。自混沌中立根，便是排斥一切人为的安排，而将万物之化成完全交付于自然之力。龙溪借《庄子》中的"混沌"之说，对此进行了这样的论述："吾人欲觅圣功，会须复还寂体，种种知识技能外诱，尽行屏绝，从混沌立根，不为七窍之所凿。充养纯气，待其自化，方是入圣真脉络。"（《王龙溪全集》卷四《东游会语》）

龙溪之学亦以自然为宗，但这乃是前述的以自然为本体工夫，而并非以工夫来承当自然。罗近溪亦以为自然之妙并非靠工夫之熟练可以达到，若不知此点而用工夫，便是着了工夫，反而会失却自然，故云"自然却是工夫之最先处，而工夫却是自然之以后处"（《近溪子集·一贯编》②）。以自然为本体工夫，便是在用工夫的同时超越工夫，亦即工夫皆为自然之用。这同时也是以自然和工夫为一。龙溪认为如果分其为二，便失却了心之道。他之所以对季彭山的"龙惕说"（论述戒惧工夫之说）表示不满，也是因为

013

---

① 按：据译者所查，此处语意当出自《王畿集》卷八《艮止精一之旨》。——译者注

② 按：据译者所查，此语当出自《罗汝芳集》（方祖猷等编校整理，凤凰出版社2007年版）中所收《近溪子集》卷乐（二）。——译者注

在他看来此说着了工夫而不知自然之宗，失却了自然与工夫的一体之道。故而龙溪云"夫学当以自然为宗。警惕自然之用，戒慎恐惧未尝致纤毫之力。有所恐惧，则便不得其正"（《王龙溪全集》卷五《云门问答》）。

龙溪认为归寂派以《易》之"何思何虑"为工夫之效乃是不当，而以"何思何虑"为工夫，这亦是由于以自然为本体工夫。（《王龙溪全集》卷七《南游会纪》）。罗近溪亦云"其格致工夫，却又须从不学不虑上用也"（《近溪子集·一贯编》）。然而近溪见得不学不虑之自然太易，故而有"赤子之心"之说；龙溪则又补充说明不学不虑（何思何虑）并非绝去学虑（思虑），而是在学虑的同时超越学虑，亦即以学虑为良知自然之发用。据龙溪所说，这便是程子（明道）所谓"不须防检，不须穷索"（《识仁篇》）的工夫。以思虑为自然之发用，则道义之用自可超越着相，归于自然。龙溪认为孟子论良知的精神便在于此（《王龙溪全集》卷三《答南明汪子问》）。

据以上所论可明，以自然为宗实乃经纶裁制之道，就宇宙而言，则为生化之道。这便是龙溪何以云"以造化为学"的原因。据其看来，造乃是自无而显于有，化乃是自有而归于无（《王龙溪全集》卷三《答南明汪子问》）①，因而以造化为学，即是获得（儒教的）绝对之无之道。

"无中生有"乃是到达有无即一的绝对无，而非自有出发逐渐至于无。因而可以说这亦是先天之法。龙溪云"若谓良知只属后天，未能全体得力，须见得先天，方有张本"②（《王龙溪全集》卷十《答洪觉山》），排斥后天诚意之学，而提倡先天正心之学。据龙溪所论，一切世情私欲均生于心之动，亦即意。心虽本为至善，但心之动会生出不善。因而如果在先天心体上立根，则意虽动亦不为不善，致知工夫也自然易简省力。如果在后天之意上

---

① 按：据译者所查，此处语意当出自《王畿集》卷四《东游会语》。——译者注
② 按：此语系龙溪所述洪觉山之语，作者似理解有误。——译者注

立根，便会杂入世情嗜欲，若周旋于此，致知工夫亦会陷入繁难，要复先天心体，便会极为费力。

※ 故而在《陆五台赠言》（《王龙溪全集》卷十六）中龙溪云："人之根器不同……从先天立根，则……见解嗜欲自无所容，而致知之功易。从后天立根，则不免有世情之杂，生灭牵扰，未易消融，而致知之功难。"龙溪以颜子"有不善未尝不知"之学为先天易简之学，而以原宪"克伐怨欲不行"之学为后天繁难之学（《王龙溪全集》卷一《维扬晤语》①）。

《答冯纬川书》（《王龙溪全集》卷十）中，龙溪在论述意与心之不可分的同时（心即意之主宰，意即心之流行，故不可分），又叙说了必须区分先天正心之学与后天诚意之学的理由。据其所说，前者乃是无中生有之道，而后者乃是自有入无之道。前者是上根"性之"之道，而后者乃是中根以下"反之"之道。龙溪以前者为宗，盖为理所当然。

※ 龙溪论说的是先天正心之学，而绪山论说的乃是后天诚意之学。绪山以为正心工夫在诚意之中（《明儒学案》卷十一《浙中王门学案一·绪山会语》），意图在意上着工夫以到达无善无恶（亦可说是至善）之心体。这便是绪山提倡四有论的原因。对此，龙溪则认为只在心上立根，心便是无善无恶之心，意也是无善无恶之意，而如果在意上立根，则不免有善恶两端之抉择，心亦不能无杂（《王龙溪全集》卷十《答冯纬川》）。这便是龙溪提倡四无论的原因。

先天之学在本体上用工夫，这自不待言。王龙溪称赞邹东廓用工夫之处自事为至于念虑，自念虑至于无声无臭之本体，云"念虑者，本体之流行，事为者，本体之发用。圆融照察，日以改过为务，无复本末内外之可

---

① 按：据译者所查，此处语意当出自《王畿集》卷一《三山丽泽录》。——译者注

言矣"，将此称为先天之学（《王龙溪全集》卷十四《寿邹东廓翁七秩序》）。

※ 在讲论先天之学这一点上，龙溪与归寂派相同，不过归寂派反而认为龙溪的先天之学堕于后天。龙溪以无为有无即一的绝对存在，因而在追求无时亦是即有而直证之。其如后文所云的那样论说实悟而提出当下承当，其理由亦在于此。若离了有而求无，便成了佛老二氏之学。故而龙溪在论说致知时也必会讲论格物，以为并非悬空去致虚灵之知，而必须将良知推行于事事物物以达成致知。然而归寂派以格物为良知之效用，在心而言则以感应为虚寂之效用，只在虚寂之体上着工夫，故而在其看来，龙溪之说违背了自然之觉，用人为之安排而葛藤缠绵，完全堕于人为。这便是归寂派评价龙溪先天之学为堕于后天的原因（《罗念庵文集》卷九《答王龙溪》[①]）。

龙溪虽然讲论先天之学、虚无之学，但这是为了追求无体用之先后内外之分的绝对存在，因而其即使以虚无为良知本体，以致虚无为致良知，却又自然与归寂派所论不同。归寂派亦讲论先天之学、虚无之学，但这是在区分体用之先后内外的基础之上，并且认为工夫只在体上而不在用上，用只不过是其效用而已，故聂双江云"体立而用自行"[②]，将龙溪的浑一工夫评为"无头无尾"之学（《罗念庵文集》卷九《答王龙溪》[③]）。

龙溪的现成说和聂·罗的归寂说均以在虚无或是虚寂之本体上着工夫为根本，但其虚寂的样态却有所不同。在龙溪看来，归寂派的虚寂还未能脱离境（时），因而喜静厌动，不涉经世，而不免沉沦于二氏（佛老）。不过继双江之后而集归寂派之大成的罗念庵注意到双江的寂体仍不免区分时之动静，包含着上述的缺点，故而在论说寂的时候亦以其为超越感寂、通于感寂之物。但念庵仍是以收摄保聚为工夫之根本，故而其所云虚寂之体亦自然为静态之物。而龙溪的虚寂之体则与此相反，以事上磨炼为工夫之根本，故而是流动的。

亦欲贯彻绝对无的龙溪还曾如前所述论说过"无"。他以为阳明的究极之处在于即

---

① 按：据译者所查，此处语意当出自《聂豹集》（吴可为编校整理，凤凰出版社 2007 年版）卷十一《答王龙溪》第二首。——译者注

② 按：译者未查得此语。——译者注

③ 按：据译者所查，"无头无尾"之语当出自《聂豹集》卷十一《答王龙溪》第二首。——译者注

一为万，无一无万，而一亦忘（《王龙溪全集》卷二《滁阳会语》），而云"学悟而忘，斯至矣"（《王龙溪全集》卷二十《龙溪王先生传》）。关于作为是非之知觉的良知，亦云"知忘是非，知之至也"（《王龙溪全集》卷十四《寿邹东廓翁七秩序》）。不过此"忘"并非意味着无计顽空（一味固守空），而是意味着率本心明觉之自然，从时顺应，不容人为之作用，因而可以认为其与作为本体之工夫的自然，或者说无乃是同一物。故而龙溪才云"忘好恶是非始同好恶，公是非方尽得万物一体之道"①（《王龙溪全集》卷一《维扬晤语》）。而据龙溪所说，颜子之学亦是忘（《王龙溪全集》卷一《抚州拟砚台会语》）。

如上所论，龙溪以虚无为圣学之宗，故而云"人心本虚寂，原是入圣真路头"（《王龙溪全集》卷七《南游会纪》）以及"心性虚无，千圣之学脉"（《王龙溪全集》卷二《白鹿洞续讲义》）等，又以孔子、颜子之学为空之学（《王龙溪全集》卷三《宛陵观复楼晤语》）。只是龙溪在论说虚无时经常引用老庄佛之语，比如"观妙观徼""天游""混沌""无用之用""坐忘心斋""不思善不思恶"等。不过不能据此便立即认为龙溪接受了二氏之学。他依然与阳明一样持排佛的立场。只是因为其强调无的绝对性，因而比起阳明来又将范围三教的思想向前推进了一步。龙溪时常以良知为三教（儒道佛）之大总持（参照《王龙溪全集》卷六《与存斋徐子问答》，卷九《与魏水洲》等）。

归根结底，龙溪之超入于无正如"天根寂寂从何起，直须感处观无始"（《王龙溪全集》卷十八《再用韵论学一首》）这句诗所示，彻底贯彻了有无即一，其间丝毫不容对有无体用进行区别，这便是其无之立场与正统派、归寂派的本体工夫相异的原因。虽然龙溪认为阳明之宗旨便在于此，但这实际上将阳明综合全一的立场又向前推进了一步。而龙溪自身似乎也已自觉到了自己的思想与阳明有异。他将阳明之学比作规矩出于方圆，而以自己之学为无规矩而天下之方圆从此而出，云"此入圣之机微，无典要之大

---

① 按：译者未查得此语，疑当为《王畿集》卷一《三山丽泽录》中"忘好恶，方能同好恶；忘是非，方能公是非"之语。——译者注

法"(《王龙溪全集》卷十《答吴悟斋》)。为此他不满足于阳明的四句宗旨，以其为随时之权法，甚至说如果以此为定本，则未免滞于言铨(《王龙溪全集》卷一《天泉证道纪》)。最终，天姿英迈的龙溪看到四句宗旨对于现实中的人来说乃是真正适当的教法，排斥了意欲遵循阳明所谓"接中根以下人教法"的绪山的工夫，以为靠中根以下之学无法入道，而以阳明认为只可用于上根人之学为通用于上根下根的第一义之物。由此龙溪甚至又说古人立教皆为中人而设(《王龙溪全集》卷七《华阳明伦堂会语》)。

龙溪之所以痛斥积累着有(不信本体现成而在有上用工夫、待其积累始能够入于无的立场。在龙溪看来，这一立场不免着于有)而讲论良知之现成，乃是由于认为其持有将有与无、体与用、本体与工夫进行区分的见地，而无法真正透彻于有无、体用、本体工夫之一体。若落于分别之见则意象纷纷，到底不能归一，因而无超脱之受用。而据龙溪所论，这归根结底是因为不知致知工夫应当用于一处，不能相信自己的现在良知与圣人的良知相同，而以为必待修证而后入圣。他之所以否定刘狮泉的修证说，便是基于以上的理由(《王龙溪全集》卷四《与狮泉刘子问答》)。故而在龙溪那里，即使是良知之说，只要落入分别之见，皆被视为非是，而只有其自己的良知之说能够真正将自然与工夫归一，可以期待实现超脱。

据其所云，当时在良知之说中，似乎有着可称为归寂说、修证说、已发说、现成说、体用说、终始说、闻见说、明觉说的种种理论。对此，龙溪评价说归寂说乖其用，修证说窒其用而挠其体，已发说陷于沉空之见(因为将未发之中置于良知之前)，现成说凌躐而无视工夫，体用说将体用二分，终始说将因证二分，闻见说不知良知乃是天理而非空知，明觉说汩其体(《王龙溪全集》卷一《抚州拟砚台会语》，卷二《滁阳会语》)。龙溪的现成说之所以要比心斋的现成说更为精微，应当也是因为龙溪像上述的那样仔细回顾了种种良知说，以完成自己的学说。尤其应当注意的是，他对当时的所谓现成说也加以排斥。此说虽然论述当时现成之良知，但认为良知本来无欲，直心以动，无不是道，不待复加销欲之功。对此龙溪加以非难，认为销欲正所以复还无欲之体，并没有因此在体上附加一物，论述了工夫之要（《王龙溪全集》卷一《抚州拟砚台会语》）。如前所述，阳明也曾论述过现成良知，而这归根结底是为了让工夫拥有主脑，赋予其生命与力量，因而这正是工夫之为工夫的原因，而绝非是认为不需要工夫。故而上述的现成说毫无疑问违背了阳明的主旨，而龙溪对此加以排斥亦是理所当然。龙溪虽然讲论良知之现成，却没有忘记阳明的这一精神。这与泰州一派对此点未加致思相比，可以说是异其旨趣。

※ 现成派被说成是只讲良知而不讲致，只说本体而不用工夫，经常受到非难，但龙溪与王心斋、王一庵不同，还是点出了"致"字并论说了其大要。也就是说，龙溪虽然认为人不分圣凡，其良知皆是相同，但另一方面又在致与不致之中寻找圣凡之别，而且相对于以知为本体工夫的圣人之道，承认反于工夫、复其本体的学者复性工夫之要，并云博学、审问、慎思、明辨、笃行，五者废其一，非致也，世间有人以致良知为落空，亦是因为没有考虑到这一点，有时还分说本体与工夫，以论说工夫之要（《王龙溪全集》卷一《冲玄会纪》）。故而龙溪并没有提倡不需费力的现成论。与继承其父心斋之学而提倡学乐一体、却反而否定了为学之工苦而云"斯道流布，何物非真？眼前即是，何必等待？略着些意，便是障碍"（《明儒学案》卷三十二《泰州学案一·东崖语录》）的王东崖的现成论，以及将良知比喻为扣之即响、不需费力的自然知能并论述赤子之心说（《近溪子集·一贯编》）的罗近溪的现成论相比，龙溪之说并不能一概而论。

龙溪虽以体悟为主，但基于无无工夫之本体、无无修之悟、无工夫及修的体与悟既非真亦非实的立场，讲论本体工夫及悟修之一体，且认为不管是即本体而用工夫（亦可称为悟），还是用工夫以还于本体（亦可称为修），其功归根结底都是相同的（《王龙溪全集》卷四《留都会纪》），悟修无别，重要的是真悟实修。悟修之中虽然分别有顿渐之别，不过龙溪又论述了"顿渐一体"(《王龙溪全集》卷四《留都会纪》，卷十七《渐庵说》，卷十二《答程方峰》，卷二《松原晤语》)。龙溪认为不管是本体还是工夫，不管是悟还是修，如果落于一边便会产生弊病，而云"悟而不修，玩弄精魂；修而不悟，增益虚妄"(《王龙溪全集》卷四《留都会纪》)，以及"舍工夫而谈本体，谓之虚见，虚则罔矣。外本体而论工夫，谓之二法，二则支矣"(《王龙溪全集》卷九《答季彭山龙镜书》)等，频繁地论说两者一体之要。如前所述，在阳明的致良知说中工夫被归于良知本体之用，因而若在究极的意义上进行讨论，则知在是本体的同时亦是工夫。但阳明担心若只说知而不云致会带来不用工夫而轻易承当良知的弊害，因而在论述本体工夫时亦提出本体即工夫、工夫即本体。前述的龙溪之本体工夫论完全是基于阳明的这一精神，而对两者之一体进行了论述。然而龙溪之说并没有止步于此，而是欲将两者之一体论展开得更为彻底，以至于从本体即工夫上对此进行论述（所谓无中生有，便是本体即工夫之道）。之所以如此，是因为龙溪认为工夫即本体之说会导致本体与工夫的分别，因而难以真正贯彻二者之一体（正统派、归寂派以及新朱子学派大体都从工夫即本体出发来论述本体工夫之一体。若将他们所论与龙溪之所论进行比较，则前者有时难以避免分别之见的介入。此处将以体为工夫的归寂派置于工夫即本体的立场，乃是因为归寂派虽然在体上用工夫，但却排斥顿悟，而以渐修为事）。关于此点，泰州学派的祝无功进行了这样的恰当的解说："本体自不容已，不容已处是工夫。若以工夫存本体，是犹二之。"(《明儒学案》卷三十五《泰州学案四·祝子小言》)因而在龙溪那里，阳明本体工夫论中本体即工夫的立场受到重视，而另一面、即工夫即本体的立场受到了轻视。换言之，工夫皆应归于本体之力成为主要的一面，而本体应由工夫来支撑这一面则被忽视。故而龙溪云"此知自能收敛，不须更主于收敛；此知自能发散，不须更期于发散"(《王龙溪全集》卷二《滁阳会语》)，以及"即此知是本体，即此知是工夫"(《王龙溪全集》卷九《答季彭山龙镜书》)。

如前所述，龙溪在以体、悟为主的同时，基于无无工夫之本体、无无修之悟的立场，又对本体工夫之一体、悟修之一体有所论证，这应当是出于对其体悟落入寂灭虚妄、缺乏实证的深深的忧虑。他认为之所以陷入这样的弊病，归根结底起因于意欲以气魄、知解、格套等来承当，因而对这些极力加以排斥。在其看来，这些意见其实是让心驰于外物、玩弄光景的病根（参照《王龙溪全集》卷四《留都会纪》，卷二《水西会约题词》，卷九《与陶念斋》，卷十二《与李见罗》等）。

※ 对于龙溪这一支现成派，承认体悟之要却又更为重视悟后之修的学者（比如王学批判派）非难其只讲本体不讲工夫、只讲悟而不讲修，但如之前所述，在龙溪那里阳明本体工夫论的精神大体上还是得到了很好的理解。比如对于阳明就《中庸》之说所发的本体工夫论，龙溪认为戒慎恐惧若非本体，于本体上便生障碍，不睹不闻若非工夫，则一切尽成支离，而云"盖工夫不离本体，本体即是工夫，非有二也"《王龙溪全集》卷一《冲玄会纪》）。此外还云"近来讲学之弊，看得良知太浅，说得致良知功夫太易"（《王龙溪全集》卷十六《别曾见台漫语摘略》），由此看来，龙溪很好地领会了阳明防备过于轻易地体认良知而寻求致知工夫之真切的精神。此外，阳明曾云"致知存乎心悟"，其论说体验之知的重要性，或是为学主脑之重要的精神看来也为龙溪所深刻理解（《王龙溪全集》卷十《答洪觉山》，卷二《水西会约题词》）。正因如此，他才认为无论是"反之"（用工夫以复本体）之渐还是"性之"（即本体而为工夫）之顿，归根结底都是以去欲为主，两者并无不同（《王龙溪全集》卷二《松原晤语》），此外又云"从一念独知处朴实理会，自省自讼……彻底扫荡……方是入微工夫"，排斥以致知工夫为玄妙奇特的意见，而始终要求工夫之实（《王龙溪全集》卷二《水西会约题词》）。而之所以如此，一方面或许是因为阳明在天泉桥上的规诫依然深深地刻印在其脑海中（参照《王龙溪全集》卷十二《答程方峰》），另一方面或许是因为其如前所述经常与其他王门学者一起讲学。

由此，龙溪在讲论体悟时，亦排斥依靠言铨的解悟和依靠静坐的证悟，而以事上磨炼所得的实地体得，亦即实悟为彻悟，认为只有靠此才能得到真体。之所以如此，是因为其认为解悟非自己所有，证悟浊根尚在，而彻悟则到处逢源，常感常寂，不可使其澄，亦不可使其淆（《王龙溪全集》卷二十《龙溪王先生传》）。龙溪之以极粗之学为极精之学，亦当是基于这一彻悟论的主旨（他曾立说云今人讲学，以神理为极精，开口便说性说命，陷于比拟卜度。离了饮食声色之极粗，便失去了本来性命生机。若能于日用货色上料理经纶，时时以天则应之，才能超脱得净，故而极粗的是极精的学问——《王龙溪全集》卷一《冲玄会纪》）。只不过龙溪所云事上磨炼是体上的工夫而非用上的工夫。据其所说，若非本体上的工夫，就算极力扫除，也难有廓清之期。故而所谓彻悟，便如同"种种见在，化臭腐为神奇"（《王龙溪全集》卷四《留都会纪》）一语所云，是当即以有为无的本原简易工夫（当即以有为无便是前述的无中生有）。而到达彻悟之后，自又会"忘言忘境，触处逢源，愈摇荡愈凝寂"（《王龙溪全集》卷十六《留别霓川漫语》）。龙溪曾云"无迷无悟，是为彻悟"（《王龙溪全集》卷十七《不二斋说》），而这不外是在论述彻悟并非自有而证无，亦非去有求无工夫，而是对有即无之绝对无的自觉，可以说就连悟也要忘掉（从这种作为绝对无的自觉来说，所谓事上磨炼依然有不尽意之处，故而龙溪亦曾将其称为权法——《王龙溪全集》卷五《天柱山房会语》[①]）。龙溪举着这一"彻悟"而与归寂派进行了交锋。他认为归寂派在论说归寂时以任作用为率性，藉测亿为通微，倚计度为经纶，执知解为觉悟，假托现成良知而腾播无动无静之说，虽然其欲救正肆其放逸、无忌惮之私的世间现成说之狂躁的意图可以理解，但归寂派终究还是执于境而到达不了绝对无，逐光景意象而以虚见承当，反而矫本体之枉而过（《王龙溪全集》卷二《松原晤语》，卷十四《松原晤语寿念庵罗丈》）。

---

① 按：据译者所查，此处语意当出自《王畿集》卷五《书同心册卷》。——译者注

※ 龙溪和归寂派同样以良知之本体为虚寂，以致虚守寂为致良知。龙溪之所以有这些议论，乃是因为以知识为良知者陷入不能入微而致其自然之觉、终日在应迹上执泥有象之弊，而欲有所救正。故而其虚寂绝非属于时境之物。然而归寂派虽然以寂为本体，却在主境存养、收摄保聚中求工夫，故而如前所述自不免产生喜静厌动的倾向。虽然归寂派与龙溪同样论说本体上的工夫，但相对于归寂派在静坐澄心上求工夫，龙溪则求之于事上磨炼之中。只是如前所述，所谓事上磨炼从绝对立场看来依然是权法，故而没有必要将工夫限于事上磨炼这样的动处，在静处体玩亦可。（《王龙溪全集》卷四《东游会语》）只是因为其认为归寂派的立场终有断绝与时间的交涉而通于佛老二氏之沉空守寂之患，故而斥退静坐澄心（龙溪云孔子并无静坐说，静坐说来自佛老二氏，程子称赞静坐者为善学只是一时方便——《王龙溪全集》卷一《维扬晤语》，卷四《东游会语》），而特别提倡事上磨炼。

故从以上所述，龙溪曾针对唐荆川说道"大修行人于尘劳烦恼中作道场，吾人若欲承接尧舜姬孔学脉，不得如此讨便宜也"（《王龙溪全集》卷一《三山丽泽录》）的理由自可以理解。而其之所以云"山林之过，甚于市朝"（《王龙溪全集》卷十六《留别霓川漫语》），归根结底亦应是因为以主静之害为甚于俗学。追求实悟的龙溪在论说致知时以"格物是良知日用实地之处"[①]来讲述格物之要。在龙溪看来，致知本于格物，格物本于致知，工夫始能免于逐外物而落空。如果以为事上有定理，而以穷至物理为格物（程朱之立场），则是玩物。不过，若因此以致知为明心见性而弃却伦理，则不免落于空（《王龙溪全集》卷九《与赵尚莘》[②]）。良知本虚，格物乃实，虚实相生，天则常见，龙溪以此为立体之工夫，而对归寂派以格物为致知之效用、以在感应上着工夫为非、以只在虚寂上着工夫为立体之工夫的意见，龙溪评价其为无视格物工夫，背离师说，且分疏先后而终于陷于佛老，对此进行了非难（《王龙溪全集》卷八《答聂双江》，同卷《与聂双江》）。归根结底，龙溪认为归寂派的主静收摄出于将有无体用内外二分的见地，因而其工夫也陷于执着意见安排，而发出非难之语（《王龙溪全集》卷十《答罗念庵》）。

---

① 按：译者未查得此语。——译者注
② 按：据译者所查，此处语意当出自《王畿集》卷九《答茅治卿》。——译者注

而另一方面，归寂派亦云"终日谈本体，不说工夫，才拈工夫，便指为外道"（《罗念庵文集》卷三《寄王龙溪》），以及"以任性为率情"（《罗念庵文集》卷三《寄叶绚斋》）等，对龙溪之说进行了非难（详细情况可参照《双江文集》卷六、《罗念庵文集》卷九中给王龙溪的书信）。本来王门三派成鼎立之势而互相争论，其中现成派与归寂派的争论、正统派与归寂派的争论尤为激烈。不过，通过争论而对彼此有益之处亦不少。比如，念庵能够摆脱不免执于时的双江之主静归寂说的偏颇，而到达欲体作为贯穿动静之真体的虚寂的境地，原因之一便应是与龙溪的切磋（《罗念庵文集》卷五《甲寅夏游记》，卷八《松原志晤》）。而龙溪云"未免牵爱留情，时有托大过用之病。先师有云：'道德言动威仪，以收敛为主，发散是不得已。'"，自觉并反省自己的现成说有流荡过用之病并承认主静收摄之要（《王龙溪全集》卷五《天柱山房会语》，卷四《东游会语》），又或是曾作《调息法》而论说主静工夫之要（《王龙溪全集》卷十五），亦可认为是显示出了其与归寂派之交涉。

※ 不过，龙溪在年轻时曾与念庵一起跟随黄陂山人（方舆时）学习静坐及其息心诀（《明儒学案》卷十八《江右王门学案三·罗念庵先生传》），因而其作《调息箴》（《王畿集》中作《调息法》），或许亦是由于此事。只是应当注意的是，他认为不仅是数息，就连调息亦有着在气上之处，最终将其否定（《王龙溪全集》卷四《留都会纪》）。如前所述，归寂派主静，而现成派则是流动的。立脚于动的现成派因为符合明代重情意的风气而大为兴隆，到明末时达到风靡一世的程度，而立脚于静的归寂派在聂双江刚开始讲归寂时受到王门各派的强烈驳难，处境似乎甚是艰难。而归寂派之所以受到这样猛烈的驳难，当是因为其具有将立脚于动的明学（王学）再次拉回到立脚于静的宋学（朱子学）的倾向，因而开了王学发展方向的倒车。明代文化到了中期以后，其重情意的倾向日益显著。从诞生出了《金瓶梅》的当时的社会来思考，这一点很容易理解。在绘画方面，北画（院体画）衰落而南画（文人画）繁荣，而陶瓷器在进入明代以后，浓穆的染色取

代了紧密静肃的宋窑风格并受到喜爱，这亦是出于重情意的社会风潮（从书法来看，进入明代后率意之作亦很多）。从宋代到明代，文化从静无向动有、从静肃向流动发展，而从以朱子学为宗的宋学到以王学为主的明学的发展亦与此相同。故而现成派繁荣而归寂派实力不振，可以说是不得已。不过应当注意的是，归寂派的精神到了明末后一转而融入东林、甘泉等新朱子学派中，起到了矫正现成派之流弊的作用。

正统派同样讲论本体与工夫之一体，从此点出发，其认为季彭山的龙惕说止于用（戒惧）上而不曾从体上入微，并对此进行了非难（《邹东廓文集》之《简余柳溪》①），不过最终在其看来，本体工夫虽是一体，但应当先言工夫，然后再言本体（《邹东廓文集》之《复高仰之诸友》②）。故而从此点出发，其云现成派认为若加工夫便会妨碍拘束自然之体而于体有损，最终无视工夫而至于猖狂（《邹东廓文集》之《冲玄录》③、《复高仰之诸友》④），对此进行了非难。不过，正统派的邹东廓和欧阳南野感佩龙溪悟入之力，对其彻悟进行了称赞。南野在与龙溪会见之后始感到自己悟入彻悟之力的不足，而云"须直下了彻，始有进步处也"（《欧阳南野文集》卷二《寄何善山黄洛村》），又云"良知不得彻悟，纵有格致工夫，终是影响"（《欧阳南野文集》卷三《答吴苏山》）。东廓的戒惧之学从用于事为之上，经用于念虑之上以至用于不睹不闻之体上而入微，也很难说没有受到龙溪的影响（《邹东廓文集》之《书谢青冈卷》⑤、《录诸友聚讲语》⑥；《王龙溪全集》卷十四《寿邹东廓翁七秩序》）。

龙溪虽曾与归寂派激烈论学，但其最终主张现成论，却应当是因为意欲彻底去除良知说中二元论之弊，亦即修证派虽以本体工夫为一体却又将其暂且分开、而认为良知必待修证的积累着有之弊。当时论修证而对归寂、

---

① 按：原著未注明卷数，此文在《邹守益集》（董平编校整理，凤凰出版社2007年版）中收入卷十一。——译者注

② 按：原著未注明卷数，此文在《邹守益集》中收入卷十一。——译者注

③ 按：原著未注明卷数，此文在《邹守益集》中收入卷十五。——译者注

④ 按：原著未注明卷数，此文在《邹守益集》中收入卷十一。——译者注

⑤ 按：原著未注明卷数，此文在《邹守益集》中收入卷十七。——译者注

⑥ 按：原著未注明卷数，此文在《邹守益集》中收入卷十五，标题为《录诸友聚讲语答两城郡公论学》。——译者注

现成两说加以驳难者之一为吴悟斋（正统派的立场近于修证派）。他评价归寂说为悬空守寂、不用事物上之工夫，因而抛弃了必需的格物工夫，评价现成说为见光景而自以为足，没于伪欲（参照《王龙溪全集》卷十《答吴悟斋》）。对此，龙溪称吴悟斋此说为二分本体工夫而对其进行非难，从全一、绝对之无的立场论说了无修证中才有真修证（参照《王龙溪全集》卷十《答吴悟斋》）。修证说虽是致良知说之一，但其可以说更接近于站在从工夫出发而到达本体立场上的宋学。因而此说并非没有使王学陷入宋学流弊的危险。龙溪最为担心的应该便是这一点（他之所以如前所述排斥绪山的四有论而提出四无论，归根结底也应当是因为感到绪山之说中隐藏着这种危险。绪山之说虽然本于致良知说而在原则上以有无、体用、本体工夫为一体，另一方面却又自有求无，欲从工夫而达于本体，因而亦可看作是一种修证说）。

如同前述，意图直视绝对无的龙溪尤其对在工夫中用意与见的做法力加排斥，以绝意去识为圣学之要。之所以如此，是因为其认为"著于意则不能静以贞动，著于见则不能虚以适变。不虚不静，则不能空"（《王龙溪全集》卷三《宛陵观复楼晤语》），"万欲起于意，万缘生于识，意胜则心劣，识显则知隐"（《王龙溪全集》卷八《意识解》），故而"意见者，道之贼也"（《王龙溪全集》卷八《意识解》[1]）。在龙溪看来，若不信良知之现成，而以良知为必在事物上修证，便自难避免此等意见之混杂（工夫若不为本体之工夫，则有意见之介入）。若有意见之混杂，则自然至于逐光景而以虚见来矫枉本体（如此想来，修证说和归寂说有着同样的弊害）。

若离有而求无便会沉空（故而龙溪讲事上磨炼）。不过，若要在有上修证无，却又会堕于阶级（积累着有）（故而龙溪讲无法证修——《王龙溪全集》卷四《留都会纪》）。有无之间诚为不可致诘（龙溪将其比喻为空中鸟

---

① 按：据译者所查，此语当出自《王畿集》卷三《宛陵观复楼晤语》。——译者注

迹、水中月影，云"若有若无，若沉若浮，拟议即乖。趋向转背，神机妙应，当体本空"——《王龙溪全集》卷四《留都会纪》）。其中既无可循之阶级，亦无可守之途辙。如果有，便不免在有之迹上陪奉周旋（《王龙溪全集》卷十四《水西别言》《别言赠梅纯甫》）。此时需要"不由积累而成"的手法。这便是所谓的"悬崖撒手""不犯手"之妙法，亦即直下承当。其并非"待呼始上船"，而是"无翼而飞、无足而至"的所谓"拿云制电"的手法，须直下自证自悟，亦可说是无觉之觉、无缘起之悟（《王龙溪全集》卷四《过丰城答问》《东游会语》，卷十一《答王敬所》）。龙溪之学之所以被称为顿悟，原因便在于此。虽然龙溪认为非上根之人不可能掌握此种顿悟之道，但当耿楚侗求其一言之要时还是回答说"须识当下本体"（《王龙溪全集》卷四《留都会纪》）。龙溪所云顿悟正是直下承当有无之间（几）、有无即一之体（独），而将本体工夫一齐透了。

※ 现成派常被非难为止于识得本体而无识后之工夫，或是上述的那样只说本体与悟而不讲工夫与修，但龙溪则认为工夫乃是通过直下承当才为真。故而其云颜子之不二过乃是因其从混沌中直下承当（《王龙溪全集》卷二《斗山会语》）。且顿悟并非空虚的逐光景，而是立生天生地生大业之本来生生真命脉（《王龙溪全集》卷二《斗山会语》；此乃其与佛之顿悟不同之所以），故而云"此学全在悟，悟门不开，无以征学"（《王龙溪全集》卷十二《答程方峰》）。此种顿悟更可以说是超越顿渐的绝对之顿，故而又云着一渐字，便是放宽，而近于忘，着一顿字，便是期必，而近于助，要之皆任识神作用，而认为执于顿渐皆为非（《王龙溪全集》卷十二《答程方峰》）。

如此说来，所谓"顿悟"，亦不外是本体工夫、悟修之即一之道。在龙溪那里，工夫必须是彻头彻尾的本体之工夫，悟必须是彻头彻尾的修之悟，而修则必须是彻头彻尾的悟之修。如果期间有些许间隔，便会失却即一之体。对聂双江、罗念庵等人的归寂说，以及吴悟斋（钱绪山）等人的修证说自不待言，连对季彭山的龙惕说、李见罗的止修说龙溪亦表示不满，这归根结底是因为其认为这些理论中本体与工夫、悟与修之间尚有间隔，因而无法真得即一之体（《王龙溪全集》卷四《云门问答》，卷九《与李见罗》）。

　　不过，如何才能够直下承当有无即一之体呢？对此，龙溪有时讲所谓"全体（全面）提起""直达流行"（又云"觌面相呈"），有时讲所谓"全体（一切）放下"（《王龙溪全集》卷十《答吴悟斋》，卷十一《答王敬所》《答张阳和》，卷十六《万履庵漫语》）。所谓"提起"与谢上蔡所云"（常）惺惺"相同，乃是觉醒振起本体之意（龙溪所云"提起"中包含了认取与保任（体认与涵泳）之意，不过其又云"时时提醒，时时保任，……入圣之捷径也"——《王龙溪全集》卷十一《答张阳和》。在将提起与保任并列而言时，龙溪是以直下提起为根本，故而其又云"若直下认得无知本体，百凡感应，一照而皆真"——《王龙溪全集》卷六《与存斋徐子问答》。据龙溪看来，此种悟有着化腐臭之力），而"流行"则是使本体具体地发用。不过重要的则是所谓"全体（全面或一切）"、所谓"直达"。之所以如此说，乃是因为其中龙溪超入于无的立场在空间上、时间上得以表达。龙溪之为学精神的真髓其实便在于此，而归根结底，他认为若不以全体直达为宗旨，最终便会落入阶级之见、着有积累之弊。

　　※ 龙溪不云诸如"提起"而云"全体提起"，其理由在读过其答吴悟斋（《王龙溪全集》卷十）、王敬所（《王龙溪全集》卷十一）之书信后便可明白。不过，前述龙溪的立场或许可以说是亦欲一超直入宋儒所谓的"全体大用"。不用说，最终需以无之立场为根本，才可云所谓"全体""直达""体用"等。故而罗近溪亦云"将一切都且放下，……却是能从虚上用工了"（《近溪子集·御》）。只是现成派在意欲当下证无以实现全体直达这一点上，应当与宋儒论说全体大用的立场有异。

全体提起与全体放下原本是表里一体、不容有些许分离。若非如此，便违反了即一之道。故而龙溪认为通过全体放下而朝向无事甲里（无用之处），便不外是将良知之真性全体提起而使其直达流行，若将两者分开，便不免在本性上生出一纸之隔（《王龙溪全集》卷九《与赵尚莘》）。为此他在讲论顿悟的同时亦讲论无欲，还曾云良知之体乃是无欲。他之所以标榜周子的无欲说，又以格物为无欲之意，也是因为认为全体放下便是全体提起、直达流行。罗近溪亦云"善求者一切放下"（《近溪子集·明德夫子临行别言》）。

※ 龙溪固不同意将格物之物径训为理，对于将物训为欲的做法亦不赞同。他认为格乃是格式之格，以感应事为、顺其天则之自然而我无容心焉为格物（《王龙溪全集》卷八《大学首章义解》）。此说当为不失阳明论格致之精神。不过龙溪已自觉放下之要，故而其格物实质上意味着无欲（《王龙溪全集》卷七《新安斗山书院会语》）。重视无欲的他甚至云"若其必以去欲为主，求复其性，则顿与渐未尝异也"（《王龙溪全集》卷二《松原晤语》）。只是龙溪在论说无欲时虽然还是以为自寡欲至于无欲而尽（《王龙溪全集》卷五《书同心册卷》），但在论说去欲时却要求有咽喉下刀、一气绝其性命的气概（《王龙溪全集》卷四《过丰城答问》，卷一《抚州拟岘台会语》）。他所说的自混沌中立根其实亦是须存有这种去欲的气概始为可能。其现成派的特色便在于这种于无欲中求直悟之处，但在以真诚恻怛为良知之体、以为致良知在于使念念皆真诚恻怛的欧阳南野看来，这一立场最终乃陷于虚见（《欧阳南野文集》卷一《答胡仰斋》）。

归根结底，龙溪所云"全体放下"乃是要一举实现阳明之所谓"廓清平定"，而其所云"全体提起"或"直达流行"乃是要一举实现阳明之所谓"致"。这便是所谓"直从本源上悟入，……一悟本体，即是功夫，……一齐俱透了"（《传习录》卷下）的手法。

※ 不过，这其中亦不可说完全没有类似提棒大喝的禅机那样的东西。这应当是使龙溪之亚流趋向于禅的原因之一吧。这些人之中甚至有公然谈禅者。故而黄宗羲责龙溪跻阳明而为禅之罪，亦不可说完全是失当之评（《明儒学案》卷三十二《泰州学案一》）。

可以说，龙溪的彻悟之所以为彻悟，实悟之所以为实悟，便在于其将全体提起（直达流行）与全体放下看作是完全即一之物。不过，如其所云"只在一念知处用力，……试将念头不断，一着理会，……全体放下"（《王龙溪全集》卷三《九龙纪诲》）（或云人心无一物，原是空空之体，……吾人欲复此空空之体，更无巧法，只在一念知处用力，一切世情念头上有牵扯放不下，皆谓之妄——《王龙溪全集》卷三《九龙纪诲》；或云致知正是去垢工夫，……须认识得本来无物宗旨，自无尘垢可惹——《王龙溪全集》卷六《与存斋徐子问答》），龙溪乃是以全体提起为中心来考量全体放下。在他给赵尚莘的书信（《王龙溪全集》卷九）中亦有"真性直达，乃是真放下"。不用说，这与本体即工夫的立场完全相同。

龙溪之所以提出"全体提起"以及"本体即工夫"等，归根结底不外是出于对有无即一之绝对无的追求。其无乃是有无即一之无，而且亦是良知，故而以上的工夫亦必须在现在（当下）之一念独知上用力。现在的这一念正是有无之体之所在。故而所谓全体提起、全体放下亦只是在现在一念上所用的工夫（在龙溪那里，格致诚正的工夫亦全都不外是现在一念的工夫，故而其云"当下保此一念灵明，便是学"——《王龙溪全集》卷十六《水西别言》。龙溪认为现在一念无将迎、无住着，天机常活，便是了当千百年事业，故而其云"一念万年"——《王龙溪全集》卷十六《水西别言》）。所谓顿悟及直下承当，其实亦可以说是在现在一念上当即全体提起、全体放下。他在给王敬所的信中云"兄自此能一切差别景象不离当下，因地一声，全体放得下，全体提得起，扫尽意识情尘，直至不迷之地，所谓信手拈来，头头是道，方许为实得耳"（《王龙溪全集》卷十一），而这段话可以说明确地表达了以上的主旨。所谓"不离当下，囫地一声"，乃是直下"一念入微"。龙溪常说"一念入微"，而这不外是直下证悟现在一念便是本来良知（独知），并不是说现在一念中存在着一个良知，而要去求这个良知。故而这必须是现在、即当下的承当。只是从以上所述可以明白，所谓当下承当、直下承当等亦是当即自悟自证作为本体源头的现在。故而可以认为这既是纯驳杂混的现在，又是超越现在之物。龙溪之所以在说现成的同时还要讲超脱，原因便在于此，同时他以世间所谓轻易的现成说为非，认为顿悟需要千死万苦的工夫的原因也在于此（《王龙溪全集》卷二《松原晤语》）。在龙溪那里，现成与超脱是同一物（这种关系与全体提起和全体放下的关系如出一辙）。龙溪的现成同时也便是超脱，而这亦是其与世间所谓现成说的区别。

※ 因此，龙溪的现成说与"天生圣神……直下承当受用，……顷刻立谈，便能明白洞达""但能一觉，则……为圣人。若不能一觉，则……为凡夫"（《近溪子集·庭训下》①）的罗近溪的现成说绝非同一物。尽管如此，龙溪的现成说还是被罗念庵评为以一念之明为极则，以一觉之顷为实际，因而过于鲁莽（《罗念庵文集》卷三《答郭平川》）。

龙溪的悟入乃是直下承当，故而自可理解其与讲论"不起意"的杨慈湖与讲论"静中养出端倪""得此把柄入手"的陈白沙（归寂派以白沙为宗）之说的不同。自龙溪看来，两者均偏于静无而失却了为学之头脑。虽然龙溪亦承认慈湖的不起意说乃是超然体悟本心之一的简易直截之道，而针对世间对慈湖的非难进行了辩解，却又评价慈湖之说为不知一念用力，脱却主脑，莽荡无据，故而有过处而不得有无一体之道，不足以经纶裁制。不过龙溪又云善用之未为不是，这当是因为其如前所述承认慈湖的悟入之力（《王龙溪全集》卷五《慈湖精舍会语》，卷九《答季彭山龙镜书》）。对白沙之说，龙溪亦认为其失却头脑，而云白沙之端倪、把柄应看作一点之良知，若非如此，便茫荡无归，认光景意象作活计（《王龙溪全集》卷七《南游会纪》）。（虽然龙溪承认宋以来的主

---

① 按：据译者所查，此语当出自《罗汝芳集》所收之《近溪子集》卷射（三）。——译者注

静派有其学统，并没有将其一概排斥，但其曾云"从人情事变彻底练习，以归于元"——《王龙溪全集》卷十六《留别霓川漫语》——而讲论动处之磨炼，应当认为这一立场与主静派在根本上有不同之处）。

既讲当下承当，便不得不讲当下即是（当下具足）、当下即现成（朱子学中并没有产生这样的说法。这乃是因为在朱子学中，本体之于现在只能是可能之物。这并非出于对现在的轻视，反而是因为能够直视纯驳相混之纠葛中的现实相，并坚持崇高理想的立场。比起讲论本体，朱子更加着力于论说工夫之要，其原因亦在于此。故而朱子学中的当下论有二元论的性质。顾宪成的《当下绎》——《顾端文公遗书》——体会了朱子学的这一精神，详细分析论述了当下所具有的存在性，而对现成派的当下即是论进行了批判）。若当下即是、当下即现成，则本体便不是可能的存在，而必须是现存的存在。这便是龙溪提倡现成论的理由。龙溪虽然讲良知之现成，但并非承认将现实就此作为理想而不加任何工夫、将人类单纯低级的生活就此作为良知之绝对而听之任之的做法。他之所以讲现成，乃是因为他认为若以人们的现在良知为与圣人有异，则良知便需要修证，亦即常人的良知须待修证之后才会成为圣人的良知，终归有头上安头（屋上架屋）、对本体矫枉过正之误（《王龙溪全集》卷十《答洪觉山》《与罗念庵》）。龙溪云"先师提出良知二字，正指见在而言"（《王龙溪全集》卷四《与狮泉刘子问答》），以为阳明亦曾讲论过良知之现成。

※ 此时需注意的是，龙溪虽然云良知之现成并无圣愚之别（《王龙溪全集》卷四《与狮泉刘子问答》），但从其以昭昭之天与广大之天在同为天这一点上并无区别为喻对此进行说明亦可看出（《王龙溪全集》卷二《松原晤语》），这并非说圣人之良知与常人之良知在质与量上都完全相同。而从其在致与不致、亦即致良知与不致良知之中设立圣愚之别来看，此点亦很明确（《王龙溪全集》卷四《与狮泉刘子问答》）。这意味着什么

呢？由此可以明白，龙溪的所谓现成乃是从本体上所发之论，因而并非说不要工夫，而正与此相反，乃是为了赋予工夫主体而述。故而龙溪认为就算人们的良知为万欲所蔽昧，只要能够相信一念独知未尝不明，此乃天之明命（良知）不容磨灭的永恒的存在，便可以真正使得欲念彻底清纯。

可以说，龙溪之所以提倡现成论，归根结底乃是欲通过相信良知现成、当下即是来赋予工夫大头脑、大生命。阳明之时时提到良知之现成，应当亦是出于这样的主旨。只是龙溪更为明确了这一主旨，使其得以彻底。故而其以为即使现在良知儡侗，若不信其现成，便无下功夫的手段（《王龙溪全集》卷十《与罗念庵》），有时必须相信连种种嗜欲亦是本心之迹，若非如此，便会陷于二见，就算凑泊支持而下苦功，亦会陷入安排（《王龙溪全集》卷十一《与赵瀫阳》①），以此来论说信之要。信可以说是直下赋予工夫生命力的、最为直截的综合全一的工夫。故而信得良知及时，只此知便是本体，只此知便是工夫，可直下自得良知之本体工夫（《王龙溪全集》卷十六《鲁江草堂别言》，卷十七《不二斋说》）（亦可以说信自身便是本体工夫）。

※ 龙溪在论说信之要时曾云"吾人学问未能一了百当，只是信心不及，终日意象纷纷，头出头没，有何了期"（《王龙溪全集》卷一《三山丽泽录》），又云信得良知及，时时是脱洒，时时是收敛，不需缠绕时求脱洒，放肆时求收敛（《王龙溪全集》卷三《水西经舍会语》），本体自会做工夫，主宰即流行，因而不从境上生心，时时彻头彻尾（《王龙溪全集》卷十二《答周居安》）。

从以上可以明白，信乃是下手处、赋予工夫头脑而使其不至于陷入意见安排之物。由此亦可知，龙溪以为相信良知之现成反可以匡救世间放逸、

---

① 按：据译者所查，此处语意当出自《王畿集》卷九《答赵尚莘》。——译者注

无忌惮之现成说之弊，并非没有理由的（《王龙溪全集》卷九《答赵尚莘》，卷十一《与赵澂阳》）。

※ 罗近溪亦云"此语（当下）为救世人学问无头，而驰求闻见，好为苟难者"（《近溪子集·御》）。故而若有人只是张目大言当下即是、当下即现成或是当下之信而不用工，这可以说是违反了龙溪论现成之主旨。龙溪认为徒恃见在为具足，不加钻研之力，不努力消意遣欲，便是以意见承当，对此加以排斥（《王龙溪全集》卷七《南游会纪》）。近溪亦在前言之后接着说"然须有许多仁聚礼耨家数，方可望收成结果也。但到此工夫渐就微密，无先觉指点，则下者便浑沦难入，高者便放荡无疆"（《近溪子集·御》），强调了工夫之要。

不过，近溪虽曾像这样论良知之现成，述说相信良知现成之要，并且以为信乃是本体工夫、亦即赋予工夫头脑之物，但如前所述，其亦有轻易述说良知之现成的倾向，故而在其门派之中的信产生了狂妄的倾向。本来所谓信乃是"有之于己"的自得之道，但在泰州一派中，有忘记其为本来本体的工夫、任意气而陷于狂信的倾向（尤为有趣的是将自己学问之师崇拜为圣人而加以信奉的风气——参照《明儒学案·泰州学案》）。

若信为本体工夫，当下便自然是本体工夫上的存在，因而亦是源头与现在之一体上的存在，故而所谓现成之中自有超脱之意。若非如此，便说不上是真正的现成。现成派之亚流之所以陷于猖狂，乃是因为未能充分理解龙溪之现成说的真意。龙溪之所以对近溪之现成论进行批判，云其虽已得其大，转机亦圆，但尚未离见在，故而不得全体（《王龙溪全集》卷四《留都会纪》），亦是因为在龙溪看来，近溪尚未理解真正的现成实际上内含超脱，故而可由此而到达全体的立场、绝对之无这一点。

※ 龙溪之现成说、当下说乃是基于源头与现在的一体观，而罗念庵则对此进行非难说本体与工夫固当合一，源头与现在却不可为同一物（《罗念庵文集》卷三《答王龙溪》）。之所以如此非难，乃是因为罗念庵认为若从这样的一体观出发而说良知之现成，

便会直以现在为本体之流行，任其意之所行，而反以致之工夫为拘迫，加以排斥而陷于肆意（《罗念庵文集》卷四《夏游记》）。

现成论何以能够在源头与现在的一体观之上成立？这乃是因为现成论之本体即工夫的立场。即使立足于源头与现在的一体观，若采取工夫即本体的立场，现成论亦无法成立。而现成派之当下论与新朱子学派（如东林的顾宪成等）之当下论的区别产生的理由亦在于此。

归根结底，龙溪的现成论是将阳明的综合全一的思想彻底化的产物，其以龙溪的无善无恶论（四无论）、本体即工夫论（悟即修论）、当下即是论等诸说为构成要素，但到了现成派的末流，则如前所述流向猖狂一路，产生了甚大的弊害。其猖狂之态在张烈的《王学质疑》（《正谊堂全书》所收）中有详细的叙述。匡救现成派之流弊最为尽力的是（甘泉派的）冯少墟，（东林派的）顾宪成、高忠宪，以及刘念台等人。他们从新朱子学，或是新王学的立场出发，对于构成现成论的诸说，或是反驳，或是批正，致力于救正为现成一派所紊乱的明末世教。

第二章

王门现成派的系统

一、总论

　　混一、动态的宋代陆象山心学在陆象山死后，得势的是以类似老庄的静澄为宗的杨慈湖之学，而这应当与崇尚富于知性、思考的静深之物的时代风潮亦有关系。赋予象山心学以深邃生命的是明代的王阳明，而在王阳明死后，与陆门不同，更为流动的现成派（左派）思想迎来了兴盛。他们提出当下即现成，直接以作用为本体、以有为无，以致知、致思的工夫为障道而加以排斥，而有着将吾心直率的表露直接作为本体性命的倾向。不用说，这亦与时代的风潮有着很深的关系。到了嘉靖年间，明代文化的风潮也逐渐出现了变化。比如在绘画领域，轻视对传统格套的遵循而以率意之自然为贵，文学方面排斥拟古而以率性之平明为宗，陶器则喜好情感丰富的染色胜过富于知性、思考的色调等等，总之形成了强调个人主观、喜爱对情意的直率表现的风潮。王门三派之中只有现成派兴盛，亦当是因为其思想有适合这种时代风潮之处。

　　现成派乃是以浙中的王龙溪与泰州的王心斋为中心而派生出的学派，而这两人之学虽然都是现成之学，但其间却并非没有些许差异。简单来说，龙溪之学以觉悟为宗，而心斋则多有得于践履之处。[①] 据龙溪所云，其"悟"并非依靠知识、理论等的"解悟"，亦非通过坐禅、静坐等来寻求境地的"证悟"，而是忘知忘境，把握了人类本来之性命显现发动的一刹那，亦即作为贯穿寂感内外、未发已发的唯一绝对性命之几，故而所触之处，

---

　　① 泰州派的罗近溪曾云"阳明多得之觉悟，心斋多得之践履"（《近溪子集·数》），而龙溪之悟乃是将阳明之悟又推进了一步。

当即便会逢着性命之本源。龙溪将此称为"彻悟"。他与王门各派诸儒等人多有切磋磨炼，故而其现成思想并非如心斋那般简易，同时其奉以为宗的悟亦有体验之力，故而为王门诸儒所推崇。并且因为龙溪长寿，一直到老年都在各地设有讲席，故而其思想在各地广为流布。只是其门下无人能在力量上超越其师。接下来列举龙溪门下的主要人物，而试述其学风之概要。

浙中有万鹿园、张阳和等。鹿园学于龙溪而入于禅（《明儒学案》卷十五《浙中王门学案五·万鹿园传》）；阳和亦师事龙溪，但其看到善恶在于寂与感、有与无间之几，而以察识辨别善恶之几为学之要、致知之功，而终云"本体本无可说，凡可说者皆工夫也"，对专论本体上之工夫的其师龙溪之学进行了批判（《明儒学案》卷十五《浙中王门学案五·不二斋论学书》）。南中有薛方山、查毅斋、唐荆川等门人。方山除陆王之学外还遵奉朱学，高扬道义，[①] 其学成为东林的新朱子学之源。（《明儒学案》卷二十五《南中王门学案一·薛方山传》，同卷《南中王门学案一·薛畏斋文集》）毅斋在龙溪之外亦师事钱绪山，而其学可以说更接近绪山。（《明儒学案》卷二十五《南中王门学案一·查毅斋传》，同卷《南中王门学案一·查毅斋先生集》）只有荆川以天机为宗、以无欲为工夫，因而多少继承了龙溪之本旨，但至其子凝庵，则生出了旷达之风（《明儒学案》卷二十六《南中王门学案二·唐荆川传》，同卷《南中王门学案二·荆川论学语》，同卷《南中王门学案二·桃溪札记》）。以上是龙溪门下的主要人物，而其亚流中亦有两人需要注意。其一是在明末文艺史上占有重要地位的徐文长，另一人则是私淑龙溪而纵论现成论、在世间引起了巨大反响的李卓吾居士。

心斋的现成论因基于其自身强烈的个性，因而有一种类似于禅的机锋，就如同春日潜庵[②]所云"其用工简易直截，譬如霜隼搏空"（和刻《王心斋

---

① 其著有《考亭渊源录》。
② 春日潜庵（1811—1878），日本江户末期、明治初期的儒者、政治家。——译者注

集》序），有着简易直截的锐利手法。然而其亚流中出现了"能以赤手搏龙蛇"之辈，终至于产生了蔑视名教的弊害。① 心斋之学自徐波石传至颜山农，自颜山农传至何心隐、罗近溪，自罗近溪传至周海门，而这一派中有一股尊气骨、以任侠为事的风潮。李卓吾赞赏这种风潮，② 而这应当是因为其自身便已为这种风潮所感染。从这一点来看，他也可以说是泰州派的亚流。泰州的流派中也并非没有稳健派。接下来出于一时之便，将此派的主要人物进行以下分类，并试着概论其学风：

（一）平实派

林东城、王一庵、耿天台、何克斋等属于这一派。东城被称为心斋门下之第一人，而其与龙溪亦是讲友。其学深密而不涉安排、不落闻见，平实且有从容之风概。（《明儒学案》卷三十二《泰州学案一·林东城传》）一庵曾云以良知为对是非的感知乃是未得阳明之良知本旨，良知乃是人心寂然不动、不虑而知之的自然灵体，故而只要识认此体，端的便了，不消更着致字。③ 像这样，其学虽专以本体上之工夫为旨，但却不失其实，不曾陷

---

① 黄宗羲曾这样表述泰州亚流的弊害：阳明先生之学，有泰州、龙溪而风行天下，亦因泰州、龙溪而渐失其传。泰州、龙溪时时不满其师说，益启瞿昙之秘而归之师，盖跻阳明而为禅矣。然龙溪之后，力量无过于龙溪者，又得江右为之救正，故不至十分决裂。泰州之后，其人多能以赤手搏龙蛇，传至颜山农、何心隐一派，遂复非名教之所能羁络矣。（《明儒学案》卷三十二《泰州学案序》）

② 关于泰州派的这一风潮，李卓吾曾这样说：当时阳明先生门徒遍天下，独有心斋为最英灵。心斋本一灶丁也，目不识丁，闻人读书，便自悟性，径往江西见王都堂，欲与之辩质所悟。此尚以朋友往也。后自知其不如，乃从而卒业焉。故心斋亦得闻圣人之道，此其气骨为何如者！心斋之后为徐波石，为颜山农。山农以布衣讲学，雄视一世而遭诬陷；波石以布政使请兵督战而死广南。云龙风虎，各从其类，然哉！盖心斋真英雄，故其徒亦英雄也。波石之后为赵大洲，大洲之后为邓豁渠。山农之后为罗近溪，为何心隐，心隐之后为钱怀苏，为程后台。一代高似一代。所谓大海不宿死尸，龙门不点破额，岂不信乎！心隐以布衣出头倡道而遭横死，近溪虽得免于难，然亦幸耳，卒以一官不见容于张太岳。盖英雄之士，不可免于世而可以进于道。（《李氏焚书》卷二《为黄安二上人三首之一——大孝》）

③ 一庵曾举出心斋"明翁初讲致良知，后来只说良知，传之者自不察耳"之语，试图对此进行论证（《明儒学案》卷三十二《泰州学案一·王一庵先生语录》）。

入狂荡。这乃是因为其以诚意为学之要。他的诚意说富于独创性，成了刘念台之诚意说的先驱。在其看来，意并不是心之已发，而是心之主宰，因而是有定向的心体，即《中庸》之所谓"独"。阳明所说的良知乃是此意灵明之处，故而是"自作主张，自裁生化"的绝对之物，而所谓"诚"则是诚此意（《明儒学案》卷三十二《泰州学案一·王一庵先生语录》，同卷《泰州学案一·诚意问答》）。天台所论说的乃是一种实学，从而开启了泰州之别派。此外，此处对方本庵亦略加介绍。他亦是泰州派之一员，但在论说阳明之良知时重视良知的道德性，以认识到良知为天理、为善为要，并曾举出朱子《大学章句》开头之论，试图对此进行论证。[①] 故而其认为提出以无善无恶为心之体乃是阳明晚年之秘传的龙溪的《天泉证道纪》乃是附会之说，而对其加以排斥。其结果，本庵之学接近于朱子学，在泰州一派中别开一新机轴（《明儒学案》卷三十五《泰州学案四·方本庵传》，同卷《泰州学案四·心学宗》，同卷《泰州学案四·桐川语录》）。

（二）容禅派

赵大洲、焦澹园、陶石篑、管东溟等属于这一派。大洲、澹园是承认禅学而以宋儒之排佛论为非的人物。大洲非难朱子订立了严格的规矩格套而将灵觉明悟、通解妙达之论都当作禅而加以排斥，而云儒之道亦是灵觉明妙，以出自人类性命之自然的通融无碍之行为贵，只是其内容是万物一体之仁。总之其自身亦喜爱禅，而不惮被人看作是禅学（《明儒学案》卷三十三《泰州学案二·赵大洲传》，同卷《泰州学案二·大洲杂著》）。澹园学于近溪、天台，又信奉李卓吾之学，与李卓吾交往亲密。他以为佛学亦是

---

① 即其所云"虚灵中有理，为事之根，奈何以虚灵为无乎？《集注》：'明德者，人之所得乎天，而虚灵不昧，以具众理而应万事者也。'今学者删之，曰：'明德者，虚灵不昧之德也。'删去理字，则无体；删去事字，则无用。但云虚灵不昧，则混於释氏灵明之说，而非《大学》之本旨矣"（《明儒学案》卷三十五《泰州学案四·心学宗》）。

圣学，而逐一批驳了明道的排佛论。而出于现成的立场，他又相信人之本心，以其自然性为贵，而认为像宋儒的存养那样在其上加以工夫乃是束缚本心（《明儒学案》卷三十五《泰州学案四·焦澹园传》，同卷《泰州学案四·答友人问释氏》）。石篑曾云明道、阳明对禅学都是"阳抑而阴扶"，公然鼓吹禅学，其宗风盛于浙东地区（《明儒学案》卷三十六《泰州学案五·陶石篑传》）。东溟是天台的门人，提倡三教一致，纠合佛老与儒而决儒释对峙之波澜（《明儒学案》卷三十二《泰州学案序》）。此外，在这里对与大洲一样、笃信人之本心之自然性的杨复所之学亦略加叙述。杨复所是近溪的门人，正如其所云"当下者，学之捷法，无前无后，无善无不善，而天地之大，万物之富，古往今来之久，道德功业之崇广，人情世态之变幻，管是矣。非天下之至巧，不足以语此"（《明儒学案》卷三十四《泰州学案三·杨复所证学编》），其排斥人为工夫，以为只有专任当下之自然性情，才能达成伟大宇宙的裁制之业、为天地立命，而以宋儒之本体与工夫、性与情的分合论为误（《明儒学案》卷三十四《泰州学案三·杨复所证学编》）。[①] 宋明之浑一思想并非没有在杨复所那里到达顶点之感。

（三）旷达派

王东崖、邓豁渠、方湛一等属于这一派。他们原本即以为当下即现成，继承了泰州派的流风，而其间又有充满了类似魏晋清谈家的旷达或是任诞之风的一面。东崖是心斋之子，又师事龙溪及绪山，在父亲去世后继承其讲席而到各地讲说。他亦笃信本心之现成，正如其所云"鸟啼花落，山峙川流，饥食渴饮，夏葛冬裘，至道无余蕴矣。充拓得开，则天地变化，草木蕃；充拓不去，则天地闭，贤人隐"（《明儒学案》卷三十二《泰州学案

---

① 其亦曾云"确然以一身为立，独往独来，一丝不挂，便是立命，此是秋杀冬藏手段"（《明儒学案》卷三十四《泰州学案三·杨复所证学编》）。

一·东崖语录》），以为只需任其自然之发露而加以充拓，天地人的理想便可以实现，而讲论不犯手之妙并强调其父心斋之"乐学"。另一方面，他又以追求像曾点舞雩气象那样的意思之悠远、胸怀之洒脱为学之要（《明儒学案》卷三十二《泰州学案一·王东崖传》，同卷《泰州学案一·东崖语录》）。韶渠、湛一亦相信当下之现成，但其学中有超脱或是任诞之处（《明儒学案》卷三十二《泰州学案序》）。

（四）气骨派

颜山农、何心隐、耿楚倥、祝无功等属于这一派。他们大多弄禅机而尊事功术策、气骨任侠，并且以任人类的朴素性情为得道，终至于以名教、格式、道理为拘束，以用功为障道，而产生了对这些加以嫌恶排击的倾向（《明儒学案》卷三十五《泰州学案四·祝子小言》，同卷《泰州学案四·耿楚倥传》；《耿天台全集》卷八《观生纪》）。泰州亚流中产生的猖狂之弊可以说应主要归于这一派。

泰州派中首屈一指的学者应当说是罗近溪及其门人周海门。故而据称心斋之学一传为罗近溪，再传为周海门。然而泰州之学在传到近溪、传到海门之后，逐渐失去其锋芒，而产生了阔略肤浅的倾向（孙夏峰《理学宗传》附录）。泰州派的现成论遭到正统派、归寂派（右派）以及朱子学派的猛烈驳斥、批判，尤其是到了其末流，产生了显著的弊害。归寂派的王塘南概之后下了这样的评论：

> 学者以任情为率性、以媚世为与物同体、以破戒为不好名、以不事检束为孔颜乐地、以虚见为超悟、以无所用耻为不动心、以放其心而不求为未尝致纤毫之力者多矣。可叹哉！（《明儒学案》卷二十《江右王门学案五·王塘南先生语录·三益轩会语》）

二、罗近溪与周海门

近溪年轻时读到薛文清"万起万灭之私，乱吾心久矣，当一切决去，以全吾澄然湛然之体"之语而极为感激，自此以后废寝忘食，严立功过，专心从事这一清苦工夫，但终于无所得而成为卧病之身。不过幸运的是感到担忧的父亲授予其《传习录》，近溪读过之后其病顿愈。其后近溪遇到继承泰州之学的颜山农，向其讲述过去的苦工与患病情形后，被山农告知制欲工夫非所以体仁，天命之性生生不息，常流行于当下日用，因而如果像孟子扩充四端那样即此当下而直养本体，仁便会受用不尽，于是近溪便师事山农而受其教。[①] 像这样，近溪因山农之教而悟到道乃现成、乃当下受用，其后便提倡现成论，晚年往来于两浙广闽之间以弘扬之。明末现成思想的流行多有赖于近溪之力。有论者谓"龙溪笔胜舌，近溪舌胜笔"（《明儒学案》卷三十四《泰州学案三·罗近溪传》），而读过两者文集之后，便可知此乃恰当之评。近溪是有着指点吃茶吃饭等日常琐事而能于立谈瞬目之间使人有悟之妙手的学者，在这一点上当时无人能及。而其门人等也对这一手法发出了嗟叹之辞（《近溪子集·御》《近溪子集·一贯编·孟子》）。

近溪曾论悟与践履之先后而以悟为先（《近溪子集·数》），不过其悟缺乏龙溪之悟那样的悬崖撒手的气概，相比较而言欠缺一些精彩，而其中原因之一当是近溪的现成论承泰州之流风而有些趋向简易，这从其讲论乐学

---

① 只是关于近溪患病前后的情形，各种记述中有少许异同（《近溪子集·乐》；《近溪子集·一贯编·易经》；《近溪子续集》；《近溪子附集》王时槐撰《近溪传》；《近溪子附集》杨起元撰《近溪墓志铭》；周海门《圣学宗传》卷十八）。

一事便可看出。① 只是近溪之悟并非如杨慈湖、陈白沙所说的端本、敬澄之悟那样的自有入无之悟，而是如王龙溪所说的现成、通融之悟那样的自无入有之悟，而近溪认为只有靠这样的悟才能得入于浑融而显现天机，以司经纶裁制。② 故而其举出阳明"浑然天成，更无斧凿"之语③而论说良知之现成，并云经纶之大业亦可因此良知浑融明通之妙用而自遂。因此，自心斋传至颜山农的泰州派尊气骨的流风到了罗近溪之后，可以说稍异其趣。这便是许敬庵曾云"盱江之学出于亢而入于圆"（《敬和堂集》卷五《答周海门司封谛解》）的原因。像这样，近溪与龙溪同样论说无拟议无安排之当下识取、亦即直下承当或是一切放下之要，以为由此便可避免陷入工夫逐意念之端倪、求闻见之想象之弊，或是因为坚持这些而生出逐渐远离本心之弊。近溪将自己据以为宗旨的悟比做太阳一出而魑魅潜消，并以为"扫尽浮云而见青天白日"之譬不当（《近溪子集·庭训上》；《近溪子集·一贯编·四书总论》；《近溪子集·御》），可谓是确论。

本来悟与信便是表里一体。之所以这样说，是因为悟因信而得力，信因悟而得透。近溪也与龙溪一样论说当下即是之信，亦即当下乃是德行之当下、天命之流行不已处。故而若不信当下之是，功夫便无下手处，必须做到即便难以相信也要信。这是因为由此而本体得以著察，生出对于天命的敬畏戒惧之念，而工夫得以发于本体（《近溪子集·一贯编·易经》）。他在论《中庸》之"尊德性"时云"德性不尊，则所学将徒学矣。然尊而非信，则其尊亦岂实尊也哉"（《近溪子集·庭训上》）的理由亦在于此。故而其举出王阳明"个个人心有仲尼"之语而以当下之信责其门下弟子，亦可

---

① 近溪曾对归寂派的王塘南说："莫如乐，但从乐而入可也。"（王塘南《自考录》所引）

② 据近溪所云，悟有自有入无者与自无入有者二法，若依前者，则渐向虚玄，其妙味愈深，则其去人事日远，甚至终身不肯回头，自谓受用无穷；若依后者，则渐次入于浑融，其操持愈久，则其天机愈显，所以能经纶天下之大经，立天下之大本，知天地之化育（《近溪子集·御》；《近溪子集·射》）。

③ 按：此语为罗近溪对王阳明的评价，王阳明本人似并无此语。——译者注

以说是理所当然。

近溪之所以论说悟、信，固是因为其认为工夫必须用于本体之上，而据其所说，正因为是这样的工夫，才能够超越自身而成为本体。若非如此，便会陷入言铨知解、拘滞支离。① 故而其云"独便是为慎的头脑，慎亦便以独作主张"(《近溪子集·一贯编·中庸》《近溪子集·射》等)，论述了本体是工夫的头脑，工夫因为本体而得到力与生命。本体上的工夫便是以直养充长本体为工夫。近溪以阳明致良知之"致"为直养推开之意，便表明了其这一立场(《近溪子集·一贯编·孟子》《近溪子集·乐》)，而其以《论语》中"克己复礼"之"克己"为"能己"之义，并据此排斥以克己为克去己私的历来之说，② 可以说是表明了这一主旨。这与例如所谓"去人欲、存天理"那样通过工夫到达本体的宋儒之说是完全相反的。只是近溪的本体乃是现成的，故而在工夫上正如其所云"任天机之自然而充之"(《近溪子集·数》)，以工夫之自然性为要，而有"工夫不识性体、性体若昧自然，总是无头学问。细细推来，则自然却是工夫之最先处，而工夫却是自然之已后处。次第既已颠倒，道蕴何能完全"(《近溪子集·乐》《近溪子集·一贯编·易经》)之语。只是虽云尊自然，但若无深远的考虑，亦不能说没有流于情识之患。

对于近溪所说的"悟"及"一切放下"，当时许敬庵、王龙溪等加以了批判。敬庵曾云近溪的透性悟入之论只不过是任知解而谈论高玄(《敬和堂集》卷五《简罗近溪先生》又)，而对以严苦的克己工夫为学之宗旨的敬庵来说，

047

---

① 近溪云《孟子》的"勿忘、勿助长"乃是工夫而本体，故与《中庸》的"鸢飞鱼跃"一样活泼泼地(《近溪子集·一贯编·孟子》)。

② 近溪以将克己训为克去己私的汉儒之说为非，认为克乃是《大学》所云"克明德"之克，与《书经》所云"克明峻德"之克相同，为"能"或"胜"之意，对于"复礼"则如其所云"为仁由己而不由人，则可见复必自己而健行也"，以其为自我之作用。故其以为明道"认得为己，何所不至""仁者浑然与物同体"之说、象山"能以身复乎礼"之说为能得孔子"克己复礼"之旨(《近溪子集·一贯编·论语》;《近溪子集·礼》)。

做出这样的批判或许是当然的。讲论彻悟的龙溪虽承认近溪之悟乃是自无入有、追求神机之感应（和刻《王龙溪全集》卷十四《寿近溪罗侯五袟序》），却又认为近溪所说的一切放下都是落入情识，而下了这样的评论：

> 亦从见上承当过来，到毁誉利害，真境相逼，尚不免有动。他却将动处亦把作真性，笼罩过去，认做烦恼即是菩提，与吾儒尽精微、时时缉熙功夫尚隔一尘。（和刻《王龙溪全集》卷四《留都会纪》）

不过近溪也并非在工夫上没有花费过苦心。例如其虽云当下即是，却又认为若不接受先觉的指导便会误认当下，而在论悟时亦曾讲述过实悟的困难而告诫不可虚悟，又或是曾论说悟后工夫之要，对于当下之信也曾论说审几之要而告诫不可妄信（《近溪子集·庭训上》《近溪子集·庭训下》）。特别是其看到口称良知者中有动不动便任天之便而不敬畏天命者，为此而讲述畏命说对其提出告诫，这尤其显示出其煞费苦心。① 据海门所说（《圣学宗传》卷十八），近溪朝夕如"执玉捧盈"般畏惧天命。只是这种敬畏应当认为亦是天命自身之作用，故而其与宋儒所云"主敬""戒惧"在性质上有所区别这一点自不待言。之前曾述及近溪有较为轻易地讲论现成论的倾向，但这是比较之后得出的结论，其自身曾说过自己之现成之生生不息之道乃是遍历天下参求师友、从千辛万苦中得来的（《近溪子集·庭训下》）。

近溪在论说良知之现成时举出孟子所谓"赤子之心"，简明直截地指出良知乃是现在之受用，因而便是当下即是。他所云的赤子之心是先天性的道德感情，即亲亲长长，亦即对父母、兄长的爱敬之心。而据其所说，此心乃是万人所具有的良知良能、不学不虑的人情平易之处，而此人情平易

---

① 对于任当下怡然之顺适畅快并将此称为无工夫之工夫、恣己之私意而不用工夫者，近溪曾云良知之灵明彻于天命，故而随时随处均有天命鉴临昭察，需时时畏惧警醒、兢兢业业以收敛凝结此心，顷刻也不可放逸自己之心，否则便会自恣无忌惮、以此而为狂（《近溪子集·庭训下》）。

之处才是天命的最为切至、神圣之处。故而其以日用平平常常之处为天命浑沦之地，而反以讲论神通变化及虚寂者为异端（《近溪子集·庭训下》《近溪子集·明德夫子临行别言》）。故而近溪论《中庸》，在云"中者，庸之精髓；庸者，中之肤皮"的同时，又重视庸的意义，而云宋儒之论所重视者为中，对其进行了非难。而其排斥教人观未发以前气象的罗豫章、以静中养出端倪为要的陈白沙等人的主静说，盖为理所当然（《近溪子集·乐》《近溪子集·一贯编·中庸》《近溪子续集》）。

　　近溪所举出的赤子之心换言之便是孝弟慈之心，而他以中国人自古以来便作为家庭道德加以重视的这三德为天命之流行、仁之生机的实质，以其为为学之宗。其现成论的特征可以说在于以此生机及孝弟慈三德为要这一点。① 据耿天台所云，近溪最初以《楞严经》为宗而讲无，又直指当下令人反身默识，于佛典无不探讨，弄其博识而论辩道理，与缁流羽客亦相交往，② 但其后则专提掇生机（《耿天台全书》卷三《与邹汝光第三书》，卷十二《近溪子集序》）。③ 近溪以孝、弟、慈为为学之宗乃是晚年之事，而据说后来其口绝不及佛老，僧道一切谢遣之，并禁止其门下弟子等学禅（《近溪子集·明德夫子临行别言》）。④

---

　　① 近溪之所以重视孝弟慈，其青年时因用严苦工夫而患病时感受到了父母及家人深深的情爱这段经验亦应是原因之一（《近溪子集·乐》《近溪子集·一贯编·易经》）。

　　② 按：据译者所查，探讨佛典与交往缁流羽客二事当出自《明儒学案》卷三十四《泰州学案三·罗近溪传》所引王塘南语。——译者注

　　③ 龙溪曾云近溪之学已得其大，又曾云其学从禅宗来（《王龙溪全集》卷四《留都会纪》，卷十《与冯纬川》）。许敬庵评近溪之学为"大而无统，博而未纯"（《明儒学案》卷三十四《泰州学案三·罗近溪传》所引），杨止庵以罗近溪兼修理学佛老，以妄诞之论广聚士人（《明儒学案》卷三十四《泰州学案三·罗近溪传》所引），陈几亭云近溪之学虽托于孔孟而其实为佛，乃是叛圣蔑经之尤（《陈几亭集》外书卷三）。不过耿天台不以近溪为陷于佛老，认为其即使讲论佛老，也只不过是"借兵"而已（《耿天台全集》卷十二《近溪子集序》）。王塘南亦云近溪虽学佛，却能取长弃短（《明儒学案》卷三十四《泰州学案三·罗近溪传》所引）。

　　④ 近溪晚年见其孙怀智阅《中峰广录》，辄曰"禅家之说，最令人躲闪，一入其中，如落陷阱，更能转头出来，复归圣学者，百无一二"而对其加以劝诫（《明儒学案》卷三十四《泰州学案三·罗近溪传》所引王塘南语）。

自程子以来，仁被说成是生之理，而近溪则往往欲在生生不已之天机、即天命生生化化之处见出仁之所以为仁之理。其对于生机是何等重视，从其论《易》之复卦之"复其见天地之心"一句时云此心乃天地无心而以生物为心之心，故而不如用"生"字来代替"心"字一事亦可推测（《近溪子集·数》《近溪子集·一贯编·易经》）。像这样，据近溪所说，仁之生机不仅生己，而且生物，乃是所谓物我同体、万物一体的作用。[1] 以生机为要的近溪并不像宋儒那样以天命之性与气质相对，而是以天命之性为合虚与气而言之者，以及与气质浑然一体的存在，并认为孟子的所谓形色即天性之论在这一意义上是正确的，否则便会失却生机之感通而落入玄虚。其结果是，近溪认为生即性，而与明道、象山一样承认告子"生之谓性"之论，并认为告子的"生"之一语能见得性之生机，乃是透悟之语（《近溪子集·一贯编·孟子》）。不过另一方面，他又不得不指出生机之妙用乃是在日常的道德感情及其实践中始能见得，即使以生机为要而求生与性之浑一，若没有比如孟子所说的"四端"之扩充及践履等工夫，反而会将性导向玄虚，误以为只有上智之人才可以悟入，告子的生性论之流弊正在于此（《近溪子集·一贯编·孟子》）。

近溪云人以仁而立，仁以人而成（《近溪子集·礼》）。这是说虽然人身以仁而生，生机为其体，不过如同前述，生机乃是以万物为一体而生之的作用，故而欲充长活泼吾身之生机，便必须如《论语》所云"己所不欲，勿施于人"，"己欲达而达人"。换言之，必须直养万物一体之生机。这不外是以天下为一家、以中国为一人之道。故而吾身之生理通过成为孟子所谓

---

[1] 故而其曰"盖吾身躯壳，原止血肉，能视听而言动者，仁之生机为之体也。推之而天地万物，极广且繁，亦皆躯壳类也，潜通默运，安知我体之非物，而物体之非我耶"（《近溪子集·御》《近溪子集·一贯编·易经》）。此外，对于同体之仁与墨子的兼爱是否类似的疑问，近溪云同体之体乃是身之意，身虽一个，但头目居上，四肢居下，形骸外劳，心腹内运，其间有上下内外之别，故而虽云同体，其中亦有差等，并非兼爱（《近溪子集·一贯编·易经》）。

的"大人"而得以实现。所谓"仁者人也"中的人指的并非只是个人，其所指正是这样的"大人"。在近溪看来，这便是所谓仁以人而成的原因。而必须说，近溪对人以天为大、以人为小感到不满的原因也在这里（《近溪子集·庭训下》《近溪子集·一贯编·四书总论》《近溪子集·一贯编·孟子》）。近溪亦论说自我之现成，不过他所说的自我本来便是这样的"大人"，这自不待言。

如前所述，近溪在论述仁之生机时以亲子兄弟间的生生之道，即亲亲、长长、幼幼，亦即孝、弟、慈这三德作为其根干。他能够直视人身乃是生于父母之身、连于兄弟、生育子孙的存在这一事实，承认其间有生生之仁机的不容已、纯粹自然的发露。这便是《论语》中云"孝弟也者，其为仁之本与"的原因（《近溪子集·一贯编·孟子》《近溪子集·一贯编·论语》《近溪子集·一贯编·四书总论》）。故而其认为朱子以仁为高于孝弟的做法是不对的，并批评近世诸儒以孝、弟、慈为浅近，而徒逐仁义之虚名。据近溪所说，孝、弟、慈乃是本于不学不虑之体，即良知之自然、良知之明德亦是因孝、弟、慈而始得实落，不至落入玄虚。治国平天下的经纶之业亦是通过将孝、弟、慈达于国家天下而得以成就（《近溪子集·御》《近溪子集·一贯编·四书总论》《近溪子集·一贯编·孟子》）。他曾这样论述为何在讲论阳明之良知时必须特别举出孝、弟、慈：

阳明先生乘宋儒穷致事物之后，直指心体，说个良知，极是有功不小。但其时止要解释《大学》，而于《孟子》所言良知却未暇照管，故只单说个良知。而此说良知，则即人之爱亲敬长处言之，其理便自实落，而其工夫便好下手，且与孔子"仁者人也，亲亲为大"的宗旨毫发不差，始是传心真脉也。（《近溪子集·射》）。

良知只是个爱亲敬长。爱亲敬长而达之天下，只是兴仁兴义，而修齐治平之事毕矣。（《近溪子集·一贯编·四书总论》）。

像这样，近溪不仅以孝、弟、慈为孔孟之宗旨，而且认为六经之道皆会归于此，以至于对朱子、阳明，亦云朱子虽求道于六经，却未能以孝、弟、慈为本，而阳明虽求道于良知，却未能以古圣贤所宗的孝、弟、慈为法（《近溪子集·礼》《近溪子集·一贯编·大学》）。可以说，陆、王所特别强调的孝的思想在这里得到了新的发展。

海门最初从其从兄、游于龙溪之门的周梦秀而志于学，其后师事近溪，因质疑问答之际近溪富于禅家机锋的指点而知为学之际、知头脑之要，而始得悟入。[1]（《明儒学案》卷三十六《泰州学案五·周海门传》）海门亦以直下承当为旨，能够使出对话之际使人开悟的妙手。以下的这段问答便能够透露出此间消息：

> 尝忽然谓门人刘塙曰："信得当下否？"塙曰："信得。"先生曰："然则汝是圣人否？"塙曰："也是圣人。"先生喝之曰："圣人便是圣人，又多一也字！"（《明儒学案》卷三十六《泰州学案五·周海门传》）

如前所述，龙溪、近溪均讲论当下之信，而当时归寂派的罗念庵对此进行了批判。对此，龙溪云"见在固涉笼统，不信见在，又将何所用力耶"，近溪亦云"除去当下，便无可下手。当下何可不信"（《近溪子集·庭训下》[2]），论说当下之信乃是工夫下手之处、不可或缺。并且如前所述，近溪曾论说审几之要，以期当下之信不陷于妄。不过从前引问答亦可以看出，海门的当下之信并非没有堕于轻易而流为妄之忧。

海门亦讲论默识自得之要。据其所说，孔门之仁知皆由于自得，此乃

---

[1] "问'如何是择善固执'，近溪曰：'择了这善而固执之者也。'"（《明儒学案》卷三十六《泰州学案五·周海门传》）

[2] 按：《罗汝芳集》所收《近溪罗先生庭训记言行遗录》中未见此语，此语当出自别处。——译者注

孔门之秘旨（《二程微旨》①）。默识自得乃是自知自悟，亦即不外是觉。海门云"学者觉也"（《二程微旨》），《论语》之"好古敏求"是觉，《大学》之"格物"乃是不迷，亦即觉（《二程微旨》）。当然，海门乃是现成论者，故而此处所云"觉"在其看来乃是当下的自身受用，即直承悟入，不容言说之话题、躯壳之承当、情识之拟议等一切知解想见，或是考量的介入，甚至不许关于真体发问，这自不待言。据其所说，如果能像这样到达真知，则工夫便能本于本体之自然，可以随时随处、触处得方便之宜，合于本体。《大学》《中庸》之所以提出"知止""明善"，亦不外是述此觉、即自得之要。如果措此不管而妄说"修""诚"之要，又或是提出涵养、躬行、考索、辩学等为工夫所据之典要规格，责人专修之的话，最终会泥于言铨、陷于拘滞，失却本体的真实性和自然性。程子在论说作为心性功夫的"敬"的同时，又曾论述敬之无必要，便是为了阐明这一微旨。不能自得本体而专一于工夫，其害譬如不知辨别谷种而终岁勤苦耕耘，结果只是培植夷稗荆棘而已（《二程微旨》）。海门尊崇明道之浑沦自得②，尤其以为《识仁篇》能示当下之默识自得之切要。朱子曾云"明道说话浑沦煞高，学者难看""明道说话超迈"（《朱子语类》卷九十三），以为对于《识仁篇》，比起本体之处来更须看其中的作用之处，而责学者以下学工夫。对此，海门慨叹这乃是湮灭明道之宗旨而绝圣宗（《二程微旨》）。如其所云"人到诸事沉溺时，能回光一照，此一照，是起死回生之灵丹"（《明儒学案》卷三十六《泰州学案五·证学录》），海门以为良知对于人之生命有着伟大的力量而对其加以赞美，但又轻易地论其现成，如其所云"此心一刻自得，便是一刻圣贤；一日自得，便是一日圣贤；常常如是，便是终身圣贤"（《明儒学案》卷三十六《泰州学案五·证学录》），有着夸大自得之效验的倾向。

053

---

① 按：此书名似当为《程门微旨》。——译者注
② 海门以为二程子得圣学之宗旨，故而抄录其语，间施附注以启其微旨，由此而著《二程微旨》。

海门与心斋、近溪等人一样论自我之现成，而此论亦有至海门而达到顶点之感。其以为己即圣，并且从这一立场出发，不仅以"观天地则见圣人"之说为非，且以程伊川"观圣人则见天地"之说亦为未尽，而认为当云"观己则见天地圣人"（《二程微旨》）。这乃是因为在其看来，天地宇宙皆为此现成之自我所建立，亦即天地宇宙之万端、造化之妙用舒卷、天命之主宰覆育皆任自我之自在。盖《阴符经》中虽有"宇宙在乎手，万化生乎身"，而陈白沙亦曾说过同样的话，不过前者以权谋术数、后者以收敛静虚为道之根本，与海门所云主旨不同，这自不待言。

明末现成派之亚流多信奉龙溪的四无说，亦即无善说，此说在当时大为流行，另一方面亦因此而产生了显著的弊害。这从顾宪成、冯少墟等新朱子学者在批判现成派之亚流时尤其用力于论难此说一事亦可以推察。只是此说在当时之所以如此流行，亦多有赖于海门之力。在南都讲会之席上，海门与湛学派的许敬庵就此说进行了争论，敬庵作《九谛》，提出九条来批驳龙溪此说，对此海门则作《九解》，逐条反驳敬庵之论，维护龙溪之说（《明儒学案》卷三十六《泰州学案五》）。海门以龙溪之无善说为是的理由在于何处呢？归纳起来，可列出两个理由。据其所说，性虽本善，但此善却不是相对的，亦即与恶相对之物，而诚为不容名言拟议、绝去思虑之无，亦即无善（无善无恶）。如果其为有，则落于一物，成为杂有气质知见的存在，不仅不能诚为天下之大本，亦可能会导致以欲为天理之误。阳明云知为"良"，便是为了揭示其乃是绝去思虑之无。因而龙溪之无善说乃是明示阳明之主旨，而这亦与经传之宗旨相契。这是第一条理由。性之善乃是无，故而工夫也自然与本体一样为无。若专执于工夫，则头脑一差，却陷入邪伪迷障，其弊难开，其根难拔。这是第二条理由。（《明儒学案》卷三十六《泰州学案五·九解》）

不过海门并非完全不承认提倡有善说（四有说）者据以为宗的"为善去恶"之工夫，而只不过是将其视作便宜之计。然而，其结果却是致使海门发出了"有不孝而后有孝子之名，孝子无孝；有不忠而后有忠臣之名，忠臣无忠。若有忠有孝，便非忠非孝矣"（《九解》三）这样的极端之论。此说宗旨虽异，却让人想到《老子》。海门之所以说出这样的话，归结起来还是因其以陆象山"恶能害心，善亦能害心"之说为本，而动辄将容易伴随有善工夫的着意陷私之害看得过大。据海门所说，此等工夫不仅使个人之学颠倒过错，若其现于贤人君臣之行，则其给国家生民带来的祸殃，诚为不可胜痛（《九解》五）。[①] 对于海门的无善说，黄宗羲进行了以下的批判。即，四句宗旨中的"无善无恶"是在说藏体于寂时的心，而并不是在说性。性乃是天理、是善，不应以其为无善无恶。然而海门误以为"无善无恶"是在说性，为此将善分疏为无善之善与有善之善而加以议论，故而其论失却直截而陷于支离。最终，黄宗羲下结论说海门之无善说乃是释氏之空见（《明儒学案》卷三十六《泰州学案五》）。

海门著有《圣学宗传》十八卷，此书记载自太古之伏羲至于罗近溪共四十多人的行状及其学术思想概要。海门想要通过此书表明虽然垂示有浅深、时代有先后，但自古以来求心之精微便是圣学之宗旨，亦是为学的入手之处，并暗示自己的心学与此宗传相契合。故而刘承干在跋文中云"使人知为圣工夫，莫不从治心入手"。[②] 因而此书在资料的选择上有欠缺客观性之嫌，这自不待言。陆象山云"六经皆我注脚"（《象山全集》卷三十四《语录》），为此被朱子及其学派之人非难为陆子乃是废读书讲学之人。而《圣学宗传》亦不能断言没有使读此书之人轻视读书讲学之忧。清朝的朱子

055

---

① 这样的议论在另一方面当是出于对世间伪善的尖锐批判态度，但若感情附着其间，则海门亦不得不与何心隐、李卓吾之辈同列。不过，清初的儒者孙夏峰评价说海门与张无垢、杨慈湖、王龙溪一样，是似而乱真之徒。（《理学宗传》卷二十六《附录》）

② 故而此书亦可以看作是以自己的心学为本而折中诸儒之作。这种倾向在海门之师罗近溪身上亦可窥知。亦即近溪曾云周子学在主静，程子学在居敬，朱子学在格物穷理，阳明学在致良知，虽然为学宗旨各自不同，但皆是欲求通明，不失其为圣学。故而其学虽稍有所异，但归根底都是相同的（《近溪子集·御》）。

学者刁蒙吉便以此书为"斯文一大阨运"，并发出了这样的议论：

> 自周海门《圣学嫡传》一书梓行于世，遂令末学晚进谬谓吾心自有六经，不必更求诸六经也，吾心自有四书，不必更求诸四书也，《近思录》《小学》，刍狗而筌蹄矣。虽目不识丁之人，但学会几句口头语，便居然以斯道相许可。(《用六集》卷二《答孙地平少宰书其三》)

三、耿天台

天台最初亦以"不容已之心"，即生机为要。据其所说，如能尽此心之生机，则所谓"知天""知性"可一齐了当，且不入虚无；情识识虑亦能发挥真机，且不涉情缘。故而由此可救落入虚无、枯渴生机的释氏之弊，以及任知见浮气、肆单纯的自我之情而以为得本体，其结果拂经乱道、败化乱世，终陷于邪慝的当时的现成派亚流之弊①（《耿天台全书》卷一《庸言·五经大旨》，卷三《与许生》）。如其所云"万物一体真机，原自不容已者"（《耿天台全书》卷四《与张阳和》），天台所谓心之生机乃是彼我相通之公共的、温暖的爱心，即万物一体之仁的生机。他赞赏阳明"拔本塞源论"的原因正在于此（《耿天台全书》卷九《应明诏乞褒殊勋以光圣治疏》）。天台曾云若能体此生机，则其心廓然，万世皆归吾之度内，吾身亦为万物一体之身，成为境缘不移、功利不障、通天下万世的公共性的存在，亦即真我。《大学》之"格物"归根结底是体认这一公共性的我，亦即真我的工夫，换句话说，不外是求仁的别名（《耿天台全书》卷一《庸言·格物》，卷四《答唐元卿第二书》，卷十三《置身说》）。

天台虽然曾讲论这样的万物一体之生机，但其与近溪、海门等人的不同之处，在于其以反身克治的工夫来求生机这一点。故而若不能克治自己的蔽锢、意累以及己私，将其施于日用之实地，则道德判断即是非善恶之别会因此而昏昧，成为空谈虚见，以至失却"敦伦体物"之真机，即万物

---

① 天台之所以以心之生机为为学之要，应当受到了具有泰州派风格的其弟耿楚倥的很大影响（《耿天台全书》卷八《观生纪》，卷二《纪言·汉浒订宗》）。此外还应受到了罗近溪、王塘南的影响（《近溪子集·庭训下》《耿天台全书》卷十六《读塘南王先生语录》）。

一体之生机（《耿天台全书》卷十三《真我说》，卷十五《试宁国府学》）。天台论说"反身克己""反身循省""笃伦尽分"等的原因即在于此。他将阳明的"致良知"亦作为反身体认的实地工夫。故而其亦以吕泾野、李见罗的实地工夫为是，特别是以为见罗的修身说于王门有功（《耿天台全书》卷四《与涂黄冈》，卷十六《题泾野先生语录》）。天台之所以如此恳切地论述实地工夫，当是因为眼见当时李卓吾等现成派亚流陷于猖狂绝伦之弊，而痛感伦理之重要。故而其在论说阳明的所谓"良知"时，亦云良知亦可称为仁义礼智，必须真真切切地承当此四德。此外还云良知即天理，以阳明之致良知和朱子之穷理为同旨，并说若真正尊信体认阳明之教旨，则其与朱子之旨并不违背。对于王门一派之人批评朱子之穷理为支离，天台反以之为非，以至云"不敢讼言驳异其（朱子）学"（《耿天台全书》卷四《与赵汝泉第二书》，卷一《庸言·穷理》）。故而可以说其学术中亦有朱子学的一面。接下来所述的天台之畏命说与敬礼说便足以说明这一点。

天台曾提出"致命说"，到晚年后又舍弃此说而提出"畏命说"，以此来论说敬畏天命之要：

> 盖所云畏天命者，不敢揉情塞性以牿天，不敢荡矩踰闲以悖天，不敢侈虚知空见以罔天，不敢附邪说乱道以逆天。（《耿天台全书》卷一《庸言·知命后》）

这一精神在某些方面与朱子严肃的居敬说是相通的。故而对于致良知，天台亦论述了戒惧居敬式的反省工夫之要。尤其以实地为旨的天台如同朱子晚年重礼一样，将理与敬归于礼，以为亲亲之仁、尊贤之义归根结底皆是礼所生，故而礼是集义存仁之处，因此是仁义之母，并且在云周程张朱之学皆归于礼的同时，甚至说阳明之所以提出致良知，乃是出于时节因缘，并非与宋儒论礼的精神有异（《耿天台全书》卷一《庸言·诽言》，卷四《示应试生》）。只是需注意的是，天台所谓的"理"乃是心之不容已之理（《耿天台全书》卷三《与李公书》），从这一点来说，他依然是王门之徒。

天台在论说生机及理时，如其所云"以身体之，以行与事证之"，尤其要求实地工夫。其论说"信"的理由也必须说正在于此。而对于信的意义及其必要性，天台曾这样论述过：

> 盖信之于四德，犹土之于五行。惟信则实有诸已，而仁义礼智皆本诸身，而诚征诸诸民而安，达诸事而理矣。不则悉虚也。（《耿天台全书》卷二《遇聂赘言》）

此处所云之"信"固与当下即是之信不同，这自不待言。而提出"信"、以实地体认为要的天台终至对以觉知为宗的龙溪之学加以批判（《耿天台全书》卷二《遇聂赘言》）。不过，天台所谓实地工夫最终要以日用之言行德行为其归宿，这便是他提出"庸德庸行"，或是"庸言庸行"之旨的原因。据其所说，程子之所以云"天地之常，普物无心；圣人之常，顺事无情"，亦不外是要说明此宗旨（《耿天台全书》卷十三《寻常说》）。天台恳切地论述了庸常之浅近中有天之妙道精微（《耿天台全书》卷十六《万历己卯书勉万孝廉》，卷四《复乔户部》，卷十六《别萧生言》）。然而他所说的庸德庸行具体是什么呢？这便是"笃伦尽分"，即笃于人伦之道而尽己之本分，以及"当官尽职"，即在官尽己之职分。前者最终不外是亲亲长长之道，即孝弟忠信，而在天台看来，这才是天命真机之不容已处，亦是识取其真机之所以（《耿天台全书》卷三《与李公第二书》《与胡杞泉第二书》）。据天台所说，后者是"为天地立心，为生民立命"之道，因而是显现万物一体之真机、尽性命之精微之所以，并云若无"当官尽职"这样的实事，万物一体之真机亦会终于空谈，以此为学之验证（《耿天台全书》卷六《牧事末议》，卷十五《试泾县宁国二县学》）。天台尤为重视此万物一体之实事，曾云孔孟虽高不及庄列、权谋不及苏张、武略不及孙吴，却首出万古，其原因实在于此，并以此为万古不易之正脉（《耿天台全书》卷四《复乔户部》）。由此可知，以上所述的天台的思想与以孝弟慈为宗旨、欲从庸常中见生机之实的近溪思想有相通之处。① 不过在天台看来，据其所说自阳明殁后唯一得其真传，并且亦是天台所私淑的正统派邹东廓之学乃是以此庸德庸行为宗旨的。故而在天台给邹东廓之子邹颍泉的信中亦云"比来日绎思君家'庸德庸行'宗旨，诚正法眼藏，活人良剂也"（《耿天台全书》卷三《与邹颍泉》）。由此亦必须承认天台之思想中有正统派的影响。而如前所述在论说良知时重视天理，或是有相较本体更重视工夫的倾向，亦可作为此事之佐证。故而天台对李卓吾、王龙溪持批判态度（《耿天台全书》卷十六《读念庵先生冬夏游二记》，卷三《与王龙溪先生》，卷二《遇聂赘言》，卷四《答友人问》），并不是没有理由的。

据天台所说，他之所以以反身克己、笃伦尽分、庸德庸行等实修实事为要，乃是因当时的现成派亚流陷入"以恣情纵欲为真性，以反身克己为钝下，以顽钝无耻为解脱，以笃伦尽分为情缘，其学盖祖异教而益滋其横溢"之弊，而欲加以救正（《耿天台全书》卷四《与萧给舍》）。天台云陆王及心斋、近溪等即已以这样的实修实事为学之要旨②，故而

---

① 天台提出庸言庸行的宗旨是在晚年，年轻时则信奉慈湖的本心之说（《耿天台全书》卷三《与周柳堂第三书》）。不过天台随后便如其所云"悟高玄者，知贴身理会，契微妙者，知就事铺张"（《耿天台全书》卷一《庸言·诽言》），知道了"自有入无"的悟之要，而开始排斥慈湖式的"摄有归无""自有入无"之悟。天台亦与近溪一样，认为若追从后者，则虽入玄妙，却离伦物。只是与近溪以陈白沙等人的主静说为非的做法不同，天台曾云以上乃是陈白沙、罗念庵立本透悟之主旨（《耿天台全书》卷一《庸言·五经大旨》，卷十六《读念庵先生冬夏二游记》）。

② 即象山以"切己改迁"为入路，而慈湖晚年以"舍己从人"为要，而以从前之玄解为非（《耿天台全书》卷十《陆杨二先生学案》），阳明亦在晚年以"克己省悟"之功而举修证之实（《耿天台全书》卷十《新建侯文成王先生世家》），心斋以"格致迁改""反躬责己""庸言庸行"为要而用力于民生（《耿天台全书》卷十一《王心斋先生传》），近溪以"反身体认""亲亲长长"之实修为旨而立事功（《耿天台全书》卷十二《近溪子集序》《又序》，卷三《与周柳堂第五书》），赵大洲晚年以力行为要紧（《耿天台全书》卷一《庸言·文之以礼乐》）。

天台似乎亦认为这也是泰州派的宗旨。不过，他所说的实学未必与泰州派相同，原因是其中虽有现成思想之余韵，却并未采取像泰州派学者那样彻底的现成立场。此事在考察其关于本体与工夫的议论之后亦自可理解。

天台曾评价唐元卿之寡欲与孟我疆之直透，以为皆是圣门正法眼（《耿天台全书》卷四《答唐元卿》），又以胡庐山之悫实与罗近溪之超脱为车之两轮（《耿天台全书》卷十二《祭罗近溪》），此外还曾论述克己须以默识为要、事功若不由性分之不容已处亦会为人所役使等，着意于本体与工夫关系之精微处。不过概括而言，其本体工夫论较接近正统派之论。天台的四句宗旨论便能充分反映出这一面。天台以为阳明之四句宗旨能够指示本体与工夫的融合即一之处。据其所说，第一句的无善无恶之体乃是第二句以下所述工夫之极致，亦即工夫被扬弃、超越自身之后所能达到的自然直处，所谓"克己之化"（《耿天台全书》卷二《遇聂赘言》，卷五《先进遗风》）。当时现成派之亚流以第二句以下为剩语，只以第一句为宗旨，故而才高者耽虚归寂，终陷于"遗物离伦"之弊，而才卑者任性姿情，生出所谓一切皆是之弊。上述天台之论乃是为了救正此弊，这自不待言（《耿天台全书》卷二《遇聂赘言》）。天台对四句宗旨第一句中的"无善无恶"进行了以下的解释。即，此言之主旨与《传习录》之花间草篇中阳明以"理之静"为无善无恶相同，而与以无伦灭理为无善无恶的释氏之论不同。盖虽云心体本是无善无恶，但其中自有天则之不容已。故阳明所云之"无善无恶"中包含了天下之万善，因而所谓"无善"并不意味着善恶之混同，也不是像枯木死灰那样断灭枯渴生机，而是与《大学》之"至善"、《中庸》之"未发之中"、《乐记》之"人生而静"为同一主旨。天台还曾论述说阳明在四句宗旨的第一句中云"无善无恶心之体"而提出本体，在第二句以下中云"有善有恶意之动"云云而提出工夫，这与周子云"诚无为"而接下来又云"几善恶"以及明道云"廓然大公"而接下来又云"物来顺应"亦是出于同一主旨，并云龙溪之四无说受到了阳明的诋诃①（《耿天台全书》卷二《遇聂赘言》）。

在这里对天台传承泰州派学风、论说本体上之工夫之要的一面加以介绍。比如，关于实修实事，其曾云若不由心性之真机，则会拘于行检、格式而"逐物支离"，若不由当下之体认，则会涉于虚见而陷于光景，而论说了当下即本体之信（《耿天台全书》卷二《心斋语记》）。他高度评价心斋及近溪之悟的原因也在于此。特别是其三关说足以窥见泰州派之流风。此说认为学有三关，而三关分别是"即心即道""即事即心"以及"慎术"。在说明"慎术"时，天台说道：

> 慎术者，以良知现现成成，无人不具，但用之于此则此，用之于彼则彼，故用在欲明明德于天下，则不必别为制心之功，未有不仁者矣。（《明儒学案》卷三十五《泰州学案四·耿天台传》）

由此可知天台曾轻易地论说良知之现成，故而黄宗羲云此处所云"良知"乃是情识之知，不可为良，并评价说"先生之认良知，尚未清楚"（《明儒学案》卷三十五《泰州学案四·耿天台传》）。概括地说，天台之学在工夫之深密、本体之透彻上有不及许敬庵、高忠宪之感，而其实学亦非没有陷于平浅之憾。

本来天台之实学如前所述，乃是欲在实修实事中求天命心性之生机，但与近溪之实学相比，在生机之充实及活泼上有所不及。若说与何者接近，看起来较为接近郝楚望的实学，但其实楚望之实学乃是在批判宋儒形而上学的基础上所发，故与天台之实学当有一线之隔。从天台欲从庸常中见天

---

① 即使阳明曾诋诃龙溪，这亦与象山之诋诃慈湖旨趣不同。原因是龙溪之四无说被看作是发阳明之秘蕴，而慈湖的本心论则是象山之所不欲。

地之妙道这一点来说，其实学与"不离日用常行内，直造先天未画前"的阳明之学看起来亦有相通之处，但却不及被称为"真髓入微"的阳明之精微，两者之间必须承认有一尘之隔。概括来说，天台之实学在对性命之深奥精微的洞察体认上，并非没有让人感觉遗憾之处。[1] 故而黄宗羲亦对其之学下了这样的评论：

> 其说未尝不是，而不见本体，不免打入世情队中。共行只是人间路，得失谁知天壤分？此古人所以贵刀锯鼎镬学问也。是故以中行为学，稍一不彻骨髓，其下场不及狂猖多矣。（《明儒学案》卷三十五《泰州学案四·耿天台传》）

不过必须承认，当时忧虑现成派亚流之猖狂的王学者、朱子学者对天台所云之实学给予了很高的评价。只是天台之学如上所论，在透性这一点上尚有未能让人满意之处，故而其虽切论实学之要，并以此对纵横自在地拈取佛家之空无、论三教之一致、强调现成论而蔑视伦理、由此生出破坏世间名教之弊的李卓吾之学加以辩难攻击，但却终未能使卓吾屈服。不过天台之异端辩难不够明晰，有着令人误解其对禅学处于半信半疑之间的暧昧之处，可能亦是理由之一。以下便试述其异端辩难之概要。

以生机为贵的天台虽然有时以为甘食暴怒等人类朴素性情的发露未必为非，有时又曾云"生即性""率性无碍"等，但即便如此仍以遵循伦理为本然而提倡天理、行善，并提出作为其本源的"天命"二字，欲以此来辩难异端。从这一点来说其辩难并不出历来诸儒之立场，不过其特色在于不是从天命之内容中求异端与圣学之别，而是求之于尽性立命之实地工夫的有无，也就是

063

其所说的"尽"与"不尽"。天台曾这样说明这么做的理由：

> 性命万派无能异，但尽与不尽，则吾与二氏异耳。吾儒唯尽性，故有礼乐，有刑政，三千三百，精微中庸。人得其理，物得其所，故谓之裁成辅相，谓之范围曲成。岂若二氏之弃舍伦物，小道浅学之得其一曲已哉！是故以尽性至命为宗指，吾儒之道。（《耿天台全书》卷四《与同志第三书》）

不过，虽云尽性，其发露却是在心之一念，故而对天台来说，这一念是否合乎伦理，尤其是是否是万物一体之念，便成了重要的问题。故天台又云"夫佛老谓之异端者，非其本体性命异也，亦非其身体形色异也，只是发端处微有差耳"（《耿天台全书》卷三《与胡庐山第三书》）。其在此处云异端与吾儒之差异不在本体性命，应当只是为了劝诫极论本体性命者不要忽视实地工夫。与切论对异端之辨析正须从本体性命之上的骨髓展开的陈清澜、冯少墟之论相比，天台此论多少有旨趣相异之处。必须说，上述天台的异端辩难不够明晰的原因之一亦在于此，不过还有一个原因则是他对待佛典的态度。

天台曾著《译异编》，对佛论的精微之处加以解说并予以拥护。其中天台云佛论与吾儒之道有相通之处，在以此表明吾儒之所以精微的同时，又暗中告诉人们吾儒之掩异端而超异端，以劝诫人们不要转向佛学（《耿天台全书》卷七《译异编》）。① 其异端辩难之所以采取这种婉曲的形式，乃是因

---

① 比如天台以佛之出世论为度世之权法，以果报轮回之论为诱导凡愚之方便，对于阳明所云"佛氏说到无，佛氏岂能于无上加得一毫有？但佛氏说无，从出离生死上来，却于无上加这些子意思，此与吾圣人异指也"之佛氏批判论，则评价说"然乎？未然"（《耿天台全书》卷七《译异编·出离生死译》）（译者注：万历二十六年刘元卿刻本《耿天台先生文集》卷十所收此篇在上引王阳明之语后作"深乎哉"，似以《耿天台先生文集》之文为是）。其又云"黄面老子四十年来说法，种种作用，种种经教，大意无非欲人同归为善耳"，且云生死事大之论非佛氏本旨，佛氏之心性与吾儒不异（《耿天台全书》卷十六《读塘南王先生语录》）。对于吴旺湖、陆平泉、赵大洲、陆五台、罗近溪等曾修佛学之事，天台均加以谅解（《耿天台全书》卷三《与吴少虞》）。

为对先儒往往对佛学缺乏理解，以致其排佛论反而成为佛氏排儒论的口实感到不满，以及对欲怪异高妙者或是唯任见解而歪曲佛学，或是以吾儒之道为肤浅而加以轻视的做法感到忧虑。《译异编》一见之下，似乎天台是佛学的信奉者，但正如跋文中其所云"禁之则障其澜也，难，通之则还其天也，易"，此书其实出于巧妙地诱导好异向佛的天下诸士之心、以使其归于吾儒之大中至正的苦心。天台亦是对当时的异端横流感到心痛的人物之一。翻看其写给钱庐陵、张阳和的书翰（《耿天台全书》卷四），便自然能够明白这一点。故而必须看到，《译异编》的根底中流淌着辟异崇正的精神。其门人将《译异编》视作是模仿司马君实的《解禅六偈》（《耿天台全书》卷七《译异编跋》），真可谓卓见。①

---

① 天台的异端辩难中亦并非没有出于民族主义之论，但不如陈清澜之论激烈。

四、何心隐与李卓吾

何心隐（1517—1579，生于正德二年，死于万历七年。本姓梁，名汝元，字柱乾，号夫山）与李卓吾（1527—1602，生于嘉靖六年，死于万历三十年。名载贽，卓吾为其号，别号温陵居士、宏甫、龙湖叟、秃翁）在现成派中属于气骨派，两人因具有革新思想，曾批判传统、拂逆时政，终至死于非命。黄宗羲在《泰州学案序》（《明儒学案》卷三十二）中云"泰州（王心斋）之后，其人多能以赤手搏龙蛇，传至颜山农、何心隐一派，遂复非名教之所能羁络矣"，据此可以推测泰州一派中有流于放任自性的弊害。王世贞亦叙述这一情况说："嘉、隆之际，讲学者盛行于海内。而至其弊也，借讲学而为豪侠之具，复借豪侠而为贪横之私。其术本不足动人，而失志不逞之徒，相与鼓吹羽翼，聚散闪倏，几令人有黄巾五斗之忧。盖自东越（王阳明）之变为泰州，犹未至大坏，而泰州之变为颜山农，则鱼馁肉烂，不可复支。"（容肇祖编《何心隐集》附录引《弇州史料》后集卷三十五《嘉隆江湖大侠》）不管这一评论是否适当，我们基本可以将其看作是当时站在儒学的传统上、意欲拯救时世的有识之士的普遍意见。

何心隐之师颜山农曾学于江右的刘师泉而无所得，转而从心斋的门人徐波石那里得到了泰州之传。据说波石从心斋那里受到了悟性则本体即工夫可得自在的教诲，得知良知之现成，而提倡当下现成，以不犯做手为妙诀（《明儒学案》卷三十二《泰州学案一》）。《明儒学案》（《泰州学案一》）中记载波石在与心斋月下散步时被传授学之要旨之际的情形说：

先生（波石）操存过苦，常与心斋步月下，刻刻简默，心斋厉声曰："天地不交（《易经》中之卦象，阻塞不通之意）否?"又一夕至小渠，心斋跃过，顾谓先生曰："何多拟议（犹豫）也?"先生过渠，顿然若失。

波石的门人颜山农亦讲论现成良知，并云率性所行、纯任自然便是道，只有在放逸时才需要用戒慎恐惧工夫，见闻、道理、格式皆足以障道（《泰州学案序》）。据说他经常说："人之好贪财色，皆自性生，其一时之所为，实天机之发，不可壅阏之。第过而勿留，勿成固我而已。"（《嘉隆江湖大侠》）。故而其中未必不会生出积极肯定人类的自然感情和欲望、终至逸脱名教而朝向猖狂一路之弊害。山农是游侠之士，与师友相处时好救人之难（《泰州学案序》）。耿天台在其祭文中云"其意学孔，其行类侠"，"倾万金之产了不惜，犯三公之怒以为欣些"（《耿天台全书》卷十二[1]）。而山农看起来还对民众的生活抱有深刻的同情，有献身社会事业之志。[2] 只是其身为布衣却以讲学而雄视一世，其所说所行或流于张皇，据说为此世人无贤不肖皆恶之（《泰州学案序》）。山农遭到诬陷的原因之一恐怕亦在于此。

盖心斋不许拟议，而要直悟，能于眉睫之间令人省悟[3]，其学与同门王龙溪相比更为简易直截，亦因此而并非没有弄光景的一面。其论说尊身与道之相即[4]，吾身乃天下之本，宇宙由我而成，天地万物由我而立，故修身

---

① 按：此处有误，两处引文皆是耿定向祭何心隐之文，见于《耿定向集》（傅秋涛点校，华东师范大学出版社 2015 年版）卷二十《招梁子词》。——译者注

② 从山农给周恭节的这首诗中便可以看出这一点：蒙蒙烟雨锁江垓，江上渔人争钓台。夜静得鱼呼酒肆，湍流和月拨将来。若得春风遍九垓，世间那有三归台。君仁臣义民安堵，雉兔刍荛去复来。（《明儒学案》卷三十二《泰州学案序》）

③ 参照前述心斋与徐波石的问答。此外，有学者云放心难求而询问其要领时，心斋唤其名字，见其即起而应，便云："而心见在，更何求心乎?"而其门下弟子中有与心斋分别者叹将远离师教，对此心斋教导其说"涂之人皆明师也"（《王文贞公全集》卷二《语录上》）。由此也可以看出心斋有耍弄禅之机锋且瞬目之间使人开悟的妙手。

④ 心斋曾云："身与道原是一件。圣人以道济天下，是至尊者道也。人能宏道，是至尊者身也。尊身不尊道，不谓之尊身；尊道不尊身，不谓之尊道。须道尊身尊，才是至善。"（《王文贞公全集》卷二《语录上》）。

立本所以为天下之师，讲明此事所以为天下之师，此即孔孟之道（和刻《王文贞公全集》卷二《语录上》），孔孟"掌握乾坤大主宰，包罗天地真良知"（和刻《王文贞公全集》卷四《大成歌寄罗念庵》）。这应当足以给予学者自信，使其生出以讲学雄视一世的气概。山农、心隐、卓吾等人便是在这样的风潮中，以充满个性的学说鼓动人心。

心隐尊意气。据其所云，人不可能没有意气，只是所落有大小。所落小者成一己之侠，所落大者成天地之道。战国诸公与荆轲、豫让的意气属于前者，而孔门师弟的意气属于后者。落于小则浓而壮，落于大则淡而索。大者诚其明明德于天下之诚，养其塞乎天地之间之养，故其意与道凝，气与道配。孔子之所以弃绝无意、无必、无固、无我四者，而论说意必固我之要，① 乃是忧虑老聃之徒以不落意气之说而害道。心隐以意必固我为生民生物而莫测的天地之道（《何心隐集》卷三《答战国诸公孔门师弟之别在落意气与不落意气》）。像这样，心隐论说意气落于大之要，以孔门师弟为得之，并以此为宗。据李贽的《何心隐论》（《焚书》卷三），心隐欲一死以成名，在五伦之中舍去其四而独重友朋之道，置身于师友贤圣之间，急于救其危难。心隐将友朋比作君臣，对其加以重视。如其所云"达道始属于君臣，以其上也；终属于朋友，以其下也"（《何心隐集》卷三《与艾冷溪书》），世间明道教化的关键上在君臣，下在友朋，且两者相为表里。那么，此处所说的君臣友朋之道是什么呢？聚天下之豪杰，以仁出政，仁自覆天下，这便是君臣之道。聚天下之英才，以仁设教，天下自归仁，这便是友朋之道（《何心隐集》卷三《与艾冷溪书》）。心隐认为为天下得人即可谓之仁（《何心隐集》卷三《辞唐可大馈》）。其身为布衣，却欲自为大道之宗主，大道有宗主则善人得其归宿。就算不与朝政，道亦自正。那么，成为

---

① 《论语》中的"绝四"所表达的是孔子以意必固我为非，或者说孔子身上没有这四种缺点，并非否定毋意、毋必、毋故、毋我的立场（参照《论语·子罕》）。

大道宗主之道是什么呢？那便不外是聚天下之英才以育之，以待上用。心隐在给艾冷溪的书信中说道（《何心隐集》卷三《又与艾冷溪书》）：

> 某静夜为公细搜，天下无一空处可补，以报朝廷。惟仲尼之道，海内寥寥莫闻，诚为一大空尔。此空一补，岂小补哉？补之何如？亦不过聚英才以育之，将使英才布满于下以待上用，即周子所谓善人多而朝廷正，天下治矣。补报亦岂小哉！

由此一文可更加明白心隐重视师弟友朋的理由。卓吾在这一点上亦与心隐相同（《李氏焚书》卷五《友朋篇》）。王心斋曾云"即事是学，即事是道"（和刻《王文贞公全集》卷二《语录上》），有排空理而要求实事实用之处。故而其在论说尊身时亦云"人有困于贫而冻馁其身者，则亦失其本"（和刻《王文贞公全集》卷二《语录上》）。心隐亦遵从心斋，以实事实用为旨。故而其在论说仁义时以逐其虚名为非，而要求有亲亲尊贤之象（《何心隐集》卷二《仁义》）。此外还论述说学之有矩，非徒有是理，而实有是事。所谓事是什么？这便是身与家。若没有身、没有家便没有学（《何心隐集》卷二《矩》）。黄宗羲云"心隐之学，不堕影响，有是理则实有是事"，对心隐的有极论和寡欲论进行了介绍（《明儒学案》卷三十二《泰州学案序》）。据心隐所云，正如《易》中提出太极，必建其有极，才会存在君父之尊尊亲亲，由此可免于弑父弑君之大逆，或是无父无君之无道。然而佛老却以无极为宗而无父无君。无父无君之害比起弑父弑君还要大。因为弑父弑君而犯下不孝不忠之大罪者还是犹未忘情于父于君者，而无父无君者连此情也没有，完全与禽兽一样（《何心隐集》卷三《辨无父无君非弑父弑君》）。

心隐曾这样论述寡欲，即人心不可能无欲。孔孟所云之无欲并非无欲，而是寡欲，因其欲仁义而不欲利。站在这一立场上，心隐认为周濂溪的无欲论与孔孟之无欲论不同，而是老子的无欲观妙之论，对其加以排斥（《何

069

心隐集》卷二《辨无欲》)。对于心隐此论，黄宗羲评论说"盖一变而为仪、秦（权谋术数）之学矣"（《泰州学案序》)。无论是心隐的意气论还是其寡欲论，若非伴有深刻的体认及真切的涵养工夫，即使想要树立起人类纯粹的道德本性，或许也很难做到。因而由此也会产生陷入功利之忧。如果是这样，那么黄宗羲的评价也不能看作是失当之论。据传说，心隐常说"天地一杀机而已。尧不能杀舜，舜不能杀禹，故以天下让。汤武能杀桀纣，故得天下"（《嘉隆江湖大侠》)。如果这是事实，那么心隐便是体得了《阴符经》所谓"杀机"的秘义，而黄宗羲之论亦属至当。解文炯的《梁夫山先生遗集序》（《何心隐集》附录）中亦引说者之言，云心隐尝言天地之杀机。不过解文炯云"语似不经"，似将其看作诬言。解文炯还云心隐因颜山农曾谓"财色皆性"而与山农绝交，而议论说两者之志行大为相异，为心隐进行了辩护。不过心隐之言行究竟如何？顾端文评价心隐等人"坐在利欲胶漆盆中，所以能鼓动得人，只缘他一种聪明，亦是有不可到处"（《小心斋札记》卷十四）。而黄宗羲则云不是因其聪明，而是因其祖师禅（《泰州学案序》)。不管怎样，可以说泰州之学至心隐而一变。

心隐的实学中还有值得注意的一点，那就是其实现为一种改革性的社会事业。阳明提出良知本来人人具足，有时甚至说"满街皆是圣人"来论述良知之现成，以此作为圣学之正法眼藏。故而其良知之学简易直截，遍及民众，尤其是泰州一派的学者致力于学术的民众化。心斋之子东厓有门人陶匠韩乐吾，《明儒学案》（卷三十二《泰州学案一》）记述其讲学的情景云："以化俗为任，随机指点农工商贾，从之游者千余。秋成农隙，则聚徒谈学，一村既毕，又之一村，前歌后答，弦诵之声洋洋然也。"其结果，此派亚流同情民众的感情欲求或是其生活，而欲将人类从拘谨死板的传统和名教的束缚中解放出来，因而其言行中亦并非没有类似于《论语》中所谓狂者之处。其中心隐体会心斋实学之旨，虽然止于自己的宗族，却也兴办了革新性的事业，建设了共和社会。亦即其以自己的宗族为一共同体，在其中设立聚（萃）和堂，不分上族、中族、下族或是亲疏厚薄之别，对其子弟一律施以平等的教育，对冠婚、葬祭、赋役等一族的政经事务，不分贫富一律在此施行（详细参照《何心隐集》卷三《聚和率教谕族俚语》《聚和率养谕族俚语》《聚和老老文》《修聚和祠上永丰大尹凌海楼书》）。邹南皋在《梁夫山传》（《何心隐集》附录）中记述其情形的一部分云："凡婚冠丧祭，以迫孤独鳏寡失所者，悉裁以义，彬彬然礼教信义之风，数年之间，几一方之三代矣。"不过在当时，心隐这样的革新性的思想家与为政者之间当然有相背之处。据沈德符的《妖人遁逸》（《何心隐集》附录），心隐以讲学为名鸠聚徒众，讥切时政。心隐受到当路者的镇压，便当是因为此。表面上受到镇压的理由是对上之人怀有逆心、行逆事、组织逆党，但心隐以此为不惬，力陈自己始终以讲学为事，以讲孔孟之学为自己的使命，自身期望被比为以伪学获罪的朱子（《何心隐集》卷四《与邹鹤山书》《谢进贤王大尹书》《上湖西道吴分巡书》），补遗《上沿途经解衙门书》《上湖西道吴分巡书》）。最终看来，心隐亦如前所述，乃是欲以讲学而雄视一世的学者。①

李贽在写给焦漪园的书信（《李氏焚书》卷一《答焦漪园》）中谈到了自己所著的《藏书》《焚书》和《说书》。据其所说，《藏书》是评论古今人品之书，其中有脱离历来一般评价的奇怪之论。《焚书》是与朋辈往来谈佛乘者，卓吾云其"大抵多因缘语、愤激语，不比寻常套语，恐览者或生怪憾，故名《焚书》，言其当焚而弃之也"（《李氏焚书》卷一《答焦漪园》），对此书性质及书名的由来进行了说明。《说书》中几乎没有前两书中的奇怪之论，乃是从三教一致的立场解说、发明四书之作，卓吾自身亦云其"中间亦甚可观"。《说书》似乎最初只涉及《大学》《中庸》两书，尚未及《论

---

① 心隐并没有像卓吾那样采取三教一致的立场，对于释老二氏等异端持批判态度。据其传记所言，心隐曾在 1567 年（隆庆元年）协助程学传镇压白莲教（容肇祖《何心隐集》序）。

语》《孟子》。① 据焦漪园的《续焚书序》(《续焚书》卷五)，卓吾死后，其遗作多出于世间，学者争相传诵，但其实真赝相错，并非均出于卓吾之手。故而虽无法断言以上三书绝对未曾经后人改动，但将其作为卓吾的主要著作来理解卓吾的思想，应当没有大错。卓吾的著作似乎有数十种，而在卓吾尚在世期间，似乎便有许多未曾谋面的士大夫当作卓吾的作品而出版(《续焚书》附《李温陵外纪》卷四《与麟野都谏转上萧司寇》)。历来议论卓吾者多依据《焚书》与《藏书》，而几乎没有人依据《说书》。而这应当也是因为《说书》是稀见书，不容易找到。只是虽然作为泰州亚流的卓吾的面目在《焚书》与《藏书》中有栩栩如生之处，但《说书》才是学术性的著作，与前两书大异其趣。本书即打算以《说书》为中心对卓吾的思想进行探讨。《说书》不仅解释四书，也阐述了卓吾的经纶抱负，卓吾自身亦云欲讲治道者不可不读此书(《续焚书》卷二《自刻〈说书〉序》)。

卓吾所求之道的本源是太虚。据卓吾所说，这便是心之体。心本是太虚，若以《中庸》而言，便是无朕无象的未发之中。若借用程明道之语，便是所谓"腔子里"(《说书》卷八)。不过这太虚并非只是空虚之物，正如其所云"虚空且粉碎矣。……本体本虚空也。……故不知有虚空，然后方可以言太虚"(《说书》卷二中庸47下)，乃是有无俱泯、语默两忘的绝对之

① 本书所参照的底本刊行年月不明，但有"李贽编辑、莆田龙江林兆恩阅著"字样。正文前冠有如真道人的《李氏说书》序。据《李氏续焚书》卷一《与焦弱侯书》及《复李士龙书》，如真道人应当即是李士龙。士龙名登，号如真，士龙是其字。据见于《续焚书》中的汪本钶万历戊午《续焚书》序，《说书》由李卓吾添上自序(见《续焚书》卷二)后在龙江刊行，但所刻不过全书的十分之二，剩下的十分之八似乎并未刊刻。故而汪本钶与其兄汪伯伦与《焚书》一起校刊了此书。卓吾自序中云："倘有大贤君子欲讲修、齐、治、平之学者，则余之《说书》，其可一日不呈于目乎？"而《李氏焚书》卷一《答焦漪园》中在论及《说书》时云："又一种因学士等不明题中大旨，乘便写数句贻之，积久成帙，名曰《李氏说书》，中间亦甚可观。如得数年未死，将《语》《孟》逐节发明，亦快人也。"由此看来，卓吾自刻本或许只有《大学说》《中庸说》两篇。《续焚书》卷一《与焦弱侯》有"《说书》二册"，恐怕就是指《大学说》与《中庸说》。本书参照的底本载有全部四书之说，应当不是卓吾的自刻本，或许是以汪本为底本的，但在未见到汪本的情况下无法断言。不过如前所述，书中有"林兆恩阅"字样，或许经过了林兆恩的改动，不过这也无法确定。

物。故而由此可以到达应物无迹、周于万物而不滞的无碍自在之境。不过卓吾将此与任圆通进行了区别。对于卓吾来说，太虚乃是活物，其自在并不只是委身于流动，而是有着应时处位的法则，虽然变易，但正如冬裘夏葛那样，必须有应境制宜之道。一言以蔽之，其中有天则。只是从变易的一面来看这是权，从不易的一面来看则是经（《说书》卷九、卷四）。卓吾以这样的太虚为中。之所以这样说，是因为李贽不以太虚为拘于规矩、格式，而是将其看作超越规矩格式却又有条理规则之物。卓吾提出了宋儒所谓的"敬"，以此作为发挥太虚、中的全部生命的工夫。据卓吾所说，敬是心得中之主宰的工夫、心在腔子里的工夫，此乃生生之道，实理备于其中。故而其乃是成圣学之终始、安人安百姓的工夫。卓吾要求以敬处万事（《说书》卷四）。不过，如果敬真能发挥心的全部生命，其更应当是无敬之敬、超越了敬的敬。故而卓吾在论说敬的同时，也没有忘记提出苏东坡的"打破这个敬字"之语（《说书》卷一中庸9上）。像这样，卓吾论说了"主敬尽之"（《说书》卷八）。因而在这一方面，卓吾的思想与宋学一脉相通。但与宋儒不同的是，卓吾认为这一心法乃是儒道佛三教共通的（《说书》卷七）。

如前所述，敬是存心之主宰的工夫，但在卓吾那里，其更是存无主宰之主宰，亦即不外是致虚。若能致此心之虚，则天下之大，万物之远，皆为吾分内之事，万物皆无非己（《说书》卷八），因而万物生生之机皆出于己（《说书》卷一中庸1下）。这样的虚亦是无心之心。卓吾以其为真心、为性。归根结底，在卓吾那里，学不外是存心致虚。心虚则德合于天地日月，序合于宇宙，吉凶合于鬼神，尽己之性而尽人之性，得经纶裁制之道（《说书》卷四）。故而经纶裁制乃是太虚的发用流行。由此李贽与张横浦、陆象山等人一样说出儒道佛三教之经典乃是我心之注脚（《说书》卷四），盖亦属理所当然。像这样，李卓吾断定"惟其心之虚焉尽之矣"（《说书》卷一中庸18上）。此语亦相当于阳明的所谓"致知焉尽之"之语。卓吾论述尽心之极致为"确然以一身为主，独往独来，一丝不挂，便是立命。此是秋杀冬藏手段"（《说书》卷八下孟17上），而这便是陈白沙所谓把柄入手的手段，得之则万理皆通。若能如此，则"但得一，万事毕，更无有许多物事"（《焚书》卷一《又答石阳太守》）。只是前述的存致工夫亦如程明道所云之"内外两忘，浑然无事"，以连存致亦忘却、到达无为之境为其极则，这自不待言（《说书》卷一下论39上）。

卓吾在论述太虚时，引用《易》之《系辞传》中"寂然不动，感而遂通天下之故"之语来论其体用，此诚为适当。之所以如此说，是因为太虚并不只是空虚之物。卓吾以为真空能生万法（《焚书》卷四《观音问·答明因又》），虚中具备万法，并云大用由此而现于眼前（《说书》卷一）。这样的太虚可以说就是程子所谓"冲漠无朕，万象森然已具"之体。卓吾亦论说体用之相即浑一，亦即有体必有用，无体则不立，无用则不行。不过卓吾虽以为伦物皆为太虚之用，无用之太虚非道（《说书》卷一），即使心在腔子里，若立于庙堂而政不行，便不可谓得道（《说书》卷七下论65上），以无伦物之用的空虚的心法为无意义，却还是以体立而用自行为宗旨。也就是说，卓吾的立场是立体适用。故而其论述说虽然朱子以用为先、体为后，自己则以体为先、用为后。

由于《说书》这一书籍的性质，卓吾在其中反复论说了伦物的重要性。据卓吾所说，其乃是气运隆替之机、国家治乱之由。古之三代存君臣之义、父子之仁、夫妇之别，亦即三纲而无异道，有士农工商四氏而无异氏（《说书》卷八）。因而卓吾对其弟子说道若不察人伦之大，即使从事于身心性命之学，最终也会失于荒唐杳妄，甚至云此种人非吾之弟子（《说书》卷七），并将伦物比作常人生活中的布帛菽粟（《说书》卷八上孟43下）。只是卓吾反对将其看作形式化、固定化的规矩和格式。故卓吾云只宜于伦物上识真空，不当于伦物上辨伦物。之所以这样说，是因为若于伦物上加明察，则得其本体真源，如孟子所云"由仁义行"，摆脱拘滞着相之累，自本源而自然发用，其纯粹性、绝对性因而得以保持。但若在伦物上辨伦物，则只在伦物上计较忖度，终无自得之日，陷入孟子所云"行仁义"而不自觉。支离、易简之辨正在于此（《焚书》卷一《答邓石阳》，《说书》卷八）。归结起来，卓吾似乎认为只有超越伦物，伦物才能保持其客观性。这便是他求道于太虚的理由。故而其云司化育的天地之心乃是无心之心，举出《论语》中的"四时行焉，百物生焉"以及程明道的"天地之化工，付与万物"之语，以不仁为至仁，并以为以仁为道的孔子与以不仁为道的老子之道相同，论述了孔老之一致（《说书》卷三），亦可以说是理之当然。

卓吾之所以如前所述以太虚为未发之中，当是因为他将太虚看作包括一切并加以调和的无之存在。卓吾曾云若和气流行，则天地得其位，万物得其生，世之疲癃残疾得其生，鳏寡孤独得其养（《说书》卷二），这不是太虚的作用又是什么呢？由此可知，太虚之中充满了与论说万物一体之仁的程明道思想以及论说充满家人间的亲爱之情和宗教式的虔敬之念的仁德的张横渠思想相通的地方。

王阳明在给其出身于流行张横渠之学的关中地区的门人南元善的书信（《王文成公全书》卷六《答南元善》）中说，良知与太虚同体，太虚之中何物不有，而无一物能为太虚之障碍。《传习录》（卷下）中云良知之虚便是天之太虚，良知之无便是太虚之无形，日月风雷、山川民物，凡有貌象形色，皆在太虚无形中发用流行，未尝作得天的障碍。此外王阳明还云目无体，以万物之色为体，耳无体，以万物之声为体，心无体，以天地万物感应之是非为体（《传习录》卷下），这亦是太虚之论。像这样的思想与程明道、邵康节较为近似。总之，由此认为卓吾的太虚论导源于阳明，应当不错。《说书》中有剽窃王阳明在给顾东桥的书信（《传习录》卷中）中论致良知的一节而论太虚之处（卷九），便清楚地表明了这一事实。

对于卓吾的太虚论，需要注意的是其出自三教一致的立场。对于卓吾来说，道必须是超越三教、统摄三教之物。他以道为太虚的理由可以说即

075

在于此。在《说书》中，卓吾从各个方面论述了三教的一致。阳明以己学之宗旨良知为统摄三教之物，以圣学为高于道佛二氏。至其门人王龙溪，则云勉强合同三教，或是又以三教为相异，皆不足以真正论述三教。人心本来虚寂，乃是入圣路头。此虚寂之旨是古圣人相传之学脉，儒得之以为儒，禅得之以为禅，如此而已（《王龙溪全集》卷七《南游会纪》）。又云良知乃性之灵，是以天地万物为一体而范围三教的中枢（《王龙溪全集》卷十七《三教堂记》），进一步试图调和三教。卓吾评价以良知为现成、以一超直入其绝对之五的顿悟为宗旨的龙溪之讲学为明快透髓（《焚书》卷二《复焦弱侯》），以龙溪为三教宗师而加以尊敬、私淑（《续焚书》卷一《与焦弱侯》）。虽然卓吾曾云何心隐英雄莫比（《续焚书》卷一《与焦漪园太史》），以罗近溪为真正的大圣人（《续焚书》附《李温陵外纪》卷一《李卓吾先生告文》），但其最为信奉的乃是龙溪。这是在理解卓吾的思想时必须留意之处。从龙溪到卓吾，已经站在平等的立场上公然论述三教之一致。据卓吾所说，儒道佛其教虽三，其道则一，并非有三道。这正如流虽有河江海之别，但却都是水（《说书》卷四下论19下）。卓吾慨叹后世道与教之别不明（《说书》卷一）。然则教之三分别是什么？比如儒为圣，道（家）为玄，佛为禅；又如儒为格物，道为虚无，佛为寂灭；或者仲尼为时中，老子为清宁，释迦为空寂，其教各不相同。然而道只有一个，就是太虚。自道观之，三氏之教乃是根据时、处、位以及人的嗜好根气而设，故而不过是权教（《说书》卷八、卷四；《焚书》卷一《答耿司寇》）。由此，卓吾不仅将以三氏之道为相异并加以论说的三教亚流归为异端（《说书》卷八、卷四；《焚书》卷一《答耿司寇》），并且对其折衷论亦加以批判。宋孝宗在《原道辨》中云"以佛治心，以道治身，以儒治世"，对此卓吾云在自己看来治世以治身为本，治身以治心为本，孝宗之论乃是不知三教之所以同归一致（《说书》卷八上孟33上）。

卓吾还曾这样论述过三教一致：儒之日用人伦实本于一，亦即太虚，老佛二氏的虚无寂灭亦达于人伦。例如《尚书》之执中、《论语》之一贯、《中庸》之未发以及无声无臭、《易》之太极均是在论述道即太虚。卓吾云若仔细观察老佛二氏之道，便可明白其是在论述君臣父子夫妇之伦，或是在论述孝（《说书》卷三，卷四中庸46上）。故而在其看来，老子所谓"绝仁弃义，民复孝慈"之说乃是在论述孝慈为仁之本，而庄子以子之爱亲为天下之大戒、人无所逃之命，亦是在积极地论述人伦之要（《说书》卷四）。卓吾对此处所列举的老庄之说的解释未必得当，但总之卓吾以为老佛二氏亦以人伦为旨。他慨叹三氏之亚流不明此点，儒之亚流坠于闻见多识、容貌词气之间，老佛二氏之亚流则陷入荒唐枯槁（《说书》卷二，卷四下论62）。①

卓吾还以世间法和出世间法恰当地论述了三教一致之旨。据其所说，若只知有经世（世间法）而不知有出世，便会只有用而没有体，所至之处必流于刑名术数。而若与此相反，知有出世而不知有经世，则会只有体而没有用，所至之处必陷于荒唐枯槁（《说书》卷二下论63）。《诗》《书》《礼》《乐》《春秋》所述乃是经纶之迹，但其中出世之道亦备，孔（子）、曾（子）、子（思）、孟（子）亦是出世间法悉备（《说书》卷七、卷八）。孔子以世间之心游于方外，以出世之心游于方内。故而释迦之精微之致，孔子兼之（《说书》卷四下论3上）。《说书》尤其细致地论述了儒之兼有其他二氏之特点。从著作的性质来说，这或许是不得已的做法，因而三教一致自然有着以三教归儒的形式被加以论述的倾向。亦即卓吾曾云所谓大道非他，非是孔门心法之外别有学（《说书》卷二），又云披三教之云雾、揭仲尼之秋阳乃是自己的使命（《说书》卷七下论70上），或云"余惟酌裁三氏之教，而后先之尔"（《说书》卷七下论62下）。卓吾慨叹圣人之远，二氏之亚流不足相与扶植世间纲常、成万物一体之道，而云"此余虽徒托三教

---

① 因而卓吾认为苏子由的《老子》注乃是站在孔老两可的立场上而作并对其加以称赞的做法并非不可思议（《焚书》卷三《子由〈解老〉序》）。

归儒之旨于空言，而夙夜惶惶，每自不能已怀"（《说书》卷一）。

卓吾在《续焚书》（卷二）中提出了"三教归儒说"，其中云儒道佛三氏之学均追求闻道出世，而近世之道学乃是求取富贵之资，对此卓吾极为憎恶，并痛加批判说求儒道佛出世之旨者必须剃发为和尚。汪静峰的《卓吾墓碑铭》（《续焚书》附《李温陵外纪》卷一）中记载了这样的事：汪静峰拜访卓吾时，卓吾对静峰说之前读了孔子的书也不能领会，读了《易》后才有能够领会之处。卓吾亲炙于《易》乃是晚年的事，因而静峰拜访卓吾应当是在其老年时。当时卓吾在僧首上冠以儒帽，并以儒礼迎接静峰，令后者非常惊讶。《李温陵传》云卓吾晚年好《易》，著有《九正易因》，而据汪本钶的《哭卓吾先师告文》（《续焚书》附《李温陵外纪》卷一），卓吾在前后九年间无一日不读《易》，并云不读《易》则不明出世之意。在晚年好《易》之前，支撑卓吾心灵的与其说是儒教，不如说更是佛教。《说书》因书籍的性质而以儒为自身之使命，并叙述了三教归儒的立场，但论太虚则云儒则立本（采取伦理的立场），道为其入门，佛为其极则（《说书》卷八上孟32下），看起来卓吾心中皈依佛教的情绪更强。从前文所述的出世论，此事亦不难于想象。那么卓吾为何被《易》所吸引呢？据其所云，乃是因为《易》中论述了穷理、尽性、至命，指明阴阳刚柔本于此，因而《易》乃是性命之书，且不陷空虚，述精微之致，且其中具备经世之道。可以说卓吾的三教一致思想亦因晚年读《易》而到达了自得之境。

以上主要以《说书》为中心对卓吾的思想进行了论述，而卓吾的思想若止于以上所述，则其流弊当不至于已甚，而对卓吾的非难亦不会如此激烈。在此需要想到卓吾乃是王龙溪一派，与颜山农、何心隐等同样是泰州派之亚流。卓吾与这些人一样站在先成论的立场上，标举阳明所谓满街皆圣人之语，且曾论述即身成佛（《焚书》卷一《答耿司寇》）。卓吾之学之所以被称为持简易而任自然，亦是因为卓吾承这些人之后，论述了大众化的轻易的现成思想。卓吾认为以一、太极或是理为天地万物生生之本的说法是妄论，并认为其本在于阴阳夫妇。据其所云，若非如此便将言无、言无无，而为天下之惑（《焚书》卷三《夫妇论》）。像这样的议论与立太虚之体不相矛盾吗？若站在现成的立场上，则太虚被置换成了实事。当然，其实事乃是作为太虚之升华的实事，这自不待言。若是这样，则太虚便必须将自己隐没在实事之中。卓吾之所以排斥将一、太极、理等立为体，当时因为他认为这些都在阴阳夫妇之实之中，若在阴阳夫妇之上再立体，则反而会陷入空虚、坠于枯槁。卓吾这样的看法应当是来自于现成论。不管怎样，到了卓吾那里，现成思想逐渐呈现出大众化的面貌。卓吾所说的太虚在超越、包摄一切的同时，又活泼泼地回归到民众之中。民众朴素的要求、自然的心情被认为即是道。

卓吾以实用为宗旨，故而其在论说伦物时亦云"穿衣吃饭，即是人伦物理，除却穿衣吃饭，无伦物矣"（《焚书》卷一《答邓石阳》；《说书》卷八），以衣食为伦物。《论语·颜渊》中以食、兵、信为政治之要道，必不得已而去则去兵、去食，其原因是若没有民众的信任，则难以维持国政。而卓吾则议论说这样的解释误解了圣人的立言宗旨，圣人最为重视的便是兵食（《焚书》卷三《兵食论》），这亦体现出了卓吾尊实用的立场。卓吾以为历来儒者所说的道理皆不合实用，对其进行了非难。而陈几亭则云卓吾不知道理为何物，对其进行了批判（《陈几亭外书》续卷三《李贽全昧道理》）。在痛感卓吾现成论流弊的人看来，这亦非失当之论。从道学来说，卓吾这样的立场可以说是功利主义。朱子等宋代儒者经常举出董仲舒"正其谊不谋其利，明其道不计其功"之语，期道义之纯正而排斥功利，但卓吾却反对董仲舒此论（《焚书》卷五《贾谊》；《藏书》卷二十四《德业儒臣》）。重实用功利的卓吾有贵权谋之士、轻节义之士之处。亦即国家败亡后正直节义之士始得其名声而为后世所重，但这并没有任何好处。卓吾云节义其实是"败亡之征"，又云敦厚清谨之士无济于天下之缓急。因而对于儒者一般所忌讳的苏秦、张仪、吕不韦等人物，卓吾却反而称其为智谋之

079

臣，给予了很高的评价（《藏书》卷十四），对历仕数君、被批判为无节操的冯道，卓吾却加以褒赏，认为其为了拯救和安养无辜的民众而甘受耻辱，选择了这样的为官之道（《藏书》卷六十；《焚书》卷五《孔明为后主写申韩管子六韬》）。卓吾还推崇法家所依据的老子愚民政策，评价老子"古之善为道者，非以明民，将以愚之""鱼不可脱于渊，国之利器不可以示人"之说为"至哉深乎，历世宝之"（《焚书》卷三《兵食论》）。卓吾还赞赏管子、商鞅、申不害、韩非子、苏秦、张仪、吴起等人的事功，称赞他们以一定之学术，即专门学术，不顾后患而办事，成天下之大功。对于庄子，卓吾则云其顾虑后患而不肯为官，未能成天下之大功，对其进行了批判。对于儒者，卓吾非难说其没有一定的方针而凡事皆欲之，故而不能建立事功。亦即卓吾云儒者一方面想要建立商君、吴起那样的事功，一方面又想要像庄子那样摆脱仕官之累而得自由之乐，批判了"居朝廷则忧其民，处江湖则忧其君"的范仲淹的态度，并云这完全是两头马，天下不可能有这样的东西（《焚书》卷五《孔明为后主写申韩管子六韬》）。

对于以上所述的卓吾的功利实用之论，若从现成的立场来考察太虚，则可以将其视作太虚论的面貌之一。若想到以穿衣吃饭为伦物、于伦物上识真空的卓吾之说，则自然可以理解此点。然而在同时，此处也不应当忘记卓吾还要求具备不执于伦物的达人之宏识。据卓吾所说，此种宏识可以通过住于淡淡之境地中获得（《焚书》卷一《答耿中丞论淡》）。原本道家之所以持有无为自然、以无为道的超越思想，其原因之一是要坚持对采取人伦主义立场的儒家的尖锐批判，此外也可以认为是因为持有超越的立场而进行了这样的批判。而卓吾之所以对以朱子为中心的道学加以猛烈抨击，原因之一是站在现成思想的立场上，此外也当是因为其以太虚为道，而自然抱有道家那样的批判精神。卓吾洞察到了当时道家[①]严肃的伦理主义、教

---

① 按：此处似当为"道学"。——译者注

条划一主义或是其道统意识束缚人的自然性情、修饰虚文而欠缺实用，多成为荣身之资、虚伪之具的状况，对其进行了尖锐的批判，揭下了其伪善的面具而暴露出其阴私。故而卓吾在议论政治时反而称赞老子之无方，对仪秦之策表示理解，在品评古今人物时往往发出与世间评论相反的奇怪之论。袾宏亦云（《竹窗随笔》三笔《李卓吾一》）卓吾曾发出以暴虐的秦始皇为第一君、以失节的冯道为大豪杰这样的奇异之论。像这样的议论见于《藏书》中的各处。卓吾云：小人误国犹可解救，若君子而误国，则未之何矣。其原因是君子本心无愧，故其胆益壮而志益决，朱子等人即是如此（《焚书》卷五《党籍碑》）。卓吾对道学的批判也以针对朱子的尤为猛烈。卓吾认为百世宗之的朱子的古今人物评论是违公而远人情。比如据卓吾所说，朱子列入《名臣言行录》中的王安石乃是引用奸邪、倾覆宗社之人，而朱子力诋的苏东坡的道德文章乃是古今所共仰（《焚书》卷五《文公著书》）。卓吾对道学的批判最终波及古代的儒家而及于孟子、曾子，甚至连孔子也曾受到批判（《焚书》卷一《答耿中丞》）。

作为阳明之嫡、现成派之亚流，卓吾重视"童心"（或"赤子之心"）这一人之自然、直率之心亦并非不可思议。据卓吾所说，童心乃是绝假纯真、最初一念之本心，亦即真心。而损害童心者最初为闻见、其后为道理。闻见先入为主，产生出固定观念而妨碍童心直率的发露，而通过读书知道的道理越多，便越会失却童心。不循童心的人是假人。假人所做的事情是假事，所说的话是假言，所作之文是假文。这些都是失却其真者。因而卓吾认为戏曲小说原样描写了人情之真实，亦即童心，对其加以推崇，而对"六经"、《论语》《孟子》抱有怀疑，认为这些不是史官过于褒崇之词，就是臣子极为赞美之语，又或是迂阔门徒、懵懂弟子所记忆的有头无尾、即不得要领之说（《焚书》卷三《童心说》）。[①] 卓吾虽像这样尊重人之自然心

---

① 据说李贽对佛经也曾表达过怀疑（朱谦之著《李贽》，第65页）。

情，但却并非肯定毫无顾忌者。真心乃是自然发于性情、自然止乎礼义的，故而其中自必有工夫，只是此工夫乃是自然，而不可被人为安排所歪曲（《焚书》卷三《四勿说》《读律肤说》）。卓吾论说了无工夫之工夫的必要性，此间消息可由其艺术论得知。其中卓吾论述了技（艺）与心（道）的相即浑一，由此至艺可以入神（《焚书》卷五《樊敏碑后》《诗画》《琴赋》《逸少经济》）。故而卓吾有时又未必赞同当下即是、当下即成佛的说法，而承认渐修的必要。

重视人情之直率的卓吾自己也随着情之所至而直率地行动、直率地议论。故而其对道学的批判亦如其所云："每见世人欺天罔人之徒，便欲手刃直取其首，岂特暴哉！纵遭反噬，亦所甘心，虽死不悔，暴何足云！"（《焚书》卷三《答友人书》）毫不掩饰地表达了自己炽烈的反感，无所忌惮。卓吾所谓"暴怒是学，暴怒是性"，便能充分表明这一点。故而卓吾甚至以狂者、异端自任。《李温陵传》（《李温陵外纪》卷一）中这样描述了卓吾的言谈举止："性甚卞急，好面折人过，士非参其神契者不与言，强力任性，不强其意之所不欲。气概激昂，行复诡异。"在当时的儒者之中，也有如李见罗、顾端文等人肯定卓吾不加掩饰的直率（《正学堂稿》卷三《答舒梦滩》；《小心斋札记》卷十），亦即见罗云卓吾明确表明了对儒、佛的立场，并无阳儒阴佛的虚饰，为卓吾进行了辩护；而端文则举出卓吾"与其死于假道学之手，宁死于妇人女子之手"之语，并云卓吾平日议论往往能杀人，此语却能活人。

卓吾云"好货好色，与民同乐，邪道归正。天机只在嗜欲中"（《说书》卷八），此外据说还曾说过"酒色财气，一切不碍菩提路"（《明儒学案》卷十六《江右王门学案一·颍泉先生》）等语。现成论到此地步，亦不能说没有弊害。不管此语真意如何，不难想象其迎合当时人们的嗜好，而生出败坏名教之弊。耿天台曾非难卓吾遗弃人伦，对此卓吾云天台之论（贵人伦之实事）乃是未察伦物之本源（《焚书》卷四《耿楚倥先生传》）。天台著

《求伪书》对《焚书》进行批判，其党蔡弘甫著《焚书辨》，又对《焚书》加以批判。陈几亭云"李贽遂欲扫道理而扫纲常，数十年来，坏尽人心。杀身毁书，世教之幸"（《陈几亭外书》续卷三《李贽全昧道理》），王船山亦云"李贽《藏书》，为害尤烈，有志者勿惑焉"（《王船山遗书》之《思问录·外篇·俟解》）。以激烈的感情对卓吾进行非难的则是《王学质疑》的作者张武承（《王学质疑》附录《读史质疑四》），而据《李温陵传》，武承之论所述是否都是真实情况也很难说，不过卓吾之论的流弊难以掩盖确是事实。袾宏之评乃是出于惋惜卓吾之才而发，可以说是得当之论。即其曾云"卓吾超逸之才、豪雄之气"，"而不以圣言为量、常道为凭，镇之以厚德，持之以小心"，好为惊世矫俗之论，以自娱快，结果如《大学》所言"好人所恶，恶人所好，灾必逮夫身"，惜哉（《竹窗随笔》三笔《李卓吾一》）！

第三章

良知归寂派的为学精神

一

阳明有诗云："人人自有定盘针，万化根源总在心。却笑从前颠倒见，枝枝叶叶外头寻。"（《王文成公全书》卷二十）"定盘针"乃是用以比喻心之良知，而据阳明所说，良知正如规矩之于方圆，其自身作为道德法则，应时、处、位而裁制万事，乃是灵活的心之性命，即孟子所谓"取之左右逢其原""原泉混混、不舍昼夜"的生命之源泉，故而良知乃是学之根本头脑。此诗之意是说与此良知之学相比，在事事物物上穷理的历来的格物致知之学遗却内在根本的培养，而求外在枝叶的繁茂，去头脑而驰于标末，而这便是所谓根本枝叶（培根本之生意而达之于枝叶）之说。

※ 阳明对朱子的格物说自不待言，甚至对于提倡"随处体认天理"的体验性格物说的讲友湛甘泉之学，仍然认为其在培养根本生意方面有欠缺之处，曾以"捕风捉影""迂曲"等语对其进行批判（《王文成公全书》卷六《与毛古庵宪副书》《寄邹谦之一》，卷五《答甘泉》）。以有无而言，阳明的良知乃是有无浑一的中心性命，而其在持有两可调停的立场的同时又不失透彻，可以认为此处有着阳明之学的伟大面目。阳明在教导其门下时，根据其机根、习气等进长矫短，努力不陷于一偏。故而既有强调无的一面的时候，也有反过来强调有的一面的时候，或者在论述时彻于有而将其换为无，又或彻于无而将其换为有。故而其门下产生分派当有不得已之处。

认为阳明的根本枝叶之说中有其致良知说的根本精神、基于此点而成一派之说，想要从当时流行的致良知说中彻底去除支离、安排（人为）等弊的，便是聂双江、刘两峰、罗念庵等人构成的归寂派。归寂说始于双江，至念庵而达于精微。

※ 依某种看法，王龙溪等现成派亦可以说是根据与归寂派相同的主旨而发展出了一派之说，但如同后述，归寂派有着向宋学接近的倾向，而现成派则与此相反，使王学的特色获得了极度发展，故而两者的方向相反。不过归寂派之说与现成派正好相反，有着与时势逆行的倾向，故而其势力并不是很盛。只是我们亦可以认为其一转而为明末的新朱子学所摄取，而勉强得以保持其命脉。

据双江所述，良知有根本与枝叶，亦即体与用，而致良知则是在体上着工夫，使用自达于此。这便是阳明所谓"培其根本之生意而达之枝叶"之意，因而周旋于用上之工夫便是失却根本之生意。以《易》之所谓"寂然"与"感通"而二分体用的程子的意图亦在于以工夫为必须在体上做，当由此而深切培养心体，使感应事为之发用皆本于湛一无杂之本体的自然之力。故而只有依靠在体上用工夫才能够到达程子的一源无间（体用一源，显微无间）之微旨（《聂贞襄公集》卷七《答邹西渠书二》）。由此他认为"体立而用自生"，故而"致（良）知之功，亦惟立体以达其用"（《聂贞襄公集》卷六《答松江吴节推》），这便是阳明培根之旨。他在向正统派的欧阳南野说明这一主旨时云"培根者，培其枝叶花实所从之根，非以枝叶花实为根而培之也"（《聂贞襄公集》卷六《答欧阳南野太史三》）。从这样的体用说出发，以良知为现在具足之物、其结果肆无忌惮地任低俗之情意而以为得良知之体的现成派亚流自不用说，认为必须在发用上求本体的正统派之说亦被看作是泥于"一源"之语而陷于私意安排、插入意见情识，却反而妨碍了心体之纯粹的流用，结果落入支离葛藤之中。故而他评价正统派的南野之说为不仅无本源涵养之实，而且以培枝叶为培根本，以浚末流为浚源泉，本末颠倒，落入孟子所谓义袭，终至"追风逐电、瞬息万变，茫然无所措手，徒以乱吾之衷"，以为其说失却了学之归宿（《聂贞襄公集》

卷六《答欧阳南野太史三》)。

对于同为正统派的邹东廓,双江亦举出阳明的诗句"只从根本求生死,莫向支流辨清浊",论说了"立本归根"之学之要(《聂贞襄公集》卷七《答东廓邹司成三》)。正统派的须于发用上求本体之说看起来与程朱(宋学)的本体工夫论有相通之处,盖程朱之学虽是在发用上着工夫,但其乃是出于严格坚持本体之纯正的意图以及崇高理想的立场(从其排斥心学而在性学中寻找归宿,或是在理气、性情、天理人欲等说中采取二元论的立场等处可以窥见此点),故而与以浑一之性命为主,因而是流动性的,与情意性的陆王之学不同,乃是主静的、理智性的。从这一点来说,归寂派可以说比正统派更接近宋学。归寂派的"立体培养"之说虽自认乃是本于王学,且其功效之所在与程朱之学相异(亦即程朱在发用上用工夫而坚持本体之纯粹自然性,而归寂派在本体上用工夫,希求发用之纯粹自然性),但其持有二元论的见地,且采取崇高理想的立场而主张主静说,因而自与宋学血脉相通。故而其与虽同在体上用工夫,但完全终始于一元论而将(陆)王学的流动性推进到极致的现成派之说乃是相对立的。

※ 归寂派认为阳明中年时代的主静说中反而有晚年之致良知说的根本精神,现成派则终始于阳明致良知说所到达的极致,因而两者的方向可以说是完全相反的。归寂派探寻良知之本体而终于到达了与宋学相通的静之渊源,并认为学之根本即在此,因而具有从以良知这一流动性的心之中心性命为根本的王学稍稍偏离的倾向。

在良知问题上,体用二分的归寂派将良知分为良与知,欲探究知之所以为良而树立起"立体"之学。他们之所以最终提出了"归寂主静"之说,其理由亦可以说实在于此。之所以这样说,是因为他们认为"良知,源泉也;知觉,其流也。流不能不杂于物,故须以静澄汰之"(《罗念庵先生文集》卷十一《〈读困辨录抄〉序》)。在他们看来,对是非善恶的辨别(知觉)、"爱亲敬长"之感情等道德感知难以径直作为良知。这些是良知的发用感应，虽可云知，但并非良知之所以为良。良应当是其主体（主宰）。在答复认为离知觉则无良知（亦即遵从良知知觉说的立场）的正统派陈明水的书信中，念庵云若以知觉为良知，则精神终日随知流转，无复有凝聚纯一之时，此说不可谓得孟子、阳明之主旨（《罗念庵先生文集》卷三《答陈明水》）。双江认为孟子并不径直以道德感知（例如爱敬之知）为良知，而以之为良知之发用流行。阳明很好地体得了孟子这一主旨，故而力排历来陷入外袭支离的格物说之弊而以内为主，培养根源，以此来保持体之纯正，得用之自然，阳明之致良知的精神正在于此。

※ 双江对孟子的良知进行了上述的理解，因而并不遵从径直以孟子所云爱敬之知为良知的历来的解释。据其所说，孟子之所以进行了好像爱敬之知即是良知的论述，乃是为了表明爱敬之知乃是良知之发用流行的真切精实处。作为论据，双江列出了孟子的"亲亲仁也，敬长义也"之说及其四端论（《困辨录·辨诚》）。双江云孟子所说的恻隐羞恶乃是仁义之端，而不能径直以其为仁义。此说比起以仁义为心之表德的阳明的立场，要更接近于朱子性情二分说的精神。亦即比起以仁义为浑然之心之生命中之物的阳明的立场，更与害怕性（仁义）中混杂有情而陷于含糊合污、欲坚持其至高至纯而提出进行分别论述的朱子学的精神相通。双江还云若不区别理气，则会认气为性，最终沦为告子的"生之谓性"之说，而这虽是针对以良知为气之灵而论述当下（现在）之具足、以不犯手即无从措一指的手段为妙的龙溪之先成说所发，但同时亦与朱子论说理气二元论的精神相通（《聂贞襄公集》卷九《答王龙溪》）。在进入明代后，朱子学亦因时代的趋势而产生了一元论的倾向，而与此相比，上述的归寂派的立场却可以认为在方向上逆时代而行。不过，从此说被后来的新朱子学派所摄取这一点来看，其或许可以说是王学之中的新朱子学的胎动。

像这样，归寂派将体用二分，并从事于立体之学，而这乃是为了获得如上所述的用之纯粹性，因而对其来说人伦庶物亦即道德活动不可或缺，这自不待言。因而蔑视人伦庶物的做法当然不被允许。在其看来，若非如此，此说便会成为佛老之学。

※ 求本体之工夫必须用于发用之上才会切实，若非如此，便会陷本体于虚寂。从这种观点看来，上述的归寂派的立场被批评为不免佛老之沉空守寂亦非没有理由。自宋以来，主静派之说往往受到陷禅的指责，而双江的归寂说也饱受其他王门诸士同样的非难。对此，双江在详述自己的主静之学何以真正符合一源无间之旨并加以回应的同时，又为历来的主静派之说所受到的陷禅的指责极力进行辩解。

归寂派认为一源无间之旨在于"体立而用自生"，因而其研几说亦与历来不同，亦即其不以几为只是作为动静有无之间而与动静有无相并列的善恶杂糅之处，而是以其为动而未动、虽在气形时境之中而又超越气形时境、可以说是用中之体、动中之静的至善至纯之物，故而其实立体工夫（如同后述，这便是归寂）便不外是研几（《罗念庵先生文集》卷三《答陈明水》，同卷《答郭平川》，卷四《与詹毅斋》，卷八《书万曰忠扇》；《聂贞襄公集》卷七《寄罗念庵》，卷九《答王龙溪》）。

※ 自宋以来，几被说成是有无之间、动之微，就心而言则是念头初动之处。故而心虽为至善，其方动而善恶之别生，因此可以在此处着工夫而使动处无不善。这应当便是周子所谓"几有善恶"之旨，而念庵以为心之感机倏忽而无定机，乍起乍灭，牵连不断，微著相寻，故而难以致力辨别其中的善恶（《罗念庵先生文集》卷三《答陈明水》）。从此立场出发，他与双江一样，不遵从宋儒以几为善恶分别之处、其中善恶相待，而以去彼就此为研几之说（《罗念庵先生文集》卷四《与詹毅斋》），而归寂派则最终以《易》之寂然不动、《中庸》之诚、周子的诚无为等说为研几。双江云："今不谓诚、神为学问真功夫，而以有无之间为人心真体用，不几于舍筏求岸，能免望洋之叹乎？"（《聂贞襄公集》卷九《答王龙溪》）念庵亦云："寂然不动者，诚也。……常能寂然，而后不逐于动，是乃所谓研几也。"（《罗念庵先生文集》卷三《答陈明水》）以为周子几说之主旨亦

在于此。故而其以周子之"几有善恶"之说为"惟几故能辩善恶"之意，与历来之说皆不同（《罗念庵先生文集》卷三《答陈明水》）。

归寂派追求体立而用自生的培根工夫亦即豫养之道，这自不待言。所谓豫不是发用之际的手段，而是在其以前所下的功夫，因而这亦可以说是所谓未发以前的培养（《聂贞襄公集》卷九《答王龙溪》）。双江云"古之所谓豫者，盖言事有前定，非临时补凑"（《聂贞襄公集》卷九《答王龙溪》）。他基于《乐记》的性与欲之说而论述豫养之要，云"夫欲为性之所有，而动于欲非性体生生自然之用，于是圣人之学必先立乎其大，以豫夫生生之机"（《聂贞襄公集》卷九《答唐荆川太史》），又云"豫则命由我立，道由我出，万物皆备于我"（《聂贞襄公集》卷九《答王龙溪》），论说了豫养的效用。念庵之所以认为王心斋"正己物正"的格物说有可观之处，也是因为在其看来若能以豫养而立内在之真我，则自然可以正外物（《罗念庵先生文集》卷五《冬游记》）。归寂派之所以论说豫养之要，乃是为了救正伴随着发用上的工夫的助长卜度，或是"长欲恣情"之弊，并且在其看来，要得其纯粹之自然性（比如不知不识，顺帝之则），便只有依靠豫养其本体（《聂贞襄公集》卷九《答东廓邹司成》）。

二

心虽为一，而《易》之所谓寂然不动为其体，感通为其用，体立而用自生，故而必以归寂而得感通，这便是归寂派的主旨（《聂贞襄公集》卷九《答欧阳南野太史》）。据归寂派所说，必于感通之用上求寂然之体的说法，就如同舍轨迹而求方圆，舍舟车而适江湖康庄（《聂贞襄公集》卷九《答欧阳南野太史》；《罗念庵先生文集》卷三《答郭平川》）。据此归寂派之说，虚寂乃是感应之所归，归寂是其工夫，感应是其效验，寂感相通，功效相随。据双江所云，体用一源之主旨便在于此（《聂贞襄公集》卷九《答黄洛村》）。

※ 在正统派的欧阳南野看来，本体、工夫与效验必须浑然为一，其从以工夫为主的立场论述了三者之为一体，而以三者的分节论为非。他认为双江的功效相随之说乃是在论述内外动静的分节，自然难以得一体之旨（《欧阳南野文集》卷五《答聂双江》），并且此说乃是要在除去发用之上没有施加工夫之手段的本体上直接着工夫，而反以当用工夫之处的发用为效验，故而失却工夫之方途，以此对双江之说提出了非难（《欧阳南野文集》卷四《与聂双江》）。然而双江认为南野之说将统体、景象、效验、感应、变化之处都当作工夫，着在枝节而脱却本原，与阳明之本旨相违，而对其加以排斥（《聂贞襄公集》卷六《与欧阳南野书二》）。双江之功效说与历来之通说不同，这一点从其在解《论语》之"一贯"时不采用以贯为工夫的历来之说而以其为自然之效用这一事例也可以得知。

据双江所说，在虚寂之体上着工夫乃是为了立感应之体，并且只有如此才能使感应脱却人为之安排、私意之任肆，而成为本于自然之力的纯粹之发露，因而这实乃真正得感寂一体之所以。

※ 归寂说的根本主旨当在于欲获得基于本体的发用之纯粹自然性，而双江之所以认为阳明"良知是未发之中，廓然大公的本体，便自能感而遂通，便自能物来顺应"之说中的"便自能"一语乃是不容一毫人力安排得之意而对其尤为注意，亦是因为在其看来这一语最为恰当地阐述了上述的主旨（《聂贞襄公集》卷六《答吴节推书》）。此处的"便自能"一语被双江理解为是在说明功效之义，这自不待言。而对此，南野非难说此语是在说明体用之义，双江之说陷于先后之分节，未得一体之旨（《欧阳南野》文集卷四《与聂双江》）。公平地说，南野之说符合阳明之本旨。不过在双江看来，阳明之所以说出"便自能"之语，乃是为了以此提省人，使人免于陷入临事揣摩义袭之过（《欧阳南野》文集卷四《与聂双江》中引）。

故而在双江看来，欲在感应上求虚寂之体者反而会将寂感二分，失却体用一源、内外一致之旨。盖心乃是如孟子所云源泉混混而流、不舍昼夜、生生不息之物，源泉为体，流为用，其间虽有体之微与用之发之别，但体而有用，用而有体，故而程子认为体用一源，显微无间（程子《易传序》）。不过据双江所说，有源泉而水自然会流，故而有体而始有用，亦即用自体生。虚寂是源泉之体，感应是其流之用，故感应生于虚寂。因此虚寂不是与感应相对之物，乃是其元，感应是虚寂之迹。亦即虚寂之外别无感应。由此感应之功不在感应上，而只能在虚寂上。虚寂如同所谓"冲漠无朕之中，万象森然而备"，其中充满万事，因而致守虚寂之体便自然兼该感应事为之发用，所谓归寂不外是探感应之蕴而立其体之学。因此对所谓寂不足以尽感的说法，双江并不首肯（《聂贞襄公集》卷七《答何吉阳书》）。从此立场出发，双江评价欲从感应之发用上到达虚寂之本体者为失却根本头脑、陷入义袭助长。罗洪先亦云若在发用上着工夫则只有发用而无生聚，只是矫饰其形似而采取其陈迹[1]，会使生生不息之命根枯死（《罗念庵先生文集》

---

① 按：据译者所查，此处语意当出自《罗洪先集》（徐儒宗编校整理，凤凰出版社 2007 年版）卷八《与夏太守》。——译者注

卷三《与尹道舆》)。

※ 心无内外体用之别，乃是浑然一体，故而工夫亦不可有动静之别，否则便会落入支离、意见而失却浑一之性命。从这一立场来看，双江之说并非没有陷入沉静守寂之佛老之忧。因而不仅是正统派，现成派亦对此点进行了非难。正统派的南野持"心无定体"之说（唐荆川亦从此说——《明儒学案》卷二十六《南中王门学案二·荆川论学语·答双江》），黄洛村认为在感上求寂始得真寂，王龙溪以不犯手之妙悟为本领、采取应直达寂感浑一之性命的立场，分别对双江之说加以反驳。然而双江对于南野之说，非难其失却心之归宿，陷入所谓憧憧之思（《聂贞襄公集》卷六《答欧阳南野书》）；对于洛村之说，非难其"逐块袭影"（《聂贞襄公集》卷七《答黄洛村》①）；对于龙溪之说则非难其"无头无尾"、不免"望洋之叹、管窥之讥"（《聂贞襄公集》卷九《答王龙溪》）。

驳难双江归寂说者多本于程子"未应不是先，已应不是后"之说而云须即寂而感、即感而寂，但双江则回应说程子此说是在说本体，而不是在说工夫（《聂贞襄公集》卷九《答王龙溪》）。

作为自己归寂说的论据，双江举出《夏易》以连山（《周易》中则为艮）为首、《商易》以归藏（《周易》中则为坤）、《周易》以乾卦为首而其爻则以潜龙为先之例（关于《周易》，双江还就咸、艮、坤、复之卦论述了其虚寂之旨），论述了《易》之本旨之所以为主静立极、收敛归藏，亦即归寂（《困辩录·辩中》；《聂贞襄公集》卷五《复斋记》，卷七《答东廓邹司成书》）。

双江从体用分节论的立场出发，又以虚灵为体，知觉为用，体为能知觉处，用为知觉处，而将两者先后二分以明功效之别，站在这一立场上对良知知觉说进行了驳难。

---

① 按：《聂豹集》卷十一《答黄洛村》中未见此语，此语当出自同书卷九《答胡青厓》。——译者注

※ 良知知觉说的立场，乃是心无寂感内外，浑然一体，故而虽不能说知觉便是良知，但离知觉则无良知；依靠即知觉之用而见虚灵之体，良知便得以真切笃实，故而所谓致良知便是在知觉所及之处致之。这大体是正统派所论（此说很好地理解了阳明之良知的浑一性，提倡此说者工夫亦较为切实，但在透彻方面则有不足之处，以此而亦非没有缺乏精彩之憾。在精彩方面，正统派固然不如现成派，比起归寂派来亦有不及之处）。双江认为这样的知觉说乃是径以知觉为良知，宋学之支离外驰、义袭助长，现成派之任情恣意，佛老之遗弃简旷等弊皆本于此说，而评价其为"逐大块之犬"① （《聂贞襄公集》卷四《送王惟中归泉州序》）、"逐块袭影"（《聂贞襄公集》卷七《答胡青崖书》）等，又非难其逐事物而向功利，就假失真，如同霸者之改头换面，终至严厉批评其为"以学术杀天下后世"② （《聂贞襄公集》卷八《答戴伯常》）。他之所以以阳明的"良知是未发之中"之说为《传习录》中的正法眼藏，其实亦是因为将此说解释为以知觉为发用，工夫应当着于未发之寂体、亦即中上。双江云"《传习录》中若无此一线命脉，仆当为操戈之首"（《聂贞襄公集》卷九《答董明建》）。故而上述的严厉批评亦是所当发而发。

如同上述，归寂派以归寂通天下之感，以致虚立天下之有，以主静该天下之动，故而其虚无自便是方，以周旋人伦，其静寂廓然顺应，以位育天下万物。故而虽云归寂，却并不是沉湎于静寂，而可以说是明庶务以正人伦者。故而其虚无乃是生化之枢，其静寂乃是神化之基（《聂贞襄公集》卷四《送王樗庵献绩之京序》）。双江提出所谓"虚者气之府，寂者生之机"之说，亦是为了表明上述的主旨。此外，他将其比为鉴之空、衡之平，而云"寂者性命之源、神应之虚，原无一物而无物不备，一无所知而无所不知"（《聂贞襄公集》卷七《答唐荆川》），亦是基于同样的主旨。故而他认为佛（老）之虚寂乃是以感应为尘烦，将其一切断除而以此为寂灭，而将其评为"枯忍"（《困辩录·辩中》），这亦非没有缘由。

---

① 按：此处系据原文中的日语训读转译。——译者注
② 按：此处系据原文中的日语训读转译。——译者注

※ 据双江所说，佛（老）之所以无视感应，乃是因为对"人生而静"索之过高，而对"人生而静以后一段"更不省究，由此而寂灭根尘、鄙夷伦理、不屑于礼乐刑政，因而不可以治天下国家。他还云虚无乃是生化之根源，故而不能以虚无罪佛老，佛老之所以背圣学，乃是因其以虚无之所生化者为障与妄而轻视感应（人伦），终至狗于自私自利之见（《聂贞襄公集》卷四《送王樗庵献绩之京序》），完全在感应（人伦）的有无中寻找儒佛之分别（关于这一点，黄宗羲举出佛之作用即性之说，批评说以感应之有无来论儒佛之别并不一定正确——《明儒学案》卷十八《江右王门学案三》）。故而其儒佛（老）论有着同体异用说的倾向。而从其以《丹经》所谓恬淡虚无来说明自己之道，并云"轩岐以之而活世，黄老以之而修命，释迦以之而了性，尧舜孔孟以之而参天赞化立人极焉"（《聂贞襄公集》卷三《亲仁遗慕序》）一事中亦可以窥见此点。深信神化（裁制经纶）之根源在于虚寂而不疑的双江云"虽见讥为类佛亦不妨，不由此则无真见"①（《聂贞襄公集》卷九《答王龙溪》），甘愿承受来自世间的论说虚寂而陷于佛老的非难。

归根结底，归寂说并非要以厌离动用、沉沦静寂来超越现世。"静非却事，只是澄心，此儒释之辩也"（《聂贞襄公集》卷八《答戴伯常》）之一言便足以证明此点。而不惧说出"归寂"二字，不外是因外害怕在发用上用工夫者缠绵于人为、驱驰于思索私意而紊乱人伦，而欲使发用完全本于本体之纯正的自然力。双江相信由此可以一洗以高虚乱道的二氏（佛老）、以功利害道的五霸，以及卑贱的权术刑名、辞章训诂之弊，而发扬真正的儒教精神。故而念庵在评价不为王门诸士所容的双江之归寂说时所发的惊叹"真是霹雳手段……真如康庄大道，更无可疑"（《罗念庵先生文集》卷三《与尹道舆》），亦难说是轻信的结果。

像这样，归寂说并非陷于枯槁沉静，而是包含着对生命之根底、赞化位育之大本的深刻思考，其静功亦并非不是所谓"一棒一条痕、一掴一掌

---

① 按：此处系据原文中的日语翻译转译。——译者注

血"的切实之物。在与运用悬崖撒手之妙法（顿悟）的龙溪相互切磋的罗念庵的归寂说中，尤其可以看出这一点。故而双江才评价念庵的静功为"皆精神经历磨勘所到，轮刀上阵，杀人见血，此中一毫容情不得"①（《聂贞襄公集》卷七《寄罗念庵三》）。双江、念庵的静功中之所以充满力量，两人都曾有欲以现成论之手法修学而最终失败的经验一事亦当是一因。盖如能充分理解静寂之所以为本体，工夫中自不容有动静感寂之别。然而若强调此点，则归寂说的特色将会变得稀薄。故而双江虽云静寂之体乃是超越动静感寂等时境之物，静寂之静并非与动相对，其寂并非与感相对，因而工夫亦不可有动静感寂之别（《聂贞襄公集》卷七《答东廓邹司成书》《答亢子益问学》），但又以静寂为体、以感应为用，而将两者分节为体用之先后，因而其所云静寂之体自然有无法脱离境之处。也就是说，这可以说是与境浑然一体、不离境而为本体之物。实际上，这应该说便是归寂说的特色。

※ 双江如此论述静寂为何必须在身为境的同时被扬弃为本体："若言其势之相资，则动有资于静，静常发而为动。如乾不专一，则不能直遂；坤不翕聚，则不能发散。尺蠖不屈不能伸，龙蛇不蛰不能奋。"（《困辩录·辩中》）儒教之主静论的精神实际上即应当在于此。

归寂派所说的静寂之所以得到以上的论述，乃是因为在归寂派看来，口称心无内外动静之别而两言动静感寂者之学浅薄而不明根源，多逐外遗内，流于动而有欠于静，终至任心之流行而不辨理欲，其害有甚于宋学之支离者。归根结底，归寂说虽然认为动静感寂之工夫不可废，但其不追求制动而次第至于静，而是以守静制动为旨（《聂贞襄公集》卷八《答戴伯

---

① 按：此语乃聂豹引罗洪先书信中文，并非聂豹对罗洪先的评价。——译者注

常》)。故而念庵云"静之一言尽之矣，不必兼之以动，而后为完具也"（《罗念庵先生文集》卷三《答董蓉山》）。所谓"静之一言尽之矣"是归寂说的究极之语，而将此语与阳明的"致知焉尽之矣"一语相对比，便可以推测阳明的致良知说在归寂派那里是怎样发生变化的。双江的归寂说因其动机之故，其寂体有偏向于境的倾向，因而在其本体的自觉上亦并非没有稍嫌不足之憾。故而念庵认为双江的归寂说将寂感动静二分而使其堕入时境，因此而与佛老之学相通，专于自利而疏于裁制，有难尽心之本然之处，由此而强调寂之本性，使双江的归寂说更为精微。

　　※ 双江云"于未发之时，而见我之寂体"（《罗念庵先生文集》卷十一《〈读困辩录抄〉序》所引），而在念庵看来，这乃是堕心于时境，难免执见（《罗念庵先生文集》卷十一《〈读困辩录抄〉序》）。念庵在答复杜道升的信中云"夫谓感由寂发可也，然不免于执寂有处；谓寂在感先可以，然不免于指感有时"（《罗念庵先生文集》卷四《答杜道升》①），而这亦当是对双江寂感说的批评。

　　念庵认为真正的寂体并非可以感之前后、知念之有无来思考其增减及存与不存，而可以说是连善恶之对立亦超越了的绝对一者，若不能自得此点，即便云体乃寂然不动，亦反而会作梗而不能得其发用，故而不是真正的寂体（《罗念庵先生文集》卷四《答杜道升》）。故而其云"寂无体，不可见也""见寂之非寂也"（《罗念庵先生文集》卷十一《〈读困辩录抄〉序》）。若以寂体为境，则发用为时。如此则心堕于时境，失却其所以为生生之机。故而念庵云"心无时，亦无体"（《罗念庵先生文集》卷十一《〈读困辩录抄〉序》）。由此他排斥寂体发用之先后内外的分别之论，进行了这样的说明："自其发而不出位者言之，谓之寂；自其常寂而通微者言之，谓之发。"

----

① 按：据译者所查，此语当出自《罗洪先集》卷三《甲寅夏游记》。——译者注

（《罗念庵先生文集》卷十一《〈读困辩录抄〉序》）像这样，寂乃是超越内外时境之相对的绝对一者。故而念庵不论寂感动静之如何，只以得心之一者为工夫治要，若能相信此点，则守寂妙感或主静慎动皆可。如此则归寂自能脱离时境而入微。念庵以"只无欲而入微"[1]为主静之旨（《罗念庵先生文集》卷十一《〈读困辩录抄〉序》，卷三《答李二守》），乃是基于寂之本体自觉，这不言自明。

　　※ 像这样，寂之本体自觉高扬之后，归寂说与现成说便互相接近。念庵与龙溪相互切磋而各精其学，且时时感到有相契之处，或许亦是理所当然。这乃是因为两者在以良知为不容有无之绝对存在这一点上相一致（阳明在晚年以良知为太虚，而念庵亦充分理解良知之所以为无之存在，这从其曾云"良知……本虚明静定，以虚明静定求即非良知；本变化无方，以变化无方求即非良知。……其犹止水乎？ 其犹太虚乎？ ……其真静无而动有乎？ 其真无动无静者乎？"——《罗念庵先生文集》卷二《寄欧南野》——一事亦可以窥见）。不过龙溪将其工夫求于悬崖撒手之顿悟，念庵则求于收敛之渐修，故而一方成为现成说，而另一方成为归寂说（参照《罗念庵先生文集》卷五《冬游记》《戊申夏游记》《甲寅夏游记》，卷三《与谢子贞》《答胡督学》《与谢维世》，卷八《松原志晤》《别周少鲁语》等）。

　　念庵在晚年论说了"知止"之要，而这亦当是为了救双江之归寂的偏弊。双江虽亦以寂体为万化所基、亦即心之定体，由此而以其为物之所止，论述了静养乃是动静皆所以得其止的工夫，而辩解自己所说的静并非沉静（《聂贞襄公集》卷六《与欧阳南野》），又或是提出《易》之艮止（《困辩录·辩易》），又或云《大学》之精微之蕴在知止之一条（《聂贞襄公集》卷七《寄罗念庵三》），论述了知止之要，但其止处终究亦不

---

　　[1]　按：此处系据原文中的日语训读转译。——译者注

出其所谓寂体，不一定是像念庵那样，出于作为救正伴随着归寂的偏弊之工夫的自觉而述。所谓寂即不免有沉于静之忧，而所谓止则是不管心之内外出入之如何而止于其位，故而内不动于欲，外不为知解，不会陷入"执内逐外"而独往独来，随其处而不失其位。故而其能够括动静、总摄内外而无偏倚，与物同体，使物各得其所。念庵着重论说知止的理由应当就在于此（《罗念庵先生文集》卷八《艮宅赘答》，卷三《寄王龙溪》，卷四《与刘仁山》）。

念庵虽然如同上述强调寂的本体性，但其鉴于现成、具体两派的流弊，认为工夫以收摄保聚（时时收敛）为主，云"常发荣必速槁，……闭藏……乃是天地之根、人生之所以立命"① （《罗念庵先生文集》卷三《与尹道舆》）而以"一切退藏"为旨。故而其云"致良知之与主静无殊旨"（《罗念庵先生文集》卷十一《〈读困辩录抄〉序》），阳明之培根亦"属收敛翕聚"（《罗念庵先生文集》卷三《与尹道舆》），所谓穷理、尽性、至命亦是靠主静培根而达成。故而其自不得不论说学有先后之序，终以归寂为宗。

如以上所述，归寂派认为良知之体是虚寂，工夫只应用于体上，终至以静寂之学（主静说）为圣学之正法眼藏。为此其说有着背离以本于不知不识之中的道德知觉的良知为根本头脑的阳明之学的倾向。故而创立归寂说的双江受到王门诸士的论难而处于孤立的地位亦未必不是没有理由的。不过归寂派自身相信只有自己之学才是得王学之真精神者，且其学以静虚为实，由此宋以来的主静说与王学、甚至是程朱之学与王学亦血脉相通。双江之所以并举白沙的"静中养出端倪"、程子的"静后见万物皆有春意"以及阳明的"静后始知群动妄"的诗句而论说静学，亦是出于这一主旨。

---

① 按："乃是天地之根、人生之所以立命"之语系据原文中的日语训读转译。——译者注

※ 念庵以《传习录》卷上之花间草篇中的理静气动论为阳明致良知说的本旨（《罗念庵先生文集》卷三《答陈明水》），但阳明之说其实是在告诫学者不要以基于欲情的好恶来进行道德价值判断，未必是在论述以理静为本而否定气动这样的积极的主静论（不过其中有静的阴影。这所以这样说，是因为此说是阳明在还未完全摆脱静的思想时所发）。然而念庵认为此说是在积极地阐述主静论，且认为此主静之说中有阳明致良知说的本旨。双江和念庵都以阳明中年时代的主静说为致良知说的宗旨（双江以《传习录》卷上为致良知说的正法眼藏，念庵则重视阳明在龙场的主静悟入，告诫学者应当以此为本，而不当徒然以晚年的熟化之说为旨），认为王学与宋以来的主静说血脉相通，甚至认为程朱之学亦以主静为旨。故而他们重视周子的主静立极说，以及杨龟山以下的未发说，甚至是陈白沙的主静说，亦可以说是理所当然。(归寂派认为陆子的"先立乎其大者"之说、程子所谓"日用本领工夫""人生而静以上不容说"之说都是主静说，其定性说亦是周子之嫡派，且以朱子悔后的涵养说为朱子平生断案，认为朱子最终亦以静学为宗——《聂贞襄公集》卷五《重修养正书院记》《存斋记》，卷七《答应容庵书》《答亢子益问学》；《困辩录·辩中》；《罗念庵先生文集》卷三《寄谢高泉》《答万日忠》)

双江虽认为白沙与阳明之学有精与大之差，但又论述了二者同归，且其不仅对针对白沙的陷禅之讥进行了辩解，而且慨叹后人不知白沙（《聂贞襄公集》卷三《白沙先生绪言序》，卷七《答应容庵》一、二，卷三《两峰刘公七十寿序》）。白沙之学自阳明出现后便衰微了，但据看法之不同，亦非不能认为其一转而流入归寂说之中，得以维持其命根。黄宗羲对阳明无一言论及白沙感到疑问，这亦当是出于以白沙之说为王学先踪的归寂派之说。

念庵尤为尊崇白沙。他评价白沙的致虚时称赞说"乃千古独见"（《罗念庵先生文集》卷三《与吴疏山》），甚至云"真若再生我者"（《罗念庵先生文集》卷二《答湛甘泉公》）。其绝笔乃是白沙"明月清风"之绝句（《罗念庵先生文集》卷二十四《行状》①），知此事则可以思过半。

像这样，归寂派将宋学与王学看作是血脉相通，故而他们心中似乎并没有王学与宋

---

① 按：译者在《罗洪先集》附录一《念庵罗先生行状》中未查得此语。——译者注

学的纠葛。双江"妄意此学四十余年，一本先师之教，……参之《易》《传》《学》《庸》，参之周、程、延平、晦翁、白沙之学"（《罗念庵先生文集》卷九《答陈明水》）之语便足以说明此点。故而其云"朱子晚年与陆子同"[1] 而论述朱陆同归，认为著《道一篇》《心经附注》而阐述朱陆同归论的程篁墩之说大有可观之处，便不足为异了。

---

① 按：此处系据原文中的日语训读转译。——译者注

三

如同上述，归寂派以致虚守寂为致良知，但其认为徒然求静如同弃舵操舟，而以未发之中为静之根并将其比为舟之舵，以致中为致虚守寂、即致良知（《聂贞襄公集》卷八《答戴伯常》；《罗念庵先生文集》卷三《与尹道舆》）。故而双江云阳明所谓"良知是未发之中"乃是"骨髓入微处"（《欧阳南野文集》卷四《寄聂双江》所引）。

※ 如同上述，双江以阳明"良知即是未发之中，即是廓然大公、寂然不动之本体""自然感而遂通，……自然物来顺应""未发之中常人俱有。盖体用一源，有是体，即有是用。有未发之中，即有发而皆中节之和"①之说为《传习录》之正法眼藏（学庸之本领）。其体用说、寂感说乃是出于阳明此说，这自不待言。未发说亦是基于此而得到阐述的，而双江在阐述此说时解释说阳明之说是在论述工夫与效用。我们未必能够断定这一解释符合阳明致良知说之本旨，但归寂派的解释亦难说是完全背离了阳明之本旨。仔细观察此说，可以发现归寂派所说的这种解释未必不能够成立。假如认为这一解释是正当的，则亦如黄宗羲所云（《明儒学案》卷十七《江右王门学案二》），阳明之致良知说与留都以前的主静说并无不同，阳明之论述主静不外是应时之方便、因病所施之药。从这一观点来看，归寂派并没有违背师门，邓定宇所说的"阳明必为圣学无疑，然及门之士，概多矛盾。其私淑而有得者，莫如念庵"（《明儒学案》卷十八《江右王门学案三》）之语也必须承认是正确的。如此，则如日本之楠本端山所云（《楠本端山先生遗书·学习录》），念庵、双江乃是王门（王学）之功臣。

---

① 按：《传习录》中此语之前本有"不可谓"一语，作者似未注意到。——译者注

双江以未发之中的充养，即致中为学之根本、尧舜相传之正法眼藏、真正脉络，甚至云"于此处体认得分晓，则一棒一条痕，一掴一掌血，情命于性，性命于天，丹府一粒，遍地黄金"（《困辩录·辩心》）。未发之中若发而中节（心之法则）便是和，而对于此点，双江等人与论述体用时一样，认为排除人为（助长外袭、卜度推量、任情恣意等），仅靠致未发之中的工夫而自然达到中节，做到所谓"不知不识，顺帝之则""动以天""情顺万事而无情"而无先后过不及，这便是和（《聂贞襄公文集》卷七《答邹东廓司成书》；《困辩录·辩中》）。

※ 双江为何在身为王门的同时，像上述的那样以致中为致良知之根本呢？这固然是遵循以良知为"未发之中"的阳明之说，而此时他基于程子"虽无所知所觉之事，而其能知能觉者自在"之语，解释说未发之中不学不虑而自知自能，这便是良知（《聂贞襄公文集》卷八《答戴伯常》，卷五《复古书院记》）。据此，则与其说未发之中属于良知，不如说良知属于未发之中。故而可以说致中之学有着稍稍偏离阳明所论致良知的主旨的倾向。

而据上述的双江之说，工夫在于致中而不在致和，由此与历来的致中在致和上之说相异，不过双江认为这亦是程子、朱子之主旨。故而在其看来，认为未发之中当用于发用上、将其称作"日用本领工夫"或云"于已发处观之"的程子之说乃是若体未发之中而不失、则可得发而中节之效之意，将其完全看作未发工夫（《聂贞襄公文集》卷九《答黄洛村》《答王龙溪》）。如此一来，阳明的"中即和"之说也被解释成致中始得和，作为其证据，双江举出了阳明的"至其中而已""中焉止矣"之语，以此来表明己说之正确①（《困辩录·辩中》）。

像这样，归寂派以中和为体用，且从体用分节的主旨出发，以为工夫只是致中。但其又如同上述，基于体用一源的主旨论述中和之一体论，针

---

① 按：此句中的三处引文皆出自周敦颐，并非阳明之语。——译者注

对霸道佛老为儒家的立场进行了辩护。

※ 双江认为，霸者不知道和乃是基于中之自然，本于人为之安排，发于私意而陷于功利；佛只见中而不知和，故而失却道德活动（经纶）。他评价佛（老）之学云"若论未发之中，渠学尤逼真，但无发而中节一段"（《聂贞襄公集》卷八《答戴伯常》），以和之有无为分辨儒佛的标准。

双江云"发与未发一浑而无增减，顺天性，安人情，方为经世立极之所以"①（《聂贞襄公集》卷八《答戴伯常》），这显示出了儒教以中和为一体的道德立场。不过他如同前述基于立体说，以为中立和生之处有一源（《聂贞襄公集》卷九《答王龙溪》），并将中和的关系比作形影虽本来有别，却又彼此相伴（《聂贞襄公集》卷八《答戴伯常》）。

※ 双江从中和一体的主旨出发，论述了未发之中并不是遗弃万事之原因（《聂贞襄公集》卷八《答邹西渠》）。他以未发之中为天地万物之枢，以执中之学为握此枢而常止常寂、常应常顺，使天地万物皆发于自然之力，认为周子"有风还自掩，无事昼常关。开阖从方便，乾坤在此间"之诗意即在于此（《困辩录·辩中》。归寂派在某种意义上可以说充分发挥了周子主静之蕴）。其以致中之学为所以"为天地立心，为生民立命，为万世开太平，为往圣继绝学"（《困辩录·辩中》），盖亦非没有理由。

双江认为致中不应求于喜怒哀乐已发之际，而应求于其未发，在已发中求中者乃是"后天而奉天时"，因而"不胜其憧憧，非惟日不足"，终流于义袭助长、五霸之假、俗学之记诵，否定了这种做法，这从上述的内容来看亦是当然（《聂贞襄公集》卷五《重修养正书院记》；《困辩录·辩

---

① 按：译者未查得此语。——译者注

诚》)。从此种见地出发，他否定了认为未发为性（心体）而非时的王门诸派之说，而大胆论述了以未发为时之说。

※ 双江虽曾说过未发乃主乎动静者，故而未发无动静，论述了未发之所以为性（心体）（《困辩录·辩神》），但对于认为未发不是时而是性者，却又主动论述了未发之为时。他在《中庸》不云"喜怒哀乐之本体谓之中"、而云"喜怒哀乐之未发谓之中"一事中寻找此说的根据（《聂贞襄公集》卷六《答欧阳南野书三》）。像这样，虽然双江并未以未发为性体，却又主动提出了以中为体、以未发为时之论，这当是因为在其看来，以未发为性者由此而认为当在已发上做工夫，有陷入良知知觉说（或宋儒的格物说等）的流弊之虞。不过双江之说乃是在良知之前求未发之中，故而被说成是沦为二氏之沉空而违背阳明良知之旨，又或是在已发之和之外别求未发之中，因而分动静、茫然陷于支离，受到龙溪的非难（《聂贞襄公集》卷九《答王龙溪》所引）。而认为中和乃是致知之效验而并非体的南野亦云双江之说乃是在良知之外别有中和，而对其进行了批判（《聂贞襄公集》卷六《答欧阳南野书三》所引）。此外，亦被章本清批评说"未发即性之未发，发即性之发焉，……若舍而别求未发之体，则惑矣"（《明儒学案》卷二十四《江右王门学案九》）。

若以未发为时，则致中自不免偏于沉静。故而念庵否定双江之说，以未发之中为思之位，认为据此则可在作止语默、往来进退的同时而常主于静，未发之中可避免陷入上述的偏弊（《罗念庵先生文集》卷五《主静堂记》）。不过最终，念庵还是以双江的致中之学为宗。

四

在内外论上，归寂派也如同上述持内外分别之论，认为以内为主才能真正获得内外的一致。也就是如，明内外宾主之别，则反求退藏之功密，其结果体立而用自生，内外一以贯之（《聂贞襄公集》卷七《寄罗念庵三》。在其看来，此内外一致之处乃是儒教之所以为儒教，而与此相比，佛老以内为主而忘外，霸者百家逐外而忘内）。双江认为，由此可以救宋以来论述内外一致者拘于内外之论而说内说外、使人失其所向之弊（《聂贞襄公集》卷六《答欧阳南野书三》）。

※ 内外宾主之别及其一体关系亦被比喻为形影，而从体用内外一体的主旨出发，双江肯定了朱子的道心（天理）、人心（人欲）的分别之论过于分别的识者之评（《困辩录·辩中》），又认为告子的生性论、性无善无恶论亦是见得本体之一斑（《聂贞襄公集》卷九《答董明建》）。但从自己的分别论的主旨出发，双江认为若不分别理气，则会径直认气为性而不问所养之处是否为善，结果会沦为告子的生性论，最终向现成派那样以当下（现在）为具足，以不犯手为妙，失却孟子论述养心的精神（《聂贞襄公集》卷九《答王龙溪》）。应当认为双江二元论的精神即在于此处。

如同上述，念庵认为双江的内外论偏于内而难以真正贯彻一体之旨，故而论述内外两忘之说来救其偏弊，使其说更加精微（双江虽然亦论述过内外两忘，但并不如念庵之说彻底。——《困辩录·辩仁、辩中》）。据其所说，心体乃是庄子所谓"外者不入、内者不出"[1] 之物，亦即超越内外的

---

[1] 按：此处系据原文中的日语训读转译，译者在《庄子》中未查到类似之语。——译者注

绝对一者，因而工夫也必须是超越内外之物，即内外两忘（《罗念庵先生文集》卷八《寐言》），并以此为"千古入圣秘密"（《罗念庵先生文集》卷三《答李石麓》）。只是在其看来，虽云内外两忘，亦不可由此而遽期直观炯然之本体，最终若非熟于收敛枯槁、即养静工夫，则无法悟入两忘之境（《罗念庵先生文集》卷三《答胡督学》）。实际上可以说此处有着归寂说异于现成说之处。归寂派又开始论述在阳明看来若云致良知则不必再说的孟子夜气说、同样被称为第二义的孟子集义说，以及被认为是若以"必有事焉"为主则不需并说的孟子"勿忘勿助长"工夫的必要性，这对于痛感以感应知觉上的工夫为致良知所带来的流弊、认为致虚守寂中有阳明培根本旨的他们来说，是理所当然的事情。

　　※ 孟子的夜气说乃是为失却良心者指出良心萌动之处，以由此加以培养，其主旨亦为阳明所理解。但既知良知，则当用致良知的工夫，若此时仍说夜气，欲求静以养心，则类同骑驴找驴，最终会失却主脑生意而流入枯静，陷入自私自利、将迎意必，这是阳明否定夜气说的理由（《传习录》卷中）。然而归寂派认为夜气之培养乃是良知本体之培养、本体由此而自然发用通达于人伦庶物、生生发展的日新之道，故而特意论述了培养夜气之要（《聂贞襄公集》卷六《寄王龙溪》二）。像这样，归寂派以阳明以为不必要之物为必要，乃是为了救正统派在已发上用工夫而缠绵于好恶相近之处，现成派忘却良知之培养而以现在为其足、陷于任意恣情之弊，故而特意提出此说，并非有意背叛师门。

　　阳明云"说集义则一时未见头脑，说致良知，即当下便有实地步可用工，……则自无忘之病，……则自无助之病"（《传习录》卷中），而双江则云"集义之功，不忘则助，甚难为力"（《聂贞襄公集》卷六《启阳明先生书》），并论述了集义之要。不过双江以集义之集为敛集之义，由此而以其为退藏于密以敦万化之原的工夫（《困辩录·辩心》），故而认为集义有"养气的丹头，点铁成金"之力（《困辩录·辩神》）。念庵亦以集义为未发与廓然之培养（《罗念庵先生文集》卷三《与尹道舆》），以必有事焉为令此培养专一的工夫（《罗念庵先生文集》卷三《答刘月川》）。总而言之，不管是集义还是必有事焉，都是将其作为主静培根的工夫而论述了其必要性，而勿忘助的工夫亦是被作为与前两者一体之物而阐述了其必要，并没有像阳明那样只将其当作必有事焉中的一助。从双江所云"吾辈今日之学皆助也"（《聂贞襄公集》卷九《答董明建》）中亦可看出，这乃是因为其眼见在发用动处用工夫者陷入严重的助长之弊，而痛感有对其加以救正的必要。由此其云以必有事焉为主的阳明之学和以勿忘助为主的湛甘泉之学虽都是为救学者之偏弊而立言、都有可观之处，但两者都不如论述两者之浑一的孟子（《聂贞襄公集》卷九《答董明建》）。双江虽属于王门，但并不否定甘泉之学，而是持两可调停的立场——《聂贞襄公集》卷九《答董明建》）。这从其以宋学和王学为出于一脉的立场来看并不奇异。在他那里，甘泉的随处体认天理之学亦被认为是来自罗豫章、李延平的澄心主静之学。——《聂贞襄公集》卷九《答董明建》；《困辩录·辩诚》）。

五

从正统派那样的认为并没有在本体上直接加以工夫的手段、因而工夫当用在用上的意见，以及现成派那样的认为工夫应当完全任本体的自然之力、不可使用附加人为的手段的意见看来，归寂说不免会被认为是在本来为寂的体上又加以寂，因而是头上安头，反而会为本体之累而使心陷于枯槁（《聂贞襄公集》卷九《答黄洛村》；《罗念庵先生文集》卷三《寄王龙溪》；《明儒学案》卷二十五《南中王门学案一》）。不过从归寂说所提倡的精神来说，心（亦可说是良知）存亡不常，并不能说是常寂，因而加以收摄保聚乃是为了复归心（良知）之本体，由此亦可以保持用的自然纯粹性，防止其被人为所矫枉，因而以上的看法可以说并非得当。归寂派也认为工夫与本体是一体（工夫基于本体，本体须以工夫来保持），这也是为其立场进行辩护的因素之一（尤其是念庵认为两者之一体紧密到无本体亦无工夫）。然而归寂派的本体工夫一体论乃是以本体即工夫（本体依靠工夫支撑的立场）为本，此事从其在论说悟时以采用腐臭俱化的顿悟而论说悟后之解缚的龙溪之说为非、只将悟作为入头下手而论述悟后工夫之要而最终以依靠默坐澄心的渐悟为旨这一点来看，亦极为明显（《聂贞襄公集》卷八《答戴伯常》；《罗念庵先生文集》卷三《答刘月川》）。

由此，归寂派并不仅仅终始于归寂，而论述了其间的如戒惧（戒慎恐惧）、敬等反省工夫之要，这当是因为当时说良知者声称工夫即本体（工夫完全基于本体之力的立场）而不解其真意，将本体之自然就此当作工夫，反而有失却工夫之嫌。双江认为要立体必须就心而反省，对其加以存立，基于《中庸》论述了戒惧工夫之要（在其看来，《中庸》的未发之中是本体、所谓"不睹不闻"之独、天下之大本，戒慎恐惧是其工夫，中节而和生、天地位、万物育是其效验。——《聂贞襄公集》卷六《答欧阳南野书三》)。故而在他那里，戒慎乃是未发之体（中）的工夫。像这样，双江对本体、工夫及效验进行了区别，而其认为由此才可以得到真正的一体，这亦是其一贯的看法)。念庵也同样云"自戒惧以入精微"(《罗念庵先生文集》卷十一《〈读困辩录抄〉序》)，论述了其要。此处需注意的是，归寂派所说的戒惧是不睹不闻、即本体上的工夫，而不可是睹闻、即发用上的工夫。若非如此，则不能超越有无空相、摆脱内迷外迷，使本体工夫一贯以通于微(《困辩录·辩中》)。据他们所说，这便是《中庸》论说戒惧的本旨。双江注意到《中庸》没有只说戒惧，也没有只说不睹不闻，而是说"戒慎乎其所不睹，恐惧乎其所不闻"，而以"乎其所"三字为窍诀(《聂贞襄公集》卷八《答戴伯常》)，这亦是因为在其看来不睹不闻上的戒惧中有着本体工夫的微旨。

※ 双江以《中庸》的不睹不闻为天下睹闻所聚、千圣之正法眼藏(《聂贞襄公集》卷九《答董明建》)，而其原本并非渺茫窈冥之物，而应是未发之中、天下之大本，这从其以前所论亦可明白(《聂贞襄公集》卷十三《山中问答》)。故而戒惧工夫必须用于不睹不闻之体，若不用于此而用于睹闻知觉上，便会陷入所谓憧憧之思，失却心体而不得心之正(《聂贞襄公集》卷十三《山中问答》)。念庵亦以戒惧工夫当用于睹闻上的陈明水之说为非(《罗念庵先生文集》卷三《答陈明水》)。

戒惧是不睹不闻上的工夫，因而其本身亦是静存工夫（归寂派之戒惧说的特色便在于此）。若非如此，则其便不可能是本体工夫。故而"自戒惧而约之，以至于至静至中"的朱子之说被说成是不免架床叠屋(《聂贞襄公集》卷八《答戴伯常》)。像这样，戒惧应当用于隐微之地，可以说的确是"虚无之至"。虚无则直，直则大公顺应，能位育天地万物。戒惧被说成是

"天地之推"的理由亦在于此（《聂贞襄公集》卷四《送王樗庵献绩之京序》）。故而戒惧原本是立体工夫，则自不待言。双江认为若能戒惧而立体，则可令情为性、令气为理，如此则发亦未发、动而不失静、约情而合于中、养气而配道义亦成为可能。故而其所云"非戒惧之学不足以语之"并非没有理由的（《聂贞襄公集》卷八《答戴伯常》）。

　　※ 之所以以戒惧为不睹不闻上的工夫，乃是出于本体和工夫必须是一体的见地，因而归寂派在论说戒惧时亦告诫不可使其陷于勤苦拘迫而为性体之累（《聂贞襄公集》卷十三《山中问答》；《困辩录·辩中》。戒惧与慎独之慎乃是同意，但双江从慎字由心和真构成这一点而云其乃是本体工夫一体之物。——《聂贞襄公集》卷五《慎庵记》）。从这一点出发，双江评价朱子"既常戒惧，而于此尤加谨焉"之说为过于精切而堕于困苦（《聂贞襄公集》卷八《答戴伯常》）。

　　像这样，戒惧乃是本体工夫一体之物，故而其虽是反省性的工夫，却并非消极之物，而是存养本体使其明健的积极性的工夫，这自不待言。故而双江以世之学者乐放肆而恶拘检、喜顿悟而鄙积渐、言戒惧为不见本体的做法为非（《困辩录·辩道》）。据归寂派所说，上述那样的不睹不闻之体乃是未发之中、独体，故而戒惧乃是致中、慎独（《聂贞襄公集》卷九《答陈明水》，卷六《答欧阳南野书三》）。应当注意的是，此处独被认为是未发之中、即寂体，而慎独被认为是致中、主静之功。自朱子以来，诸儒认为独是独知、即一念发动之际的道德知觉，而慎独则是慎独知，故不以慎独为主静工夫。然而双江认为以独为独知已是违背了《中庸》（因为《中庸》只云独而不云独知），否定了以慎独为发处工夫的看法（明末的刘念台亦以慎独为主静工夫，而归寂派之说当是念台之说的先驱）。

　　在这里对归寂派在论述主静归寂时述说戒惧之要的理由再进行思考。其理由之第一是从某种观点看来，主静工夫是合下自得本体的工夫，因而若非天资明健之上根则难以真正为之，故而对中根以下者来说，谨慎拘检自心而以渐修存养本体的戒惧反而更为安全适当（《困辩录·辩中》）；第二是如同自宋以来的学者所批评的那样，主静之学往往有厌弃事物而赚入别样蹊径（佛老之沉空）之忧（《困辩录·辩中》），而戒惧则无此担忧；第三则当是当时有云静则以为禅、云敬（同于戒惧）则以为迂，而只以任情恣意为得本体、陷入猖狂者（现成派亚流），为救其弊而须有反省性的工夫。

归寂派之所以特意论说被阳明说成是画蛇添足的敬（阳明认为致良知之中正含有敬之意，因此不需特意说敬。故而阳明以朱子《大学章句》中的敬说为蛇足）之要，亦当是出于同样的主旨。

※ 双江云"由敬而入者，有所持循，久则内外齐庄，自无不静"（《困辩录·辩中》），以敬为至于静之要。他虽亦曾云"敬而不静，是失之矜持把捉，非静之本体"，也说过敬中的静之要，但又云"敬是静的根，……未有敬而不静者也"，再次论说了静中的敬之要（《困辩录·辩中》。不过虽然双江曾如此说过，这并不代表归寂派从归寂之说转向了居敬之说）。居敬被宋儒认为是身心内外齐庄的工夫，而双江之所以将这样的敬说成是"圣贤相传家法"（《困辩录·辩过》）、特意论述其要，当时因为其认为现成派之亚流产生了上述的弊害，有着陷入庄周及禅的放诞的倾向。

工夫常合于本体、通于本体，方为工夫即本体，因而用功在属动的同时又得静根主脑，自能动而不动，契于一源无间之旨。归寂派之所以特别论说不睹不闻上的戒惧，归根结底亦是因为在其看来这符合上述的主旨。而对于"思"，亦同样作为符合这一主旨者而论述了其必要性。之所以这样说，是因为思方静时而动之机未尝息，及动而静之理未尝忘，被认为是完全是"统动静而一之"的工夫（《聂贞襄公集》卷八《答戴伯常》）。征之念庵将未发之中（本体）说成是"思之位"一事亦可明白（《罗念庵先生文集》卷五《主静堂记》），思其实被看作是所以通本体之微。不过，与戒惧一样，思也被认为必须是体上的工夫，因而此思就像"思诚""思敬""思无邪"中的思一样，必须是思而无思，亦即本体工夫之思（《困辩录·辩中》；《罗念庵先生文集》卷三《答郭平川》）。双江云"要知思的、戒惧的是静根"（《聂贞襄公集》卷八《答戴伯常》），以思属动而戒惧属念、感的看法为非，亦是要论述这些必须是体上的工夫。

六

以良知本体为虚寂的归寂派从其体用论出发，以充满（或云充养、扩充、扩大）虚灵本体之量、如同所谓"江汉以濯之，秋阳以暴之"那样做到无一毫意欲之蔽为致良知（参照《聂贞襄公集》卷七《答钱绪山》，卷八《答戴伯常》，卷九《答王龙溪》等）。故而致乃是不以一端之善为圣人之极则，不以一朝一夕之工夫为足，而只以时时培养为事的工夫（《聂贞襄公集》卷八《答戴伯常》；《罗念庵先生文集》卷五《戊申夏游记》）。由此，归寂派注意到阳明不仅将良置于知之上，又在良知之上加以致字这一点，而论说了致的工夫之要（关于阳明之致良知，虽有像罗整庵那样认为其不为格物穷理工夫而只说致知、陷于佛学者，但因为出现了现成派亚流那样只说良知而忽视致之功、轻视作用者，故而归寂派——正统派也是如此——特别论述了致之功之要）。双江以致为充满体之工夫，而在论述时否定了以致为行，以致知为据良知而行之意之说，以及以致知为将良知推及（或推行）于事事物物之说。念庵则与双江不同，以致为推及之意（详见后述）。

※ 前者无本源之涵养，因而以良知为现成之物，易生流向猖狂之弊，归寂派否定这一说法亦是理所当然。而后者当是得阳明之本意，为何要对其加以否定呢？阳明云"致吾心良知之天理于事事物物，则事事物物皆得其理矣。致吾心之良知者，致知也；事事物物皆得其理者，格物也"（《传习录》卷中），又以格物为致知之行于实地者，论述了致知中的格物之要。阳明认为由此而工夫得以真切而不逐光景，得头脑而免于陷入求效验之弊。故而在阳明那里，良知乃是通过事事物物上的切实工夫而自行发展开来的生生之真机。故而以致为推及（推行）之意其实是得当的解释。虽云推及（推行），从阳明

的主旨来说，这亦是良知自身作用于实地而复归于自己的本来之地，因而其间并没有容得下人为的余地。然而双江以推及为"推此及彼"，故而认为持此说者违背自然之明觉而陷入人为，由此而成为如孟子所说"行仁义"者，最终认定其"葛藤缠绕，全属人为"（《聂贞襄公集》卷九《答王龙溪》）而加以否定。由此他认为就连阳明所说致良知于事事物物尚不免内外出入（《聂贞襄公集》卷七《答亢子益问学》）。归根结底，之所以否定以致为推及之说，是因为在其看来此说以人为而犯自然之心体，而这亦是因为双江以先天之学为宗而否定后天之学。

双江的立体之学乃是先天之学，这自不待言，而龙溪也同样提倡先天之学，以不犯手之法为工夫之要。不过双江认为龙溪基于前述的阳明格致说而以致知为必有待于格物，评价其说为虽云先天、实则堕于后天（《聂贞襄公集》卷九《答王龙溪》）。念庵则与此相反，认为龙溪之不反手之法乃是以良知致良知，评价其是道家先天利后天之意、是本于佛老者——《罗念庵先生文集》卷三《与聂双江》）。

若按照上述的双江致良知说，则格物不是致知的工夫，而是致知的效用（《聂贞襄公集》卷九《答王龙溪》）。由此相对于以格物为致知实地工夫的龙溪，双江提出阳明的"致知焉尽之矣"之语，指出了龙溪之非。这乃是因为双江将"事事物物，各得其所"的阳明之格物解释为完全出于本体之力的效用。

※ 仔细观察上述的阳明格物说，则其中有着双江所说的那种解释未必不能成立之处。不过若从双江之解释，则阳明以格物为致知之实地而论说其工夫之要的意图就会被忘记。反之若以双江之解释为完全错误，便容易忘记阳明在致知中寻求所有工夫的归宿而云"致知焉尽之矣"的意图。不管怎样，阳明的格致说揭示了本体与工夫的妙结之处而亘于精微，想来只有将本体工夫效验看作完全浑一之物的南野之说近于大体得其真意。从这一点来说，像双江那样以致知为工夫、格物为效用而明确地将两者二分的做法确实有不符合阳明之真意的地方。而如此说来，对于阳明以格物为致知得力于实地之处，或是正不正以归于正的说法，双江又是如何解释的呢？对于前者，双江辩解说这乃

是阳明欲以此来阐明万物一体之主旨，与《大学》之本旨少隔（双江认为《大学》"致知在格物"之说亦是论述工夫与效应者）；对于后者，双江则以其为救朱子格物说中外驰义袭之弊的权法，而云"若不知其意而以即物正心为格物，则遂入袭取之窠臼，为霸学立一赤帜"①（《聂贞襄公文集》卷六《答王敬所》）。

双江认为像这样以物上求正为格物者、像推及说那样以使良知遍及物上为格物者均是为阳明所谓"枝叶花实之想"而驰心于功利、失却阳明培养根本之精神者（《聂贞襄公集》卷九《答王龙溪》）。向发用上求本体、向事物上求天理的做法都是遵从这些错误的格物说的结果，双江为此发出了慨叹（《聂贞襄公集》卷七《答陈履旋给舍》，卷六《答邹西渠》，卷八《答戴伯常》）。在其看来，这些格物说均陷入了道理障、格式障以及知识障（《聂贞襄公集》卷八《答戴伯常》；《困辩录·辩诚》）。故而程子的一日一物的格物说、朱子以知识之推及为致极的格物说亦被否定，这自不待言（《聂贞襄公集》卷八《答戴伯常》）。此外，欲通过用格物工夫而达到致知者乃是欲从发用上至于本体者，从直接在本体上做工夫的归寂说来看，这当有隔靴搔痒之感。由此双江向论说致知中的格物工夫之要的南野云"惟格吾本体之不善"（《聂贞襄公集》卷六《答欧阳南野书三》）。

归结起来，双江以致守虚寂之体为致知，感而通达事理为格物，而将两者二分为功和效，故而其说与通说有异。

※ 双江为什么要提出这种异说呢？关于此事，龙溪曾进行过论述，其大意为当时一般的格致说以知识为良知而不得入微，为此或者不致良知之明觉而执于有象，或者以安排凑泊为得当，故而双江论述以虚寂为本的格物说，欲加以救正。龙溪此论盖为恰当之评。从某种角度来说，双江之格物说亦是出于体会阳明救正朱子学格物说中外求义袭之弊的意图过于心切，可以说其说并非要特意求异于师门。

所谓充满虚寂之体之量，乃是在本体上不附加一物，而且去除遮蔽本

---

① 按：此处系据原文中的日语训读转译。——译者注

体的不纯之物使其纯粹湛一，令其发用出于本体之自然。故而双江将知比为镜之明，将致比为磨镜，将格比为镜之照，以明此主旨（《聂贞襄公集》卷七《答陈履旋给舍》）。

※ 由此双江再次提出了明镜论这一阳明中年之说，而这归根结底亦是因为看到现成派丹府一粒、点铁成金的手法最终有着以所发为心体、任意之所赴而以其为工夫、终陷于流荡无归的倾向，而痛感去欲反求的必要。

双江以致知和格物分别为功、效，故而两者自有先后内外本末之别，不过与历来一样，他认为由此两者始相伴而得一源之旨，而这亦是此说之所以契于《大学》之本旨。

※ 双江认为致知相当于《大学》中的所谓知止，格物相当于明德亲民，由此则"致知在格物"乃是与"知止而后有定，定而后能静，静而后能安，安而后能虑，虑而后能得"一条相照应，而并不遵从以知止为格物、定静安虑为格物工夫的历来之说。在双江看来，如此则先后内外本末之别明，可以救历来《大学》论中的义袭外驰之弊（《聂贞襄公集》卷七《答张浮峰》）。他虽以格物为致知之效用，但这只是对以格物为工夫之说的否定，格物依然被认为是必需之物。故而其以格物之有无以及是否得格致之一体来论述儒与佛（老）霸之别，亦是其一贯的做法。

双江的格致分别论虽然在其看来可以此而得一源之旨，但此论与其寂感论一样，并非没有重心轻物、为此工夫偏于内而率意任情、失却致曲、难以真正达到心事（事理）一体之忧。而很明显，这归根结底亦是因为不以格物为致知之工夫，而为致知之效用。由此念庵不遵从双江的格物说，而仍以格物为致知之工夫并论说其要。不过这当然是以阳明之格致说为宗者，而绝非是要遵从宋儒之说。

119

※ 念庵以致知之实处、即即物而充养知为格物（《罗念庵先生文集》卷四《与刘可贤》），认为格物即致知之实地工夫。故而他与双江一样，以致为本体之量的充满。但与双江不同的是，念庵认为此乃通过将本体推行到事事物物上、亦即通过作为实地工夫的格物而得以达成（《罗念庵先生文集》卷八《读双江致知议略》。如同黄宗羲亦曾说过的，此说颇得阳明之主旨）。故而念庵虽终云"致上见得分明，则格物之义自具，……凡能致虚者，其必能格物"（《罗念庵先生文集》卷三《答王龙溪》）而遵从阳明"致知焉尽之矣"之主旨，但又云格物在致知中，而不许轻视格物之实地工夫。故而对于说出"致知而尽"① 的龙溪（虽然龙溪亦认为致知之中应当包含格物），念庵云"物之格不格，于知中求其足处，则有不足之处"②（《罗念庵先生文集》卷三《寄王龙溪》），并不尽以其说为是。

阳明虽云"致知焉尽之矣"，但在其看来良知在意之发用之中更为切实，故而其承认致良知工夫中意之诚而无欺、即诚意的必要。（虽然在终极意义上诚意之工夫亦被归于致知之力，）归寂派亦云"不求自然之良于实体（诚）之充，则所谓良者，卒成一个野狐精，其与自然之觉远矣"（《聂贞襄公集》卷九《答王龙溪》），论说了致知之中的诚的必要性，并且认为诚有"点铁成金"之力（《困辩录·辩诚》），但与阳明不同的是，其不以诚为意这一心之发动之上的工夫，而是以其为本体上的工夫，而云"若在意上做诚的工夫，……不如只在良知上做诚的工夫"（《聂贞襄公集》卷八《答戴伯常》）。归寂派以诚为无为而不容些许安排，故而认为在万起万灭之心之萌动的意上以人力一一制之、去其欺而求自慊（自我满足）这样的诚意（这大体是正统派之说）乃是犯了人为之过而失却心之定静安虑（《聂贞襄公集》卷七《答钱绪山》）。故而双江云"诚意之功，全在致知"（《聂贞襄公集》卷七《答钱绪山》）、"诚意之要，致知焉尽之也"（《聂贞襄公集》卷

---

① 按：此处系据原文中的日语训读转译。——译者注
② 按：此处系据原文中的日语训读转译。——译者注

七《答亢子益问学》），并且甚至说心之发动处之工夫的诚意之害"不在洪水猛兽之下"（《聂贞襄公集》卷七《简刘三五侍御》）。这所以这样说，当是因为以先天之学为宗，而痛感后天之学之弊害。最终，在归寂派看来，工夫在于先天正心，而后天之诚意乃是其效用。

※ 由此，双江以正心在诚意上之龙溪之说为非，这自不待言，而对于阳明所论述的诚意之要，亦云这乃是为困知勉行者所说的便宜之法，以诚意为致知之本之说违背了阳明（以及孟子）之旨（《聂贞襄公集》卷九《答王龙溪》）。双江之所以像这样以历来的诚意说为非，是因为其要求意出于本体自然之力，即其以诚之力而成为可谓是意而无意之物。若非如此，便不能理解其评价杨慈湖之不起意说为"但知意为心之障雾，而不知诚为意之丹头"的理由（《聂贞襄公集》卷七《答钱绪山》）。

七

若以虚寂为体、致守为工夫，则心中静虚无物，且贯通无穷，内外动静、四方古今皆能浑然而成一体，即是所谓"全体大用"。若能至于此地步，则能体物无遗，容物通畅，处人而能顺万物之情，与物同体，至于所谓"以天下为一家，以天地万物为一体"。在念庵看来，致知之究极归结起来便在于得此万物一体（《罗念庵先生文集》卷四《与蒋道林》）。

※ 据说在王门诸派中，最能体阳明万物一体之精神的便是归寂派。尤其是念庵探万物一体论之源，而欲深自得其精神。万物一体论之所以像这样在归寂派中受到重视，最终当是因为其以虚无为良知之体，由此而以致虚之学为根本。之所以这样说，是因为虚无可以覆盖全体。

在此万物一体之道方面，念庵进一步提升了儒教相对于佛老的自觉。故而其在给尹道舆的信（《罗念庵先生文集》卷三）中云"近来见得吾之一身，当以天下为任，……阳明公万物一体之论，亦是此胚胎"，又云"以身在天地间负荷，即一切俗情，自难污染"（此说当是儒教中无欲说之精华）。而此语亦足以堵住对归寂派的沉空通禅的骂詈。归寂派在论述万物一体时，不依据张横渠的《西铭》，而是以程明道的《识仁篇》为本。之所以如此，是因为其看到当时论万物一体者不求斯道于仁（双江以《识仁篇》为孔门求仁之诀窍，而这是因为仁乃天地万物之一个"生之理"，若无此"生之理"则天地万物皆会消灭，故而其认为尽"生之理"则能够与天地万物成为一体——《聂贞襄公集》卷八《答戴伯常》），而泥于《西铭》之同理同气说，徒以"同胞"为事，投于意气而付和雷同于俗情，为此不知本体之沦丧，结果产生陷于放诞任恣的倾向。念庵之所以云"止则无倚，与物同体，便自能絜……盖矩即是止，原无彼此"（《罗念庵先生文集》卷四《与刘仁山》），亦当是为了防止依靠絜矩的万物一体之道陷入上述的弊病。知止乃是归寂，故而归寂派认为可以归寂真正得万物一体之正道。

〔**备考**〕从归寂论的内容来说，念庵之说比起双江要更为深邃，不过双江之学说比起念庵之学说有着更多明了地发挥归寂派特色的地方，故而本篇更多地引用了双江的学说。此外，后出的江右王塘南亦属于归寂派，并且其学亦有透彻之处，但正因为此其作为归寂说的特色也变得稀薄，故而此处加以省略。

第四章

王门归寂派的系统

一、总论

聂双江之归寂说基于王阳明针对其讲友湛甘泉的随处体认天理之说而提出的以培养根本生意、使其通达于枝叶为致良知说特色的论旨（《王文成公全书》卷六《文录三·与毛古庵宪副》），暂且将良知分为根本之体与枝叶之用，以前者为内之虚寂，后者为外之感应，认为在虚寂之体上着工夫以使感应之用成为纯粹之本体的自然发露乃是王阳明提倡致良知之本旨，并对"主静立体"或"立体达用"进行论说，以归寂为圣学之正法眼藏。不过必须承认，此说其实有着脱离以心体为流动、有生命之物的王学精神的倾向，在某种意义上接近于朱子学。或许因为这一点，双江之说受到王门正统派和现成派诸士的强烈非难，双江在王门中陷入孤立的苦境。《明儒学案》（卷十七《江右王门学案二·欧阳南野传》）中这样记述了当时的情况：

> 当时同门之言良知者，虽有浅深详略之不同，而绪山、龙溪、东廓、洛村、明水皆守已发未发非有二候，致和即所以致中，独聂双江以归寂为宗，功夫在于致中，而和即应之。故同门环起难端，双江往复良苦。微念庵，则双江自伤其孤另矣。

如此文中所说，双江之说与罗念庵相契合，而刘两峰至晚年亦信从之，双江之说以此二人而获得了新的发展。不过念庵最初虽倾倒于双江之说，至中年以后则认为双江之说难免偏于静而倾向于内之弊，故而立足于体用浑一之处，而致力于自得虚寂之真体，以去除伴随双江归寂说的偏弊。明末的新朱子学者高忠宪曾这样论述念庵之归寂：

> 其学大要以收摄保聚为主，而及其至也，盖见夫离寂之感非真感，离感之寂非真寂，已合寂感而一之。至其取予之严，立朝之范，又正阳明门人对病之药也。（《高子遗书》卷十上《三时记》）

亦即念庵所云之虚寂到达了浑一之虚寂。念庵受到经由王学的新朱子学者或是经由朱子学的新王学者的高度评价，或被认为得阳明之真髓，或被称为阳明之功臣、纯粹无疵（《大桥讷庵全集》附录《讷庵先师论陆王书后序》；《顾端文公遗书·泾皋藏稿》卷八；《孙夏峰集》卷九《题念庵集后》，卷十二《报张湛虚》；《李穆堂初稿》卷八《致良知说下》；《南雷续文案·吾悔集》卷二《章格庵先生行状》；《南雷续文案·撰杖集》之《子刘子行状》；《理学宗传》卷十，卷十一），由此不难推察归寂说与朱子学的关系。据说念庵晚年多论"知止"之要，教授学者亦以默识为先、授以当重躬行。胡庐山云"先生初尝语静，又言归寂，中年不同"（《胡子衡齐·续问下》），即念庵之说在其中年以后又从归寂说发生了转向，而这一说法亦并非没有理由。不过概括来说，应当认为念庵之学以归寂为学之本领，以归寂主静为旨。不过，从其如上所述在体用浑一之处求其真体、以默识自得为旨这一点来说，念庵之说进一步发展了双江的归寂说。故而日本幕末维新时的朱子学者楠本端山论述念庵之主静而云"刀刀见血"（《端山遗书·学习录》），亦可以说是能发其蕴。[①]

刘两峰以虚为生生之体而重生机。故而其对门人王时槐、陈嘉谟、贺泾等云：

---

① 关于聂双江、罗念庵之归寂说的详细情况，可参照拙稿《良知归寂派之为学精神》（《良知帰寂派の学的精神》，九州大学文学部《哲学年报》第十六辑）（译者注：即本书第三章）。

知体本虚，虚乃生生，虚者天地万物之原也。吾道以虚为宗，汝曹念哉，与后学言，即涂辙不一，慎勿违吾宗可耳。（《明儒学案》卷十九《江右王门学案·刘两峰传》）

归寂说在至于罗念庵之门人万思默及刘两峰之门人王塘南后，念庵、两峰的特色更加明确地得到发挥，而别开生面。尤其是塘南之学于透性透悟极为出色，对此高忠宪评价说：

江右之学，自宋至今，如一涂辙，岂风气使然与？今虽云阳明之宗，实则象山之派。诸老之中，塘南可谓洞澈心境者矣。（《高子遗书》卷八上《观白鹭洲问答致泾阳》）

不过忠宪虽云塘南之透悟倾向于无而难免"遗弃事物"之弊，但又慨叹其静功之深而云"王塘老之学，实自八十年磨勘至此，其静功最深。妄窥之者，浮矣轻矣"（《高子遗书》卷八上《观白鹭洲问答致泾阳》）。李见罗亦评价塘南之学云"玉莹金精，杰出如山斗"（《正学堂稿》卷八《答吴养志书》），称赞其晚年透性之深。思默以"静摄、默识自心"为旨，可以认为其学大抵与塘南之学志趣相同，而塘南亦曾慨叹其学之精深（王塘南《自考录》《续补自考录》）。

归寂派至于双江之门人宋望之、章本清等人，其学与王门中正派相出入，至于念庵之门人胡庐山，则云性即觉而脱离归寂派之宗旨，到其门人邹南皋后甚至不忌禅学、要求顿悟而化为现成派之亚流。

二、王塘南

塘南之虚寂说的特色在于以静功为入门而得洞彻于虚寂之性体的透悟。
这当是其脱离早年所信奉的以"不起意"为旨的陆门杨慈湖之主静清澄思
想，体认念庵、两峰之虚寂说的主旨，与同派讲友万思默、刘泸潇等互相
炼磨，且经阳明高足钱绪山之教示而参于罗近溪、李见罗、胡庐山等人之
讲学讲论，经历长期的切至之反躬体认而除去从前的意气、检察与安排、
拣择之矛盾，如其所云

> 先圣教人，比由定、静、安而后能得，不识不知乃顺帝则。程子
> 谓："识得此体，不须防检穷索。必有事焉，未尝致纤毫之力。"其垂
> 示后学，至深切矣。（《自考录》）

而得以到达充盈于本体和工夫的自然性内部之深渊的结果。

塘南所说的虚寂乃是所谓"即寂而运存焉""即运而寂存焉"，由此虽
云运而无相、虽云寂而非空，有两名而无对、两者双泯、彼此无分别的绝
对之物。故而其乃是绝不会染于拟议操执、趋向思议等人为的所谓"无思
无为之体"（《自考录》）。塘南又以"太虚"（《续补自考录》）、"混沌未凿之
初"（《自考录》）、"洪濛未判之初"（《明儒学案》卷二十《江右王门学案
五·王塘南论学书·答刘心邃》）等语来对其进行表现。这些虽与《庄子》
所谓"混沌"相似而其内容不同，虽与佛氏之"空寂"相似而其本质有异，
这自不待言。之所以这样说，是因为其中有着发露于德业的生机。

塘南虽以性体为虚寂，但在其看来这乃是万物之生成化育、经论裁制

的生生不息之本源，若遵从此虚寂，则如《孟子》所谓"火之始然，泉之始达"，位育裁制亦能够摆脱人为安排所带来的歪曲和间断之弊，而获得自然性、永续性和纯粹性。故而其论述虚寂云"常生常寂"（《明儒学案》卷二十《江右王门学案五·语录·三益轩会语》）、"生而无生"（《明儒学案》卷二十《江右王门学案五·语录·静摄寱言》），又云"彻万古以不息，而无生之迹"（《明儒学案》卷二十《江右王门学案五·王塘南论学书·与欧克敬》）。其所谓"惟'虚而生'三字尽之"（《明儒学案》卷二十《江右王门学案五·王塘南论学书·与欧克敬》）一句可谓很好地体现了这一特质。塘南以"敦伦体物"为真性之不容已处（《耿天台全书》卷十六《读塘南王先生语录》所引），且认为性之所以像这样生生不息，乃是因为其体为虚寂。故而虽云性乃虚寂，但其又是所谓"生之德""生之理"。据其所说，儒佛虽同以虚寂为性，但儒以生生为其不容已之真机，佛则以生生为幻妄，故而两者之间有着毫厘千里之差（《明儒学案》卷二十《江右王门学案五·王塘南论学书·寄汝定》）。即其曾云：

> 孔门真见盈天地间只一生生之理，是之谓性，学者默识而敬存之，则亲亲仁民爱物，自不容已。何也？此性原是生生，由本之末，万古生生，孰能遏之？故明物察伦，非强为也，以尽性也。释氏以空寂为性，以生生为幻妄，则自其萌芽处便已斩断，安得不弃君亲、离事物哉？故释氏之异于孔子，正以其原初见性，便入偏枯，惟其本原处所见毫厘有差，是以至于作用大相背驰，遂成千里之谬也。

儒佛两者在其最初之志向中已有经世与出世之别，故而虽说都以性为本，其所悟之处亦有不同，由此而其用自有区别（《明儒学案》卷二十《江右王门学案五·王塘南论学书·答唐凝庵》）。此外对于佛家之说，塘南曾云佛氏云"事理无碍法界"，据此则人伦物理不会成为性之障碍。尽管如此，佛氏却又云性中无人伦事物，此乃自相矛盾（《耿天台全书》卷十六《读塘南王先生语录》所引）。从这一评论中亦足以窥见其对佛说理解之深。

对于以虚寂为性则会陷入体用二分之弊的非难，塘南云"夫性生万物，则物物皆性。物物归寂，即是自性自寂。何二之有"（《明儒学案》卷二十《江右王门学案五·语录·病笔》）。不过他看到有人误解虚寂而以性为空寂，认为原本无"生机"，为此以体用为二而分别空有，落于着空着相之两端而失却本末一贯之旨，不明孔门求仁（塘南认为仁乃是生之理之生机）之真脉而陷入佛氏之沉空守寂，而提出"生机"两字，欲以此来救此弊。他在自著年谱《自考录》中如此说明这样做的动机：

惟着空着相，堕落二边，后学通患。乃不得已姑提"生机"二字，与及门之士共商之，且以请正于四方有道者。

据塘南所说，几乃是性之呈露端倪，因而此前无未发，此后无已发。故其乃是常生常寂、体用不分、有无不二之至密之处（《明儒学案》卷二十《江右王门学案五·语录·静摄窹言》）。如此则其虽是无声无臭，却并无断灭。几之所以被称为微，原因便在于此。归结起来，几乃是生生之微（《明儒学案》卷二十《江右王门学案五·语录· 三益轩会语》）。由此则可知塘南以生机之语来论说几的理由。此外，性乃是形而上之物。通过论说几，始能得工夫之下手处。故而几正可以说乃是尽性、入微之处。故而塘南云"几之一字尽之"（《明儒学案》卷二十《江右王门学案五·语录·唐曙台索书》）、"善学者惟研几"（《明儒学案》卷二十《江右王门学案五·语录·静摄窹言》），论述了研几之要。不过他认为几乃是生生之微处、即性之呈露端倪，若误将其只理解为念头之萌动、念头之初起，则不免堕于第二义，而指出了以追求辨别邪正为研几的做法之误（《明儒学案》卷二十《江右王门学案五·语录·发便是欲》《江右王门学案五·语录·静摄窹言》）。

塘南曾云虞廷（舜）曰中，孔门曰独，舂陵曰几，程门曰主一，白沙曰端倪，会稽（阳明）曰良知，虽然各自之立言似有区别，但都直指本心真面目，不沈空，不滞有，皆是千古正学（《明儒学案》卷二十《江右王门学案五·王塘南论学书·寄钱启新》）。之所以如此说，当是因为在其看来诸人皆以生机为学之要。而塘南作为几所举出的有意、独、知等。故而所谓诚意、慎独、致知皆是研几之工夫。据其所说，知乃是意之体，意外无知。物乃是意之用，意外无物。如此则意之一字寂感体用悉备。因而其亦是生几动而未形之有无之间、生之理之呈露（《明儒学案》卷二十《江右王门学案五·王塘南论学书·与贺汝定》，《江右王门学案五·王塘南论学书·寄汝定》）。这便是以意为几、以诚意为研几的原因。只是塘南虽以意为几，但又将其与念虑、形气区别开来（《明儒学案》卷二十《江右王门学案五·王塘南论学书·与贺汝定》《江右王门学案五·王塘南论学书·寄汝定》）。他虽然没有达到以意为性（心体）的地步，但这样的意论、诚意说在刘蕺山那里获得了极大的发展。

关于独，塘南亦基于《中庸》之"莫见莫显"之旨而以其为超越睹闻的隐微之处，故而其乃是先天之子、后天之母、出于无而入于有的枢机、意之入微处。塘南论慎独云"此凝道之枢要"，而深切论述了其要（《明儒学案》卷二十《江右王门学案五·王塘南论学书·答郭存甫》《江右王门学案五·王塘南论学书·与贺汝定》）。即其云若用慎独之功，则人伦事物各自中节，德业自然成就，故若无慎独而论性，则二分体用，判别事理，甚至无视行检，其害至于不可胜言，又以慎独之必要不必要为儒佛之辩（《明儒学案》卷二十《江右王门学案五·王塘南论学书·答郭存甫》）。

那么，塘南为何以知为几，以致知为研几呢？在其看来，知乃是性之灵，性之虚圆莹彻、清通净妙、贯穿时空而无对独存的灵明，万化之根、性之发窍，从这一点来说，其属于后天。但其中无形气之污染，且内不倚寂，外不堕形，正可谓先天之子、后天之母。因而其乃是体用之间。如此则知之前无已发，知之后无未发，知乃是合下体用齐备者。故而若在知之前求体，知之后求用，则会成为着空或逐物（《明儒学案》卷二十《江右王门学案五·王塘南论学书·答朱易庵》《江右王门学案五·语录·三益轩会语》）。

　　如同前述，塘南曾论述意念之别。而从同样的主旨出发，其曾云情识乃是意之灵，故而其不是性之灵、即心体之知，论述了知与情识之分别。据其所说，若误以情识为心体，则会陷于意见、弄光景而以外驰为事，由此不明性之本然，在行方面不仅失却气力，且终将堕入任情肆意。由此其明示阳明之良知乃是心体之知，以将其误解为察识、照了、分别、知觉运动之知为非。在其看来，甚至径直以《孟子》之四端为真性的做法亦不免"执情而障性"（《明儒学案》卷二十《江右王门学案五·语录·三益轩会语》）。此论虽然看起来与以四端为情而将其与性暂且加以区别的朱子之说相通，但塘南云朱子虽分别理气，以知觉运动为形而下之气，仁义礼智为形而上之理，以僻佛老，此尚非定论（《明儒学案》卷二十《江右王门学案五·语录·三益轩会语》）。故而其并不赞成从朱子那样的二元论的立场来论述四端。不过如同前述，塘南自身虽不赞同径以《孟子》之四端为真性的理解，但在他看来《孟子》的四端论并非"执情而障性"，而是以情论知、换句话说即是情上检性（心体），故而此论并非以情识为知者（《明儒学案》卷二十《江右王门学案五·语录·三益轩会语》）。据塘南所说，阳明之良知说契合孟子的这一本旨。故而对于评价阳明所说的良知云其乃是是非善恶之知、故而当是情识者，塘南云是非善恶虽是情识，但其知乃是天聪明，故而不落情识，且反而是迁转情识者。由此塘南云以阳明之良知为知觉运动的罗整庵不知此主旨，而对于罗念庵提出未发以救阳明良知说之弊的做法，塘南评价说知之外无未发，故而念庵之论未免"头上安头"（《明儒学案》卷二十《江右王门学案五·语录·三益轩会语》）。可以说塘南亦是王门之徒，对于阳明论致良知之精神有体得之处。①

如同前述，塘南充分地理解了阳明良知说的精神，但就其心性论而言，却有与阳明之说志趣不同之处。塘南在心性和事物之间不立内外之别，而以两者为浑一之物。故而其认为专于内者和逐外者皆不得入于道（《明儒学案》卷二十《江右王门学案五·王塘南论学书·答郭墨池》），并且论述说将阳明之致良知看作专内、将程朱之格物穷理看作逐外是错误的做法，两者乃是同归（《明儒学案》卷二十《江右王门学案五·王塘南论学书·答杨晋山》）。不过说起来，塘南之说其实是将心性扩大到事物而认为事物即心性，从一方面来看，可以认为其将阳明的唯心思想更加彻底化。比如阳明曾云"意之所在便是物"（《传习录》卷上），而塘南则云"事者心之影""事则心之变化"，且以阳明"心无体，以人情事物之感应为体"之语为未善，认为此类似于水无体、以波为体之论，并评论说阳明之所以如此说乃是为了破"执心"之过失，却未注意到反而因此陷入"执事"之病，由此事可以明白此点（《明儒学案》卷二十《江右王门学案五·语录·三益轩会语》）。

以性为生之理、生之德的塘南以气、命、心、情、意、知、物或为性之端倪、性之呈露，或为性之发用，且以两者为一体不二，认为若非如此则将会生机不畅而成为佛（老）之沉空灭伦，这自不待言。不过，这乃是气、命等作为至纯、至高、至正之性的先天不容已之生机时的情况，一般来说，这些乃是后天之用，故自不免习气之昏蔽。故而塘南云就连前述的独几亦有属于后天之处，而不免习气之隐伏。因而在另一方面，塘南又严厉劝诫不可以两者之混淆为其浑一、即一体不二。下面所引的塘南之性命论充分体现了这一主旨：

① 塘南以知之贯彻于念虑事为而无昏蔽为行（《明儒学案》卷二十《江右王门学案五·语录·三益轩会语》），这亦是充分理解了阳明知行合一之主旨之说。

性命虽云不二，而亦不容混称，盖自其真常不变之理而言曰性，自其默运不息之机而言曰命，一而二，二而一者也。中庸"天命之谓性"，正恐人于命外求性，则离体用而二之，故特发此一言。若执此语，遂谓性命果无分辨，则言性便剩一命字，言命便剩一性字，而"尽性至命"等语皆赘矣。故曰性命虽不二，而亦不容混称也。(《明儒学案》卷二十《江右王门学案五·王塘南论学书·答邹子尹》)

像这样，塘南纯粹坚持先天之性的绝对无之处。故而其以程子之恶亦性之说为非 (《明儒学案》卷二十《江右王门学案五·王塘南论学书·答郭墨池》)，而赞扬阳明之无善无恶说，认为其明示了性善之所以无着，足以救性善之涉于形象之误 (《明儒学案》卷二十《江右王门学案五·王塘南论学书·答吴安节》)。不过，塘南之所以像上述这样区别先天与后天、体与用，当不外是对当时现成派亚流不理解浑一之真体而陷入前述那样的混淆之弊，由此而恣情任肆的情况深感忧虑的结果。为此他在另一方面亦曾论说过分别之要。对爱与仁、照与知之别的论述即是一例 (《明儒学案》卷二十《江右王门学案五·语录·仁知说》)。他这样论述当时现成派亚流的弊害：

学者以任情为率性、以媚世为与物同体、以破戒为不好名、以不事检束为孔颜乐地、以虚见为超悟、以无所用耻为不动心、以放其心而不求为未尝致纤毫之力者多矣，可叹哉！(《明儒学案》卷二十《江右王门学案五·语录·三益轩会语》)

又非难当时禅之现成论云：

所举佛家以默照为非，而谓"广额屠儿（不管是谁），立地成佛"等语，此皆近世交朋，自不肯痛下苦功，真修实证，乞人残羹剩汁以自活者也。彼禅家语，盖亦有为而发。彼见有等专内趋寂，死其心而不知活者，不得已发此言以救弊耳。今以纷纷扰扰嗜欲之心，全不用功，却不许其静坐，即欲以现在嗜欲之心立地成佛，且称尘劳为如来种以文饰之，此等毒药，陷人于死。(《明儒学案》卷二十《江右王门学案五·王塘南论学书·答贺弘任》)

若区别先天与后天、体与用，则工夫中自不得不有悟与修之别。不过如同前述，在认为两者本是浑一的塘南看来，就连论说两者之并用亦是分歧性与相、无与有、显与微，而自不免陷入二见之弊。故而最终其着意于悟修相即相含这一点，认为悟中有修、修中有悟乃是真悟真修，若能充分理解这一主旨，则两者皆为善学，而其法亦非一途(《明儒学案》卷二十《江右王门学案五·语录·病笔》)。不过其中究竟乃是如其所云

性能生气，而性非在气外，然不悟性，则无以融化形气之渣滓。故必悟先天以修后天，是以谓圣学。(《明儒学案》卷二十《江右王门学案五·语录·三益轩会语》)

以悟入先天之性体为学之本领。

不过应当注意的是，据塘南所说，其悟乃是遵从阳明，而并非遵从白沙。这所以这样说，是因为在其看来，阳明之学乃是悟性以御气，而白沙之学乃是养气以契性(《明儒学案》卷二十《江右王门学案五·语录·三益轩会语》)。塘南此论可谓明快简决地说明了王陈二人在悟上的差异。无论如何，我们可以理解塘南之所以如前述那样论述悟性之要，乃是因为其认为修因悟性而实，而悟因修实而真。故而对于认为只悟先天之性便足矣者，塘南云"先天无体，舍后天亦无所谓先天矣。故必修于后天，正所以完先天之性也"而加以告诫(《明儒学案》卷二十《江右王门学案五·语录·病

笔》），对于徒论性体之虚而不务实者，塘南则投以"学之乖也，道之塞也，士之蠹也"之严厉驳难（《续补自考录》）。

塘南所谓虚寂之性体乃是如前所述的"无思无为之体"，亦即人为不得染一指之物，故而他认为需至于心境双忘、寂运双泯、有无绝待的廓然无际之处，方能得其透悟，此乃理所当然。不过这与致力于以天地为混沌、消尽人物的"父母未生以前"之顿悟的佛氏之"心行路绝""言语道断"意趣相异，此点已无须解释①（《明儒学案》卷二十《江右王门学案五·王塘南论学书·与贺汝定》），而由此静坐默认、主静收敛、主静归根等静功作为透性之入门而得到论述。当然，所谓静功乃是作为经论裁制之根本而悟入性体之工夫，若以块然枯坐、徒然专守顽空冷静为其究竟，则失其本旨，这自不待言。故而另一方面，塘南又云若自觉在人伦事物之实修上有所欠缺，则当以动中工夫、事上联系之工夫为事（《明儒学案》卷二十《江右王门学案五·王塘南论学书·与贺弘任》）。从这一点出发，他断定告子之性论乃是只知性之无善无恶而无修证，一切任其自然，若稍涉修为，则目其为义外而加以拒斥，终至落在偏空一边，而指责其缺乏实修（《明儒学案》卷二十《江右王门学案五·语录·三益轩会语》）。

不过，总之塘南首先以透性为要。据其所说，若透悟心体，则邪障撒而工夫自然动静成一。然而其提出此即静功之要，这乃是因为看到以动处工夫为事者不能自觉对心体之深刻体认的必要而对其加以轻视，结果任情识知解而陷入猖狂之弊，而对此感到忧虑。故而其提出阳明所谓"事上磨炼"之语，对于对其主静归根之透性感到怀疑者解释说"当知所磨炼者何物，若只要世情上行得通融周匝，则去道远矣"（《明儒学案》卷二十《江右王门学案五·语录·三益轩会语》）。此外他还认为所谓"万物同体"若

① 据塘南所说，《大学》之所谓"格物"亦是悟。故而其云"大学以'知止''知本'释格致之义"（《明儒学案》卷二十《江右王门学案五·语录·潜思札记》）。

不依靠此静功透悟心体后的真机之自然，则有漫然而流于情之病，并对以此为入门的萧兑嵎云：

> 弟昔年自探本穷源起手，诚不无执恋枯寂。然执之之极，真机自生，所谓"与万物同体"者，亦自盎然出之，有不容已者。非学有转换，殆如腊尽阳回，不自知其然而然也。兄之学本从"与物同体"入手，此中最宜精研，若未能入微，则亦不无儱侗漫过、随情流转之病。（《明儒学案》卷二十《江右王门学案五·王塘南论学书·与萧兑嵎》）

由此可以明白，塘南之透悟超脱了以清澄为主旨的慈湖式的透悟，由此能够充分到达有无不二的浑一之处。

盖归寂派之说由双江到念庵、两峰，又由念庵、两峰到塘南后，有着愈发深切地自觉到有与无、动与静、感与寂的浑然一体之处之感。塘南所说的虚寂充分立足于实有动感之处而与其相切合，且依靠超越实有动感之相、作为言思路绝之绝对无的深刻体认和透彻悟入，此点从其甚至对念庵之未发说亦评论说难免"头上安头"之弊一事亦可以推察。即其曾云：

> "致良知"一语，惜阳明发此于晚年，未及与学者深究其旨。……罗念庵乃举未发以究其弊，然似未免于头上安头。夫所谓良知者，即本心不虑之真明，原自寂然，不属分别者也，此外岂更有未发耶？（《明儒学案》卷二十《江右王门学案五·语录·三益轩会语》）

一言以蔽之，塘南之透性乃是对绝对无的体认。据其所说，逐外自不待言，须不着境、念，不着生生之根，方能到达此体认。故而这乃是茫然而无依据之处者。不过，塘南云这才是"万古稳坐之道场、大安乐之乡"（《明儒学案》卷二十《江右王门学案五·语录·三益轩会语》）。而这亦是高忠宪

139

如前述的那样在称赞塘南之透悟的同时又云其难免倾于无而陷入"遗弃事物"的原因。

据塘南所说，若能像上述的那样真正透悟性体，则无动静之分，一切皆是用事，随境而超越境，真性无可执者而真性存，不云工夫而自然能用工夫。故而性情、体用、透悟等语至此已是剩语。此可以说诚是即有而超越有、即无而超越无、一切皆是有、一切皆是无的绝对之处（《明儒学案》卷二十《江右王门学案五·王塘南论学书·寄汝定》《江右王门学案五·语录·三益轩会语》）。塘南如同前述提出"生机"二字，而在其上又冠以"姑"之一字。我们必须充分体谅其冠以此字的微意深衷。

归结起来，以静坐收敛为入门，首先悟性，由此使静功真而贯穿有无、动静、寂感，在由此而悟真，其究极乃是连悟亦忘却而至于绝对无之处，至此则以人伦为中心的人类生活能够基于作为虚寂之体之性的纯粹自然的发露、亦即生机，这可以说便是塘南之归寂透性的根本精神。

第五章

王学正统派的为学精神

一

致良知现成派与归寂派虽然并非没有发扬王学精神之各自相异之一面、并赋予其精彩之功，但也正因如此而不免偏颇，为此并非没有远离王学真精神的倾向。而位于两者之间，在致力于匡正两者之偏弊的同时，对于来自朱子学派的反驳亦努力传达王学之真意的则是正统派。其中的佼佼者乃是欧阳南野与邹东廓，而钱绪山、何善山、陈明水、黄洛村等亦是这一学派的代表性学者。此处主要以南野和东廓为中心对正统派的为学精神进行论述。

被认为是人性之本质、万理之根源、最终乃是宇宙之实在生意的阳明之所谓良知是对道德价值的知觉，而亦被认为是与法则（理）浑然一体的心之中心性命。故而只以良知为知觉，或是以其为并非知觉以上之物——即法则、价值，亦即理与善——的看法并未得阳明所谓良知之真意。正统派基于这一主旨，而意欲纠正王门诸派之偏见。

※ 在阳明那里，道德法则（理）、价值（善）、判断（知）并非固定化、形式化的冰冷严峻之物，而是有生命的、流淌着温暖血液的心，故而作为其中心性命的良知不可能脱离知觉，这自不待言。不过这并不只是善恶不分之物，就如绪山所言"良知者，至善之著察也"（《明儒学案》卷十二《浙中王门学案二·会语》），其乃是善（良）之知觉，故而与一般的知觉有真妄之别，故而良知与知觉可以说是同名异实。良在意味着先天性、自然性（不待安排）的同时，亦是道德价值的名称。若重视前者而过高，则会像现成派那样，产生轻视道德性、以任知觉为致良知的弊病。据南野所说，其结果乃是流于告子、佛氏的生即性说而陷于流荡任私（南野阐明了阳明之良知乃是道德知觉这一点，

143

并由这一立场出发，针对朱子学者罗整庵的阳明之良知说乃是认为知觉即性、故而陷入佛家之说的反驳进行了辩解——《欧阳南野先生文集》卷一《答罗整庵先生寄困知记》）。而按照张阳和的看法，这乃是混同人性（命于理之人之知觉）与物性（命于气之禽兽之知觉）、泯灭人伦的做法（《明儒学案》卷十五《浙中王门学案五·不二斋论学书·寄冯纬川》）。如此说来，方学渐在说明良知之道德价值时反而说出"凡言良者，重于善，非重于不虑不学（先天性）。即虑知学能而善，亦谓之良可也"（《明儒学案》卷三十五《泰州学案四·桐川语录》）这样贬低良知先天性的话，亦并非没有理由的。

归寂派以良知为知觉以上之物，将良与知分节为体与用，认为工夫只应加于良上（若加于用之知觉上则陷入人为安排），知觉乃是其效用，而否定知觉上的工夫，这亦并非不能看作是追求良之先天性、自然性而过高的结果。正统派评论说这样的归寂立根不免沉空守寂之弊，知觉以外不可能有良知（从这一点来看，正统派之良知说或许可以说是知觉说）。这应当是因为在正统派看来，正因为良知不能脱离知觉，道德才能够真正成为有生命的心之力，在现实中有力地发挥作用（如同上述，正统派以良知与知觉为二而一、一而二，而关于良知与知识（闻见）亦持同样的看法——《欧阳南野先生文集》卷一《答欧阳梦举》。亦即虽不能径以知识为良知，但良知亦不能与知识相离。正因如此，致良知才需要学，且能够以学为内在生命力。如此说来，日本的三重松庵亦以读书穷理为致良知——《阳明学名义》卷上）。

从以上所述的点出发，陈明水致力于批判现成、归寂两说（《明儒学案》卷十九《江右王门学案四·与王龙溪》《江右王门学案四·与聂双江》）。良知不只是知觉，而是道德知觉，故而其便是天理。如此则天理与良知可谓是异名同实。故而魏水洲云"自明觉而言谓之知，自条理而言谓之理，非二也"（《明儒学案》卷十九《浙中王门学案四》），绪山云"以心之灵虚昭察而言谓之知，以心之文理条析而言谓之理"（《明儒学案》卷十二《浙中王门学案二·会语》），南野亦云"天理者，良知之条理；良知者，天理之灵明"（《欧阳南野先生文集》卷一《答罗整庵先生寄困知记》）。因此致良知便是穷理。而正因穷理乃是如此之物，其才能如所谓"一棒一条痕，一掴一掌血"般真切，才能救伴随着朱子学的外索袭取、支离拘着之弊。正因良知乃是天理之明觉，致良知便是穷理，穷理之外不可能有致良知，正统派通过阐明此点来回应朱子学派的反王学论。然而其中亦有人像方学渐那样，因为太过有感于现成派亚流的流荡无归、猖狂恣意之弊而论说天理之俨然存在，其说有着稍稍带上朱子学色彩的倾向。方学渐看到当时现成派之亚流但云"明德者，虚灵不昧之德也"而删去理与事、以无体无用与释氏之灵明说相混之弊，而指出"虚灵中有理，为事之根"这一点，并提出朱子《大学章句》中的"明德者，人之所得乎天，而虚灵不昧，以具众理而应万事者也"之语（《明儒学案》卷三十五《泰州学案四·心学宗》）。不过正统派虽然论述天理之俨然存在，但最终还是将工夫之终始置于良知之精明（心），而这乃是王门之所以为王门（《邹东廓文集》卷四《答余汝定》；《明儒学案》卷三十五《泰州学案四·方本庵传》《泰州学案四·桐川语录》）。邹东廓云阳明之学与诸儒之学的差异在于求理于心还是求理于物（《邹东廓文集》卷五《复王东石时祯》），此语简明地叙述了朱王两学的差异。对于曾云"心不足以尽天下之理，必存心以察天下之理，而后可以入圣"的朱子学者吕心吾的穷理说，张阳和云"万物皆备于我，非心外有理也。孔、孟之学，但曰正心，曰存心，心正则理无不正，心存则理无不存，千古圣贤何曾于心外加得一毫"（《明儒学案》卷十五《浙中王门学案五·不二斋论学书·答吕心吾》），此语乃是对呈现出心理相缠的复杂样貌的朱子学所阐述的王学的立场。

依罗整庵、黄泰泉、张净峰等朱子学者的见解，阳明的良知不过是在知上附加一良字，故而所谓致良知也只不过是使知达到极限、追求见闻知识之增广。而正统派则认为阳明之良知其实是将知扩充到行，径以知为行之力，并强调良知乃是知行之体，故而知行必须合一，以此作为对朱子学者的回应。而这在对应以悟为事的现成派和以静为主的归寂派动辄轻视实地工夫的倾向时也是必要的。

※ 南野云"一念之中，明觉精察之谓知，真切恳到之谓行。知不能真切恳到，是知而不行，知而不行即是病，即不得谓之知；行不能明觉精察，是行而不知，行而不知即是病，即不得谓之行。故心之知行本一"（《欧阳南野先生文集》卷四《答冯州守》）、"知即行，行即知，……此二字本以功夫言"（《欧阳南野先生文集》卷一《答刘道夫》），

又云"知也者，致其良知于人心、道心之间而不自欺也。行也者，吱吱吱功真实恳到，恒久而不已也"（《欧阳南野先生文集》卷一《答傅石山》），东廓以《大学》之"知至""知终"为知，"至之""终之"为行而论说知行合一（《邹东廓文集》卷四《复李谷平宪长》），这些论述均得阳明所谓"知之真切笃实处即是行，行之明觉精察处即是知""知者行之始，行者知之成"之知行合一论之主旨。此外，季彭山云"独知之外无知矣，常知之外无行矣"（《明儒学案》卷十三《浙中王门学案三·说理会编》），南野在论说良知良能之一体的同时（《欧阳南野先生文集》卷四《答冯州守》，卷二《答甘泉先生》。季彭山亦提出相同之说而论述知行合一——《明儒学案》卷十三《浙中王门学案三·说理会编》）又以以良能之一语为良知之说为未尽而将良能归于良知之力，亦均得本于阳明致良知说的知行合一之主旨。不过应当注意的是，东廓曾论述过根据重视知之体验的阳明知行合一论的主旨（阳明的知行论在其提出此说时和后来基于致良知说而加以论述时在着力的重点方面多少有些不同）而以行为中心、即将行扩张到知的知行合一论。所谓"知行非二功也，自主忠信之精明谓之知，自主忠信之真纯谓之行；终始非二截也，自主忠信之入门谓之始，自主忠信之成就谓之终"（《邹东廓文集》卷四《复李谷平宪长》）之东廓之忠信论便传递出了其中消息。如此看来，明确地以属行者为根本、将其扩充到知而以行为知之力的刘念台之诚意说的萌芽或许令人意外地便在于此处。正统派虽认为知行合一之体乃是良知，但尤其着力于其实地工夫、即属行之处。而正统派的特色便在于此。

若良知只是做出形式上固定的判断，则其将会游离于人性而成为空疏之物，难以成为人类生命的深邃根源。阳明之所以以良知之体为真诚恻怛（发露于诚实及同情心者），又或是以其为不能脱离好恶者而要求诚意工夫，亦是因为在他看来良知乃是覆盖行的诚实的生命体。然而现成派以觉悟为主，归寂派以致虚守寂为宗，有着失却上述主旨的倾向，故而正统派志于解明这一主旨。南野提出象山"千虚不博一实"之语（《欧阳南野先生文集》卷二《答邹东廓》），东廓在青原嘉会上要求同志铭记阳明"好善如好好色，恶恶如恶恶臭，是能致其良知"之语（《邹东廓文集》卷三下《青原嘉会语》），知此则足以推测正统派之致良知说的力点究竟在于何处。

※ 南野以知为好恶之知、物为好恶之事，以工夫为格好恶之事而致好恶之知，认为由此格致之功而好恶之意诚，不仅将身、心、意、知、物，且将家国天下之实亦一归于好恶（《欧阳南野先生文集》卷五《答项瓯东》）。故而其以对善恶的好恶之知觉为彻上彻下，以好恶为一点灵明之用，即本体之工夫、本体之流行而加以重视（《欧阳南野先生文集》卷二《答陈明水》）。东廓以认为需好恶之情不滞于中、不偏于外，始能"廓然大公""物来顺应""大本立""达道行"（《邹东廓文集》卷三下《青原嘉会语》），将《大学》之格、致、正、诚、修均看作此好恶工夫，云此乃是"一时""一事"，离好恶则既无良知之体亦无工夫（《邹东廓文集》卷三下《青原嘉会语》）。

以良知之实体的充实为致良知之说由此产生。南野云致知乃是"去其私意之杂，使念念皆真诚恻怛，而无有亏欠云耳"，认为孟子之所谓爱敬之知亦不外是此真诚恻怛之自然发见，基于阳明之旨而论述了致良知中的真诚恻怛之要（《欧阳南野先生文集》卷一《答胡仰斋》），东廓云以不容已之真诚恻怛而充良知之量即是孟子之有事、集义、养气之工夫，同样论述了真诚恻怛之要（《邹东廓文集》卷三下《青原嘉会语》），均说明了此说之主旨。东廓以诚为良知之实而加以重视，卒业于东廓的刘晴川做出"学术平生只一诚"①（《广理学备考·刘先生集》）的论断亦是基于同样的主旨。诚乃是阳明所说的"心髓入微"之处。

钱绪山看到现成、归寂两说之流弊，慨叹阳明殁后实地工夫废而阳明诚意说之旨失，而力说诚意之要，亦不外是因为其原本深有鉴于上述之主旨。据其所说，现成、归寂两派之末流见善恶之机生灭不已而提揭本体过重，为此或云诚意不足以尽道、必先有悟而意自不生，或云格物非所以言功、必先归寂而物自化，其结果或是不切乎民彝物则之常，或是失却元神活泼之机，以致阳明之平易切实之旨梗塞。在其看来，不事诚意而求寂与悟，乃是不入门而欲见宗庙百官。绪山之所以力说诚意，乃是因为其认为心乃无体，故而只有在心应物而生的好恶之机上工夫，方可得体之寂、用之顺（《明儒学案》

147

---

① 按：此处系据原文中的日语训读转译。——译者注

卷十一《浙中王门学案一·钱绪山会语》)。黄致斋亦以诚意为下手工夫，而云格致在诚意（《明儒学案》卷十四《浙中王门学案四·论学书·与万鹿园》)。

不过陈明水并不遵从钱绪山等人的以诚意为致（良）知之要之说，认为其说违反所谓"致知者，诚意之本也"之阳明本旨，而云"诚意之学，却在意上用不得工夫，直须良知全体洞彻，普照旁烛，无纤毫翳障，即百虑万几，皆从此出，方是知几其神，乃所谓诚其意也"，而强调阳明将诚意归于致良知及格物之力的一面。

以诚意为格致之要或是将其归于致良知之力皆不失阳明之旨，不过充分理解阳明晚年以良知之体为真诚恻怛的精神、将诚意归于致良知之力，这看起来大体是正统派的立场。

二

　　良知之本体虽是所谓不睹不闻，但一念萌动时其明觉（道德知觉）便立刻产生。不过这乃是"人不及知而己独知之"之物，故而亦被认为是独、独知。东廓认为致良知之工夫中最紧切者便在此独知之处加以自省之功，以使其纯粹无杂，由此精微即是广大，礼仪即是仁，位育（位天地、育万物之裁制经纶之道）即是天，可得常寂常感、常虚常灵、诚立神通而全生全归之道，可以摆脱矩步绳趋、贞纯未融之支离之弊，以及独抱玄机与造化游、脱略人伦庶物之虚寂之弊（《邹东廓文集》卷二《青原赠处》）。由此而云"君子之所以大过人者，其惟省于独乎"（《邹东廓文集》卷三下《省斋说赠陈君彦明北行》）。这便是以慎独为圣学之真正脉络之所以。南野以独知为本体、慎独为其功夫（中和为功夫之效验，《欧阳南野先生文集》卷五《答聂双江》），绪山以慎独为中和之工夫（《明儒学案》卷十一《浙中王门学案一·钱绪山会语》），季彭山以慎独为知行合一之简易之道（《明儒学案》卷十三《浙中王门学案三·说理会编》），这些均是以慎独为致良知之旨，以此为学之指归。

　　正统派之所以强调慎独，是因为其看到论说良知之现成者多有轻视工夫、以低俗的自然生活为事而陷入流荡恣意之弊之忧，而痛感反观内省、自省自肃之工夫之必要（《欧阳南野先生文集》卷四《答王新甫督学》，《明儒学案》卷十五《浙中王门学案五·不二斋论学书·与许静庵》）。《中庸》之戒惧、更详细地说是不睹不闻上的戒慎恐惧之要得到论说，敬（阳明云既说致良知则敬为蛇足）之要得到论说，亦皆是出于上述的主旨。

※ 尤其以戒惧之学为致良知之宗旨的是东廓。他相信此工夫乃是帝规帝矩、常虚常灵，所谓冲漠无朕而万象森然，已应不是先、未应不是后，无而有、有而无，念虑事为一以贯之，去耳目支离之用而全圆融不测之神的全生全归之道，大公顺应、位育裁制、立本达道之方，而这是因为其戒惧工夫从事为上而用到念虑上，又从念虑上用到不睹不闻之本体上而得以入微（《邹东廓文集》卷六《简余柳溪》，卷七《录诸友聚讲语答两城郡公问学》，卷四《婺源县新修紫阳书院记》，卷五《复黄致斋使君》，卷八《寄题祁门全交馆》）。据其所说，戒惧虽是本体上的工夫，但不管已发未发动静之如何而常是现在之切实工夫（故而其云过去未来之思量乃是憧憧往来。——《邹东廓文集》卷六《复濮工部致昭》），即不问时境之如何，常在现在反省自肃、庄敬持养，以保持良知之精明而使其流行无一毫之不纯的工夫。

只要这样，工夫才能成为阳明所谓的"不离日用常行内，直造先天未画前"之物（《邹东廓文集》卷二《寿莲坪甘郡侯先生七十序》）。陈明水以戒惧为本源之涵养、端倪之察识，亦即贯穿静存动省、下于发见之微处而至于达用立本之工夫，盖亦是出于基本相同的主旨。从这一立场出发，明水评价以慎独为端倪之察识（动省）、以戒惧为本源之涵养（静存），通过两者之兼修交养而使工夫加密的朱子之说是将工夫二分为动静而陷入支离、失却精一之旨，又评价只以致虚守寂为工夫而以感应发用为其效用，养本源之停停当当而后待发用中节、追求体立而用自生的聂双江之归寂立根之说为沉空守寂（《明儒学案》卷十九《江右王门学案四·明水论学书·与聂双江》）。

戒惧虽是反省性的工夫，但在正统派那里，其并不是相对于本体的工夫，而是在作为工夫的同时更是本体的、本体即工夫的工夫（他们所说的"敬"亦是如此）。此处有着与宋儒之说相异的王学之特色，这自不待言。正统派不以良知为现成之物，而是将其看作自身需要工夫、不断发展之物。以戒惧为本体工夫之原因便在于此。故而东廓认为良知之本体为戒惧，故而戒惧非但不在本体之上附加分毫，而且是使本体复归本来面目的工夫（《邹东廓文集》卷五《答曾弘之》，卷六《复高仰之诸友》，卷七《冲玄录》）。故而戒惧在作为工夫的同时，若不能同时是超越工夫之物，则不能为真。南野云真正的戒惧在戒惧的同时还必须虚明平安（《欧阳南野先生文集》卷五《答沈思畏侍御三》），又云戒惧若不是不忧不惧而未免有所忧惧，则失却大公顺应是体而不免自私用智之弊

（《欧阳南野先生文集》卷五《答葛子才》），又云"其心常临深履薄，亦尝如鉴空衡平"（《欧阳南野先生文集》卷五《答葛子才》）的理由亦在于此。归根结底，这乃是出于本体即工夫的立场。本体即工夫论以本体工夫之一体为宗旨，故而现成派虽没有全面否定若现成派之林子仁那样的"本性自然，合下便是，不容人力，直指真际"之工夫即本体论，但以其为未免"认指为月"（《欧阳南野先生文集》卷三《答林子仁》），在论述本体需靠工夫支撑的同时又云"勉强亦即是自然"而论述工夫之出于本体之力，云"若只以不费力为自然，却恐流入恣情纵意去也"而指出论说工夫即本体者动辄无视工夫而陷入流荡之弊之点（《欧阳南野先生文集》卷三《答沈思畏侍御二、三》）。故而正统派认为无工夫之自然、无修之悟并非真自然、真悟，反而会堕入虚见流荡，而对其加以否定。

东廓等人之所以论说戒惧之要，乃是因为其将良知之明体看作至纯严正之物。而论说敬之要亦是基于这一立场。东廓在论说敬时论述了其消极面及积极面，具体来说即是检束严肃与常惺惺，有将朱子论说居敬的精神注入致良知说之中的意图（东廓曾撰《大礼疏》——《邹东廓文集》卷三上，还曾撰《丧祭礼要序》——《邹东廓文集》卷一，而他在论说敬时着意于礼，论述了性分与礼文、敬与礼的一体，而在论述敬之经纶裁制时亦着意于礼——《邹东廓文集》卷五《答胡鹿崖巨卿》，此说并非没有与朱子之居敬说相仿佛之处。不过应当注意的是，东廓不仅论述了两者之一体性，还论述了其之所以为本体工夫，而超越了朱子学。之所以频繁论说敬之经纶裁制，其原因亦皆在于此——《邹东廓文集》卷五①），而南野有鉴于声称"敬字不如觉字吃紧"而徒说悟字、蔑视兼修的现成派亚流陷入流荡不拘之弊，而云"心常惺惺，即觉即敬，不敬则亦不得谓之觉"（《欧阳南野先生文集》卷三《寄李汝贞》），论述了敬之所以为本体工夫。

季彭山亦强调戒惧之要，不过其有感于现成派亚流之弊过急，因而比起本体工夫论来，论述相对于本体之工夫的倾向更强，其结果是接近于宋儒之说。其云"圣人之道，不于用上求自然，而于体上做工夫"，而这当是因为其有鉴于以自然为宗、终始于本体的现成派弄光景而任气化，产生失却裁制之道的流弊，故而以理为自然之主宰，以诚之健德为虚之主宰。彭山比起自然更以主宰为宗旨，比起本体更以工夫为宗旨。他以明镜论为非而提倡龙剔说（警惕说）的原因亦在于此。所谓龙惕（或者说警惕）与谨独戒惧

_____

① 按：原著中未注明篇名。——译者注

一样，是自省自肃之工夫，而如其所云"圣人言学，不贵自然，而贵于谨独，正恐一入自然，则易流于欲耳"，其工夫并非没有脱离王学之本体工夫的立场而接近于宋儒之坚苦的倾向。龙溪及东廓、南野等人基于王学之精神而论述警惕即自然、对其说进行批正，盖亦是理所当然。比如东廓云"不警惕，不足以言自然；不自然，不足以言警惕。警惕而不自然，其失也滞；自然而不警惕，其失也荡。荡与滞，皆有适有莫，不可与语比义之变化矣"（《邹东廓文集》卷五《再简季彭山》）。恶自然而以警惕为本之处容易伴随滞涩不化之弊。而这是因为不知工夫之所以为本体之力。东廓对彭山所述的意图可以说即在于此。

所谓慎独、戒惧，乃是保持天理或是良知之精明的纯真、使其不杂一毫尘欲的工夫，其可以说亦是端本澄源之学。故而正统派论说去欲（或者说无欲、寡欲、主静、克己）之要的做法亦属当然。故而唐荆川云"欲根销尽，便是戒慎恐惧"（《明儒学案》卷二十六《南中王门学案二·荆川论学语·答张甬川》）。钱绪山论说洗心惩窒，以杨慈湖之不起意说为虚见而加以否定（《明儒学案》卷十二《浙中王门学案二·会语》），南野云"洗骨涤髓"（《欧阳南野先生文集》卷二《寄刘晴川》）、"从血脉骨髓透出"（《欧阳南野先生文集》卷二《答王士官》）、"日炼月磨"（《欧阳南野先生文集》卷二《答王士官》），以无欲清澄为旨而论说"赤子之心"（《欧阳南野先生文集》卷三《答友人》），陈明水云"时时洗刷，时时洁净，方是实学"（《邹东廓文集》卷七《冲玄录》所引），东廓以惩空迁改为致良知之条目而否定以此为第二义的做法（《邹东廓文集》卷五《复聂双江文蔚》），以周子之无欲为与致良知同揆（《邹东廓文集》卷二《赠董谋之》），以无欲为圣学之本体工夫（《邹东廓文集》卷六《答马生奎世瞻》），而又在给黄致斋的信中以主静寡欲、戒慎恐惧为致良知之别名，认为两者血脉相同（《邹东廓文集》卷五《复黄致斋使君》），皆不外是在论述这一主旨。尤其是东廓以良知为清高严肃之物（《邹东廓文集》卷一《叙秋江别意》，卷五《复石廉伯郡守》），故而以基于戒惧无欲之清澄为宗。由此其认为"江汉以涤，秋阳以暴，皓皓而无以尚"之洁洁净净之处有深造之学，先师阳明所传授的致良知之宗旨亦于此处真正得以入精一之一脉（《邹东廓文集》卷二《赠董谋之》，卷三下《晴江说赠虔台中丞喻公》，卷七《冲玄录》）。

不过，不管是戒惧还是去欲，若其止于相对于本体的工夫，而不能成为本体之工夫，亦即工夫即是本体或工夫乃是出于本体之力，则其涉于人为之安排而不能成为本体之流行不息。故而去欲亦需本于独知之惺惺（明明）、戒惧亦需本于良知之自慊。应当认为在强调工夫相对于致良知之要的同时将其归于良知之自慊，这乃是东廓，尤其是南野的致良知说的根本立场。他们认为要使戒惧（慎独）工夫成为本体之工夫，必须做到相信良知之精明而不自欺，达到良知之自慊即自我满足。以《大学》所谓"毋自欺而求自慊"之道为戒惧（慎独）之道、致良知之本的理由即在于此。

※ 阳明心学的特色之一是自慊之学，而这是因为其以良知为万化之机，并认为只有达到良知之自我满足方可决天地宇宙之化。南野、东廓体得这一主旨并论说"毋自欺"之功。据南野所说，若能毋自欺而自慊，则独知之明无所亏欠，意无不诚，而这便是所谓"知至意诚"（《欧阳南野先生文集》卷四《答王塘南》[①]）。由此南野否定了在善恶混淆的意念之中认取此诚的做法。在南野看来，慎独之独亦非闲居独知之是非丝毫不能自欺（《欧阳南野先生文集》卷四《答冯州守》），慎则是不欺其知而致其至之意（《欧阳南野先生文集》卷二《答王心斋》），而诚意亦必须本于慎独（《欧阳南野先生文集》卷二《答欧梦举》，卷一《寄何益之》），即诚意须求于独知之自慊、自知不欺之处（《欧阳南野先生文集》卷四《答毛伯祥、沈惟顺》《答王墉斋二》）。故而其在云"莫神于知"的同时又云"莫诚于知"（《欧阳南野先生文集》卷四《答王墉斋二》）。

南野认为通过"毋自欺"之工夫不仅可以达到意诚，亦可达到所谓修身、明明德

① 按：《欧阳德集》（陈永革编校整理，凤凰出版社 2007 年版）中未见给王塘南的书信。——译者注

153

（《欧阳南野先生文集》卷一《答章介庵》），而《中庸》所谓"已所不欲者勿施于人"、《孟子》所谓"扩充""养气"，《易》之所谓"洗心"均包括于其中（《欧阳南野先生文集》卷五《与郑篁溪二》，卷一《答徐少湖》，卷十《洗心箴》）。东廓亦认为致良知之要尽于《毋自欺》之一句，并以此为《大学》之诚正格致之诀窍（《邹东廓文集》卷四《答徐波石子直》）。南野等人之所以以此"毋自欺"之自慊为致良知之要，乃是因为有见于良知之实然之力可决是非这一点。据南野所说，若能做到毋自欺，则"千古是非"亦可决（《欧阳南野先生文集》卷三《寄李汝贞》。南野在论学时尤其强调立志之要，这亦可以认为是其思想中这一方面的表现。其云"立志即致知精明坚却之功"——《欧阳南野先生文集》卷三《答曾思极二》，论说了致良知中的立志之要——《欧阳南野先生文集》卷三《寄敖纯之》《答希冉》）。求良知之明体的本质于其实体，而径直于此用力，可以说符合阳明晚年所论的真诚恻怛的精神。故而"毋自欺"之功可以认为是达到真诚恻到之道（《欧阳南野先生文集》卷一《答胡仰斋》）。

上述的正统派的立场可以说与一路直入良知之明觉的现成派形成了对照。

应当注意的是，反观内省之戒惧（敬）、澄莹融释之去欲、不辜负对良知之信赖的"毋自欺"，以及作为其自我满足的自慊，这些都被认为是浑然相依相缠相拥之物，难以截然区别开来（《欧阳南野先生文集》卷二《答杨方洲》，卷五《答沈思畏侍御三》；《邹东廓文集》卷五《再简洪峻之》）。而其中可以说用力于反观内省的是东廓，用力于信赖良知、罔欺自慊的是南野（东廓之所以用力于反省工夫，当是因为其学中有甘泉之学的影子）。

三

在王门诸派之中，最能体认阳明本体工夫一体论之主旨的是正统派。在其看来，真正的工夫乃是随良知之本体而进行，而真正的本体乃是工夫的自然之体。在《论语》之"如见大宾，如承大祭"之说中自得此主旨的东廓慨叹其简易切实、兢业恒久，概亦属当然（《邹东廓文集》卷四《简欧汝重》）。故而其云"性道之非二物""率（性）与修（道）之非二功"（《邹东廓文集》卷四《答余相之》），欧阳南野云"性之"与"反之""非判然二途"（《欧阳南野先生文集》卷一《答周陆田》），盖亦非没有理由。南野还云"渐修顿悟，理本无二"（《欧阳南野先生文集》卷二《答郭中洲》）。像这样正统派论述了本体工夫的浑一性，而这主要是站在本体即工夫、即工夫上的一体论的立场上。故而其特别强调的是用工夫始能循则本体这一点（从这一点来说，正统派之说的方向并不是愈发发挥王学之特色、愈发远离朱子学，反而可以说是甚至内藏着吸收朱子学的征兆。经由王学的明末新朱子学即东林学，以及经由朱子学的而确立起新王学的刘念台等与正统派一样论述本体工夫论亦并非没有原因的），这应当是有鉴于现成派亚流口称工夫即本体而不说工夫，只以体认本体、一路直入为宗，声称不假阶级积累而使人茫然无入手之处，不究天理之精微、不知人欲之深，只承当虚见、逐光景而以恣意为事，最终不顾名检、为此陷入丧失人伦之立场之弊。

※ 尤西川云"工夫即道体"（《明儒学案》卷二十九《北方王门学案·拟学小记》）；徐鲁源云"学者不消说性体如是如是，只当说治性之功如何"（《明儒学案》卷十四《浙中王门学案四·兰游录语》）；张阳和云"本体本无可说，凡可说者皆工夫也。识得本

体，方可用工夫"，以明道之"识得本体，以诚敬存之"之旨为宗（《明儒学案》卷十五《浙中王门学案五·不二斋论学书·寄罗近溪》），又指出《论语》所述虽然都是工夫但其实意在求本体；唐荆川论小心而以之为学者对病之药，又为救以玄妙之语文夹带之心而陷入如禅家所谓"斗机锋"之弊的现成派亚流而论说反躬力行之要；何善山举出"老夫无所能，只是识病"之象山之语，认为圣贤不贵无病，而贵知病，不贵无过，而贵改过，而云"知过即是良知，改过即是本体"，并云"磨砻改过，正见圣人洁净精微"（《明儒学案》卷十九《江右王门学案四·何善山传》《江右王门学案四·善山语录》），又求致良知于为善去恶之实地之功，否定叙述顿悟之旨的王龙溪四无论而肯定论渐修之旨的钱绪山四有论（《明儒学案》卷十九《江右王门学案四·何善山传》）；南野针对论说所谓"万缘放下，随缘顺应"之现成派不犯手之法的王士官而举出孔子至于七十岁的积累之工夫（《欧阳南野先生文集》卷二《答王士官》），以念念为善去恶为本体工夫（《欧阳南野先生文集》卷二《答郭中洲》），像这些都是意在论述本体即工夫的主旨。故而他们注目于附加于良知之上的"致"字而论说其要，欲以此来救只云良知而不云致、只说悟而不说修而导致的现成一派的躐等之弊（《明儒学案》卷十五《浙中王门学案五·不二斋论学书·答周海门》）。南野虽以王新甫之以磨镜为譬而认为若能去己私则合下便能自得本体之高明广大、工夫亦自切实之说为精当，却又云如不经过致良知的不断努力，则其高明广大亦不切实，其理由亦是出于上述的立场（《欧阳南野先生文集》卷四《答王新甫督学》）。

应当注意的是，在正统派之中，尤其是南野在论说工夫之要的同时，又能够脱其拘滞而到达与本体浑然为一之处，而这在很大程度上要归功于与始终坚持工夫即本体的立场、能以赤手搏龙蛇的王龙溪（现成派）的讲学。故而对于拘滞于工夫者，南野等人反而论说工夫即本体，以救其弊。而这种态度亦使其本体即工夫论、本体工夫一体论更加精微，而这亦有助于救正论说工夫即本体的现成派亚流的流弊。

※ 南野在与王龙溪相会而接触其直下了彻之学后敬服龙溪之力，而猛然省悟到自己

之心尚未达到澄莹精纯，工夫有涉于安排布地、拘滞浮饰，只如"泥里洗土块"，完全不足以与古人之虚怀（《欧阳南野先生文集》卷二《答戚南玄》）。南野在给何善山、黄洛村、戚南玄、横溪弟、钱绪山的信中叙述了这一感怀。故而他虽然站在本体即工夫的立场上，但见到有人拘于工夫，则云良知之识取（悟）能令工夫切实，而论说其要。例如他在给友人的信中云"近日朋侪中莫不知有致良知之学，然须识取良知着落，则致知功夫始更精切，不然未免掺和兼搭"（《欧阳南野先生文集》卷二《答友人》）。不过此处所云良知之识取绝非如现成派所谓之用悬崖撒手之妙法、一了百当而逐悬空逐光景，直截了当地说乃是自然平易地自觉到自己本来即具有的道德心。据南野所说，此心便是孟子所谓的赤子之心。得以体认此心的南野认识到从前自认为已见得的本体不过是想象，乃是辗转话言而自欺者（《欧阳南野先生文集》卷三《答友人》）。据其所说，如不能自得此心，则"种种讲说持行，只成画饼炊沙耳"（《欧阳南野先生文集》卷三《寄罗念庵》）。不过，若不依靠澄源端本，则难以得此心之体认，而这不待解悟、不依思维，只有在如赤子之时的纯真污垢之处方可得之，故而其体当亦可说没有巧法（《欧阳南野先生文集》卷三《答友人》）。据南野所说，此心既是良知之本体，亦是致之工夫之力。故而若能识取此知之本体，则自能致良知。由此他认为所谓只说本体不说工夫的现成派之所以用功不切，其实乃是因为其并不真知良知之本体。故而其在给陈明水的回信中亦云看良知不实故而工夫分歧（《欧阳南野先生文集》卷三《答陈明水》）。

南野之赤子之心的体当中存有去欲之一番苦心，这自不待言（《欧阳南野先生文集》卷三《答陈明水》）。不过在体认此心后，他痛悔从前工夫之非，在给陈明水、刘晴川、黄久庵等人的信（《欧阳南野文集》卷三）中吐露了此切切之言。由此他得以理解阳明所说的"致知存乎心悟"之真意。故而其云"不了即是拖泥带水，纵饶勤勤恳恳，惩忿窒欲，迁善改过，亦终未有了期"（《欧阳南野文集》卷三《答刘晴川》），又云"良知不得彻悟，纵有格致工夫，终是影响"（《欧阳南野文集》卷三《答吾苏山》）。归结起来，南野虽以本体即工夫为宗，但经由王龙溪工夫即本体之立场的媒介，反而得以将其进行扬弃并使其更加精切，并借其之力以匡正现成派终始于工夫即本体之弊。

陈明水亦云"戒惧兢惕工夫，即是天机不息之诚"（《明儒学案》卷十九《江右王门学案四·明水论学书·与王龙溪》）、"勉强亦是天命"（《明儒学案》卷十九《江右王门学案四·明水论学书·与董兆明》），论述了工夫自身即是本于本体之力而切言工夫之要，并由此而云只说本体不说工夫的现成派之非非旧时支离之习之比，而对其进行了最为尖锐的批评。南野亦论说悟相对于工夫之要，故而其否定王龙溪之四无论中的一了百当的立场、即顿悟之说，而以钱绪山四有论之渐修的立场为宗。而钱绪山之四有论亦云"以知善、知恶为知之极，而不知良知之体本无善恶也；有为、有去之为功，而不知究极本体，施功于无为，……憧憧纷扰矣"而论说了觉与悟之要，而提出阳明之"致知存乎心悟"之语（《明儒学案》卷十一《江右王门学案一·会语》）。

此外，唐荆川、黄洛村等正统派诸人亦以本体即工夫为宗，且言及悟之要。如黄洛村强调本体自然之要，却反而产生了接近现成说的倾向，以至于肯定慈湖之不起意说（《明儒学案》卷十九《江右王门学案四·洛村语录》）。不过他们之学说终究不及南野之精切。

南野以事物之实地工夫为中心的本体工夫一体论来回应现成说，又论本体工夫效验之一体来回应将三者区分的归寂派。据南野所说，三者乃是浑然一体之物，不过是自然行之谓之本体，努力行之谓之工夫，其成果谓之效验而已。不过不能忘记的是南野之浑一乃是以工夫为中心加以考虑的（可以说此点亦表明了以工夫为要的正统派的立场），故而其云"本体是功夫样子，效验是功夫证应"（《欧阳南野先生文集》卷五《答聂双江》）。

※ 如前所述，南野之工夫的眼目在于对良知的自信、信赖及自慊，而本体及效验亦皆归着于此。故而其云"良知本戒慎不睹、恐惧不闻，无自欺而恒自慊。功夫亦须戒慎恐惧，无自欺而恒自慊，即是效验矣"（《欧阳南野先生文集》卷五《答聂双江》）。此外其以良知为天理密察、物物各有其则，故而无少偏倚乖戾，无内外先后而浑然一体，而云"用功以本体作样子，以效验作证应"（《欧阳南野先生文集》卷五《答聂双江》），这亦不外是在论述以上的主旨。南野之所以以本体为工夫之样子，以效验为工夫之证应，乃是因为其认为"不用功夫，即是不循本体；功夫不合本体，即不是本体功夫；用功不能得效，亦即是不曾用功"（《欧阳南野先生文集》卷五《答聂双江》）。此说可以认为是

在论说本体工夫效验之别之所以不可紊。故而南野接下来云"不可遂以本体效验作功夫。以本体效验作功夫，是谓知能自致也。……是则道能弘人，非人弘道也"（《欧阳南野先生文集》卷五《答聂双江》）。这是在指出以静为功、以动为效、以功为内、以效为外的归寂派的聂双江之说不仅失却功夫与效验的浑然一体之旨，且紊乱本体效验之别而逐光景、求效验、以工夫之用处为效验，为此有着失却实地之力、使本体堕于虚景之流弊。

南野阐明"用功于本体"及"用功以求本体"之别，认为两者有毫厘之差，但从本体工夫浑一的精神来说，两者亦有千里之差（他又举出阐明"敬以直内"与"以敬直内"之别的程子之说，说明了以上主旨——《欧阳南野先生文集》卷一《答陶镜峰》）。从本体工夫浑一的立场来说，必须以"用功于本体"为工夫之旨。此工夫乃是本体上的工夫，而不能是相对于本体的工夫。正统派之所以持本体即工夫的立场，乃是因为其将良知看作本体自用工夫、工夫自以本体为力的浑然自我发展、复归的一者。故而可以说其间既无本体亦无工夫，只有生成的良知，而无初学深造之别。

故而南野云"良知本戒惧不睹，恐惧不闻，用功亦只戒惧不睹，恐惧不闻。初学如此，深造亦如此，本无二也，生熟之间而已矣"（《欧阳南野先生文集》卷五《答曾双溪二》）。然而若不能充分理解这样的本体工夫浑一的主旨，则并非没有陷入现成派末流之任肆之弊之忧。故而亦有如刘师泉这样将工夫二分为悟性与修命而接近于宋学之涵养与省察、致中与致知之二分说者（《明儒学案》卷十九《江右王门学案四·刘师泉易蕴》）。

159

如上所述，南野以工夫即本体为宗旨，故而对于站在致良知说的立场上以孟子之所谓有事为头脑、勿忘助为不过是其中之提撕警醒的次要之物的阳明之说，他并不完全遵守，而是以两者为完全浑然一体。故而其云"知忘助者，良知也"（《欧阳南野先生文集》卷一《答陈盘溪》），以勿忘助为致本然良知之工夫。不过从本体工夫的立场出发，其云勿忘助亦须是循良知而穷尽的本体工夫，认为致知之功需待勿忘助来裨补增益者不免用智安排，而非本体功用之全。故而不能忘记必须循良知而必有事，不落入忘助之病。

　　※ 阳明之所以以勿忘助为有事中之物，乃是因为看到当时湛甘泉论说勿忘助之要而失却工夫之头脑，容易产生陷入支离之倾向。而另一方面，甘泉是因为看到阳明之门下以推极本然之知为致知，只说知而不用实地之致的工夫，为此有陷入任情肆意者，故而在论说有事的同时论说勿忘助工夫之要。比较王湛两家之说，可以说阳明以有事为主，甘泉以勿忘助为主。从上述的南野的立场来看，甘泉之说或许尚有些不免于用智安排。而论述自然与工夫之一体、认为甘泉之勿忘助功夫有陷于苦工之弊的是钱绪山。其曾云"今欲矜持操执以必得，……病於助矣；然欲全体放下，……久之则又疑于忘焉。今之工夫，既不助又不忘，常见此体参前倚衡，活泼呈露，……故曰苦心"。欲于无欲清澄中见活泼泼之道体的绪山举出阳明别甘泉时的诗句"无欲见真体，忘助皆非功"，指出了甘泉之勿忘助工夫的拘滞（《明儒学案》卷十一《浙中王门学案一·绪山会语》）。

四

自宋以来，便有着鉴于变化流转、将迎起伏、无穷相寻相演的动用之相而欲退去于静处加以对应的学风，而其中难说没有因为厌动却反而失却宁静的倾向。纵使能在动中求静，其心亦难免已动而不静。故而阳明并不简单地将动静寂感、未发已发二分为体用，而是站在良知的立场上以其为浑然一体之物，但其门下并不一定坚守这一主旨。特别是归寂派中并非没有将以静而得动之安处的历来之说引入致良知说、以矫正上述的浑一之主旨的倾向（归寂派认为这一立场乃是阳明本来的思想）。故而正统派阐明阳明论说浑一之主旨而批驳其非。据阳明之致良知说，良知乃是超越动静寂感之物，动静寂感不过是良知对时处之对应，故而良知之本体不可分为动与静、寂与感，而可谓是常静常动、常寂常感。故而只有靠致良知方可使动静寂感浑然为一，这乃是阳明的立场。而能够体会这一主旨者无过于正统派。

※ 南野云"良知上用功，则动静自一。若动静上用功，则见良知为二，不能合一矣"①（《欧阳南野先生文集》卷一《答徐少湖》），认为在动中求静尚不免将动静二分。之所以如此说，是因为在其看来良知乃是常静常动，因此并不需特意在动中求静（《欧阳南野先生文集》卷一《答周陆田》）。故而其云"学贵循其良知，而动静两忘，然后为得"（《欧阳南野先生文集》卷一《答周陆田》）。据其所说，这乃是真正的静寂之立场、亦即真正的安定之立场。

---

① 按：译者在《欧阳德集》中未查得此语，不过《明儒学案》卷十七《江右王门学案二·南野论学书·答问》中录有同文。——译者注

东廓亦论以寂感为事之弊云"倚于寂则不能以有为为应迹，倚于感则不能以明觉为自然"（《邹东廓文集》卷二《双江聂子寿言》），论述了为何只有良知之立场能够超越寂感动静而得真正之静（安定）。他云《易》之所谓寂然不动乃是此静之源，感而遂通乃是此静之达，批评说将动静寂感二分为体用而以归寂为宗的归寂派聂双江之说失却真正的归寂（《邹东廓文集》卷三下《致远堂说》）。

南野及东廓等人之所以如上述那样遵从作为浑一之心之本体的良知的立场，而否定动静寂感的立场，是因为在其看来在感前求寂乃是画蛇添足，在感中求寂乃是骑驴觅驴（《明儒学案》卷十九《江右王门学案四·明水论学书·与王龙溪》），一味求静者反而可能会爱憎取舍、辗转相寻，以至于横渠所谓的"累于外物"（《欧阳南野先生文集》卷四《答王新甫督学》，卷一《答陈盘溪二》）。

故而正统派以宋以来的求静说为非而云去欲（无欲）求静（参照《明儒学案》卷十一《浙中王门学案一·绪山会语》，卷十九《江右王门学案四·善山语录》；《欧阳南野先生文集》卷五《答聂双江》等），又或者以陈白沙之主静说及继承其精神的归寂说为异端，亦并非没有理由（《明儒学案》卷二十九《北方王门学案·尤西川传》《北方王门学案·拟学小记》）。不过其中亦出现了过于排斥主静说，以至于反而认为应于现在之发见发动上求道者（《明儒学案》卷二十九《北方王门学案·尤西川传》《北方王门学案·拟学小记》。此说如黄宗羲亦曾指出的，与所谓"惟应酬酢处特达见本根"之朱子之工夫相通。至于此，则已经偏离了所谓既可静处体悟、亦可事上磨炼的阳明致良知说的主旨）。

从动静浑一的致良知的立场来说，存养亦非静处工夫，而必须是动静无间者。南野否定以存养为主静之道的宋学之说，而云继承其精神的归寂说不符合己意（《欧阳南野先生文集》卷五《答聂双江》），以及南野及唐荆川针对将动静二分为体用，且以静为体、以立体为万化之基、以动用为其效用的双江之归寂说而论述说"心无定体"（《聂贞襄公集》卷六《与欧阳南野》；《明儒学案》卷二十六《南中王门学案二·荆川论学语·答双江》）的做法均非没有理由。如上所述，正统派否定内外动静寂感之论，基于阳明之致良知说而坚守心之浑一的立场。

※ 故而东廓云"心不离意，知不离物。而今却分知为内、物为外，知为寂、物为感，故动静有二时，体用有二界，分明是破裂心体。是以有事为点检，而良知却藏伏病痛，有超脱事为而自谓良知莹彻，均之为害道"（《邹东廓文集》卷七《冲玄录》）。

对于未发已发的问题，正统派亦站在致良知说的立场上加以解决。正如前述，良知乃是道德感知，故而离知觉不可能有良知。故而在归寂派看来，即便是所谓心之未发，亦并非如归寂派所说的那样在未感之前别有一境界。若以为别有一境界，而以在此处用功夫为未发之功，则养成枯寂之病，认虚景为实得，拟知见为真性，其结果不免临事而揣摩义袭（据南野所说，这样的未发说接近二氏即佛老的虚静——《欧阳南野先生文集》卷四《寄聂双江》）。由此正统派否定以未发已发为时之动静、境之寂感的双江之说，而以未发为性、已发为心，认为不当离已发之心而求未发之性（《欧阳南野先生文集》卷五《寄聂双江》；《邹东廓文集》卷二《双江聂氏寿言》；《明儒学案》卷十九《江右王门学案四·洛村语录》，卷十一《浙中王门学案一·绪山论学语·复何吉阳》）。

※ 故而南野指出心无一时不发，而云"即喜怒哀乐之发而有未发者在"，又以格致诚正为须臾不得离（《欧阳南野先生文集》卷五《答聂双江》），而云"时时见在，刻刻完满"（《欧阳南野先生文集》卷四《寄聂双江》）。此处可以看出于一时一事探性命之源的着实意图。绪山之云"着衣吃饭，即是尽心至命之功"（《明儒学案》卷十一《浙中王门学案一·论学书·与陈两湖》），东廓之以"不离日用常行内，直造先天未画前"之阳明之语为下学上达（《邹东廓文集》卷七《冲玄录》），皆是本于这一精神。从这一立场出发，东廓亦否定了以戒惧为已发功夫、以静存为未发功夫之说（《邹东廓文集》卷六《简两城靳郡侯》）。

故而在正统派看来，未发已发并不意味着动静寂感，而是体用之关系，且其不外只是一独知（良知）。对他们来说，所谓中和乃是此独知之无偏倚乖戾之名。即中和之实亦不外是一独知。故而南野云除独知外无求中和之法，故而致良知始能得中和（《欧阳南野先生文集》卷五《答聂双江二》，卷四《寄聂双江》）。从这一立场出发，其以中和为致良知之效验（《聂贞襄公集》卷六《答欧阳南野书三》），又因此而批评以致中为致良知、以致知为其效用的聂双江之说并非没有偏离良知之立场而转向其他境界（佛老）之忧（《欧阳南野先生文集》卷五《答聂双江》）。

※ 南野非难了从工夫效验上将中和分为体用的双江的立场，而东廓也同样云"先言戒惧，后言中和""戒惧之外无中和"①、"中和自用功（戒惧）中复得来"，以中和为工夫之效验（《邹东廓文集》卷六《复高仰之诸友》）。故而其认为以中和为二致者为静存动省之说所悟，而对此加以否定（《邹东廓文集》卷六《复高仰之诸友》），对双江则云"中和有二称，而慎独无二功"（《邹东廓文集》卷六《再答双江》）。归结起来，正统派如以上所述，基于致良知说而对动静寂感、未发已发以及中和之浑然一体进行了论述，而其认为此浑然一体亦需依靠前述的对于良知的反省自肃及信赖充足方能体得，这自不待言。

在正统派看来，动中求静、感中求寂，或是已发中求未发的做法尚且会将心体导向支离而失却浑一之旨，故而其认为工夫之要在于有念与无念、道心之微与人心之危之间的间不容发之处，此盖属当然。他们论述研几工夫之要的理由亦在于此。所谓几乃是周子所谓"动而未形，有无之间"、《易》之所谓动之微，而据东廓所说，其乃是常寂常感、常虚常灵、有无之间、不可致诘者（《邹东廓文集》卷二《青原赠处》），据明水所说则是"发

---

① 按：译者未查得此语。——译者注

见几微处"(《明儒学案》卷十九《江右王门学案四·明水论学书·与王龙溪》)。明水以在此处致谨为研几，认为此为立本达道，以此方可得中和，而尤为重视这一工夫。从这一立场出发，他又评价双江之中和说为将中和二分为体用，认为涵养本源停当后方可得中节之和，此乃李延平以来相传之学，虽若精微，却非孔门宗旨（《明儒学案》卷十九《江右王门学案四·明水论学书·与聂双江》）。

五

正如前述，正统派认为朱子学派及王门诸派之说不免堕于支离虚见之弊，而深致思于王学中的浑一精神。在格致说方面，正统派亦充分发扬了这一精神。正统派诸儒之说虽然并非没有若干差异，但在述心意知物之为一件、格致诚正之为一功，论心之浑一、本体工夫之一体方面看起来大体一致。而这归根结底当是因为其看到当时有学者"以心应物"，为此陷入将心物二分、失却下落而落入支离之弊（《明儒学案》卷十九《江右王门学案四·明水论学书·与王龙溪》）。在正统派看来，良知之体并非空虚之物，而是以事物为体。故而知乃是物则，事物乃是心之用（故而南野云"知以事为体，事以知为则"——《欧阳南野先生文集》卷四《寄聂双江》、"物者知之用，知者物之则"——《欧阳南野先生文集》卷十《赠吕和卿太史诗》），因而事物之则实乃心之天则、亦即良知。

　　※ 南野在答复朱子学者罗整庵时云"有耳目则用聪明之德，有父子则有孝慈之心。……所谓良知也，天然自有之则也"（《欧阳南野先生文集》卷一《答罗整庵先生寄困知记》），此语叙述了上述的主旨。所谓"物与知无二体，格与致无二功"亦是站在良知物心浑一的立场上方能发出的言论。

　　从这一立场出发，南野批评"物在彼而格在我"之说、即认为当求则于物而以求于心为非的朱子学者之格物说为"有彼此之分"（《欧阳南野先生文集》卷五《答项瓯东》），而张阳和则评价价遵从朱子学格物说的许敬庵之说为"歧知与物而二之"（《明儒学案》卷十五《浙中王门学案五·不二斋论学书·与许敬庵》）。

故而南野云格物乃是"致知之物"，致知亦是"格物致知"。而亦可以说致知必然以格物为要，格物必然以致知为要，以此自完。故而以格物为功、不知其为致知之物者入于揣摩义袭（朱子学者便是如此），以致知为功而不知其为格物之知者近于圆觉真空（佛学者便是如此。《欧阳南野先生文集》卷四《寄聂双江》）。

知（心）无体（实），而以事物为体，故而离事物则无可致知之道。故而阳明以格物为致知之实地之功，而论述其要。由此南野云"格物者，圣门笃实真切用力之地"（《欧阳南野先生文集》卷一《答罗整庵先生寄困知记》），东廓批评有见于世之以格物为事者（朱子学者）陷入义袭之弊而反以格物为致知之效用、认为格物无所用其功的双江之说为对本体矫枉过直，而论述了致知中的格物工夫之要（《邹东廓文集》卷六《简复聂双江》）。

※ 如上所述，物乃是心之用（心之实），而所谓格物则是即心之用而尽其当然之则，故而格物即是身心性情之学（《欧阳南野先生文集》卷五《答项瓯东》），而致知格物、诚意正心乃是完全浑然一体之物。关于此点，正统派留意于这些工夫须各自相伴、浑然一体而行之，认为由此可得以摆脱学之空虚支离之弊。

故而南野云"意其动也，物其事也，致其本体之知，而动无不善。然非即其事而格之，则亦无以致其知。故致知者，诚意之本也；格物者，致知之实也。不事于诚意，而徒以格物者，谓之支；不务于格物，而徒以诚意者，谓之虚"（《欧阳南野先生文集》卷五《答聂双江》），而其评论所谓"格一木一草之理"[1] 的程朱格物说为外求，亦当是出于这一主旨（《欧阳南野先生文集》卷五《答聂双江》）。

故而在正统派看来，致知乃是通过致良知于事事物物之间、亦即实地之格物而达成。若只说良知而不致其于事物之间，则良知会成为臆想谈说、

---

① 按：译者未查得此语。——译者注

未尝实用其力者。致知要如此得到论述（《欧阳南野先生文集》卷一《答胡仰斋》）。据南野所说，致乃是"循良知而无所亏欠"（《欧阳南野先生文集》卷一《答陈盘溪》）、"知无不足"（《欧阳南野先生文集》卷十《赠吕和卿太史诗序》）。换句话说，致不外是罔欺自慊（不过其留意于此自慊亦须通过循良知而合天理、即格事物来达成这一点——《欧阳南野先生文集》卷一《答欧梦举》，卷十《赠吕和卿太史诗序》），而格之当不当则在独知之欺不欺之间。故而致格两者乃是浑然一体（《欧阳南野先生文集》卷三《答王仁仲》），而归根结底，格致之根本在于事物之间的罔欺自慊，此乃南野之本旨。

故而南野论说格物云"格物非泛观已往，悬拟将来，而讲说思索之者也。吾心视听言动、喜怒哀乐、感应酬酢之物，一循其良知之不可欺者，改非礼以复礼，节过中以就中，而无不各得其正焉。正，斯格矣"（《欧阳南野先生文集》卷十《林平泉赠言》）。

如同前述，致良知乃是致良知于事物之间，而良知乃是天然自有之则，故而即事物而不以私意遮蔽其天然自有之则亦可认为是格物致知之功（《欧阳南野先生文集》卷一《答罗整庵先生寄困知记》）。故而如方本庵所云"所谓格物者，不过于应物时，戒慎恐惧，求当于天理而已矣"（《明儒学案》卷三十五《泰州学案四·心学宗》），戒慎恐惧被认为是格物之工夫亦属当然。

如同前述，南野以致为自慊之意，而否定以其为推广增益之说。之所以如此，是因为在其看来，若以致为推广增益，则不仅不得为涵养，甚且会因知觉所发而推行之，陷入小人之无忌惮（《欧阳南野先生文集》卷五《答聂双江》）。须注意的是，南野所说的自慊并不止于循良知而对其无所损害的消极涵养的意义，而且还有着充满流动的积极性（《欧阳南野先生文集》卷一《答陈盘溪》）。

归根结底，南野之工夫亦归结于阳明之"致知焉尽之矣"的立场，只是其致知乃是以良知之不欺自慊而达成，且其通过即事物上之实地、亦即格物而成为真实之物，此乃其格物说的根本精神。

〔**备考**〕笔者相信，阅读本文的读者若同时参考拙稿《良知现成论的确立》①（《良知现成論の成立》，《九州大学哲学年报》第十五辑）及《良知归寂派之为学精神》②（《良知帰寂派の学的精神》，《九州大学哲学年报》第十六辑），则能够更好地理解本文。

---

① 即本书第一章。——译者注
② 即本书第三章。——译者注

第六章

李见罗论

见罗之学不依于心而依于性。此正如其所云"知性者少，识心者多。只此八个字，妄谓之断尽了千有余年辨学的眼孔，收尽了千有余年汗牛充栋意见的支离"（《正学堂稿》卷七《答朱友大学辨疑》），乃是其以为千古之断案处。而以程伊川所谓"本心本天"之辨释氏之语为辨学之目标（《正学堂稿》卷七《答朱友大学辨疑》），亦是基于同样的主旨。

见罗将心与性比喻为表（字）与名而云"析之非离，合之不混"（《正学堂稿》卷二十八《书问节语》），在遵从朱子学心性论主旨的同时①，时时基于宋儒（张横渠、朱晦庵、邵康节）之"合性与知觉者有心之名""心统性情者""心者性之郛郭"等语而论说辨析心性之要，认为此乃契合孔子之学之主旨的原因。②亦即依见罗之说，心虽统性情，却动而不已，故而不可径直以作为作用之心为作为定体之性。此乃否定心即理而提倡性即理者。故而其间相对于作为用之心的相对、主观、杂驳，意欲保持作为体之性的绝对、客观、纯粹，维持严肃的伦理立场亦即规范之严正的朱子学的精神③发挥了很强的作用。在某种意义上，这一态度可以说比晦庵更为严格。这是因为见罗区分心与性、性与情的态度比晦庵更为峻烈。④不管被认为是心

---

① 在理与气、天命之性与气质之性或者性与习的问题上，见罗亦有暂且遵从认为两者"一而二"的宋儒的意见之处（《正学堂稿》卷四十《答庄君秀书》，卷二十八《书问节语》）。

② 此外，见罗曾以"仁者必觉，而觉不可以名仁"之朱子之说、"怵惕恻隐，乃天理发见之苗裔，于此而体究其所以然，则理可尽而体可穷"之张南轩之说、"回也其心三月不违仁"之《论语》之说来论述心性之别（《正学堂稿》卷六《答陈兰台书》《答吴养志书》）。

③ 从朱子在《论语·学而》之朱注中不直接以孝悌为仁之本，而是以其为行仁之本，将性之仁与用之孝悌相区别这一点，可最为明确地理解此处所述的朱子学的精神。

④ 见罗在儒佛（老）之区别方面亦极为严格。故而其对当时的儒者（主要是王学一派）混淆两者的态度进行了指责。而正因为此，其在另一方面又对奉佛（老）者严格维持其纯正性的态度表示了敬意。其之所以以奉佛而痛骂以礼教为宗的儒者、受到世间识者之忌惮的李卓吾的态度为壮而与之交厚，亦当是因为在其看来，不问异端与圣学之别而只欲保持其纯正性的卓吾的态度有与吾心相契之处（参照《正学堂稿》卷四十《与陈子观书》等）。

之用者为何物，见罗均不许将其等同于性。晦庵虽认为禅宗论说无心之心、陆象山以心为理，不管其内容如何，均是以心为宗而失却严肃的道德立场，故而论说性即理，但其又认为若不对灵活之心施以工夫则性体会堕于空，理会失去活性，认识到了心之场的重要性。故而朱子并没有忘记留意于性与心、性与情或者理与气的浑一这一点，其二元论并非单纯之物，而可以说有着复杂的面貌。例如关于道心与人心、天理与人欲的问题，在遵从持严格道德立场的伊川二元论的同时，[1] 又排斥两者之分离，而采用论述其浑一的象山之说而云"若说道心天理人心人欲，却是有两个心。人只有一个心……"，时而又肯定《胡氏知言》的"天理人欲通行异情"之说而云"天理人欲是交界处，不是两个""大抵人心道心，只是交界，不是两个物"。亦即在论述道心、天理之主体性的同时，[2] 不以其与人心、人欲为别物，而是以两者为浑然一体的一个心。这可以说是晦庵之心性辨中的机微妙处、苦工之所存。[3] 这应当是出于受到禅之刺激的儒者之自觉，而明代的朱子学者在此之上又受到陆王学的刺激，对此点尤为敏感。

见罗认为连道心亦属于性之所发、心之用，而将其与未发之性区别开来（参照《正学堂稿》卷七《答朱友大学辨疑》）。亦即其虽以道心为性之所发（人心非性之所发），但认为其乃是心之用，而将其与性区别开来。而就连最为明确地分辨心与性、排挤陆禅的陈清源亦且以道心为性，而未至于以道心与人心均为心之用（《学蔀通辨》终编）。从见罗的这种心性之辨

① 对于程子之"人心人欲，故危殆；道心天理，故精微。惟精以致之，惟一以守之，如此方能执中"一语，朱子云"此言尽之矣"（《朱子语类》卷七十八）。
② 例如，朱子曾云"圣人不以人心为主，而以道心为主"，又云"但以道心为主，而人心每听命焉耳"（《朱子语类》卷七十八）。
③ 晦庵评价杨龟山之"天命之谓性，人欲非性。天命之善，本是无人欲"之说云"不必如此立说"。这当是因为其以像这般对天命（性）与人欲进行分析的做法为非（参照《朱子语类》卷一百零一）。不过另一方面，晦庵又评价胡仁仲《知言》之"天理人欲，同体而异用，同行而异情"之论云"自是它全错了"（参照《朱子语类》卷一百零一）。这当是因为在其看来，若依胡氏之说，则性善之严存危殆，有陷于含糊苟且之虞。故而对于上引《知言》之说，亦云上句为非，下句尚可（参照《朱子语类》卷一百零一）。像这样，晦庵的心性论呈现出复杂的面貌。

来说，伊川、晦庵即后来的程朱学者之心性之辨均不够彻底。故而见罗之门弟王汉治云"宋儒未有辨心性者，心性之辨自老师始"（《正学堂稿》卷十七《答王汉治书》所引），亦并非没有道理。故而对于见罗此说，阳明学者黄宗羲批判云"虞廷之言道心，即中也。道心岂中之所发乎？此在前贤不能无差，先生析之又加甚耳"（《明儒学案》卷三十一《止修学案·李见罗传》）盖属当然，而当时的朱子学者许敬庵亦批评说"见罗谓道心人心，总皆属用，心、意与知总非指体。此等立言，不免主张太过。中固是性之至德，舍道心之微，更从何处觅中？善固是道之止宿，离心、意与知，却从何处明善？性无内外，心亦无内外，体用何从而分乎"（《明儒学案》卷三十一《止修学案·李见罗传》）。

见罗之所以严格辨析心性，乃是因为其认为若不如此，则会导致性体之混淆差讹（《正学堂稿》卷三《答舒梦滩书》），亦即归宗于主观的、相对的、作为用的心而导致无法永远维持性体的客观性、绝对性以及纯正的道德立场（据见罗所说，心乃性之所发，故而是活物，其用涉及人伦功利技艺各个方面，帝王用之以保民，桀、纣用之以纵欲，宿儒用之以博闻强记，举子用之以弄巧趋新，仪、秦用之以纵横捭阖，仙家用之呼吸长生，佛氏用之灰心槁性，农工医卜各有所用。故而若不在性上用工夫对心加以收摄，则无法保持性之绝对纯正——参照《明儒学案》卷三十一《止修学案·知本同参·崇闻录》）。[①] 故而其云"于性命落根尤为吃紧，故要紧在明心性之辨"（《正学堂稿》卷五《答黄光晋书》）。如见罗自身亦曾说过的，从心性本来不可辨析的立场来说，见罗进行上述的辨析实乃不得已之举措（参照《正学堂稿》卷四十《答庄君秀书》）。然而毅然为此者，不外是敏锐洞察心之用，尤其是知之用中的矛盾的结果。即在其看来知乃是分别之用、后天

175

---

① 故而对于经由阳明学的朱子学者顾泾阳，见罗亦云"宗趣一讹，当地千里，本心为主，直混禅宗，且冒然自以为性之见也，此其所以舛也"，指出了即心见性之做法的危险性（《正学堂稿》卷十一《答顾泾阳书》）。

之发灵，故而之要依存于知，便会失却性体之天机、命脉、宗趣，亦即统会枢纽，陷入向外支离、流荡无归、头绪葛藤、空疏诞谩、恣欲狗情，而使学之大本不明。①

依见罗所说，汉唐之训诂辞章、魏晋之任诞、王学亚流之肆情自不待言，禅之无心、阳明之致良知、晦庵之格物穷理（格物致知）亦皆是径以心之灵明知觉亦即分别之知用为性体，而归宗于后天者。故而这些都未归宗于《礼记》之《乐记》所谓的"人生而静，天之性也"，即生之先天，亦即性体，故而与告子之"生之谓性"属于同类（参照《明儒学案》卷三十一《止修学案·道性善编》）。见罗否定告子此说，而对于象山以浑一具体之心为学之宗、认为前述的《乐记》之说本于老氏而以其为非的做法（参照《象山先生全集》卷三十四《语录》），亦加以否定而认为《乐记》之说是以性为宗。从这些方面来看，见罗之性宗说乃是出于对现实中的矛盾缺点的洞察以及严格保持客观性、绝对性的意图，其中有与晦庵之性说相通之处。若极言之，则晦庵以知为主，而见罗则以行为旨；晦庵所期乃是自用达体而完成性，见罗则要求自体及用而完成性。故而其间可以说有渐与顿、修与悟之别。而另一方面，亦可看出见罗之学有着与陆王学相通的精神。不过如同前述，见罗对于朱王两学均持批判态度。若依见罗之《大学》说，则朱王均犯了驰心于"致知"之朱而不知"止于至善"之本，以至于

---

① 即其曾云"从古以来，大率知性者少，识心者多。往往只认着一个昭昭灵灵，能识能知者，便以为生天生地之主本矣，此其所以不知性也。盖直以心为性也，所以随缘赴感，一切漫谓天机。其流之弊，至于恣欲狗情，咸称妙用，则学不明本，而流浪之识知，罔所据依也"（《正学堂稿》卷四《答陈幻溪丈书》）、"有生以后，人即发舆，水陆飞行，共无掩蔽。故灵不待求也，闻声随声，见色随色，但恐其荡而无归，所以保固而收摄之者，不可不知所归宿耳。偶思昔人谓：'人心之不同也，有如其面焉。'心诚尔也，性果尔乎？又曰：'人藏其心，不可测也。'又曰：'险于江河。'至于性，岂亦有险于江河者乎？故欲就灵明检别其是非善恶，则可修而危、倏而微；即欲就地驻脚，直以为立命安身之所也，则《大学》无事止善，而虞廷无取执中矣。且所求者既是灵明，能求者复是何物？若曰以灵明求灵明，是二之也。此浅陋之见也"（《正学堂稿》卷六《答吴养志书》）、"守心者大率光景之见，故辩体者必入支离之解。凭揣摩则灵变闪烁，若莫测其端倪；稽践履则舛错空虚，只以增其诞谩"（《正学堂稿》卷五《答杨振甫书》）。

颠倒学之"本末终始"的错误。①

　　见罗如同上述切论心性之辨析的直接动机,乃是其认为王学一派的学者以不外是分别之用、流行的知为良而提倡致知,为此失却性体之归宿,产生了前述的流弊。据见罗所说,知乃是德性,故而无真妄、良不良之别,皆是用。故而阳明之所谓虚灵明德亦只不过是此知之别称(参照《正学堂稿》卷十五《答陈抑之书》),而敏锐的道德知觉和判断、其自身被认为是道德法则的阳明之良知亦与所谓食色之知觉亦即肉体知觉没有任何差别。径以其为性的做法等同于告子之生即性,而并非以作为生之理的性为性(参照《明儒学案》卷三十一《止修学案·道性善编》)。如此说来,则孟子为何要论说良知良能、四端、赤子之心,又如其所云之"若其情,则可以为善矣""情可以为善,若夫为不善,非才之罪也""仁,人心也""求放心",以道德心为先天而欲以其为依据呢?对此,见罗解释说这是在传授唤醒悟入性体之道,故而并非任心之用。亦即孟子之心说乃是归宗于性善,而并非论说心宗(参照《正学堂稿》卷十五《答晋江二友书》,卷十五《答朱汝恒书》;《明儒学案》卷三十一《止修学案·道性善编》)。② 见罗认为孟子对心的论说需归宗于性体始有意义,即便心具有道德性,若不归宗于性善而径直归宗于心上,则其道德性亦会间断驳杂,其永恒性、纯粹性、绝对性将不可能维持,故而云"舍养性而求尽心,心未有能尽者也"(《明儒

---

　　① 见罗评价晦庵《大学补传》之"人心之灵,莫不有知;天下之物,莫不有理"之说云"是直以知在心,理在物。彼求理于事事物物之中者,昔贤所以谓之义外也"(《正学堂稿》卷八《答蔡以高书》)。此批评与象山对朱子学的批评有相通之处。不过象山乃是从心即理的立场出发进行批评,而见罗则是从明辨心性的立场出发进行批评。据见罗所说,晦庵之穷理乃是义外,无法到达尽性至命,而其格物则牿亡于知物之交,失却性命之宗。

　　② 见罗提出程子之"心一也,有指体而言者,有指用而言者"之语,认为指体而言者乃是性,指用而言者乃是情意知能,又认为《尚书》之所谓人心道心以及孔子所说的心之存亡(参照《孟子》)之心乃是指用而言者,《孟子》所谓"仁人心也"之心乃是指体而言而用在其中者,而《孟子》之"求放心"之心乃是指体而言者(据见罗所说,《孟子》之"求放心"乃是求仁,故而其以阳明为之转一语而解曰"求仁而已矣"为甚好——参照《明儒学案》卷三十一《止修学案·道性善编》)。

学案》卷三十一《止修学案·知本同参·敬学录》)。见罗论述说"信得性，而后学有归宿。若以为道情善，直于情上归宗，则有恻隐者，亦容有不恻隐者矣，有羞恶者，亦容有不羞恶者矣。善不善杂出，教人如何驻脚"的主旨亦在于此(《明儒学案》卷三十一《止修学案·道性善编》)。① 从这一立场出发，见罗对阳明的致良知说进行了尖锐的批判。即良知乃是孟子所谓恻隐之心，故而不过是四端之一。其乃是性体之所发，"电光石火，一过即化"，故而不可能涵盖其他之心。因为四端分别乃是性之所发，前念后念不相照应，各自发自性上而自身充足。然而致良知却欲只扩充一恻隐之心而涵盖其他之心。盖良知发自性体，故而不需扩充。孟子之所谓扩充并非这样的心上的工夫，而是性体上的工夫(《明儒学案》卷三十一《止修学案·知本同参·崇闻录》)。对此，黄宗羲评论说见罗之说分析之甚过于先贤(程朱等)，结果分析不可分析之有无，而与释氏所谓"语言道断，父母未生前"之性说相通(参照《明儒学案》卷三十一《止修学案·李见罗传》)。不过见罗并非否定知用之工夫，而是以在其中求性命之根的做法为非(此乃见罗之所以云"固未尝不用知，然却不在知上落脚，故曰摄知归止"② ——《明儒学案》卷三十一《止修学案·知本同参·天中习课》)。亦即在见罗看来，阳明之致良知亦需归宗于性善之体，始能发挥其作为先天德行的绝对价值，若不如此而只说良知，则是以知觉为体，其结果会陷于流荡无归、肆情自恣。见罗断言"不急辨体，要在明宗"(《正学堂稿》卷五《答杨振甫书》，卷三十九《答曾敦吾书》及其他)的理由便在于此。明宗乃是所谓"摄知归性"，即不外是排除外观之漏泄而以内观之遍满为要的工夫、收摄知之外致而使其止于内的工夫(参照《正学堂稿》卷二十八《书问节语》，卷七《答朱友大学辨疑》)。见罗云心乃是灵明之活物，无法把捉，故而灵

---

① 见罗认为《孟子》之"达"亦并非只就四端、即心用而言者。

② 见罗认为晦庵以知为识知，而阳明则以之为良，故而虽同为知而其间自有差别，不过在以知用为旨这一点上两者相同(参照《正学堂稿》卷十四《答陈抑之书》)。

明之上工夫难以下手，而唯有止于其发源之处而对此加以存养。（参照《明儒学案》卷三十一《止修学案·知本同参·天中习课》）。由此可见罗以朱王以《大学》之"格致"为学之宗趣的做法为非，云"要将知归于止，不是直以止归于知"（《正学堂稿》卷九《答刘质庵书》，卷三《答潘士让书》），而高举"摄知归止"（《正学堂稿》卷十九《答曾惇吾书》，卷十五《答朱汝恒书》，卷二十八《书问节语》）之语（据见罗所说，晦庵之致知乃是以识为知，故而使心如所谓"游骑无所归"①般外驰，阳明之致良知乃是落根于觉照之上，故而"往而不知反"，两者均是任知用——参照《正学堂稿》卷十五《答陈抑之书》，卷十《答陈兰台书》）。

　　见罗所说的摄性归止虽是返本还元、复命归根的工夫而与老子的复归相似，但不同于老子的复归乃是入于玄虚无用，见罗之摄性归止中有致用。即其虽欲遵从《乐记》之先天静体而径直尽性至命，但其目的在于经论裁制，故而又"将性命经纶，打成一片"②（《正学堂稿》卷十一《答池明洲书》），因而乃是"点体就用"③（《正学堂稿》卷二《舜往于田章答卢贞甫问》）之物。据见罗所说，此乃中庸之"微隐见显"之主旨。即其曾云"至体用虽一原，归宿者必于体不于用；显微无间，然落根者，必于微不自显"④（《正学堂稿》卷二《舜往于田章答卢贞甫问》）。故归止虽类似于良知归寂派的"立体达用"，但相对于归寂派主静，归止乃是主动的。⑤ 如同后述，见罗否定静处之工夫。其曾云"宋儒之病，病在守经常而憎达变"

179

---

　　① 按：译者在二篇中未查得此语，此语见于万历刻本《见罗先生书》卷七《书问·答刘维新》。——译者注
　　② 按：译者未查得此语。——译者注
　　③ 按：译者未查得此语。——译者注
　　④ 按：译者未查得此语。——译者注
　　⑤ 在归寂派中，亦有像是被日本的楠本端山评为"刀刀见血"（《端山先生遗书·学习录》）的罗念庵之静那样，其中有着生命的跳动和血液的滴淌、故而能让人感受到王学之动之精神的萌芽者。这当是因为念庵之静在其看来乃是超越时间之静，不过其仍可以说是主静的。见罗亦以《乐记》之静体以及周子之主静为旨，而其静亦被认为是超越时间者，这自不待言。不过见罗与归寂派不同，否定主静而重视动处之工夫。这一点从后述的"修身说"亦自能得到理解。

（《正学堂稿》卷二《舜往于田章答卢贞甫问》）。见罗虽以性为宗，但据此看来，其学比起宋儒之依理静的立场，要更接近于陆王学的生命的跳动。

见罗以归止为"学之始事也，当下落根立命处也"（《正学堂稿》卷一《东岳会书温陵士友》），以此为"灵丹一粒，直将点铁成金"（《正学堂稿》卷二十二《答吴有恒书》）之手段，而云"若不于此悟入，不但违中而发者，势将灭天理而穷人欲，即循中而发者，亦如电光石火，时见时隐，无处讨收拾矣。知上不可盘桓语最有力，总之就用边觅、流上择，恐明得知来，遗却了止，而将至善飏至九霄外也，弊最深切也"（《正学堂稿》卷二十二《答吴有恒书》）。如此以知止为当下之悟入，则其看起来类似于良知现成派之"无翼而飞、无足而至、不由积累而成"（《王龙溪先生全书》卷一《抚州拟岘台会语》）、所谓悬崖撒手之顿悟，但见罗之止法乃是得主意而统工夫（参照《正学堂稿》卷七《答朱友大学辨疑》），故其与以当下为现成、有着立于本体而超越工夫倾向的现成派的立场不同，其中有着主意与工夫、顿悟与渐修、本体与工夫的相互融合。故而见罗只以悟为入门之道，而并不像现成派那样终始于悟而坚持一了百当、本体即工夫。[1]

概括来说，见罗之学看起来像是经由朱子学而扬弃了陆王学。从见罗如前述的那样敏锐地辨析心性的动机来说，其学像是遵从晦庵之性即理的精神，但这乃是出于要求学之浑一、欲救学之支离的意图（见罗认为本体与工夫须同时而至，便体现了这一意图之一端[2]），故而情况有所不同。见罗虽然排斥阳明之心知、陈白沙之主静，但又承认阳明之致良知救支离之弊、陈白沙之致虚立本救精神之外骛的功绩（参照《正学堂稿》卷三十五

---

[1] 见罗以知止为悟入、入道之门，而不以之为究毕之物、即万事以之而了者（参照《正学堂稿》卷二十八《书问节语》）。故而其云"大率论功夫，则断然是有次第，而谓宗趣，则直下要得落根，此又学之紧关处也"（《正学堂稿》卷八《答王辰卿书》），在另一方面又论述了工夫次第之要。

[2] 见罗虽与王学一样以本体与工夫之浑一为旨，但并不如王学那样彻底，故其"摄知归止"被王学一派之人评为落于二见（参照《正学堂稿》卷七《答朱友大学辨疑》）。

《两京督学侍御养贞詹公墓表》）。从这一点来说，见罗与其说是朱子学者，给人的感觉更是王门别派。故而黄宗羲评价见罗学派云"其以救良知之弊，则亦王门之孝子也"（《明儒学案》卷三十一《止修学案序》），耿天台评价见罗云"其发文成所欲发，于斯学大有裨补"云云，亦未必是失当之论。见罗最初师事正统派的邹东廓，提倡以知觉为性体之说，后来确立起自己的学说（止修说），如上述的那样排斥心之立场而采取依于性的立场，由此而对王学之致良知说加以批判，但我们仍可以认为其有着陆王学的倾向。盖其之所以注目于性，很难说与其师东廓的思想完全无缘。东廓在论说良知之际，虽在根本上不离心之立场，但有着重视性的倾向，为此其亦承认周程张朱及以下的明代朱子学者薛文清、吴康斋、湛甘泉等人的立场，而又欲以此救现成派之肆情、归寂派之沉空。东廓之所以认为被阳明说成是蛇足的敬不可或缺，亦是出于重视性的立场。而见罗之所以如后述的那样论说敬之要，亦不可不考虑到东廓的影响。① 此外，见罗的思想之所以与明道的思想有着很深的关联（参照后述），亦不能断言与东廓私淑明道没有关系。

　　见罗虽提出归性归止或是知止而论说明宗之要，但并非认为不需用功致用。据见罗所说，此乃所以尽性体之条理分量，无此则会成为佛氏之空性，而难为经世之性学。其认为《大学》论格致诚正、均平治齐以及明德亲民的原因亦在于此。只是若不以前者为学之始事、学之本领，则用功亦失却命脉、落根于末节而支离决裂，终于商贾之技、曲艺之事，而致用亦会失却宗趣，汩没于应物而坠于功利霸功，儒教之性命经纶浑一之纯粹的

---

　　① 例如东廓云"德性是天命之性。性字从心从生，这心之生理精明真纯，是发育万物、峻极于天的根本。戒慎恐惧，养此生理"（《邹东廓文集》卷二《龙华会语》）。东廓虽遵从心（良知）之立场，但另一方面又有考虑到性之伦理性、客观性之严存的一面。尽管阳明认为若依从良知则程朱所谓敬不足论，而以敬为蛇足，但东廓仍然论述了作为反省工夫的敬（或戒惧）之要，这当是出于重视性的倾向。不过他所说的敬乃是"敬也者良知之精明，而不杂以尘俗也"（《邹东廓文集》卷四《简胡鹿崖巨卿》），因而其与朱子学所说的敬不同，乃是本体工夫。

伦理立场亦会丧失（参照《正学堂稿》卷十七《答姚国初书》，卷九《答刘质庵书》，卷二十五《答蒋德夫书》，卷十九《答徐时举书》，卷九《答刘德易书》）。此乃与历来的《大学》论相异之处。故而其云"由旧说，则要紧全在格致，而知止甚轻。由今说，则立命归宗，全在一止"（《明儒学案》卷三十一《止修学案·大学约言》①）。见罗认为前者之于后者正如握飘荡在浪中之舟的舵柄、御奔驰于峻坂之马的衔辔（《正学堂稿》卷十九《答徐时举书》），后者之于前者则如"纲在纲，一切有条而不紊"（《正学堂稿》卷九《答刘德易书》）。自宋以来被作为学之本领基本的《大学》之格致诚正亦由《大学》之所谓"止于至善"、亦即止法而得其主意统会，心意知物可各自止于其处，其工夫亦可免于破绽（参照《正学堂稿》卷三《答周公亨书》），这便是见罗为何会认为知止而格致始有"觌体"之功（参照《正学堂稿》卷二十八《书问节语》）。故而其云"若无知止这一步，真所谓无主意的文章，正诚格致，将一切涣而无统矣"（《明儒学案》卷三十一《止修学案·大学约言》）、"未尝不是逐事逐件着功，而运量精神，只是常在一处；未尝不是要得检束此身，俾无败缺，而主脑皈依，只是收拾一副当精神，使其返本还元，无有渗漏。此其所以为尽性之学"（《明儒学案》卷三十一《止修学案·大学约言》）。《大学》之明德亲民若不依止法，亦会两归偏驳（参照《正学堂稿》卷一《东岳会书温陵士友》）。若依止法，则明伦即道德行为会成为孟子所谓"由仁义行，非行仁义"，摆脱袭取人为而由性命之自然得以遂行（参照《正学堂稿》卷三《答舒梦滩书》），而知用亦真。故而见罗着重论说"从止发虑"，以此为孔曾之学的正法眼藏（参照《正学堂稿》卷十九《答曾惇吾书》）。见罗亦径以穷理为尽性至命，标举明道之"穷理尽性，以至于命，一物也""穷理尽性至命，三句一时了""只穷得

①　按：译者在《明儒学案》中未查得此语，此语见于《见罗先生书》卷十二《书问·答董蓉山》。——译者注

理，即性命亦可了"之语，而论说穷理尽性至命之一贯（参照《正学堂稿》卷十一《答池明洲书》。此种浑一的想法与陆王学相通。见罗认为《易》之穷理不是事物上的工夫而是尽性的工夫，《尚书》之惟精乃是唯一的工夫，《论语》之博文不是求礼于文的工夫而是约礼的工夫，《中庸》之道问学乃是以德性为学、故而是尊德性的工夫，若非如此则主意不定，一切工夫均会随之而转、失其统纪——参照《明儒学案》卷三十一《止修学案·知本同参·明宗录》。这与象山之云"既不知尊德性，焉有所谓道问学"——《象山先生全集》卷三十四《语录》、阳明之云"精是一之功，博是约之功"——《传习录》卷上——相近）。

见罗阐明止法云"盖自条理言，虽有经纶括综功夫，而自归宿言，则直是半点精神，无容他有渗漏"，此乃孟子所谓"万物皆备于我矣，反身而诚，乐莫大焉"之意。在见罗看来，若如此步步归根，则能事事会通，经纶之大业亦会"一切行其所无事矣"（参照《正学堂稿》卷三十九《答黄仲翥书》）。上述的见罗思想与明道的浑一、全体性的思想多有相通之处。故而见罗云"区区之意，窃有深契于大程"（《正学堂稿》卷十一《答管东溟书》）而深切私淑于明道，亦并非没有理由。不过明道的思想有超然的一面，其中的生命的跳动亦是静的且有浑厚之处，而见罗因为经由了阳明学，且亦是因为其性格人品，其思想中的生命的跳动亦是动的、有直率的一面。

见罗之所以如以上所述要求立体或是立命工夫，乃是如其所云"往学弊，弊高虚；今学弊，弊汗漫"（《正学堂稿》卷四十《与鳌溪会友书》），为救当时的放肆无宰之弊。而以经世为学之目的者不可堕于无或是涉于有无二见，故而其云"经世之学，有何奇特，只直下透性命之根，不堕在两边之解"（《正学堂稿》卷十四《答陈抑之书》），认为须直下透悟性命。这其中与以驰于标末之盛而支离慌忙为非、认为应当遵从虽然细微但却发自源泉的涓涓之流的象山，以及不离日用常行内、直造先天未画前的阳明，也就是以心为宗的陆王学的精神难道没有相通之处吗？很难说以上的见罗

183

之语没有保留经由王学的痕迹。在见罗看来，程伊川所说的"今日格一件，明日又格一件"那样的、即事物之末而加以积累之功的格致乃是陷入支离（参照《正学堂稿》卷三《答周公亨书》），而像伊川等人那样认为不分析性体则不能见条理、以具体分疏心意知物而做格致工夫为安身立命之基及学之始事的做法最终会反覆牿亡于知物之交际而不得"止"，故而无法悟得性命之为何物（参照《正学堂稿》卷十九《答徐时举书》）。《大学》之中"止于至善"是学之本，格致诚正、均平治齐则是末。以格致为学之本的程朱（阳明亦是如此）不明《大学》之本末始终之别而使其颠倒错乱。故而见罗认为其不知《大学》所谓"知本"之真意，而提出"止于至善，人知其为末后之事，谁知其为始事"（《正学堂稿》卷五《答杨振甫书》，卷三十五《答邹南皋书》）作为己学之三纲领①之一（见罗以程朱之格物或诚正为知用或是心用而以之为非，对于程朱之存理去欲，亦同样云若在心上用工夫则无法达到先天之真体——参照《明儒学案》卷三十一《止修学案·知本同参·崇行录》）。在见罗看来，所谓格致诚正"不过就其中缺漏处检照提撕，使之常归于止耳"（《明儒学案》卷三十一《止修学案·大学约言》），故而只不过是次要的工夫。这是与朱子学甚为相隔之处。故而其被以《大学》之格致诚正（《中庸》中则是明善）为学之始事、下手之处的朱子学派的学者评为"含糊疑似于隐微之地""气禀物欲，拘蔽万端，皆缘知之不至也""第恐徒长学者躐等顿悟之心，益滋茫昧空虚之弊""堕于玄虚""无着落"等，亦即失却性之纯粹客观或实然性，而朝向主观驳杂、空虚支离（参照《明儒学案》卷三十一《止修学案·李见罗传》；《正学堂稿》卷十九《答刘

---

① 三纲领如下：

（一）修身为本，人知其为经世之宗，谁知其为性宗；

（二）止于至善，人知其为末后之事，谁知其为始事；

（三）止善本身，人知其为两句话头，孰知其为一条脉线。

（《正学堂稿》卷五《答杨振甫书》，卷十六《答邹南皋书》）

质庵书》;《敬和堂集》卷四《答苕中诸友》)。

若认性体之至善不真而欲径直到达之,则止亦不为禅定则必为把捉、意见、揣摩、玩弄光景(参照《正学堂稿》卷十九《答曾惇吾书》,卷六《答贺志文书》)。故而见罗认为至善是立命之枢,"原是契性命之宗"(《明儒学案》卷三十一《止修学案·大学约言》)。据见罗所说,对性体至善的体认即是《大学》所谓"知本"。故而知本两字诚为灵丹。由此则从重宗趣命脉的立场出发不得不云"知止诚要矣,知本更急也"(《正学堂稿》卷十四《答陈抑之书》①)。这是因为在其看来知本是归宗,知止是入窍(参照《正学堂稿》卷二十《答李榕崖书》)。性体之善本是虚名,而非实理。不过其属性,故而从形象上来说乃是无,从实体上来说乃是有,"真有事事物物,处之各当其所,而太虚中湛然其常寂也"(《正学堂稿》卷十《答何若虚书》),诚为有而无的绝对无、程子所谓"大公顺应"之自然体,如其所云"止善之善,亦不专主流行,而随感而应之善,自存其中"(《正学堂稿》卷十《答何若虚书》),乃是不离流行之善而又超越、包含流行之善的作为归宿之体。故而体用可以说是浑然为一。因此在见罗看来,若认为区分有与无、动与静而并用两边工夫而可到达性体之至善,则反而是加上了一个意思人为,而违背了其自然性(参照《正学堂稿》卷十《答何若虚书》)。见罗尤其亦区分工夫中的动静为非。这是因为其认为如此会即事着相或避事着空,产生以性命与经纶为两截的流弊(参照《正学堂稿》卷十七《答王兴伟书》)。追求此两者的浑一即是见罗之学的要点。据见罗所说,性体乃是超越动静之时之物。故而若分论动静,则大率依境,终至以心为性,为此会使性之宗趣产生差讹。故而其云"欲从动边觅,既自朝至暮,无有未发之期;欲向静边觅,乃直以简事断缘指作天命之体。宗趣一讹,当地

185

---

① 按:译者在《正学堂稿》中未查得此语,此语见于万历刻本《见罗先生书》卷九《书问·答李汝潜》。——译者注

千里，本心为主，直混禅宗，且冒然自以为性之见也，此其所以舛也"（《正学堂稿》卷十一《答顾泾阳书》）。以上的见罗之说被清初的吕晚村视作是陷于禅狂，而受到其激烈批判。这是因为在晚村看来，见罗所谓的至善乃是离却"明新事理"的、只是笼统地在应事上而讲、随处而求者，故而其只不过是以一段之清虚为至善，在止之前已陷至善于悬空（参照《天盖楼四书语录》卷一）。

以动静二分为非的见罗为何要像上述的那样归宗于《乐记》之静，又认为周子《太极图说》之主静契合《乐记》之旨呢（参照《正学堂稿》卷八《与杨荆严书》）？[①] 盖相对于心来说，则不得不云性乃是静。不过因其属性，故而必须与时之静区别开来。因此见罗在论说静时亦将体与静明确区分开来加以思考（参照《明儒学案》卷三十一《止修学案·知本同参·证学记》）。如此则"摄知归性"或是"摄知归止"之工夫若求之于时之静，亦违背见罗辨析心性、高言性宗之主旨。即如前所述，见罗之所以提出性宗之旨，乃是为了救正经纶宰物无法维持纯粹、客观的伦理性而陷于主观功利之弊，故而作为进行工夫的止法若成为沉静入寂，则反而会违反这一主旨意图。故而见罗认为即便有人因止法而陷入空寂，亦非止法自身之罪（参照《正学堂稿》卷九《答刘质庵书》）。

基于以上之论，见罗认为止法其实是动处之工夫（参照后述），对于《中庸》之"喜怒哀乐之未发"，亦认为不可将其视作心而以其为时之静，而是以其为性之体，并从这一点出发以晦庵的未发即性之说为是，以李延平、陈白沙之未发主静说为非（参照《正学堂稿》卷八《与杨荆严书》，卷十四《答陈抑之书》，卷十九《答曾惇吾书》）。故而新朱子学者、东林之顾泾阳亦指出其学倾于静这一点，并加以告诫（参照《正学堂稿》卷十一

---

　　① 见罗以二分工夫之动静为非而论说动处之要，这与象山有相通之处。不过象山以动之心为学之本，故而其与见罗不同，认为《乐记》之静说乃是本于老氏，而不承认此说（参照《象山先生全集》卷三十四《语录》）。

《答顾泾阳书》①。据以上所论，则见罗之遵从性宗的立体达用之论亦与归寂派之立体达用论有趣旨不同之处，而见罗之性宗说亦可以说与充满静之面貌的晦庵之性说有一线之隔（据见罗所说，不管是知本、知止还是后述的修身均是性宗工夫，由此则不言内外而有内外合一之体，不言动静而有动静合一之妙，故而不会陷入异端——参照《明儒学案》卷三十一《止修学案·知本同参·井天萃测》。而若以主静工夫为非这一点来说，亦可以认为需要动处工夫）。②

关于涵养与省察，见罗亦与动静同样，以将其分为两项的做法为非。故其云两者"并在一时"，由此可得立体达用之妙结，体用一源之微旨（参照《正学堂稿》卷四《答邱士蓋书》）。从这一立场出发，见罗对于所谓

> 向来讲论思索，直以心为已发，而所论致知格物，亦以察识端倪为初下手处，以故缺却平日涵养一段功夫。其日用意趣，常偏于动，无复深潜纯一之味，而其发之言语事为之间，亦常躁迫浮露，无古圣贤气象，由所见之偏而然尔。（《朱子文集》卷六十七《已发未发说》）

之晦庵悔悟之说，认为这是禁制涵养于事前而寻宁帖、以省察为事后功夫，乃是涵养省察二分论（参照《正学堂稿》卷四《答邱士蓋书》），而加以批

---

① 从晦庵之已发未发说（《朱子文集》卷六十七）来看，并不容易做出晦庵以未发为性的见解，不过著者还是认为可以这么说。

此外，见罗认为未发即中、即体，而晦庵则并不径直以中为体。而这不外乎是为了保持性之严正。对此，见罗认为晦庵只云未发之中乃是无过不及之意、而不将其论断为体的做法有误（参照《正学堂稿》卷十九《答曾惇吾书》）。这是因为在见罗看来，若依晦庵之说，则会产生在心之动静上理解未发的倾向，有使得心性之辨暧昧不清之虞。见罗认为历来在心之动静上求未发的做法亦是导致将《中庸》的"不睹不闻"与"显见"分为动静这一谬误的原因。在其看来，"不睹不闻"乃是天命之性，若落根于此，则不会陷于动静两端之境界、即二乘之解（参照《正学堂稿》卷十四《答陈抑之书》）。

② 若要明朱陆或朱王之别，则不得不承认性与心、静与动之别。将晦庵说理说性的做法与陆王以心为本论说理性的做法相比较，则尚可云晦庵之说乃是静的（不过晦庵对周子以下的主静派持批判态度）。

判云"昔贤缺却平日一段涵养工夫，至于临事扰扰，以为赘却平日两字，将动与静作两个境界，而将涵养与省察作两项工夫，是静则有中，而动则无中矣，而可乎?"(《正学堂稿》卷十五《答刘淳寰书》)见罗之所以涵养省察为一事之工夫，是因为其认为两者均应不坠于动静之上而径直归宗于性。对于白沙之"静中养出端倪"之说，见罗云此与孟子之自端倪察识扩充性善、亦即归宗于性之旨相异（参照《正学堂稿》卷十四《答罗惟信书》）。① 据见罗所说，所谓察识并非专止于知发用流行之善、亦即性体之端倪的工夫，而其实是以此辨别其归宗之处的工夫，故而必须是归宗之工夫。若非如此，则会招致毫厘千里之讹，即其所论"善，体也，所谓不睹不闻、未发之中也；所露之端倪，如恻隐、羞恶、辞让、是非，则所谓已发也、用也。于此而察识之云云，却要有分晓。察识者要于此辨别，而知所归宗，不专于此剂量，而求其事理有协。毫发之讹，却有千里之判"(《正学堂稿》卷三十八《答庄君任书》)。

据此，则在见罗看来，晦庵以格物致知为学之宗的做法不过是对已发发用之末节的辨别。这当是象山所谓"见夫标末之盛者，便自荒忙"(《象山先生全集》卷三十四《语录》)。见罗所说的察识乃是如上述那样的、不离发用流行且又超越发用流行的归宗工夫，如此则可以说其亦是涵养。正因涵养与省察乃是浑一之物，故而其便是穷理、便是至命。这便是见罗云"直将涵养省察工夫一道做了，则真是穷理奥功，至命径诀"(《正学堂稿》卷二十一《答黄君正书》)的原因。这与追求居敬与穷理之浑一工夫的明道的立场应有类似之处。

见罗如上述那样排斥二分工夫之动静的做法，而其尤其排斥主静工夫。盖见罗之所以论说明宗和归性归止，不外皆是因为以知用之空疏为非、而

---

① 据见罗所说，孟子之扩充四端说有赖于性善之察识。即其乃是归宗于性者，而并非只是心之扩充、以心为宗者。见罗对孟子的"达"也进行了同样的理解。若以孟子之扩充说为就心而言，则见罗所论述的其实是不扩充（参照《正学堂稿》卷十四《答洪君谐书》）。

欲径得经纶宰物之实用，故而其工夫亦必须是随处随时得归宿者。故而其曾云"千虚不博一实，参也何以鲁得，只为一实有余"（《正学堂稿》卷四十《答庄芹甫书》）而论说实学之要。象山与见罗之学宗虽有心性之别，但上述之言当与象山重视实学的立场相通（"千虚不博一实"乃是象山之语——《象山先生全集》卷三十四《语录》）。

见罗之止法乃是"步步归根"、不离日用人伦而直至于命者，即日用履上的实地体勘（参照《正学堂稿》卷十七《答王兴伟书》，卷十九《答徐时举书》）。而其提出明道之"自家体贴"之语亦并非没有理由（参照《正学堂稿》卷三十《书问节语》）。其中亦有与湛甘泉的"随处体认天理"相似之处。不过，明道、甘泉的体认中有着静湛的面影，而见罗的工夫则不无类似于阳明所谓的"不离日用常行内，直造先天未画前"（《王文成公全书》卷二十《别诸生诗句》）之生动而简明直截的悟入的一面。此外，见罗之止无动静之别，故而近似于明道的"识仁"。见罗曾这样说明止法：

> 知止一法，盖孔门定性之枢，亦括综经世之窍，故直从扰扰纷纷中讨出欛柄消息，若为即事即物，而实则从中悟入。（《正学堂稿》卷十七《答王兴伟书》）

> 经世之学，错综于人伦事物之交，牵掣于声色货利之取，若不在宗上讨得明的，于攘攘纷纷中，直下知所归宿，则真所谓天下国家可均也，爵禄可辞也，白刃可蹈也，莫大经纶节概，凭其意气所激，亦可勉而能之。（《正学堂稿》卷八《答蔡以高书》）

> 经世之学，有何奇特？只直下透性命之根。（《正学堂稿》卷十四《答陈抑之书》）

将甘泉之工夫与上述的见罗之工夫相比，则其在阳明所谓"根究下落"、即落命之处稍有欠缺，两者之间不免"微有直截迂曲之差"①。此外见罗之止法以性为宗，故相对于阳明讲致良知、以心为宗而提出修即悟（工夫即本体），其立场乃是悟即修（本体即工夫），在悟修（本体工夫）一体这一点上并不如阳明那样彻底，故而若将见罗之止法与阳明之致良知相比，则可以说亦微有直截迂曲之差。故而其止法并非不能说在于王湛之间。这是因为见罗之止法乃是工夫中的主意（参照后述）。②若在日用人伦上步步归根，则如其所云"即决排疏凿，莫大之经纶，亦一切行其所无事矣"（《正学堂稿》卷三十九《答黄仲蕴书》），经纶之大业亦有事而无事，动而静，一切都为超越人为的自然之力所裁制。这种伦理观、自然观与明道类似，③不过征之见罗答蔡以高之书信中之语（《正学堂稿》卷八《答蔡以高书》）亦可明白，其中的气象比起所谓"万物静观皆自得""静后见万物皆有春意"之明道之静湛之风，更类似于孟子之激发。④若从以上所述的止法的立场来看，则在事事物物上求理当的朱子学式的工夫不免有隔靴抓痒之感（参照《正学堂稿》卷二十八《书问节语》）。

此前已屡次提到见罗之所以论述明宗、知止，乃是因为其欲到达性命经纶的浑一之处。而为此则需要上植根于性命、下为经纶之统纽的切实工夫。见罗认为《大学》所谓的"修身"即相当于此。依见罗所说，修身乃是知止归性的最为亲切笃实之处，而亦是格致诚正、均平治齐的统会枢纽之处。其所谓的"于纷纷扰扰中知归宿"的工夫其实不外乎是修身。若不以修身为本，则"止于至善"之工夫最终亦会漫躐高虚（参照《正学堂稿》

① 此语乃是阳明将自己的致良知与甘泉之随处体认进行比较时所述（参照《王文成公全书》卷六《与毛古庵宪副》）。

② 如同后述，见罗以"知本"为悟。从这一立场而言，"止"亦是工夫。由此见罗认为在工夫之中而得其主意者为"止"。

③ 需注意见罗在《与赵慭凝》（《正学堂稿》卷二十七《书问节语》）中引用了明道"百万金革，其中常无一事"之语。

④ 其中的原因或许是能够与作为激情家而为当时的众多识者所忌惮的李卓吾拥有交情的见罗的性格，又或是当时主情的社会风潮。

卷三十九《答曾敦吾书》）。故而其云"归性摄知无他好，即此修身"（《正学堂稿》卷八《答朱汝恒书》①）。性善之体盖为所谓无声无臭、即形而上者，故而可以说其若无归宿则不得为实理。在见罗看来，修身之身乃是其归宿之处，即最为笃切之处。高忠宪所说的"盖以善无声臭点到身上，便有着落"（《高子遗书》卷八上《与顾泾阳论知本》）亦是见罗的看法。故而其云"修身为本，朴实头性宗"（《正学堂稿》卷十四《答坝孙问》）。

如此，则前述的性之条理分量其实亦是身之条理分量，即心意知物乃是身之全体，家国天下亦非身外。故而见罗又云"由吾身而内析之，为心意知物，由吾身而外列之，为家国天下，盖全体一仁也"（《正学堂稿》卷三十三《兴仁堂记》）。这样的身又"通乎天地万物，直与上下同流，而通体浑然，一至善矣"（《明儒学案》卷三十一《止修学案·大学约言》）。故而其"浩然一身"（《明儒学案》卷三十一《止修学案·大学约言》），又如所谓"本一也，为君在君，为臣在臣，为父在父，为子在子，与国人交在国人，若是其无定方也。然为君为臣此身，为父为子此身，与国人交此身，实非有二身也，何尝无定分乎"（《明儒学案》卷三十一《止修学案·知本同参·兴古疑问》），乃是无定方者。而其又是如明道所云之天地万物一体之仁体。故而其云"天地人物，原是一个主脑生来，原是一体而分，故曰天地人物皆己也。人己如何分析得？是故立不独立，与人俱立，达不独达，与人皆达，视人犹己，视己犹人，浑然一个仁体，程子所谓认得为己，何所不至是也"（《明儒学案》卷三十一《止修学案·知本同参·崇闻录》）。

见罗以身为扩大至天地万物的存在，由此而与明道、阳明同样在其中看到了万物一体之道。不过据见罗所说，此身乃是《大学》所谓至善之体，故诚可谓是有深旨之存在。故而身亦可谓是至善，可谓是"知本"之本

---

① 按：译者在同篇中未查得此语，而同书卷十六《答郭青螺书》中有与此类似的"归性摄知无他巧妙，而此修身为本者"之语。——译者注

（参照《明儒学案》卷三十一《止修学案·大学约言》）。若离此身而求至善、求本，则必然会成为陷空。故而见罗不以身上之工夫、即修身为历来之随事点检之工夫，盖亦属当然（参照《正学堂稿》卷十四《答洪君谐书》）。像这样以身为扩充至家国天下及万物之存在后，则均平治齐亦成为吾分内之事。不过若以为家国天下乃是吾身之分量，舍此则无吾身，而将工夫之重点置于均平治齐，则将会颠倒本末始终而将来支离荒忙（参照《正学堂稿》卷十四《答陈抑之书》）。故而经事宰物中亦必须有本末终始、即先后之别·（参照《明儒学案》卷三十一《止修学案·大学约言》）。而修身与格物、致知、诚意、正心的关系亦是同样。归结起来，对见罗来说，格致诚正、均平治齐不过是防修身之欠漏而补足其分量。不过，见罗并非认为可舍去格致诚正、均平治齐，而是将其看作次要的东西，而将重点置于修身。[①] 即若以修身为本，则格致诚正得其管归，均平治齐亦得其指归（参照《明儒学案》卷三十一《止修学案·大学约言》；《正学堂稿》卷一《东岳会书温陵士友》）。

身乃是至善性体之着落之处。故而均平治齐若只为一事而不本诸身，则会失去其客观性而成为五霸之功利；格致诚正若只为一念而不本诸身，则会失其所以为实理而陷入佛老之玄虚（参照《明儒学案》卷三十一《止修学案·大学约言》；《正学堂稿》卷二十一《答吴学淳书》）。若以《大学》来说，"明德而不本此，即涉玄虚；亲民而不本此，即流功利"（《正学堂稿》卷十三《答林学博书》）。故而修身才是外不弛于家国天下、内不依于心意知物，且所以"性命经纶打成一片""一以贯之"之秘诀。故而见罗以

---

① 若身为心意知物之全体，则格致诚正乃是修之全功。此外，若家国天下为身之分量，则均平治齐为满其分量之工夫。从这一点来说，若不以格致诚正严其功，不以均平治齐满其量，则修之工夫亦不得全。不过见罗将主眼置于不离这些工夫而把握其命脉。故而其云"只一个修字内，包括了无量妙义"（参照《正学堂稿》卷三《答舒梦滩书》，卷十九《答徐时举书》，卷二十《答李榕崖书》等）。

修身为"经世之枢，而又彻底透性命之窾矣"（《正学堂稿》卷十六《答郭青螺书》）。其虽至近至浅，但却不仅是均平治齐、格致诚正之管归之处，且亦是所以入于至善之妙、无声无臭（参照《正学堂稿》卷十六《答郭青螺书》，卷三十九《答黄夫美书》，卷十一《答池明洲书》）。这便是见罗以此为"合下之工夫，即是到底的学问"的原因（参照《正学堂稿》卷二十《答洪子禹书》）。如能悟到修身之为本，则真能无而有，即性体在我，且经世之业真如盘上走珠、到处圆成，即随我之自在。见罗认为延平之所以云"宰天宰地，宰人宰物，运转枢机，皆是于我"，亦是要表明此意（参照《明儒学案》卷三十一《止修学案·大学约言》）。这与象山所云"宇宙内事，乃己分内事；己分内事，乃宇宙内事"（《象山先生全集》卷三十三《象山先生行状》，卷三十六《年谱》）以及其论说"我"的思想类似。不过在象山那里，如其所云"宇宙便是吾心，吾心便是宇宙"（《象山先生全集》卷三十六《年谱》），其中心乃是心，且是具体的、如所谓"某平日与兄说话，从天而下，从肝肺中流出，是自家有底物事，何常硬把捉"（《象山先生全集》卷三十五《语录》）那样活泼泼的快活的心。虽然其中并非没有如其门人傅子渊之"擒龙打凤手"（《宋元学案》卷七十七《槐堂诸儒学案》）以及所谓"扬眉瞬目之机"（《张南轩文集》卷二十四《答朱元晦》）者[①]，但见罗以性宗为旨，故而其我行、我心中亦有反省、谨慎的一面（参照后述）。此外依见罗所说，在动静问题上，若同样以修身为本，则可不论动静而自能解决。这是因为在其看来，身乃善之体，故修身乃是超越时之动静而归于性宗之工夫。

若求至善之本于身外、求止于修外，则两者自必会成为"虚縻玄解"、即悬空。故而见罗认为须知"修身为本"，方可得《大学》之"知止""知

---

① 《象山先生全集》卷三十五《语录》中有以下一文："某方侍坐，先生遽起，某亦起。先生曰：'还用安排否？'"由此可知象山有着禅宗式的机锋。陈清澜曾举出此类例子，以论证陆学之为禅（参照《学蔀通辨》前编中、后编下）。

本""知之至"(《明儒学案》卷三十一《止修学案·大学约言》)。此处重要的是，在见罗看来，修身不只是"本"之工夫，其本身便是"本"。故而在见罗那里，《大学》之"知本"之本与"修身为本"之本乃是同一物。故而其不仅以"修身为本"之本或是"其本乱而末治者否矣"之本为均平治齐之本，且亦径直以其为《中庸》之"中者天下之大本"之本。[①] 其结果是见罗不像历来那样以格致诚正为修身之本，而是反过来以修身为格致诚正之本。故而其以修身为性宗，而云"修身为本，人知其经世之宗，谁知其为性宗"(参照第 184 页注释①)，又云语孟六经皆是《大学》之注脚，而一部《大学》乃是"修身为本"的注脚(《正学堂稿》卷二十一《答何友书》)。这比起提倡读书穷理的朱子学，要更接近于提出六经皆是吾心之注脚的陆学。此外，从归宗于性体这一点来说，见罗之学虽然并非不论虚寂，但因其只以修身为本，故而一切皆为实体(参照《明儒学案》卷三十一《止修学案·知本同参·井天萃测》)。而格物致知亦因此而一切皆为实功(参照《明儒学案》卷三十一《止修学案·知本同参·井天萃测》)。故而可以说修身乃是学之大本。对于此种见罗之修身说，有人责难说其颠倒《大学》之本末，有人批评说其主张太过，[②] 但亦有人云其发明阳明之主旨、于斯学大有裨补(参照《耿天台先生全书》卷四《与涂黄冈书》)，以及高度评价其实地之功有功于救王学末流之知见、朱子学亚流之支离之弊(参照《敬和堂集》卷一《答李见罗年兄》《观我堂摘稿序》)。

---

① 故其又"每谓修身为本之学，允执厥中之学也"(《明儒学案》卷三十一《止修学案·大学约言》)。

② 即黄宗羲曾云《大学》中天下国家之本为修身，修身之本为格致，而见罗之说却颠倒了这一顺序；《大学》中"知本"之本与"修身为本"之本意义不同，而见罗却将两者合而为一(参照《明儒学案》卷三十一《止修学案·李见罗传》)。此外，高忠宪曾评价说见罗之说虽甚是精奥，但却不合《大学》"其本乱而末治者否矣"之主旨(参照《高子遗书》卷八上《与泾阳论知本》)。

许敬庵云见罗之修身说"主张太过，反费词说"(参照《敬和堂集》卷五《答万思默年兄》)。不过，当时对见罗止修说之长短进行了最为详细的评论的当属敬庵。详细情况可参照《答李见罗年兄》《答万思默年兄》《答苕中诸友》(《敬和堂集》卷五)等。

从以上可知，见罗以为学之本者乃是知本与修身，而本乃是性体、"止于至善"之至善、"修身"之身。由此，据见罗所说，知本与止修，或者止与修之间乃是主意与工夫的关系。从命脉上来说，之本乃是对止修起到画龙点睛之作用者。故而可以说止修亦须知本而始得以性命经纶一以贯之。因此见罗云"知本两言，却是灵丹"（《正学堂稿》卷十五《与郭青螺书》），又云"知本两言，为千古经纶秘密"（《正学堂稿》卷三十七《知本治规序》）、"知本两言，朴实头经纶秘密"（《正学堂稿》卷十四《答袁志蚪书》）、"知本两言，委为圣门正法眼藏，于此归止，于此着修，则宇宙在乎手，造化生乎身，而性命经纶，有一以贯之者矣"（《正学堂稿》卷三十九《答黄夫美书》）。若无此知本，则止修亦当不免其弊。以下的书信可以说传达出了此中消息：

> 本之一字，所以点化此身，操柄此善，使止之入窍，不倚为守寂沉空；修之工夫，不只为补偏救弊。然则止修两字，尚是圣圣相承；知本两言，却为孔子悟后拈出。故曰："此谓知本，此谓知至。"真孔子之夐开慧眼、而有功于经世者也。故由此而出者，则所谓止修者，一切尽性命之经纶；不由此而出者，则所谓止修者，尚不免为硁硁之执着。其差毫厘，其别千里，不可以不深长思者也。（《正学堂稿》卷十五《答韦纯显书》）

不过见罗虽认为知本乃是知行一时而至的绝对悟机，但对于终始于一本之悟而破除诸名法的做法，又认为其急于明宗而不免其病，而云"悟又从守中出"（《正学堂稿》卷十二《答郭友书》），要求工夫之规矩。

关于止与修的关系，如前所述，见罗以其为主意与工夫的关系，并将其比作作文中的命意与作词，但又论说其偏用之害云"近来谈止修之学者，有重止者，则略言修，遂构荒唐入禅之诮；有重修者，则轻言止，至腾切实近里之声，其实於透底一着，不能无失"（《明儒学案》卷三十一《止修学案·知本同参·崇行录》）。此外，见罗又云往学之弊在知修而不知止，今学之弊在重止而轻修——《正学堂稿》卷二十八《书问节语》），故而云"止修两双""止修两揭""止修合辙"，或是"互用不偏"，以救上述之两弊。见罗云须两者互用不偏，始能落实于伦常而归根于性命。不过见罗并不像历来那样将此看作两个工夫，而是看作一个。因为在其看来，止乃修之归根、即命脉，故而无命之修非真修，即必须坚持修即止；而修乃止之落实处、即归宿，故而无归宿之止非真止，即必须坚持止即修。至此则止非止，修非修，两者虽为二语，实则一事。故而见罗云"夫止修非二体。论归宿工夫，不得不判分两挈；究血脉消息，却自浑合不离。未有不止而能修，亦未有不修而能止者"（《明儒学案》卷三十一《止修学案·知本同参·崇行录》），认为两者之交互推原会生出二分止与修以及善与身之病（《正学堂稿》卷十三《答虞贞甫书》）。见罗之止修说的特色即在于见止与修之血脉消息而论说其浑一。故而其三纲领之一为"止善本身，人知其为两句话头，孰知其为一条脉线"（参照第184页注释①）。如上所述，见罗之止修说并不如王学之本体工夫论那样彻底于即一。因而见罗并不单纯论说止与修之一体，而亦留意于止与修两者相互缠结的复杂面貌。[1] 故黄宗羲评价其云"止修两挈，东瞻西顾，毕竟多了头面"（《明儒学案》卷三十一《止修学案·李见罗传》）。从见罗所云"才说知本，便将本涉玄虚；才说知止，便尔止归空寂；才说修身为本，却又不免守局拘方，徇生执有。此学所以悟之难也"（《明儒学案》卷三十一《止修学案·论学书·答李思忠》）来看，黄宗羲的批评未必为失当之论（黄宗羲还曾批评见罗之止修说云"若单以知止为宗，则摄知归止，与聂双江之归寂一也。先生恐其邻于禅寂，故实之以修身。若单以修身为宗，则形色天性。先生恐其出于义袭，

---

① 即见罗曾云"或先止后修，或先修后止，或无漏而以一止直包修，或有漏而着一修以固止，疾徐甘苦，加减称量，真是万别千差，临炉自为勘，有不可以一端求也"（《正学堂稿》卷三十九《答黄夫美书》）。

故主之以知止。其实先生之学，以止为存养，修为省察，不过换一名目，与宋儒大段无异，反多一张皇耳"——《明儒学案》卷三十一《止修学案·李见罗传》)。

见罗虽论说止修之浑一、两契，但其所重视的乃是落命归根、即作为工夫之主意的止法。其认为止包括一、修之多方，故一止而修在其中，修不过是防其渗漏而已（参照《正学堂稿》卷九《答刘质庵书》等)。故而其云"圣人之学，直从止窍入微，后儒之工，只向修法下手，以此而欲上达圣人心传，不得其门而入者也"（《明儒学案》卷三十一《止修学案·知本同参·崇行录》)。

见罗所提出的止修浑一之工夫、或者说止之工夫，主要是六经四书中的心与行之反省性的、所谓涵养之工夫。从见罗所说的"吾学无他长，惟是一守兢兢业业"（《正学堂稿》卷十二《答郭友书》等）来看，可知其工夫乃是以宋儒之"敬"为中心。且如见罗所云之"默默一点归依，俨乎如临如履，依稀如在子胎，则真是彻昼彻夜，彻忙彻逸，无有间歇时也"（《正学堂稿》卷四十《答庄君秀书》)，其中可以看到孟子所谓的"息"之心。"息"不外是"养"之意（盖性体乃是自然之存在，只不过若不着工夫，则难以期待其纯粹之发用。不过，工夫若陷于人为，却反而会损毁其自然性。故而必须在工夫中而又超越工夫，即工夫必须是得主意之工夫。据见罗所说，此即是养。故而在其看来，《大学》之"止于至善"之止与《易》之"成性存存"之存皆不外是养——《明儒学案》卷三十一《止修学案·知本同参·崇闻录》)。若从养，则可脱未发已发、动静两边之解，且如所谓"物各付物""大公顺应""不知不识顺天则"，人伦庶物即伦理之作用皆可任性体之自然。见罗之所以提出明道论《易》之敬义内外之"敬以直内，所以义以方外"一语并云当体味所以二字（《正学堂稿》卷九《答刘质庵书》，卷十八《答夏台卿书》，卷十五《答刘淳寰书》)，亦是因为在其看来敬乃是以性命与道德或者经纶为一的积极的涵养工夫、归宗于性的工夫。据见罗所说，敬义乃是止修之异名，不过所谓敬义亦要识其宗趣（《正学堂稿》卷十八《答夏台卿书》）。此等立场与明道之《识仁篇》颇为相通。故而见罗在论说止修时提出《识仁篇》之"识得此理……安待穷索"之语（《正学堂稿》卷九《答刘质庵书》），又云"读《识仁篇》，不觉喟然"（《正学堂稿》卷八《答陈兰台书》），盖亦非没有理由。

见罗首先以涵养为无动静之别、时时收敛精神而养静体之工夫，而不以其为主静工夫。这是因为见罗虽承认主静工夫为尽性穷理的浑一工夫，却又担心其容易堕于境，而难以到达静体之真（参照《明儒学案》卷三十一《止修学案·知本同参·敬学录》）。第二以涵养为即悟，[①] 又以其为与穷理即格物致知浑然为一之物，认为宋儒二分涵养与穷理，故而涵养成为陷空，穷理成为支离，有违孔子立大本之旨意（参照《明儒学案》卷三十一《止修学案·知本同参·证学记》）。以下一文详细叙述了上述主旨：

> 静未尝不尽性穷理，特恐认得不真耳。果知天性本静，而时时收拾精神，管束于此，则本根既植，条理自生，不必屑屑焉考之经传，而念头动处，概与经传合。即时取经传发吾知见，而经传所言总与吾心印。此之谓一得万毕，此之谓斋戒神明，而非别有一段穷索工夫与主静作对也。即如程子所言"涵养须用敬，进学在致知"，亦须问所养所学者何物，则养即是学，敬即是知，用工即是进步。不然，则敬之为言，仅空空兀坐，而知之为说，须物物讨求，末学支离，从此起矣。[②]（《明儒学案》卷三十一《止修学案·知本同参·敬学录》）

---

① 作为"止"之工夫，见罗时常引用"出门如见大宾，使民如承大祭"这一《论语》中的文句。而关于此句，见罗论曰"本无宾，本无祭，如见如承者，何事？"这当是想要论说其中有着悟、即默识。故而其云"'止于至善'之脉络也。学问有这一步，才入微，才知本，才上达天德"（参照《明儒学案》卷三十一《止修学案·知本同参·崇闻录》）。从这一见地出发，见罗承认了阳明之悟（参照《明儒学案》卷三十一《止修学案·知本同参·崇闻录》）。

② 此文叙述了见罗关于读书法的见解，而这与陆王的读书法相近。

〔日文版编者注：上文开头之"静未尝不尽性穷理"中的"性穷"二字《明儒学案》中本无，但出于对著者原稿的重视，此处未加删除〕

上文与明道的浑一之涵养相通。不过从《识仁篇》亦可知，明道认为涵养需以对性体的体认为前提，故而在诚敬之涵养之前先说识仁。只是在明道那里，这一体认意味着甚至难以称为体认的自然、静的自得。见罗之止修相当于明道在《识仁篇》中所论说的诚敬，其知本则相当于《识仁篇》中的识仁，不过双方之间看起来有着静动之别。

不管怎样，如上述那样以反省之涵养为浑一工夫且认为其具有积极意义的见罗不以谢上蔡的"常惺惺"、晦庵的"整齐严肃"、许敬庵的"惕"即恐惧归宗于性[1]，而认为这些与性有一尘之隔（参照《正学堂稿》卷二十八《书问节语》），或亦属理所当然。

盖《大学》之格致说虽在朱王那里得到了新的发展，不过从以上所述的见罗之止修说来看，可以说《大学》之止修说因见罗而别开生面。见罗之所以以止修为要旨，不外是为了救学之支离空荡。必须承认，此说刺激了当时的朱王学者，对于防止王学亚流之流弊与有功焉。

199

---

[1]　见罗云许敬庵之"惕"乃是论说修者，而并非以"修身为本"，故而不归宗于性（参照《正学堂稿》卷十一《答管东溟书》）。

第七章

湛甘泉的为学精神

序

　　若学只朝向知识的外求而忘记内在之自得、体悟之要，则不能说没有危及人生之命根之忧。虽然如此，若只终始于自得、体悟而忘记知识之要，则可能会失却植根于人生的宇宙之目的、即经论裁制之大道而沉空守寂，或是奔奔荡荡而成为"一个痴騃汉"。故而可以说学之紧要首先在于得内外浑一之斯道之真体骨髓。若非如此，则学会陷于支离，自欺而欺人，难保不会最终产生以学术"杀天下后世"之弊。甘泉所忧虑的便是这一点。

　　自明初宋学复起以来，具有新倾向的儒学并非不曾出现，而到了明朝中叶，出现了从新的见地出发，尤其是对世儒所求之学的支离深感忧虑，欲去除其弊并以此复兴圣学的两大儒，即阳明和甘泉。阳明继承了以内在生命为主的陆子之心学并发扬其底蕴，最终体悟到良知乃是道之真体并以致良知为学之根本，为开辟明学之新生面立下了大功；而甘泉则以明道之浑沦之学为宗，以体认天理为学之要，故而其学中依然保持着所谓宋学的部分特征。盖湛学派虽不如王学派兴隆，但游其门下者不下四千人，且两家之门第中甚至有递出入于二家而卒其业者，由此可以推察甘泉在当时乃是与阳明并列为世间所重的大儒。两人本来是关系亲密的讲友，同以浑一之学为宗，但最终甘泉以天理为学之头脑，而阳明则以良知为学之头脑，故其道岐于二途，以致到晚年产生了两学对峙的结果。

　　甘泉认为良知说有着轻视人伦庶物而自私流荡、最终堕于论说见性成佛之佛学之流弊的倾向，而云"故良知之说，最为难信者此也"（《湛甘泉文集》卷八《新泉问辨录》）；而阳明则将自己的致良知之学与甘泉之随处体认天理之学相比较，认为两者有直截与迂曲之别，其间有一尘之隔而毫厘千里，终云"未免捕风捉影"（《王文成公全书》卷六《寄邹谦之》）而对湛学进行了批判。两者虽曾像这样互相指摘对方之流弊，但因为曾俱以浑一之体认之学为事而共誓复兴圣学，故而看起来又不失辅相切磋、互相救正流弊而希求同归之心。故而甘泉云"良知必用天理，天理莫非良知"，以为若两者交用，则可知其相通，皆契合圣学之宗旨（《湛甘泉文集》卷三十《阳明先生王公墓志铭》）。阳明之明王湛二学之别亦是在其最晚年的时候（《王文成公全书》卷六《寄邹谦之》《与毛古庵宪副》《与马子莘》），之前则认为两者殊途同归，不害大同。且阳明在两广之军旅中访问甘泉旧居之际曾留下"渴饮甘泉泉""期无负初心"的诗句，由此看来，其晚年在非难湛学的同时，心中尚藏有希求同归之意。

甘泉虽然或不及豪迈俊敏、能使其学风靡一代的阳明之力量，但其较阳明年长约六岁，其体认之学应当对王学亦有影响。不仅如此，如王门之罗念庵所云"先生（甘泉）以中正之学独遏横流，明天理之本然，救人心于既死。先生之功，顾不伟与？当不在抑洪水、辟杨墨之下也"（《湛甘泉文集》卷三十二《墓表》），以天理为浑沦不偏、要求体认天理的甘泉之学当有救时弊之支离、矫王学亚流之猖狂之功（甘泉在阳明死后尚在世三十余年，其间致力于救王学之流弊）。随着王学在明末愈发走向狂荡，导入朱子学之严肃性的湛学派与经由王学的新朱子学派、即东林学派的诸儒一起致力于正王学末流之弊、维持世间之纲纪，亦并非没有理由。

一

甘泉以之为学之头脑、亦即根本的天理，乃是贯穿内外心事、不坠格式之固硬、不涉生命之私意，中正而无偏倚及过不及，且以万物为一体的道德原理、道德生命，也就是道德时空的集约体，是内具流行发用、扩充分殊以及支节粲然的绝对一者、浑然之本体。他相信以此浑然天理之学可以救世儒之支离，且认为此乃圣学之宗旨，以周濂溪、程明道、陈白沙为体得此宗旨的儒者而加以尊崇，其中尤其笃信明道。

※ 濂溪不除窗前之草，问之则云"与自家意思一般"；明道云"观鸡雏此可观仁"（《二程全书》卷四）。由此看来，周程之学亦可以说是见得浑沦之道。从这一点来说，甘泉所云"微二子，道其支离矣。舍二子，吾何学矣"（《湛甘泉文集》卷三《雍语》）并非没有道理。白沙亦云"此理……无一处不到，无一息不运。……得此橹柄入手，更有何事"（《白沙子全集》卷二《与张廷实》①），可以认为其同样到达了此境界。只不过濂溪之学清直广大，明道浑厚纯一，白沙则直入清澄，三者之道与工夫各异，而甘泉鉴于时弊，尤其尊信明道，欲以此来救支离之弊。其《遵道录》（"道"乃是指明道）可以说表明了这一意图（《湛甘泉文集》卷十七《叙遵道录》）。

不过，甘泉之浑沦之学虽是来自明道，但应当注意的是其经由白沙之心学而为陆学一派所刺激，故而有着重视心、关心活动的心以及内在生命之活动的倾向（此乃被认为是明学之特色者）。

---

① 按：据译者所查，此语见于四库全书所收《陈白沙集》卷三《与林郡博》。——译者注

※ 当时，朱子学者罗整庵举出"天理只是吾心本体，岂可于事物上寻讨"之甘泉之说，云此说与《定性书》（明道著）中"圣人之喜，以物之当喜；圣人之怒，以物之当怒。是圣人之喜怒，不系于心而系于物也"（此乃心之安定在于循事物上之理之说）之明道之主旨相悖，并由此而批评甘泉之《遵道录》云"名为尊道而实则相戾"（《困知录》卷四）。不过，应当认为湛学之特色其实便在于在追求明道之浑一之道时重视心之血脉。如同后述，甘泉之心学有以体认为宗旨且要求在动处对心进行锻炼之处。从这一点来看，不得不说其虽然以明道为宗，但却具有远离明道之学中所谓"万物静观皆自得，四时佳兴与人同"（《程子遗书》卷五十四①）之一脉静意的倾向（不过，不应忘记明道之学中有着可成为陆学之母胎者）。此处甚至让人感到有着从白沙的主静稍为转向、而类似于与王学血脉相通的内在生命之跃动者（不过，若与王学相比较，则应当说湛学中有着静意之一脉）。

尽管如此，甘泉并没有专任内在生命之活动，而仍然保持着明道之浑沦湛一之风。此乃其与王学之一线之隔。若一定要明确指出两学之别，则可以做如下说明：即两者虽然都以浑一之体认为宗旨，但甘泉以天理为头脑，而阳明则以良知为头脑；产生此区别的原因则在于是在浑沦之内求生命，还是在生命之内求浑沦（对于陆子之心学，阳明评价曰粗，而甘泉则评价曰高，从两者之评价的区别中亦可以窥见两学差异之一斑）。对于天理，若只重视其生命之一面，则自然难免以内为是、以外为非，最终陷入自私流荡而使得真正内外浑一之本体趋于支离之忧。可以认为甘泉论说浑沦的精神其实便在于欲救此弊。他之所以对阳明的良知说持批判态度，排斥其亚流之良知现成论者的良知说，尤其是著《杨子折衷》而力斥杨慈湖之心学，皆是基于这一主旨。

① 按：传本《河南程氏遗书》即《二程遗书》仅有二十五卷及附录一卷，且书中未见此语，此处疑有误。此语见于四库全书本《二程文集》卷一《秋日偶成二首》。——译者注

※ 甘泉与阳明对于支离之弊的看法看起来稍有不同。甘泉主要见之于据说导入了禅学的慈湖心学之中，而阳明则主要见之于朱子学一派的穷理之中。阳明虽然曾著《朱子晚年定论》以暗示自说与朱子之说相契合，但最终其所谓支离主要乃是针对朱子的格物穷理之说。而甘泉则基于宋代以来的排佛论的主旨，论说了有导入禅学倾向的儒学之支离（其之否定三教同源论更是毋庸赘言）。对于朱子之学，甘泉则并没有完全以其为支离而对其加以否定，而是云朱子早年自明道之学出发，（虽然中年时有陷于支离之处）晚年则如其"伊予昧前训，坐此枝叶烦"之诗句所示，体悟到了此前之支离之非而复归于体认之学（《湛甘泉文集》卷十七《朱氏增修文公事迹叙》）。

二

　　甘泉之所以论说浑沦，乃是因为其以天地人物为一气之所贯，而首先看到其中有不容私意之物我同体同感、痛痒相关之本然之心、自然之理。位育之大道以及仁义之心皆生于此心此理。正可谓"人者天地之心"，人心乃是"体物不遗"之广大的宇宙心。故甘泉云"天地万物皆我分内，小小心胸，何足充拓"（《湛甘泉文集》卷二十三《天关语通录》）。这可以看作是针对求浑一之体于内在之心的王学所述的以内外为浑一的甘泉心学之立场。不过甘泉又云"不知本心者，不足以语天地万物同体之理；不知天地万物同体者，不足以语本心之全"（《湛甘泉文集》卷一《樵语》）。盖若外宇宙而专以本心为事，则虽得生命之直达，亦难免空荡。虽说如此，若外本心而专以本心为事，则虽得事物之广大，亦会产生陷于偏枯之忧。故所谓天理、本心者直达且广大，广大且直达，如所谓"本心宇宙一也"（《湛甘泉文集》卷一《樵语》），必须完全浑然一体。故而甘泉认为立物我之别、以己之生意临物固为不知此同体之精神（《湛甘泉文集》卷二《新论》），而即便见得同体痛痒之道理，"以己与物"之微意所存之处，即会失却直达流行之自然，天理反会成为死了底。故而其云"以无心感物，物之感也深"（《湛甘泉文集》卷七《与阳明鸿胪》）。其之所以针对"仁者之心，欲立人达人甚切"而论说万物一体的阳明云"不免有急迫"，当是因为在其看来，万物一体之理虽然是人心所支撑，但其中亦必须贯穿超越人为的自然之静意。甘泉论说太虚的理由可以说即在于此。其以《论语》之"克己复礼"为论说万物一体者，而这是因为其认为克己则无我，无我则无物，而"体物而无累"之万物一体之理即在此无我无物、亦即太虚之心中（《湛甘泉文集》卷十七《赠龙游子祝宪金序》）。如此则太虚之中有万化位育、充塞流行，或是至大广生、裁制经纶，故而其不是基于虚实二分者，而是虚实同体之浑然之物（《湛甘泉文集》卷二十三《天关语通录》），而在甘泉看来，张横渠论说太虚之真意即在于此。

　　※ 甘泉在论说万物一体时虽然依据了张子《西铭》中所述的同气同体说以及陆子的宇宙性分内说（《礼记》之《礼运》篇的大同思想亦是万物一体论的源头），但其认为《中庸》之尽性以及成己成物说、《大学》之亲民说等皆是在传授此道，且以此为儒教之传统，认为其中有儒道之相对于佛老的特色。不过构成其万物一体说之根本的，乃是明道《识仁篇》中所述的"浑然与物同体"之仁者之道。甘泉之所以以《识仁篇》之仁者之道为本而论说万物一体之理，不外是因为其不以天理为对人们进行规正的冷彻严峻之物，而是以其为引起人们共鸣的、温暖的有血有肉之物。此处可以看出明儒之心（此心亦可以说是明代人之心，其形成了明代的精神文化。宋代的精神文化用一句话来说是知思性的，而明代则是情感性的。此点从两代的陶瓷器、绘画等亦很容易得知）。

　　不过，据甘泉所说，其万物一体之心中不可有阳明之拔本塞源论中所见的那种急迫。故而其中看起来保持了与宋学的精神相通的静湛的一面。阳明高举万物一体说是在其晚年，而这很可能是受到了甘泉的影响（随着王学之兴隆，此说亦广为流行）。之所以如此说，是因为在阳明成为流谪之身而将要前往龙场的正德二年，甘泉赠给阳明九首送别诗（《湛甘泉文集》卷二十六《诗》），而其诗序及诗中已有"天地我一体，宇宙本同家""与天地为一体、宇宙为一家"之句。此事在阳明提出拔本塞源论而切言万物一体之旨的嘉靖四年之前十七八年，此时甘泉看起来已对此道进行了相当深的思考。不过，此点仍须待今后之研究。

　　天理乃是万物一体之道，故而亦自是理一与分殊之一体之道，这自不待言。若以理一为事而遗分殊则会无用，即失却用之大；若以分殊为事而遗理一则会无体，即失却体之全。据甘泉所说，释氏俗儒之支离盖由此而来（《湛甘泉文集》卷十四《书问》）。故而全体大用之道乃是理一而分殊，分殊而理一（亦可以说是理一中有分殊，分殊中有理一）。即一即万、万即一，换句话说理一与分殊必须是一本同体。若非如此，则会背离伊川所谓"体用一源，显微无间"。故而知理一而不知分殊则非真理一，知分殊而不知理一亦非真分殊。不过甘泉以具备分殊的理一为要。故而其虽云"理一分殊本是一体"，但又云"分殊即在理一之中"（《湛甘泉文集》卷九《新泉问辨续录》），将外理一而索分殊比作舍身而别求臂（《湛甘泉文集》卷十四《书问》）。之所以这样说，当是担忧道之浑一性陷于支离的结果（提倡体认之要的原因亦在于此）。故而甘泉虽以延平对朱子所发的"分殊处却难"之训为一场锻炼，却遵从说出"天理二字却是自家体贴出来"的明道，教诲门下弟子云"体会乃自得之"（《湛甘泉文集》卷九《新泉问辨续录》）。

※ 明道所谓的"识仁"若只是终于对浑沦之仁的识悟，则或难保不弄玄机而成为自私功利的辩者。明末本于《识仁篇》而论述万物一体的王学亚流专以仁之浑沦之顿悟为事而轻视其分别（礼义智信）之要，由此产生了上述的流弊。对此，东林的顾宪成等从新朱子学（经由王学的朱子学）的立场出发，同时论述其分别之要，论说浑沦与分别之一体，刘念台等亦论说悟后工夫之要以救此弊。甘泉之对浑沦天理的体认当是发挥明道的精神而不失其浑厚者，不过即便如此，似乎依然有人抨击其为陷禅（参照阳明年谱）。

三

　　据甘泉所说，天理、或者以生为内在之物的性并非如前述那样的作为格式而固定之物，亦非空虚的光景，而必须是作为实理、实性的真切之物，故而其自身乃是与诸现象的直接因、或者说形成生之实质的气浑然一体之物，若外此而索天理及性，则必然会成为如同释氏那样的空虚之物（《湛甘泉文集》卷二《新论》）。

　　※ 故而甘泉遵从孟子云"形色天性也，惟圣人能践其形"（《湛甘泉文集》卷二十二《约言》），又云"性命二字，虚虚实实"（《湛甘泉文集》卷二十三《天关语通录》），认为若脱离知觉运动、贵贱夭寿而求道德之本性（仁义礼智信），则会失却浑一之生命。

　　像这样，甘泉论说理与气（或者性与气、道与器、天地之性与气质之性）之一体合一，而以两者之分说对言为非。故而对于从不容许理因气之杂糅而受损的崇高理想的立场出发、以理之流行为气、认为理先气后（理强气弱）的朱子之二元论及理中心主义，甘泉评其为"倒说糊涂"（《湛甘泉文集》卷七《答王德征易问》，卷十一《问疑续录》），甚至对于所谓"理者气之条理，气者理之运用"的阳明之说亦评价云"亦似稍分了"（《湛甘泉文集》卷二十三《天关语通录》），而强调两者之所以为浑然一体。

　　※ 故而甘泉在对《易》之"一阴一阳之谓道"的解释方面，亦否定程朱所谓"一阴一阳者气也，所以一阴一阳者理也"之理气二元论之说，而认为一阴一阳便是道（《湛甘泉文集》卷二十三《天关语通录》）。他虽然尊崇周子，但对于"动而生阳，静而生

阴"之周子之说却操戈相向，而云"只可言动而为阳……静而为阴"（《湛甘泉文集》卷七《答王德征易问》）。着当时因为在其看来，周子的生成论的思考方式中尚有二元论的阴影。至于韩退之的性三品说，甘泉认为其乃是不知一者而加以否定，这自不待言（《湛甘泉文集》卷二十三《天关语通录》）。

在理气、性气论中重视气这一点在明代的朱子学者中亦是普遍的倾向。尤其是在王湛二家出现的明朝中叶以后，这一倾向更为显著。最令人感兴趣的是，罗整庵、吴廷翰、汪石潭、崔后渠、王浚川、黄泰泉、张甬川、张净峰等站在反王学或反湛学立场上的学者亦具有这一倾向。虽然他们体得程朱之学的精神而排斥王湛，但却并不遵从朱子的理强气弱、理先气后之说（参照罗整庵《困知记》卷二、吴廷翰《吉斋漫录》等）。整庵等甚至评价甘泉之"一阴一阳则便是中，故谓之道"之说云其尚为性气二分说，而以其为非。他们虽然大半都遵从明道的道器一元论，但却不满足于其浑一的态度，而更进一步甚至开始带有气一元论的倾向，其结果是出现了像王浚川（《明儒学案》卷五十《诸儒学案中四》）、吴廷翰（《吉斋漫录》）这样为此而否定或怀疑孟子之性善说，以及像黄泰泉（《明儒学案》卷五十一《诸儒学案中五》）这样以求道于无形为误、由此而排斥宋儒之形而上下之统言、将其视作老庄者。如以上所述，虽然他们并不遵从朱子的理气性气论，但这种做法不应当看作是对宋学（可以说是朱子学）的排斥，而应当认为是欲相对于佛老而对其加以拥护、坚持其精神的结果，方为妥当。

宋儒吸收了佛老所论说的无之全体性而致力于使儒教的伦理成为绝对之物，为此其以儒教伦理为有无浑一之道，以此来一方面排斥流于无的佛老，另一方面否定流于有的俗儒之学（功利）。为做到前者，他们论述了理与气、性与气或者心与性的一体，为做到后者他们又论述了其间的分别。然而明代的朱子学者认为宋儒的分别之论反而有陷于佛老之虞，而以其一体论力排佛老。不过虽然他们在理与气、性与气方面似乎一味强调其一体，但在性与气方面则有不少人在论说其一体的同时又论述了两者的分别。例如吴廷翰的《吉斋漫录》等即是如此。为此黄宗羲指出了他们的理气性气论与心性论的矛盾（参照《明儒学案》卷四十七《诸儒学案中一·罗整庵传》，卷四十八《诸儒学案中二·崔后渠传》等）。盖将此点视作矛盾亦非不可。不过他们之所以只在心性论中另立分别之论，乃是因为其将王湛，尤其是王学一派的心学（心即理说）视作禅而欲对其加以排斥，最终与理气性气论一样乃是基于排佛（老）的精神而为之。考虑到此点，则将其只视作是矛盾的做法可以说是执于表面的议论。

甘泉云"惟于志上着落，是造圣根基"（《湛甘泉文集》卷二十三《天关语通录》）、"志者天理之根也"（《湛甘泉文集》卷二十二《约言》），甚至终云"立志以帅气，则凡血气之欲，皆化为义理矣"（《湛甘泉文集》卷二十二《约言》）而论说立志之要，其实亦不外是重视气的结果。亦即志乃是天下至健之气之具于心者、孟子所云之气之帅，若志不到，则一切学问亦都成为孟子所说的义袭而失去生命力（《湛甘泉文集》卷七《再答郑进士启范》）。

※ 不过甘泉虽论说立志之要，但其所说的志必须从头至尾都立足于道德性。故而立志亦必须知本（理）。知本之工夫乃是学问思辨笃行，而据甘泉所说，这乃是体认（天理）的工夫。持有这一看法的甘泉在另一方面又以天理之体认为立志之根本，认为若非如此，则会像"炼精以化气也，炼气以化神也"的道家那样，徒然以气之精妙为事而失却天理（道德本性）（《湛甘泉文集》卷三《雍语》）。不过他之所以论述了上述的立志说，可以看作是欲重视心之生命力的结果。

关于性与生，甘泉亦认为应当不离生而求性，若非如此则性会陷入支离，无法真正成为生生不息之体。故而其依据明道，以性为"生之理"。而其之所以又时常以"生之谓性"之告子之语来说明性，亦不外是为了论述这一生性合一的主旨。

※ 虽说如此，甘泉并非径直以粗杂的善恶不分的自然之生为性。从这一立场出发，他认为告子的生性说本身乃是徒然对生之运动完全加以肯定者，甚至会导向以搬运为性的佛氏之说，而对此加以否定（《湛甘泉文集》卷二《新论》）。

213

气之切身且粹然者便是有知觉之心。甘泉由此又以性为"人心之生理"（《湛甘泉文集》卷三《雍语》），论述了性乃是贯穿心性的浑然之生命体，并作《心性图》及《图说》以说明性与心乃是浑然为一、不可二分，以此简明地论述了心性合一的主旨。不过这并非心性二物的合体，也并非径直以心为性，而是在保持性（天理）之道德严正性的同时不允许其与心之间有任何的支离，两者可以说是间不容发之浑然一体的生命。

※ 甘泉将池水比作心，将池水之清光比作性，以此来说明上述的微旨（《湛甘泉文集》卷九《新泉问辨续录》），而这与将水比作性、将其清浊比作善恶以论述性的明道之说相比，可以说在心性之浑一性方面更为严密。

为说明性的这一浑一之生命，甘泉反过来以心为"一天理耳"（《湛甘泉文集》卷三《雍语》），甚至云心乃是"生理"（《湛甘泉文集》卷三《新论》）。从这一立场出发，朱子的心性二元论自不待言，连所谓"合虚与气有性之名，合心与知觉有心之名"之张子之浑一说在其看来亦有二物之嫌（《湛甘泉文集》卷三《雍语》）。不过虽说如此，对于坚持所谓心即理的心学一派，甘泉并没有径直加以承认。之所以如此，是因为如前文所述，甘泉有着对于性的严正的道德自觉以及对儒佛之别的明确的意识（他之所以不仅对于径直以心之灵明为性的佛学，而且对以心之精神为圣的慈湖之学加以猛烈批判，其原因便在于此。甘泉以当时流行的慈湖之说为禅道之异端而对其加以排斥，甚至以其为"杀天下后世"者，对其进行了严厉批评）。从心性浑一的立场出发，甘泉亦承认儒者所谓的惺惺之论（此说本于明道之弟子谢上蔡）。不过他将其与释氏的惺惺论进行了明确区别。亦即释氏乃是径直以心为性、以知觉运动为性者，故而所谓惺惺亦是只知虚灵知觉之心而不知性者。故而所谓"主翁惺惺"不得不说是浅薄之论。而儒者之惺惺乃是与性（心之性之理）浑然一体之道德之物，故而可以说是通乎心性者（《湛甘泉文集》卷十八《惺翁亭记》）。故而在其看来，向禅僧说"光明"而论性的阳明之论尤为不够成熟（《湛甘泉文集》卷十三《金台答问》）。

归结起来，甘泉以心性二分说为非，但可以认为其心性论之主旨在于保持分说心性的朱子之精神（严格保持伦理性的精神）而强调其浑一的一面。故而其云"心性合，天下之道"（《湛甘泉文集》卷三《雍语》）。阳明亦以心性为浑然为一，但若要勉强加以说明，则可以说阳明是以心为本来论说浑一，甘泉则是以性为本来论说浑一。亦即可以说阳明是将心延长到性，甘泉则是将性延长到心，而分别加以论说。可以认为两者之为学头脑相异的原因之一即在于此。从终始于心的王学的立场来看，甘泉之学于直截有所欠缺，但在甘泉看来，即心而求直截者反而会失却真正的直截。这是因为即心之直截并非本于真正不容已之性。不过因为以心性为浑一，故而甘泉亦认为学之根本在于心。这是因为性本是形而上之物，故而若非即心而下功夫，则可以说没有尽性之手段。故而如其所云"尽心而知性"（《湛甘泉文集》卷十八《惺翁亭记》），甘泉亦以尽心为学之要。只不过甘泉之心学并不像阳明那样直达灵耀。然而其保持着浑厚广大的一面，而这一差异则是出于两者所云之心的不同。

※ 如同前述，甘泉虽然最终以天理（性）为心之体，但其以心性为浑然一体，故而时常发出以知觉为心之体之说。比如其曾云"知觉是心，必有所知觉之理"（《湛甘泉文集》卷八《新泉问辨录》），似是在区分知觉（心）与理（性），却又云"光明洞烛，便谓之知性""天理者，天之理也，天之理则有体而无物，变动不居，神妙不测"（《湛甘泉文集》卷九《新泉问辨续录》[①]）等，看起来是以知觉与心为天理、性。不过甘泉与其说是以知觉（心）与天理（性）为一而二、二而一，其实是以天理（性）为头脑而论述两者之浑一。不过，因为欲明确揭示这一浑一的一面，结果反而如上述那样，发出了看起来是在遵从其所排斥的心即理说的说法。然而这不外是因为甘泉於救天理于空荡枯槁或拘着支离，而说明其之所以为真正内外浑一的生命、继而是广大之实在。而罗整庵在出于朱子学之见地而指出甘泉之说的矛盾的同时，又从甘泉的《新论》《樵语》《雍语》

---

① 按：此二条不见于清康熙二十年刻本《湛甘泉先生文集》，而明万历刻本罗钦顺《困知记》三续中有引。——译者注

《新泉问辨录》《新泉问辨续录》中摘录出以知觉为天理、以心为天理的言论，并得出结论说甘泉之体认天理不外是在论述知觉之悟、"借天理二字引入知觉上去"而对湛学进行了非难（《困知记》卷四），这未必可以说是一针见血之论。

据甘泉所说，心乃是气之精灵、与天地万物同为一气所贯，亦即包乎万物之外而贯乎万物之中、与万物为一体者，故而其并非只是包于肉体之内，而是"体天地万物而不遗"的所谓万物一体之心，其中并无内外之别。墨子之兼爱与杨子之为我将心分为内外，故而失却了这一一体之道。失于内则高而虚，终归于佛氏之寂灭；失于外则滞物而卑暗，终陷于管商之功利刑名。故而心不可有内外（《湛甘泉文集》卷二十一《孔门传授心法论》）。心本是如此广大之物，故而其中备天地万物后始为完全之物。若非如此，则心亦空而性亦空，失却万物一体之大道。甘泉之所以释氏之即心见性、成佛觉空为非，以所谓"性空彼我无分别"之白沙之说为非，乃是出于这一见地（《湛甘泉文集》卷七《答王青萝秋官示自作心性图》）。故而其在论说尽心时亦云"复其大者"（《湛甘泉文集》卷一《樵语》），又云"随感而发育扩充之耳"（《湛甘泉文集》卷二十三《天关语通录》）。像这样，甘泉认为尽心便是尽与天地万物同体之性的工夫。故而其又云"大其心，然后能全体天地之性"（《湛甘泉文集》卷一《樵语》）。如此则"念念之学"①不可说是尽性（《湛甘泉文集》卷一《樵语》）。

※ 站在上述立场上，甘泉云所谓"心要在腔子里"之明道之说乃是传写之误（《湛甘泉文集》卷九《新泉问辨续录》），而所谓"身之主宰便是心"的阳明之说同样是传写有误（《湛甘泉文集》卷十一《问疑续录》）。

对于以心为无内外的甘泉来说，以万物为心外之物而欲用致知穷理的工夫于物外之

---

① 按：译者未查得此语。——译者注

说自然受到否定。为救此说之弊，甘泉将"在物为理"之程子之说改为"在心为理，在物为义，体用之谓也"，并云"理乃是浑然一点至公的心，义便是粲然一点制宜的心，只是一心，但有体用"（《湛甘泉文集》卷八《新泉问辨录》）。不过若以甘泉此论为与陆王之心即理说同旨，则其误自不待言。江右王门的胡庐山同样云"理在心，不在天地万物"（《明儒学案》卷二十二《江右王门学案七·胡庐山先生传》），而此说亦不可认为与甘泉之说相同。这是因为庐山所云之心乃是王学之心，与甘泉所说的心稍异其趣。换句话说，王学之心乃是覆盖了外的内在之心，而甘泉之心乃是内外浑一之心。故而对于遵从王学而认为理乃是出于心、物中无理者，甘泉反而论说了"在物为理"之说何以为可。

由以上所述，可以说甘泉的心学乃是站在将物扩大到心、以物为心的立场上。即其并非以物为心之物，而是就此以物为心。在甘泉看来，若以物为心之物，则会像阳明那样以物为心意之着见，结果只以求本心为格物工夫，难免陷入以内为事、以外为非之弊（《湛甘泉文集》卷七《与阳明鸿胪》《答太常博士陈惟浚》）。

※ 阳明在表面上亦以心为贯穿物心的浑一之物。即其在以物为心之物的同时又以心为物之心，而云心乃是无彼此内外之别的浑一之物。故而其论格物云"格其心之物"，论正心云"正其物之心"（《传习录》卷中《答罗整庵少宰书》）。不过其说最终乃是以物为心之物。即可以认为，其乃是站在以内在之心为中心的内外浑一的立场上。关于阳明此说，甘泉亦承认其有救舍心而求理于事物之外、即所谓外求之弊之力，但又批评其最终带来了内外二分之弊。甘泉评论阳明之心云"指腔子里而为言者"，而这从其所处之立场来说不得不说是理所当然（《湛甘泉文集》卷七《答杨少默》）。

四

甘泉之所以如上述那样论说浑一，乃是因为其认为所谓理、性虽是内外一贯的生成裁制之道、生生不息之生命，但同时亦必须是不容丝毫私意之介入的纯正之实在，而于以此来救二分说或即一说（例如慈湖之说）所带来的任肆猖狂之弊。故而其在论说良知时亦不像阳明那样径直以道德知觉、即知为心体，而是以所知觉的道德本体、即理为心体。故而在甘泉那里，知之所以为良乃是由于其道德性、即天理，知通过知觉天理始为良、即成为良知，始能复良知之真体。这便是其云"良知必用天理"（《湛甘泉文集》卷七《与何吉阳启》）的原因。甘泉之认为以《中庸》所谓慎独之独为独知的阳明之说（朱子亦以独为独知，不过阳明以其为本体，而朱子则以其为工夫）有误而以独为"独知之理"（不过甘泉到晚年认为如此说明独犹是赘了，唯有默识——《湛甘泉文集》卷二十三《天关语通录》），亦是出于同样的理由。之所以如此说，乃是因为在其看来，先天的道德知觉本身乃是朴素之物，故而难以径直以其为良知之绝对、天理，若以其为现成而任之，则会流荡任私，反而陷入有我之私而失却中正，难免有失却道义之大全之虞（《湛甘泉文集》卷九《新泉问辨续录》）。故而若不加以涵养扩充、学问思辨笃行之工夫，则其体微，反而会失却良知之真（《湛甘泉文集》卷二十《韶州明经馆讲章》）。故而良知说之要紧处最终乃是在于对天理之切实之知觉、亦即对天理之体认。据甘泉所说，孟子之所以提出良知说，无非是直指初心一点真心之处而求工夫之真切，欲以此体认天理（《湛甘泉文集》卷二十《韶州明经馆讲章》）。

※ 故而甘泉就孟子之良知说云“血脉全在一良字、达字（据甘泉所说，达乃是扩充学行的工夫）上”（《湛甘泉文集》卷九《新泉问辨续录》），认为是仁义还是不仁不义完全取决于能否达良知良能。这是因为在甘泉看来，即便就孟子所云之爱敬来说，其体微，若非达之于天下，则其仁义之机亦多成其为不仁不义，故而难以径以之为真正的良知良能，且此点系于人道甚大（《湛甘泉文集》卷二十《韶州明经馆讲章》）。

如同上述，甘泉虽以对天理的真切知觉为要，但同时又认为此必须本于良知之一念。故而其云“致良知以体道”（《湛甘泉文集》卷二十三《天关语通录》）。站在这一立场上，甘泉肯定王门的邹东廓回答良知之问云“所知天理”、回答天理之问云即是爱敬，而论述了王湛两家的协一无二（《湛甘泉文集》卷七《答邹东廓司成》）。而在欧阳南野的祭文中，甘泉亦同样云“天理良知，良能天理，相用则通，二之则异”（《湛甘泉文集》卷三十《奠欧南野文》），而在给何吉阳的信（《湛甘泉文集》卷七《与何吉阳启》）中亦云“良知必用天理，天理莫非良知”，以良知说与自己的天理说为本来同旨。阳明亦以良知为与天理浑然一体之物，故而若重视这一浑一的一面，则两学互相接近。在王门之中，钱绪山、邹东廓、欧阳南野、魏水洲等正统派重视良知与天理的浑一性，对现成论和归寂论加以批判。而在湛学派中，洪觉山、唐一庵等从这一浑一性的立场出发而追求调和两学。不过，应当认为两者之别在于将这一浑一的中心置于心之精明、即知，还是置于天理（如同上述，甘泉亦曾述此别而欲救王门之禅狂）。如欲将这一区别明确化，则湛学亦不得不接近朱子学。在湛学派之中，唐曙台、杨止庵、王顺渠、许敬庵、冯少墟等（他们之中既有不完全否定王学之立场者，又有采取反王学之立场者）可以说大体具有这一倾向。且如前所述，随着时间接近明末，这一倾向也愈发显著。

219

若知良知为天理，则知不为空（甘泉将其比作磨镜以照物——《湛甘泉文集》卷二十三《天关语通录》）。若知天理为良知，则理不为外物（《湛甘泉文集》卷十七《赠掌教钱君之姑苏序》）。在像这样追求浑一之处的同时，甘泉最终不以良知（知）为宗而以天理（性）为宗，这当是因为其如前所述，以心性为体万物而不遗之广大之物。

※ 甘泉在体认天理方面亦不曾外初心一念，故而其在致良知说方面亦重视致之工夫，若极力行之、务去非而用学行工夫，则其并不佩膺致良知之说（《湛甘泉文集》卷二十三《天关语通录》）。而阳明亦针对以良知为现成、安于其简易者论说了致之要。不过阳明因为将致之工夫之力归于良知之体而强调本体与工夫的浑一，故而注目于本体出乎工夫而自行发展的一面。甘泉虽也曾论说本体与工夫的浑一，但其将重点置于工夫，以此期待本体的向上。例如其曾举出"性相近也，习相远也"之《论语》之说而云"尽乎人道，所以还天道，……虽圣人亦在人道之科"（《湛甘泉文集》卷二十三《山斗会中述先生语意》），论说了人道之要。考虑到阳明之浑一说的方向，如果可以极言两说之差异而加以较易理解之说明，则阳明之立场乃是工夫即本体，而甘泉之立场乃是本体即工夫（以下出于便宜，基于这一论法而展开论述）。甘泉亦云学不因性则为助傲饰巧（《湛甘泉文集》卷二十三《天关语通录》），故而其未必否定工夫即本体之说。若有人固执于两说之一，恐怕甘泉会采取两可不偏之态度。不过最终甘泉还是站在本体即工夫的立场上。之所以如此，是因为在其看来，若采取工夫即本体的立场，则势之所趋将以良知为现成，以直达良知为浑沦自得，在当下（现下）求真路而以之为即是，或以无善无恶为心体而忘天理、轻工夫，终有陷入禅狂之忧。故而其云"王门云良知而不用天理"①，对于"人之知无不良"之阳明之说亦云"与物格而后知至之旨有碍"，不仅指出此说有背《大学》之主旨，且云"不言功夫而言人人自有良知，自致于人伦日用之间（此乃阳明之说），其不误己误人矣乎"而加以批判（《湛甘泉文集》卷二十三《山斗会中述先生语意》）。

若对甘泉批正"无善无恶心之体，有善有恶意之动，知善知恶是良知，为善去恶是格物"之阳明四句宗旨而所述的"有善无恶者心之体，有善有恶者意之动，知善知恶者心之神，达其知之善于意心身家国天下得所止者物之格"之四句说加以考察，则以上所述的甘泉之主旨当更为明白（《湛甘泉文集》卷二十三《山斗会中述先生语意》）。

---

① 按：此处系据原文中的日语训读转译。译者在《湛甘泉文集》中未查得此语，而《明儒学案》卷十一《钱德洪·上甘泉》中有"今日良知不用天理"之语。——译者注

五

如前所述，甘泉所云之天理乃是浑一之物，故而若执格式之固定或任生命之流荡，以致稍有偏于内外、涉于支离，则不得为天理，此自不待言。故而甘泉以天理为不偏于阴与阳、动与静、刚与柔、仁与智，或是上与下、心与物之中的任何一个的无过不及之中（故而甘泉认为己之道在于被阳明之徒评为行格式的整庵之道以及被整庵评为禅真的阳明之道的中间，亦并非没有道理）。甘泉以天理为气之中正（纯正）或心之中正，而云"天理者中正之矩也"的原因便在于此。

※ 甘泉云自己因《尚书》之《洪范》而知"偏党反侧作好恶"之非道，并理解了中正之所以为天下之至道（《湛甘泉文集》卷一《樵语》）。《诗经》所谓"有物有则"亦被甘泉理解为中正，而孟子之所以云"其为气也，配道与义"①、径以养气为养性，在其看来亦是因为以气之中正为性。

甘泉之所以做如此论述，是因为在其看来，不偏不党、无过不及之处有着"无适无莫"、超越有无而贯穿万物的血脉骨髓，"廓然大公""因物顺应""物各付物"的经纶主宰，而这便是孟子所谓的"由仁义行""集义所生"。

※ 自宋以来，中和被分为已发和未发、体与用而分别得到论述，而甘泉认为中乃是

---

① 按：《孟子》原文为"其为气也，配义与道"。——译者注

主宰之浑沦、和乃是主宰之流行，两者不可分，若加以二分则天理会陷于支离（《湛甘泉文集》卷二十三《天关语通录》）。其自云因体得此中（或中正）之道而得脱五十年来之支离（《湛甘泉文集》卷十七《送方直养归齐云诗序》）。

由此甘泉云"中正时未有仁义之名，及发而后仁义礼智乃分"（《湛甘泉文集》卷十一《问疑续录》），认为天理之中正比仁义礼智四德更为浑一，四德即是中正之发用，而以仁智未分之前的体认为体认天理之极致（《湛甘泉文集》卷二十《天华精舍讲章》）。

※ 从这一立场出发，甘泉以朱子之仁义礼智说（朱子以仁来整合此四者，但并不追求仁以上之物）为支离（《湛甘泉文集》卷十一《问疑续录》）。当时吴廷翰亦提出与甘泉同样之说，批判了朱子以仁义（或仁）为道之根本，认为得仁义则自得中正，而否定以无过不及之中为道之极的说法（朱子以将皇极之极训为中的做法为非。之所以如此，是因为在朱子看来，若以中为道之极，则清浊杂入、含糊苟且，有失却天理之纯正之虞）。在其看来仁义亦有过不及，故而仁义不可能是道之根本，而应当以仁义之内的无过不及之中为道之极（《吉斋漫录》）。

上述的甘泉之说亦与不以仁义礼智为异于孟子之四端、而是以其为已发及性之表德、回归到更加混一的良知而对其加以思考的阳明之说有相通之处。

若不是像上述那样以中为生生之位育之大道、贯通宇宙而以万物为一体之血脉，赋予中积极的含义，则难以理解甘泉排斥过不及和偏党的精神。故而甘泉之以中为《易经》之"神"亦并非没有理由（《湛甘泉文集》卷二十《天华精舍讲章》）。

※ 若不体会这一精神而徒以求心之中正为足矣，则有陷入以事物之理为障、空空地不能顺应的释氏之道之忧。故而甘泉虽云得心之中正即是天理，但对于专执于中正或不偏者又云天理原本中正，得天理则自能得中正（《湛甘泉文集》卷八《新泉问辨录》），

且云专一于救偏亦是偏，中道立而偏者正（《湛甘泉文集》卷一《樵语》）。

如此则中可以说是心性合一之道体、本体工夫（《湛甘泉文集》卷二十一《四勿总箴》）。正因如此，中之存养正如甘泉所云"存中以应外，制外以养中"（《湛甘泉文集》卷二十一《四勿总箴序》），须内外交用；又如其所云"乃炉锤锻炼之术，以致纯正之德；一乃衔勒疾徐之枢，以行乎事物之间"（《湛甘泉文集》卷十七《赠光禄少卿周君用宾赴京序》），须用精一之精切真实工夫。甘泉将由此得来的中之却百邪之力比喻为"精中军八面却敌"（《湛甘泉文集》卷二十一《四勿总箴》）。

若知天理之中正或心之中正，则天理乃是贯穿内外之实理，以及知觉、体认天理反为所以得心之全体这两点将会更加明白。甘泉高举此中正之道以面对被评为高过不行的慈湖之学，以此为攻贼并破其巢穴的武器（《湛甘泉文集》卷十七《独崔后渠叙杨子折衷》《杨子折衷序》）。

※ 站在这一立场上，甘泉认为崔后渠对以心之精神为圣的慈湖之说所发的"有知无行、尚明照而遗推究"之评尚为不至（《湛甘泉文集》卷十七《独崔后渠叙杨子折衷》）。

若知天理为中正，则以无善无恶为心体，以虚明无体、无思无为为道的做法（例如禅学以及良知现成派的立场）之误自不待言。甘泉以此辨禅，论述了白沙因得此道而不为禅，以此回应了以白沙为禅的世儒之非难（《湛甘泉文集》卷九《新泉问辨续录》）。

若知道甘泉所说的天理乃是中正之道，则其高举天理而与阳明对峙的立场亦可得到理解。

六

天理浑沦，故而甘泉进一步认为至于天理之知行工夫亦必须是浑一之物，而论说了知行之合一并进（致知与存养、穷索与涵养之兼用），并认为知行工夫之先后内外论非造道之极、至当之学。甘泉以将《论语》之博约看作先后的做法为非而述其一致（《湛甘泉文集》卷三《雍语》，卷二十三《天关语通录》），否定以《易》之敬义为内外的做法而论其合一（《湛甘泉文集》卷九《新泉问辨续录》），又云将程子的用敬致知（涵养与进学）看作有二者为不知程学（《湛甘泉文集》卷七《答太常博士陈惟浚》），皆是本于这一主旨。盖若要知行合一，则知须为行之力，行须为知之实，即知之至处行亦须至，行之至处知亦须明。如此则知行可免于支离，而成为浑然一贯之物。不过甘泉与将重点置于行、亦即笃行之一面的阳明稍有不同，更加注力于知、亦即真知之一面。故而其并不像阳明那样径直以知为本体（阳明之以知为本体的立场乃是出于以行为主之处），而是认为真知在于对天理的知觉。据其所说，如此看法亦是遵从《中庸》之主旨。即《中庸》并不止于徒然论说聪明圣知，而是论述了聪明圣知达天德之要，以达天德为知之真（《湛甘泉文集》卷八《新泉问辨录》）。

※ 阳明将知延长扩充到行而论说行之要，对以一念发动为止于知而未至于行者，以及认为须待知真之后而为行之工夫以致终身不行者进行了警告，说明了知亦是行。从这一主旨出发，阳明认为"知即行，行即知"，知行必须合一。这便是如所谓"真知即所以为行，不行不足以为知"之重视行的立场。不过甘泉认为像这样的以知为行的知行合一说有任知觉之一念而肆意妄念妄行之虞，而云此说仍不免有病（《湛甘泉文集》卷二

十三《天关语通录》）。为何重视行的阳明之知行合一说会有此病呢？吴廷翰亦排击阳明之知行合一说而做了如下叙述。即其始虽是以行为知，其流则是以知为行，故而此说适以掩盖知而不行之弊（《吉斋漫录》）。在吴廷翰看来，知而不行之弊只是欲以讲说辩论而知圣贤之弊，而甘泉则将其视作任知觉之弊。

阳明在晚年以致良知为宗而论述知行之合一，而这亦可以看作是以知为行的立场、以行为中心之论。这一点从其以真诚恻怛来论说良知一事亦可以得知。故而洪觉山评之云"行上有功，而知上无功"（《明儒学案》卷三十九《甘泉学案三》），大体为得当。

重视知的甘泉以"总是一知贯彻，自知之贯彻不息，便谓之行""知字最重，……后人把作闻见之知看了，所以有岐知行为二之弊"之东廓之知行合一论为是（《湛甘泉文集》卷八《新泉问辨录》），而云"始终只是一知（这是指《易》之'知至至之''知终终之'），而行在其中"（《湛甘泉文集》卷九《新泉问辨续录》），以到达贯穿知行之真知为旨。

甘泉之所以在知行中立始终之别，可以说是出于对知的重视。故而其云"学先知所有，乃行之不差"（《湛甘泉文集》卷十一《问疑续录》），又云"知之至处行亦至"①（《湛甘泉文集》卷一《樵语》）。

※ 甘泉又将知行比喻为鸡之抱卵而加以如下的说明。即卵中之有雏乃是生之理、即灵骨子，此即为仁之种子。若不识此种子，则不知为何抱卵。同样地，若只知涵养之必要而不知涵养何物，亦为徒劳。明道云"学者须先识仁"之主旨即在于此。佛氏不识此种子，以至于为理障之说（《湛甘泉文集》卷八《新泉问辨录》）。

如此学始不陷于妄念妄行而有头脑。而且甘泉以此为圣贤之本旨，即《论语》论博文与约礼之先后，孟子述知性与养性、知言与养气之先后以及修理之始终，程子云"知所有而养所有""先识仁而以诚敬存之"而明知行之先后（《湛甘泉文集》卷九《新泉问辨续录》，卷七《答顾箬溪金宪》）。

---

① 按：此处系据原文中的日语训读转译。——译者注

甘泉之所以论说读书讲学之要以及二业合一、即德业与举业之合一，以举业为德行涵养之资而承认其意义（《湛甘泉文集》卷五《二业合一训》，卷十九《途中进神明学规疏·署材长以备器使》），又认为《中庸》在尊德性之外又提出道问学的做法自有其意义，皆是出于这一主旨。不过真知乃是通过行获得，故而甘泉亦不以后知先行之说为非（若以浑沦之知为头脑而论说此工夫之要，则会成为阳明之致良知说）。为此甘泉以先知后行及后知先行二说的偏用为不可而论说其两可。不过应当注意的是，这并非止于如程朱所云的兼用并进，而是较其更为浑一者。若像这样知为决行之知，行为明知之行，则知行必须是完全一贯之物。依甘泉所说，若不体此主旨而论知行之先后，则会生出以药杀人之病。

※ 故而甘泉虽论读书讲学之要，但并不只以单纯积累知识、而是以径直启发真知为其目的。他之所以不像朱子那样将学训为效，而是时常将其训为觉，亦可认为是出于这一主旨（《湛甘泉文集》卷二十三《天关语通录》，卷一《樵语》，卷三《雍语》，卷八《新泉问辨录》中屡屡论学之为觉）。

归结起来，如其所谓"吾有天包乎地、知通乎行之说"（《湛甘泉文集》卷九《新泉问辨续录》），甘泉以达于包乎行之知为旨。如此之知正如其所云"大段要见得这头脑亲切，存之自不费力耳"（《湛甘泉文集》卷七《答方西樵》），固须是自然引导行的亲切之知。故而其可以说必须有无一处一时、时之先后之别，不待经历，外不逐事物，内不弄光景，随处真切之知之境界方可到达。甘泉之所以论述随处体认天理，或是论说默识之要（甘泉在晚年尤其强调默识之要，这可以认为是体认工夫到达了无体认之我、亦无所体认之天理的绝对无的境地的结果），亦当是出于这一主旨。他在论说知时所述的"知所有"之微旨其实亦在于此处。据其所说，告子之所以为义外之说，不外是因为不知此"所有"。

七

　　甘泉云"学不得头脑，纵饶用功，难免泥水洗块之诮"（《湛甘泉文集》卷二十三《天关语通录》），而其所谓学之头脑固不外是对浑沦之天理的体认。故而其心契于明道之"体贴"之说而为之感动，亦属顺理成章。甘泉之体认说并非不能认为是体知行合一之妙旨而开明明道体贴之意者。据此说，则天理之体认必须是不分动静内外、已发未发、寂然感应，由一念之微而至于家国天下或是宇宙之事事物物，随处行之之工夫。这是因为天理本是《中庸》所谓无声无臭者，而非有定体而居于一处之物。甘泉将"随处"二字冠于体认之上的理由便在于此。从这一点出发，其评价慈湖之论一为陷于一障，甚至对于阳明评论慈湖云得见无声无臭而未能忘见得阳明之说，亦评价为陷于无声无臭之障（《湛甘泉文集》卷二十三《天关语通录》）。所谓"随处"乃是不分心之感寂，故而不应只限于感发之处（《湛甘泉文集》卷七《答洪峻之侍御》），不过甘泉最终还是认为应在感发处见天理之著明，否则难以体天理之为活泼泼地。其注目于《易》之"复其见天地之心乎"之说的原因亦在于此（《湛甘泉文集》卷七《答余督学》，卷八《新泉问辨录》，卷十八《静观堂记》）。即复乃是一阳初动之时，于此可见天地之心、即天理之著明。故而若一味习静归寂，则或绝念灭性、以虚见为实得而弄光景，或内是外非、肆私智而失廓然之大公，其结果可能会陷入佛氏荒忘寂灭之弊。为此甘泉云来自白沙之"静见端倪"之说的聂双江（王门）归寂说并非圣门授受之法，若不能善用则未免灭性（《湛甘泉文集》卷二十三《天关语通录》）。在这一点上，甘泉如其所云"习静以养动，不若慎动以养静"（《湛甘泉文集》卷七《复王宜学内翰》），将体认的中心置于动处而不是静处。即其认为体认须用于动处方可脱于支离、真正得内外动静之浑沦一贯。甘泉提出"随处"的另一个理由当在于此。盖若只云"体认天理",则可能仍然以内为是而以静为事,而生出使动静内外相支离之病。

※ 甘泉之所以点出"随处"二字,当是其体认工夫趋于精微的结果。据其回想,其最初亦有未能摆脱是内而非外之弊之处,直到用力于动处之体认之后,体认方始归于体用一源、显微无间之处(《湛甘泉文集》卷七《答阳明》)。

如前所述,若云"随处",则并不需特意着于动处。若能使体认更加真切、积极维持人伦之立场而使得浑沦之天地的活泼的面貌栩栩如生,则可以说是无动静之别而随时随处体得浑一之道的真切工夫。宋代的禅僧大慧已经论述过动处工夫相较于静处工夫之为至难。若得动处,则静处可以说轻而易举。不过若从类似黄宗羲那样的认为感在寂之中、须体认之于寂方有意义的意见来看,则甘泉之动处体认(或云随处体认亦可)或未免有病而受到批评(《明儒学案》卷三十七《甘泉学案一·湛甘泉传》)。

不过甘泉并非特意排斥静处之工夫。他并没有忘记天理本是随未发已发、动静内外而一源无间者。故而其在论说体认时,除了象山之动处工夫(人情事变上的工夫)外,还举出罗豫章、李延平等人的静处工夫(看喜怒哀乐未发时气象的工夫、默坐澄心的工夫),而云须合这些动静内外之工夫始尽(《湛甘泉文集》卷七《答孟生津》)。不仅如此,有时其至像其师白沙那样说出"不专一则不能直遂,不翕聚则不能发散,故专一翕聚以为发生遂成之本,天地之道然也"(《湛甘泉文集》卷十九《劝收敛精神疏》)而论述主静之道(不过对于庄子之坐忘则以其为执于内境而加以否定——《湛甘泉文集》卷二十三《天关语通录》)。不过,甘泉认为问题在于不论人之资禀如何而以静处为工夫之定本。之所以如此,是因为静时天理混沌难见,故而其工夫亦为至难。不仅如此,如程子所云,静处才着力,便是已动,结果难免会失却天理之自然(《湛甘泉文集》卷七《答余督学》《答聂文蔚侍御》)。

如上所述,甘泉将在动处(或者事上)求工夫视作儒教的传统,认为孔门之"执事敬"、《易》之"敬直义方"、《中庸》之"戒惧"等皆是"动以致其力之方"（《湛甘泉文集》卷七《答余督学》）。不过其所宗的程子以及白沙均有关于静之论，这又当如何考虑呢？关于此点，甘泉云程子之论静坐不过是补小学之缺，而白沙之论静坐乃是为初学之方便，白沙自身其实认为静坐有弊（《湛甘泉文集》卷七《答余督学》，卷二十三《天关语通录》）。

※ 此外关于明道之静观说，甘泉有见于后儒忘记了明道所云之静并非动静之静（时之静），而是超越动静之静（本体之静），且未能见得其观乃是心中无事时之观、即可谓是观而不观者，由此反为静之说所惑而失其真，关于虚无寂灭中而动心（由此而失静），而认为明道此说反而伴有弊端（《湛甘泉文集》卷十八《静观堂记》）。

静存之工夫亦须于动处求之，方可为通乎动静之不变之力，若非如此而只是恶动求静，却会有时而动（《湛甘泉文集》卷五《二业合一训》）。不仅如此，甘泉认为由此会导致工夫产生间断，而难以见所谓"自强不息"之道体，故而其以执于孟子之夜气说为非（《湛甘泉文集》卷七《复郑启范进士》）。

※ 不过，并不应认为甘泉完全否定了夜气说及静坐说。从其对论静虚之王门归寂派的罗念庵云若用随处体认之工夫，则"虚静亦在其中矣"（《湛甘泉文集》卷七《答罗念庵殿元》）一事来看，甘泉应当认为若用随处体认天理之工夫，则并不须特意为此等之说。这与认为若致良知之头脑则不需夜气之说的阳明之立场相似。

此外甘泉在《答余督学》中云"阳明不专于静之说，即仆之说也"，据此则似乎甘泉在阳明之前已述动处之说。故而阳明从静悟转而为事上磨炼之论一事是否果真与甘泉之所论无关，此点乃是问题。

像这样，甘泉重视动处之工夫，不过自不待言，这其实是为体动静浑一之处，故而其本来乃是以浑一之工夫为旨。这一点从甘泉关于《易》之艮、《大学》之止、明道之定的论述可以看得很明白，且从其要求审几（亦云研几。几乃是动静有无之间。据说湛门多讲此工夫）、强调敬及自然之处亦可得知。最终，甘泉云"慎动以养静，不若动静皆忘，时动时静，察见天理而存养之也"（《湛甘泉文集》卷七《复王宜学内翰》），以体认天理而动静两忘为善学。

不过有见于动处之工夫的甘泉认为日常之中可见道体之为活泼泼地，并云"不离日用常行之间而有鸢飞鱼跃之妙"（《湛甘泉文集》卷二十三《天关语通录》），此亦属当然。这与阳明所云"不离日用常行内，直造先天未画前"（《王文成公全书》卷二十《别诸生》）完全是同一主旨。两者皆是见与具体的诸相浑然一体的道之全体，不离日用常行之伦理立场而见得其中有着如张子所谓"无在无不在"之有无全一的绝对无。不过如前所述，王湛两家之关于心的看法以及由此而来的求学之头脑之方法相异，故而一家以良知为宗，而另一家以天理为宗。其结果是两家虽都以浑一之心学为旨，但阳明寄意于其灵耀直达之一面，而甘泉则可以说用意于体认存养之一面。阳明评甘泉之说云有欠于易简直接而不免迂余曲折（《王文成公全书》卷六《与毛古庵宪副》），而甘泉评阳明云偏于直截而有损自然，为此反失却真正的直截易简（《湛甘泉文集》卷二十三《天关语通录》），又或是阳明云甘泉不免外求义袭，而甘泉云阳明有猖狂流荡之患，皆是出于以上所述之异同。

※ 阳明未必以天理之体认为非，而云此说"大约并非不是"。这从其曾举出"吾学虽有所受，而天理二字，却是自家体认（明道云'体贴'，与体认大体同意）出来"之明道之语而要求体认之要一事即可明白。不过重要的是，阳明在此处以良知为天理而要求体认良知。站在这一立场上，阳明对认为致良知不足以尽天理而对良知持有怀疑、必借穷索以增益良知者，以及以良知讲求天理为定则者（前者乃是朱子学者的态度，后者则当是甘泉的态度）加以否定，而云此等非实加体认之功而真有以见乎良知者。如同前

述，阳明并不轻易以良知为现成之物（已完成之物），而是以其为自身要求工夫而不断向上之本体，故而甘泉所云的体认天理说若将其工夫归于良知本体之力，则未必有弊。不过甘泉之说乃是站在本体即工夫的立场上，故而阳明评之云"随事体认天理，即戒慎恐惧工夫，以为尚隔一尘，为世之所谓事事物物皆有定理而求之于外者言之耳。若致良知之功明，则此语亦自无害，不然即犹未免于毫厘千里也"，"凡鄙人所谓致良知之说，与今之所谓体认天理之说，本亦无大相远，但微有直截迂曲之差耳。譬之种植，致良知者是培其根本之生意而达之枝叶者也，体认天理者是茂其枝叶之生意而求以复之根本者也。然培其根本之生意，固自有以达之枝叶矣；欲茂其枝叶之生意，亦安能舍根本而别有生意可以茂之枝叶之间者乎？"（以上参照《王文成公全书》卷六《寄邹谦之》《与毛古庵宪副》《与马子莘》；《湛甘泉文集》卷三十《奠王阳明先生文》，卷七《答阳明王都宪论格物》等）

甘泉从物心无二、心事合一的立场论述了天理之体认乃是内而非外，以此来回应来自王学一派的外求义袭的非难。他在给王门之聂双江的信（《湛甘泉文集》卷七《答聂文蔚侍御》）中这样论述了这一主旨："心与事应，然后天理见焉。天理非在外也。特因事之来，随感而应耳。故事物之来，体之者心也，心的中正则天理矣。"据此，则与事物相感应的心之中正之矩乃是天理，故而随处体认天理乃是应事物而体事物、即不外是不离事物而在心中自得天理。故而体认之机依然在于心。故而甘泉主张说此乃内而非外。

※ 以上的主旨在《赠洪方二子归福山序》（《湛甘泉文集》卷十七）以及《答阳明王都宪论格物》（《湛甘泉文集》卷七）中有更为详细的说明，而在给阳明的信中，甘泉论述了己说与内在之致良知说原本并非相反。

体认乃是切身之自觉，故而甘泉重视亲切通微之处的知觉、即思，盖亦属当然。他以如明鉴止水而万象毕照那样，虚明通微、直到天然而不存丝毫人力之无为之思为善思。到此境界，则如《易》之所云"天下何思何虑"，思可超越人为而成为全凭自然之力的绝对存在。不思则天机几乎息，若特意去思则陷于臆度之私，且两心相觅，生出所谓憧憧往来之弊。故而可以说天机即在处于坐忘与不忘之间、无过不及的中思之中。甘泉认为中思则心得其中正，如所谓"井不迁而泉至"（《湛甘泉文集》卷一《樵语》），思不出其位而化育之功、经论裁制之道，即人伦之立场自然可以达成。不过若要使思中，则需要反省工夫。这便是甘泉以敬为"思之规矩"（《湛甘泉文集》卷一《樵语》）的原因。

像这样，甘泉在《论语》之"执事敬"之一言中求随处体认天理之要，在以敬为其亲切之工夫的同时，亦以此说明了天理之体认何以为内而非外。

八

　　敬虽是反省性的存养工夫，但甘泉之所以重视敬，乃是因为其认为天理本是与心浑然一体者，故而不可限定于一物，故而保持心之纯正而存养之即是天理，存天理则自得天理之明觉。故而在甘泉那里，敬乃是心体之存存惺惺处，以此可救穷理之支离之弊。由此则敬并非只是限制心的消极之物，而是真正灵活运用心而使其明明的积极之物。若非如此，则心体与工夫相分离，心成为二物，反而失却用之灵活，体之存明亦会失却。甘泉并不肯定朱子所谓"放下这敬不得"（《湛甘泉文集》卷十四《书问》）之说，这当是因为其认为此说执于敬而反而有失却上述的甘泉本来之主旨之虞。甘泉以敬为一之心，一乃是明道所谓的"主一"之一（《湛甘泉文集》卷七《答黄孟善》）。心中本无一物，若有一物，即与心为二矣。主一则无滞着。甘泉认为程子以"主一无适"来论说敬的主旨即在于此。故而在其看来，以"主天理"为主一之说犹不免滞着，故而乃是"适"，由此否定了此说（《湛甘泉文集》卷七《答聂文蔚侍御》《答黄孟善》，卷十一《问疑续录》）。据甘泉所说，此敬中的无物无滞有如"鸿炉中不容点雪"，《孟子》所谓"由仁义行"之学亦出于此（《湛甘泉文集》卷十一《问疑续录》）。

　　※ 朱子之敬论亦并非没有以上所述的以滞着为非而要求心之灵活运用之处。故而朱子云"主一只是主一，不必更于主一上问道理"（《朱子语类》卷九十六），针对专守主一的门人则云"主一亦是，然程子论主一却不然，又要有用，岂是守块然之主一"（《朱子语类》卷九十六）。不过朱子还是以主一为专一（《朱子语类》卷九十六）。然而对追求心与理之浑一、相较朱子更加重视心在敬中之灵活运用之一面的甘泉来说，朱子之说

仍不免执守之弊。故而其云"滞于物可以言专，不可以言敬，敬无滞也。敬者必专，专者未必敬。谓专为敬，何啻千里"（《湛甘泉文集》卷二《新论》），否定了以一论专、以专论一的做法。

甘泉之所以与白沙一样论说"全放下"，亦当是出于对敬之滞着执守之忧虑。即在其看来，若不全放下，则对天理之追求反会滞碍，为此而在不知不识之中陷入《论语》所谓"意必固我"之私，难以实现天理之凑泊（《湛甘泉文集》卷七《答欧阳崇一》，卷二十三《天关语通录》）。

不过明道曾云"见理后须放开"。对此甘泉云"若真见得天理亲切，则自廓然大公，而广大高明之本体自复，即所谓放开，非谓见理之后又有所谓放开也"（《湛甘泉文集》卷八《新泉问辨录》）。此论并非以明道之说为非，而不外是指出其说之真意在此。虽然字面上有所龃龉，但此论可以说很好地体会了以工夫之自然为宗的明道之精神。据此，则甘泉之全放下乃是见得天理亲切之结果与所得。故而甘泉亦云"若见天理，则随处洒落，即是全放下，更无他求"（《湛甘泉文集》卷七《答欧阳崇一》）。之所以如此说，乃是忧虑论全放下者陷于佛学无念之弊的结果，故而与其论敬时以全放下为要的做法并不矛盾。甘泉之所以论说全放下，乃是以敬之工夫的自然性为宗的结果，这自不待言。故而达到真正的敬亦可以说即是全放下。故而甘泉亦云"全放下即勿忘勿助"（《湛甘泉文集》卷七《答洪峻之侍御》）。如下文所述，勿忘勿助乃是敬之工夫。

若能做到在敬之际心中无物无滞，则如"即此斋戒心，便与神明游""斋斋致太虚，白日生尔室"（《湛甘泉文集》卷二十七《福建长乐柯生乔可尚迁博学士也斋戒三日尽弃其学而请学焉喜而与之诗二首》）之诗句所示，天理自然呈现，其虚明妙用能够完全得到发挥。天理之体认不外是此际之自觉。

※　由此，则天理之体认并非外求之甘泉的立场更加明确。在甘泉看来，向外求天理不外是如"骑牛以问牛"（《湛甘泉文集》卷二十七《福建长乐柯生乔可尚迁博学士也斋戒三日尽弃其学而请学焉喜而与之诗二首》）者。与白沙同门的胡敬斋本于程朱而论述

了敬之全体大用，将敬的内容分为畏惧、整齐严肃、卓然精明、浑然纯一等而加以说明（《居业录》卷三）。不过敬斋在这数者之中以整齐严肃为主，而甘泉则更近于其中的精明纯一，故而与以整齐严肃为旨的朱子之敬稍异其趣。

甘泉之所以如上述那样论说敬，乃是因为其以工夫之自然性为要，这自不待言。天理乃是自然之本体，丝毫不可犯以人为，因而其有如日月之照、行云流水，丝毫不容安排。故而甘泉论述云"自然功夫乃可合自然道理，更容丝毫人力不得"。其诗有云"八十六年怀竹居，一真会后定何如。若知真处元无事，连此真名亦破除"（《湛甘泉文集》卷二十七《代简寄薛竹居》）。此诗所示正可以说是以自然之工夫而得以合于自然之本体的绝对无之境界。

※ 故而甘泉云《论语》之默识与绝四（绝意必固我）皆是在肯定顺自然而行其所无事（《湛甘泉文集》卷二十三《天关语通录》），学困利勉亦不问其难易而"俱此一路自然上，更不可添一物"（《湛甘泉文集》卷二十三《天关语通录》），关于学习云"学而不学"（《湛甘泉文集》卷二十六《习古斋》），关于知行亦云"无觉之觉，是谓天明；无事之事，是谓天行"（《湛甘泉文集》卷十一《问疑续录》），论述了在用工夫的同时超越工夫、即工夫之自然性之要。由此其提出《尚书》之"安止"，《易》之"何思何虑"，《论语》之"绝四""默识"，《孟子》之"行所无事"以及明道之"不用一毫人力"等，来论证圣学之所以自然为宗。

若用自然之工夫，则如"树根着土"（《湛甘泉文集》卷七《答太常博士陈惟浚》），天理之生命自然树立。据甘泉所说，此乃将化功归于我之手而把握天机之方便。而这正可以说是"无中生有"的手段。

※ 甘泉虽以本体与工夫之浑一为旨，但仍持本体即工夫的立场，故而不得不论述工

夫之自然性之要。若非如此，则工夫难以冥合天地之生德而达宇宙之生意。以自然为宗的甘泉之学固与临死而求工夫之坚苦的朱子之学风相异，这自不待言。相较朱子，其学更接近于明道之静性的自得之学。故而甘泉所云的自然并非如震动变化的风雷者，亦非有杖喝警动之意的禅之自然。在甘泉看来，这些均非真正的自然。从这一立场出发，甘泉否定了慈湖之自然（《湛甘泉文集》卷二十四《杨子折衷》）。盖甘泉之所以自然为宗，乃是承白沙之教，而甘泉信奉师说甚笃。甘泉有诗云"赠我云锦裳，中绣自然字，服之永不忘"（《湛甘泉文集》卷二十六《谒石翁墓二首》），又云"白沙先生云学以自然为宗，当时闻者或疑焉。若水服膺是训垂四十年矣，乃今信之益笃"（《湛甘泉文集》卷二十一《自然堂铭序》），而称白沙为"自然翁"（《湛甘泉文集》卷二十六《纪梦》）。由此可以推察其如何尊奉其师之自然之学。不过实际上，可以说相较白沙之（本于主静的）自然之学，甘泉更加继承了明道之自然之学而以其为宗。且甘泉由此而更溯源于孔孟，而欲深刻体得圣学之自然。从其所作《自然堂铭序》（《湛甘泉文集》卷二十一）中即可窥见此中之消息。

甘泉虽以自然之工夫为学者下手处（《湛甘泉文集》卷七《答聂文蔚侍御》），但同时认为其熟练并非易事，须用调停习熟之苦工。故而其举出柳子厚之"道机熟"的诗句，而要求对此加以玩味（《湛甘泉文集》卷十一《问疑续录》），或举出认为明道之自然需要"磨砺当如百炼金"的白沙之语（《湛甘泉文集》卷二十三《天关语通录》），又云吴康斋所常诵的"道理平铺"并非容易之工夫（《湛甘泉文集》卷十一《问疑续录》）。

敬乃是存养天理之纯一而会聚德的工夫，故而甘泉认为这便是《孟子》所谓有事及集义。其以《孟子》之有事为像这样的存养天理之积极工夫，故而云佛虽论意必固我之亡却不知有事，以此来辟佛（《湛甘泉文集》卷十一《问疑续录》）。

※ 由此甘泉认为所谓佛有敬而无义之程子之说乃是传写之误（《湛甘泉文集》卷八《新泉问辨录》）。不过，甘泉并非轻视义而只重视敬。其不仅云敬（直）与义（方）如

人之两足，不可偏废，且将敬比作人持刀，将义比作人杀贼，而云若只是手中持刀而不杀贼，则刀为无用，故而"义方之力尤切"，认为有时义比敬更为切要（《湛甘泉文集》卷四《知新后语》）。故而其之所以如上述那样评价程子之说，可以认为是担心敬由此而受到轻视的结果。据甘泉所说，敬如人身之血气相通，其乃是使个别之工夫就此而植根于浑一之生命者（《湛甘泉文集》卷五《二业合一训》，卷七《答徐曰仁工曹》。不过甘泉并不以敬与个别之工夫为不同之物，而是认为个别之工夫须即是敬。两者之关系可以说是个别即是全体。故而这与其论义之要一事并不矛盾）。

孟子在述"有事"之后接着论述了"勿忘勿助长"。甘泉将有事、即敬与两勿的关系比作规矩之于方圆（《湛甘泉文集》卷八《新泉问辨录》）。勿忘乃是不忘工夫，勿助长则是无安排作为。甘泉云"诸或忘之，非本体也；或助之，非自然也"（《湛甘泉文集》卷十七《赠维扬掌教鹤阿高君迁刑部主政序》），认为两勿之间而有天机。而这不外是前述的"以自然功夫合自然本体"。故而甘泉之以两勿为敬（有事）之规矩，可以说是遵从明道而以工夫之自然为要的结果。明道亦云"勿忘勿助之间乃正当处"，而甘泉以此两勿为敬、以正当之处为天理，且如上述以敬为体认天理之工夫，故而其又以两勿为体认天理工夫之要而对此加以重视（《湛甘泉文集》卷十九《进圣学疏》，卷八《新泉问辨录》）。

※ 明道之门人谢上蔡亦云"既勿忘，又无助，恁时节天理见矣"，甘泉试图以此说来解释上述的明道之说（《湛甘泉文集》卷十九《进圣学疏》）。白沙亦曾提出两勿，以此为见得《中庸》之鸢飞鱼跃（自然之活泼泼地道体）之工夫、所谓橹柄入手之处（《白沙子全集》卷三《与林俊博》。白沙之两勿亦似承自其师吴康斋之训——《白沙子全集》卷四《祭先师康斋墓文》）。甘泉云只有明道、白沙真知孟子两勿之旨（《湛甘泉文集》卷十四《书问》），而认为以此为敬之工夫、敬之规矩之说乃是先儒未发之论，而对其加以论述。

甘泉云两勿之间有一点生意，乃是浑沦万化之本，与物同体之理亦在此间，故而两勿之间"胸中流出而沛乎"（《湛甘泉文集》卷十七《重刻白沙先生诗集序》），有着如《论语》之"参前倚衡"、《中庸》之"鸢飞鱼跃"、明道之"活泼泼地"那样，不会随时处而间断的真体之流露、天机之活用（《湛甘泉文集》卷八《新泉问辨录》）。若在其间体认天理，则应酬、读书、学业等皆一以贯之，如顽铁之入洪炉，不仅浑然融化而不为累，且可以相资（《湛甘泉文集》卷十一《问疑续录》）。甘泉之所以以两勿为体认天理之切要之处，原因便在于此（甘泉认为明道之定性之要亦在于此两勿——《湛甘泉文集》卷九《新泉问辨续录》）。不过他认为两勿不可分离，而将其看作一时一段之浑然一体的工夫。故而其在论说两勿时加入一"间"字，此点颇为重要。若用两勿之工夫，则心无过不及及偏倚而得中正，而间为中之心，不陷于无、不驰于有而有无浑一，故而其亦可以说是体物不遗之心（《湛甘泉文集》卷一《樵语》）。而其亦是有无之间，故而两勿正是"致所见而其所未见者在矣"，即明道所说的审几。

※ 对于甘泉之两勿说，阳明及其一派之人非难其为陷于虚见而离却集义。即本体工夫乃是一真切之物。故而工夫只有靠存养良知这一真切之体而不忽才可真切。故而若不得真切之体，则两勿亦会徒漫而反失却工夫之真切（故而阳明以有事为学之头脑，而认为两勿只不过是其间之提撕觉醒）。对此，甘泉云两勿之间停停当当，即是真切之处，此真切之处实为天理之本体。今乃在真切上求两勿之功，却不得不陷于执滞助长（《湛甘泉文集》卷九《新泉问辨续录》）。故而两勿是真切之处、即有事之规矩，故而乃是集义。若舍两勿而求有事，则正如同如舍规矩而求方圆。因而去两勿而求有事则终不得有事，此乃灭天理（《湛甘泉文集》卷八《新泉问辨录》，卷二十三《天关语通录》，卷十七《赠维扬掌教鹤阿高君迁刑部主政序》）。甘泉又云两勿之间与物同体之理见，至虚至实（《湛甘泉文集》卷八《新泉问辨录》），以此回应虚见之非难。又云敬乃是德之聚，而敬之工夫乃是两勿，故而两勿即是集义。若不在此集义而在事上集义，则是助长义袭

（《湛甘泉文集》卷七《答郑君恪问集义》），以此应酬离却集义之非难。

两勿之间亦被认为是意与不意、坐忘与不忘之间，天机所存之处，故而甘泉从这一立场出发，认为讲忘之禅反而着于忘而不见真体，而吟诗云"九年面壁须忘壁，到了忘时又着忘。忘与不忘真体见，山风吹动薜萝裳"（《湛甘泉文集》卷二十七《访李鳌峰别驾于西台遍观胜景乐而有作六首·面壁亭》），以示此意。

依甘泉两勿之说，如孟子所云"求放心"、即收心使之入，以及邵子所云"心要放"、即廓心使之大皆为不必要。这是因为此两说皆是救时弊之言，若用两勿，则天理常存而人欲撤去，广大精微之体自备，且如此两说之救偏补偏之工夫皆无必要（《湛甘泉文集》卷七《答黄安崖中丞》）。

※ 故而甘泉以孟子之"尽心"之一言以及"必有事焉而勿正，心勿忘，勿助长"之数语为工夫之要，而否定了"求放心"之说。这是因为在其看来，若求放心，则放者亦是一心，求者亦是一心，乃是以心求心，反而会成为所谓憧憧往来（《湛甘泉文集》卷二十一《求放心篇》）。

239

征之甘泉所云"忘则失之，不及固不尽；助则失之，过亦不尽。惟勿忘勿助之间中中正正，则广大高明之体完完全全，若明镜之刮垢，复其本体"（《湛甘泉文集》卷二十《天泉书堂讲章》），亦可明白其以两勿为要乃是本于欲达中正之天理之微旨。故而其以勿忘勿助为思不出位之工夫、即中思之工夫的做法亦可谓顺理成章（《湛甘泉文集》卷九《新泉问辨续录》）。

※ 不过甘泉认为不可径以两勿之间（或敬）为天理，而云勿忘勿助之间天理见（《湛甘泉文集》卷八《新泉问辨录》，卷二十三《天关语通录》）。之所以如此，当是因为其担心用两勿者漫然逐有心无心之境而忘却实理之体认，产生如趋向庄子之混沌等弊。不过虽说如此，在其看来亦不可加上一"观"字而云"观天理"（《湛甘泉文集》卷

十一《问疑续录》）。这当是因为若云观则会成为以心观心而不堪劳扰。故而甘泉云"着念非是，不着念亦非是。唯有勿忘勿助，循吾中念明察而洗刷之，虽未必即是，亦即所不睹闻（本体）之脉络，日深日密，久久渐自有凑合处"（《湛甘泉文集》卷二十三《山斗会中述先生语意》）。也就是说甘泉以努力做工夫而使本体之自得趋于真切为旨。不过其不径直以两勿及敬为天理、而欲在两者之间画出一道界线的做法可以认为是残留着担心天理之严正因私心之杂糅而受损而论述心性之别的朱子学精神的阴影。若非如此，则甘泉之说势必要向陆王接近。

如以上所述，若以敬存养心，则体认不落于佛（老）之虚见，可实得天理之纯正。故而甘泉认为《大学》之格致诚正、修齐治平，《中庸》之慎独，《孟子》之集义皆是在论述实得天理之心之工夫，且皆为敬所贯穿。若非如此，则这些工夫难以达天理之生意（《湛甘泉文集》卷七《答太常博士陈惟浚》）。

※ 从这一立场出发，甘泉肯定以敬整合小学、大学之诸条的朱子之说，而对基于工夫即本体的见地而以朱子之敬说为蛇足的阳明之说并不赞同（《湛甘泉文集》卷十一《问疑续录》）。不过朱子曾区分敬与格致（这乃是因为其痛感智识之要。在朱子看来，若不以格致得广博之智识，则道义之实践无法切合于人情），而甘泉则以两者为浑然而一。

九

据甘泉所说，如前所述的随处体认乃是即心随事感应之处而知天理之实体，故而相当于《大学》之格物（《湛甘泉文集》卷六《大科书堂训》，卷七《答陈海涯》《答王宜学》）。故而其又云吾学在于格物，高举格物之学以对抗阳明之致良知说。

※ 阳明亦以格物为致良知之实地而论说其要云"格物者，大学之实下手处，彻首彻尾，自始学至圣人，只此工夫而已"（《传习录》卷中《答罗整庵少宰书》）。不过在阳明那里，格物最终亦归于良知之心体。亦即其倾向于认为良知之体自要格物而向上，故而良知被包摄于致良知（致知）之中，故而学之头脑不在格物而在致良知。然而甘泉非难阳明之致良知说为忘却体物不遗之心性之广大而执于有我、与以物为根尘之佛学相通（在这一点上激烈批评阳明之说的乃是罗整庵，而对此阳明论述了其格致之说乃是内外浑一之旨，以进行回应——《传习录》卷中《答罗整庵少宰书》）。

241

甘泉以高举格物以对抗佛老的程子之精神为宗。故而即便是论格物者，若其说似与佛学相通，甘泉亦加以排斥。其之所以所谓"有物则格而去之"之慈湖格物说为非，因是因为在其看来此说与追求绝根尘之佛家之说同旨（站在这一立场上，甘泉认为欲绝根尘乃是起意，故而慈湖之不起意反而是起意，因而与易简自然之学相悖——《湛甘泉文集》卷二十四《杨子折衷》）。

甘泉依伊川之说，以格物为至于理之工夫、即穷理（《湛甘泉文集》卷二十《泗州两学讲章》）。不过为何不云理而云物呢？理本来与物浑然一体。

若离物，则理失其实而为虚，而格物工夫亦与人伦不相关涉，其结果会至于如佛氏般窈冥昏然而外伦理。不过虽说如此，若徒求理于本心（亦可云心），亦非所以得心体。从这一点出发，甘泉认为以物为心意之著见、而以只求理于本心为格物的阳明之说虽是出于对舍心而外求之从来（朱子学亚流）之病的担忧，但仍以内为是、以外为非而自难免外物之病（《湛甘泉文集》卷七《与阳明鸿胪》《答太常博士陈惟浚》）。

　※ 甘泉认为心本来与天地万物同体、与天地万物同大，故而其对在事物上格物之说以及外事物而格物之说均加以否定，而只以"随感而发育扩充"（《湛甘泉文集》卷二十三《天关语通录》）为格物之义（这亦可以说不外是所谓敬之涵养工夫。故而甘泉亦以敬而说格物——《湛甘泉文集》卷七《答聂文蔚侍御》）。故而格物可以说是体用一源、显微无间之处，其间无内外之别（《湛甘泉文集》卷七《答杨少默》）。甘泉以此来应对将其格物说视作外求的王学一派的非难。从以敬论格物这一点来说，可以认为甘泉之格物不是外而是内。故而其以"养知莫过于寡欲"之程子之工夫为格物。

　　阳明最初以"正念头"为格物之义，而甘泉云此说或陷于以无诸相、无根尘为正念的佛氏之虚无之弊，或陷于邪而自以为正之杨墨之自私，且以学行为无必要而陷于自私自利，违反了孔子所述"学之不讲"云云、"学而不厌""好古敏求"，子思在尊德性之外又提出道问学而论说讲学之要的主旨，对此进行了批评（《湛甘泉文集》卷七《答阳明王都宪论格物》《答阳明》《答杨少默》）。

　　对此，明末的黄宗羲云阳明之正念之说乃是致知工夫，云致而已要学行，故而以阳明之格物说为病的做法并不正确，为阳明进行了辩解（《明儒学案》卷三十七《甘泉学案一·湛甘泉传》）。然而阳明有轻视讲学的倾向这一点乃是不可否认的事实。甘泉亦批评说阳明一派不以读书讲学为事。不过若像黄宗羲那样以致为学行而加以重视，则如前述的那样甘泉亦未必以阳明之说为不是。如此则王湛两家相互接近。故而湛门之中亦有像徐存斋那样认为阳明之致良知与甘泉之格物并非两事者（《湛甘泉文集》跋）。此外还有像唐一庵那样将致良知之致解做体认而论述两学之一致同归者（《明儒学案》卷四十《甘泉学案四》）。不过到了明末，如之前所述，湛学派中出现了进一步导入朱子学之精神者，其中如王顺渠云阳明之致知乃是局于方寸而将学问思辨之功一切弃却，从正面对王学进行了驳难（《明儒学案》卷四十二《甘泉学案六》）。

此外甘泉还参照《大学》首长之首尾、条理，提出并论述了阳明之格物论之所以为非的四点，其详细可参照《答阳明王都宪论格物》（《湛甘泉文集》卷七）。

如前所述，甘泉训格物为"至"（不过其以天理为中正，故有时又以格为感应之际之不离不着之恰好处）。而从其天理论来说，此至乃是知至行至、即知行浑一之工夫，这乃是理所当然。故而其以《大学》之知止（知）与定静安虑（行）之并进为格物之功（《湛甘泉文集》卷十七《圣学格物通》），又认为《论语》之博约、《书经》之精一、《中庸》之学行等皆不外是格物（故而其并不像朱子学亚流那样认为格物只是知识之获得）。因此可以认为其所说的格意味着体认。像这样，甘泉将格物解作"以身至之"（《湛甘泉文集》卷七《答潘廷评》），以至于以修身论格物（致知）的《古本大学》为宗。

※ 故而甘泉肯定所谓"反身而诚，则天下之物，无不在我"之杨龟山之格物说（《湛甘泉文集》卷十一《问疑续录》）。其又认为《古本大学》之好处在于以修身而论格物，故而使人知必身至其理，而不终于口耳之学，由此可救世儒（朱子一派之流于智识一偏者）之多歧亡羊（《湛甘泉文集》卷七《答黄孟善》《答王宜学》，卷十七《古大学测序》）。此王湛以来，明儒中多有以《古本大学》为本而否定朱子之章句者，而这当是倾向于浑一之道的当时的风潮使然。

甘泉以《大学》之"止于至善"为学之究极，认为若止至善则"明德""亲民"（内外之工夫）可一齐了之，如此始为"知至"，故而求于闻见之末并非"知至"，且"止于至善"不外是格物（《湛甘泉文集》卷七《答阳明》），以至于认为《大学》之诚意、正心、修身、齐家、治国、平天下皆以格物一以贯之。

※ 亦即《大学》之所以提出此诸条，乃是要求于意、心、身、家、国、天下而格之（《湛甘泉文集》卷十七《圣学格物通大序》）。故而格物之后不仅知至、意诚、心正、身修，且齐家、治国、平天下亦自可做到。故而甘泉云"格物上一并成了"（《湛甘泉文集》卷二十三《天关语通录》）。像这样，甘泉以格物为统合《大学》诸条的枢纽，以《格物通》阐明了其主旨（不过其虽以格物为贯穿《大学》者，但其贯穿方式并非唯一，而是分四条加以说明。详细情况可参照《格物通》）。其之所以在已有真德秀《大学衍义》及丘浚《大学衍义补》的情况下仍特意作《格物通》，乃是因为在其看来，格物乃是孔门一本无二之主旨，贯穿《大学》之主旨由此始得以阐明（不过甘泉曾云《大学衍义》寓天下家国之事于格致诚正之中，最为深切，而对于《大学衍义补》，则批评其零碎——《湛甘泉文集》卷十《问疑录》）。

像这样认为《大学》为浑一之精神所贯穿的甘泉的立场为明末的大儒刘念台所继承。据念台所说，《大学》之所以首尾一贯，乃是因为以诚意为头脑（此点与以格物为头脑而论格物的甘泉不同）。若以诚意为中心，则《大学》之八条目各自在全体之中获得意义，而全体亦体现在各条目之中。从这一立场出发，念台以各工夫为个别之物，而否定欲将各工夫综合排序而涵盖全体的《大学》论（《刘子全书遗篇》卷六《古小学通记》）。其结果，念台亦与甘泉一样排斥《大学衍义》及《大学衍义补》。

归根结底，甘泉所说的格物不外是随处体认天理的工夫。像这样，甘泉以此体认为学之头脑，认为其符合圣学一贯之主旨。即据其所云，《论语》之"求仁"乃是其二十篇之旨，《孟子》之"扩充四端""反求本心"乃是其七篇之约，《大学》之"格物"乃是"意心身、家国天下"之贯，《中庸》之"慎独"乃是"三千三百"（礼仪威仪）之宗，且仁、四端、本心、物、独不外是天理，求、扩充、反求、格、慎不外是体认，圣学皆是此体认之学（《湛甘泉文集》卷十七《修复四书古本测序》）。

第八章

湛门派的系统

一、总论

湛甘泉师事以静虚为宗的陈白沙，但却论说"随处体认天理"之要而有着重视动处工夫的倾向。白沙之心学虽无邵康节般之广大，但其云"从静中坐养出个端倪"（《白沙子全集》卷二《与贺克恭黄门》）、"橹柄入手"（《白沙子全集》卷三《与林郡博》）等，有着把握、涵养发用于现实社会生活诸事的道德本体之生机的敏锐。像这样的端倪、橹柄若非本于静虚工夫，则论述这些的白沙之学当与阳明之论良知相通。白沙之所以静虚为本，当是因为欲以最自然的形式把握作为人生社会之至大极致的礼一之处，不过其另一方面又针对禅而自觉到儒学的立场，论述了理之分殊，或者更具体地说义理之缕析之要，故而对于重视动处工夫的门人甘泉亦云"日用间随处体认天理，着此一鞭，何患不到"（《白沙子全集》卷二《遗言湛民泽》）。甘泉从动之立场出发，对杨慈湖之主静尤其加以猛烈批判，以之为异教宗旨、寂灭之道（《湛甘泉文集》卷二十四《杨子折衷》），而对于白沙之静坐，则云白沙自身亦病之，且只不过是为初学者之方便而述之（《湛甘泉文集》卷七《答余督学》，卷二十三《天关语通录》）。

甘泉最初本是以程明道之体贴天理为宗而论述"体认天理"之要，后来又在其上冠以"随处"二字（参照《湛甘泉文集》卷三十二《外集》中洪垣撰《墓志铭》），以示天理之体认在日常之处更为切实。此二字并非没有赋予明道之静之体认以脉动之感，这与阳明提倡致良知而在陆象山之心即理说之直径中滴入血液有相似之处。不过若与充分发挥了明学之动之特色的阳明良知说相比较而言，则不能忽视的是甘泉之学中还充盈着宋学之静之面貌。虽说冠以"随处"二字，但此事还是能够从其体认天理可追溯到其师白沙、并且如上所述发源于明道这一点得到理解。

甘泉与阳明原本是亲密的讲友，最初共同讲论身心受用、即体认之学，欲以此救形式化、固定化，且对于科举来说必不可少、因而最终多沦为功利之具的当时之朱子学的流弊（参照《王文成公全书》卷三十二《年谱一》）。不过甘泉后来论述随处体认天理，而阳明后来则提出致良知三字，两者之学愈发深切，由此而虽说双方皆云殊途同归，但一方以天理为宗，一方以良知为宗，皆不得不承认双方之学之头脑存在差异。甘泉云"不离日用常行之间，而有鸢飞鱼跃之妙"（《湛甘泉文集》卷二十三《天关语通录》），阳明云"不离日用常行内，直造先天未画前"（《王文成公全书》卷二十《别诸生》）。仅就此而言，不得不云两者之学乃是同归。但由于为学头脑之相异，阳明评价甘泉之随处体认天理云有欠于易简直截而陷于纡余曲折，不免捕风捉影、外求义袭，与自己的致良知说相比较有树木之根本与枝叶之别（参照《王文成公全书》卷六《寄邹谦之》一、五，《与毛古庵宪副》），而甘泉则评价阳明之致良知为轻视人伦而流于自私，偏于直截而有损自然，不免有陷于猖狂流荡、明心见性成佛之患（参照《湛甘泉文集》卷二十三《天关语通录》，卷八《新泉问辨录》及其他）。不过，就两者之差异而言，从阳明将要被流谪至龙场之际二人之间的唱和诗作（《湛甘泉文集》卷二十六；《王文成公全书》卷十九）中已可窥见其端。不过甘泉在阳明之墓志铭（《湛甘泉文集》卷三十一）中这样论述两者之学：

> 讲学一宗程氏仁者浑然与天地万物同体之旨。故阳明公初主格物之说，后主良知之说；甘泉子一主随处体认天理之说。然皆圣贤宗旨也。而人或舍其精义，各滞执于语言，盖失之矣。故甘泉子尝为之语曰："良知必用天理，天埋莫非良知。"以言其交用则同也。

上文中的"良知必用天理，天理莫非良知"之语①可以说在王湛之流派中有着重要的意义，因为调停两学之源可以认为即在于此。

如以上所述，王湛两家有相通之处，故而虽说两家一方面相对峙，但其门弟之中亦有互相出入而卒业者（参照《明儒学案》卷三十七《甘泉学案序》）。据黄宗羲所云，此两家各自拥数千之门人而维持其势力（《明儒学案》卷三十七《甘泉学案序》）。然而王学有与时代之风潮相切合之处，故而其流派大为兴隆，而湛学派则失去了与王学相抗衡之力，其中反而有很多摄取王学而试图调和两学者。其主要人物是吕巾石、何吉阳、洪觉山、唐一庵、蔡白石等。

巾石认为阳明之良知与甘泉之天理本为同旨，而提出张横渠之"变化气质"为通融两者之极要，并以罗豫章、李延平、陈白沙等主静派之说为非（《明儒学案》卷三十八《甘泉学案二·巾石论学语》）。吉阳以"止""退藏洗心"为旨，认为若以此立本、归之于精实，则可契合阳明之知行合一之旨（《明儒学案》卷三十八《甘泉学案二·吉阳论学语》）。故而其说与王门归寂派有相通之处。而详究王湛两家之异同且最为注力于两者之调停的乃是觉山。其认为甘泉之体认天理乃是有根本之体认，而阳明之致良知通于寂感，故而两者原本同旨（《明儒学案》卷三十九《甘泉学案三·觉山理学闻言》《甘泉学案三·觉山论学书》）。不过至其亚流，则随处之说有失却根本、致良知之说有流于空寂之虞，故而觉山提出"几"、以知几为学之要而加以救正。据其所说，几乃是念之未动处之有无接续之交、不睹不闻之先天之处。故而所谓无不外是述几之湛然无物处，所谓有不外是述几之炯然不昧处，若得此几，则甘泉之所谓随处之说可免于倾于显之弊，阳明

①　"良知必用天理，天理莫非良知"之语亦见于《与吉安二守潘黄门》《与何吉阳启》等信（《湛甘泉文集》卷七）中。此外，关于甘泉思想之详细，可参照收录于九州大学文学部发行之《哲学年报》第十八辑中的笔者著《湛甘泉之为学精神》（《湛甘泉の学的精神》）一文（译者注：即本书第七章）。

之所谓致良知可免于倾于微之弊，而可至于程伊川之所谓显微无间之处。故而觉山以"知几"为先天之学而论述其切要①（《明儒学案》卷三十九《甘泉学案三·觉山理学闻言》《甘泉学案三·觉山论学书》）。

一庵以"讨真心"为学之标的，而云王湛二学以此而始不生弊（《明儒学案》卷四十《甘泉学案四·唐一庵传》；《敬和堂集》卷二《唐一庵先生祠堂记》）。从其学之标的一看便可明白，其学稍稍倾向于王学。白石得王门赵大洲之开拓、邹东廓及罗念庵之示教，而甘泉所授之随处之说始有着落（《明儒学案》卷四十《甘泉学案四·蔡白石传》）。其亦是调停两家之儒者。不过王学至其末流而狂荡之弊渐甚，故而湛门中出现了许敬庵、冯少墟那样，虽承认阳明之致良知说，但重新自觉到保存在湛门派中的朱子学之一面，如性理之严正、心之静定等，由此而对王门末流及异端加以严厉批评与驳难者。接下来到唐曙台、杨止庵等人的时代，历来之调停王湛，或是朱王两可之风潮消失，而专以朱子学为宗，着力于对陆王一派之驳斥。总的来说，湛门派虽有被王门派之兴隆所压倒之感，但仍然在经历种种变迁后，将其宗旨和命脉维持到了明末清初。而在此之间，必须承认其救正明末之王门末流及禅门之猖狂之弊的努力和功绩②。

---

① 像这样的几论与王塘南、刘念台之几论亦有相通之处。

② 脱离阳明一派而游于甘泉之门者有王顺渠。其学虽以平实易简为宗，但以三教为一致而广修诸子百家，最终对阳明及程朱之学采取批判态度，而排斥这些派别的门户之见。不过其有以静虚为旨之一面，故而虽说采取三教一致之立场，但与李卓吾等人的三教一致趣旨不同（参照《顺渠先生文录》）。总的来说，顺渠乃是从湛门而趋向别派者。

二、许敬庵

许敬庵以"克己"(克治己之私念)为学之宗。此乃如其所云"盖以剥尽形骸之累,独全乎性命之真也"(《敬和堂集》卷五《答吴川楼丈》),不外是克治伴随着性命的肉体之妨碍、即气质之障蔽那样的主观利己之欲念,而复归于纯粹客观的性之真体的所谓"复性"之功。其门人少墟在论克己时云"当下斩钉截铁之意"(《冯恭定全书》卷二《疑思录》),而此乃叙少墟所云克己之锐利与深切之得当者。《易》之"洗心退藏"、《孟子》之"江汉以濯之,秋阳以暴之"之语正可以说是敬庵之克己之表识。敬庵在论述克己时举出阳明"破山中贼易;破心中贼难"之语①,而云"故思匡济时艰,全以洗心养德为上"(《敬和堂集》卷四《答胡元敬老友》),又举出白沙"断除嗜欲想,永撤天机障。身居万物中,心在万物上"之诗句而论述自己所云之克己的内容(《敬和堂集》卷四《答苏紫溪参政》),据此看来其所云之克己有与阳明所谓的廓清扫荡、白沙之端本澄源之工夫有一脉相通之感,亦与明末清初的王学者李二曲所谓"不经一番寒彻骨,安得梅花喷鼻香"(《四书反身录》)之反身工夫相近似,且类于薛文清之严苦工夫而更加透彻。

敬庵将《大学》之格物解作"通物",而这亦当是因为在其看来,若不克治己私之念而除去遮蔽心之虚明之窒碍,则难期事理之通达。由此看来,敬庵之克己亦可以说是格物之工夫(参照《敬和堂集》卷九《靖吾丁墓志铭》;《明儒学案》卷四十一《甘泉学案五·许敬庵传》)。敬庵论述说若以克己而使得心中不存一毫己私之念,则能够像程子所说之内外两忘、澄然

---

① 敬庵所引用的阳明之句中两处"破"字均作"驱"字。

无事那样，人我两忘，心静定而与神明相通，以天下为一脉，由此而德业之大事亦能够超越人为而成为自然之所为，自能够从容而行之（《敬和堂集》卷三《启王荆石阁老第二书》）。此处让人感到有着与其师甘泉以明道之学为宗而认为"居敬致虚"中有着万物之同体、天理之发露、位育经纶的太虚思想一脉相通的面貌。

敬庵虽是湛门派的学者，但在以严肃的朱子性理学为主轴的同时，又试图使其与王学的精神相融合。由此其认为提出"灵觉即是恒性"的王学者胡庐山之说有着使得性理之俨然陷于危殆、李见罗之严格的心性辨析有着将性理导向虚无的流弊，而对两者加以批判；不过对于庐山于心中见浑一之处、见罗以修身为性学的做法，则认为两者俱有救学之支离之功，且是斯文所依赖之处（《敬和堂集》卷五《与胡庐山先生论心性书》）。像这样的批判可以说是敬庵继承甘泉心性浑一之主旨，且很好地看到了朱王两学心性论之长短的结果。而其论心性而举出"混"与"析"之弊、认为两者或一或二之说亦充分说明了这一点①。

从以克己为宗一事亦可以推察，湛学到了敬庵这里开始具有朱子学式的严肃性。不过从心性浑一的立场出发，敬庵否定区别义理之性与气质之性的做法而云"性一"，不承认存在气质之性（《敬和堂集》卷五《答朱用韬》）。然而我们并不能轻易下结论说此说之性质与程朱性论之主旨背道而驰。依角度之不同，此说亦可认为是意欲发扬程朱坚持性之纯粹的精神②

---

① 关于心性，敬庵与甘泉同样云"混而一之，则其义不明；离而二之，则其体难析。非一非二，此心性之喻……混之则两字不立，析之则本体不二"（按此处系据原文中的日语训读转译——译者注）（《敬和堂集》卷五《与胡庐山先生论心性书》）。

② 少墟解释说宋儒之所以论说气质之性，乃是为发明孟子之性善（《冯恭定全书》卷九《太华书院会语》），由此同样可以认为敬庵之所以气质之性为非，亦是为发明孟子此旨。故而若能充分理解其意图，则可以认为敬庵之论语宋儒在义理之外又提出气质之性的主旨并无不同。敬庵虽以性为不离气质，但又以指气质为性的做法为非。据其所说，气质之无杂而纯粹中正者为性之善，其偏颇者为恶，两者之别有如冰与炭、白与黑，其间不可以私意而增损（《明儒学案》卷三十六《泰州学案五·证学录》所引《九谛》）。

（参照《论语》之《阳货》篇朱注）。故而敬庵与朱子一样，以严格的态度对待心①，区分道心与人心、天理与人欲、善与利、善与恶，认为双方本是不可分离、间不容发之关系，故而存心复性、存理去欲、求善去欲之工夫亦必须真切。其以克己为宗之真意当在此处（《敬和堂集》卷五《答孟我疆符卿》《与胡庐山先生论心性书》）。朱子在《大学章句》中云：

> 明德者，人之所得乎天，而虚灵不昧，以具众理而应万事者也。但为气禀所拘、人欲所蔽，则有时而昏。然其本体之明，则有未尝息者，故学者当因其所发而遂明之，以复其初也。

从朱子学相对于陆王学的特色来说，以上所引的《章句》之中应当注意的是后半部分。其中乃是以在坚持崇高理想的同时正视现实、排除其中所存在的矛盾而复归本来之理想为切要。朱子在不忘性与心、天理与人欲、道心与人心等之浑一的同时，又对其进行区别而采取二元论的立场，其理由便在于此。若与朱子学相比较，敬庵的立场可以说是一元论，但从其以克己为为学之要这一点来说，可以认为有吸取上述的朱子学精神之处。不过其亦承认王学，故而其学中还存在着与朱子学相异的精神，而呈现出复杂的面貌。

回顾以上所引的《大学章句》中的朱说，前半部分所述的明德论近似于从本体上论心、论理。若重视这一点，则朱子学与王学相接近。而就阳明之致良知论来说，若强调良知乃是天理这一点，则王学亦与朱学相接近。王门正统派以及湛门派的学者有试图从上述的观点调和两学的倾向。故而之前所引用的《大学章句》之语往往被作为论据举出，而阳明所述良知乃是天理这

253

---

① 敬庵否定论说顿悟的王门现成派亚流以《孟子》之"几希"为论述性体者的意见、而将其解作"危之"的做法可以说便是一例。

一点亦被举出而加以论述，盖属理之当然。敬庵在承袭朱子学的同时又承认王学的态度与这一立场相通。而其对致良知说的解释之所以与王门正统派所论多有相通之点，原因亦在于此。他虽然严厉批评现成派亚流之说，但对于只看到现成派亚流之恣肆不检之弊而由此忌讳阳明之致良知者，则云此乃"惩噎废食"①，以加以回应（《敬和堂集》卷五《答耿楚侗先生》）。

故而敬庵与王门正统派诸儒同样，认为阳明之致良知乃是以性善为宗者，在就阳明之四句宗旨对此加以论证的同时，又以此对当时流行的现成派及其亚流所提倡的无善无恶说加以辩难。即敬庵认为四句宗旨中第二句以下所述的乃是切实之工夫，且以此说明阳明之致良知乃是以行善为宗者，而第一句之无善无恶论在其看来不过是论述性体之未发、廓然、寂然之处者。据其所说，此无善无恶之语虽然看起来与《大学》之"止于至善"之语意相矛盾，但其中并无深意，而只不过是述本体之形状而以。故而敬庵评价将此无善无恶延长至工夫、认为心意知物皆为无善无恶的王龙溪四无说为失却阳明之正传，并与薛中离、方学渐、顾宪成、钱启新、刘念台等同样对龙溪之《天泉桥会语》②表示疑问，评价其云"画蛇添足，非以尊文成，反以病文成。吾侪未可以是为极则也"（《明儒学案》卷三十六《泰州学案五·正学录》所引《九谛》），为此而作《九谛》以条述此说之谬误与流弊，并与固守尊奉此说的周海门进行了争论。从严守性之纯粹性、客观性的立场来看，《九谛》与以《胡子·知言》之性无善无恶论为含糊苟且而对其加以辩难的朱子之论说有相仿佛之处（参照《朱子文集》卷七十三《胡子知言疑义》及《朱子语类》卷一百零一）。

敬庵答复信奉无善无恶的周海门云：性之本体乃是善，具有先天、自然，亦即绝对之主体性，故而得为道德经纶之大本。因此求善之工夫乃是

---

① 按：此处系据原文中的日语训读转译。——译者注
② 其中认为四无说乃是阳明之传心秘藏。详细可参照《王龙溪全集》中收录的《天泉证道纪》。

所以复归于像这样的性之本体，其乃是人为，又是超越人为之自然、有，又是超越自然和有的无。然而以无善无恶为宗者以善为相对之物，故而失却了性之主体性，结果使人迷于趋舍。且他们以求善之工夫为人为安排、着有，认为此不过是方便，而专论自然，以无为宗，以一直超入为要，最终或是陷于佛老之寂灭，若非如此则与世俗之放肆同。归结起来，以无善无恶为宗者二分人与我、外与内，而失却了性命、道德、经纶之所以为浑然一体之大道（《九谛》；《敬和堂集》卷五《答周海门司封谛解》）。

盖龙溪之四无说认为原本是无，故而采取欲肯定一切之有之当下即是、亦即现成之立场。然而龙溪自身有着能以赤手博龙蛇之力量，故而其悟境亦难以与只是在见解识想上论悟境的其亚流同日而语，且龙溪亦曾担心其亚流之流弊而苦心于超越工夫之工夫、本体上之工夫（参照《王龙溪全集》之《冲玄会纪》《松原晤语》《水西精舍会语》等）。然而其亚流却"愈担当而愈猖狂"，终于像李卓吾等人那样，同于以任诞为旨的魏晋间之老庄亚流，无视人伦规矩而肯定低俗的人类之自然生活，结果陷于败坏事件名教之弊风。[1] 深切感叹这一局面的敬庵认为其由来在于龙溪之无善无恶论，故而如上所述对其加以辩驳，且指出此论违背了阳明之本心。[2]

据敬庵所说，以无善无恶论为宗者之所以产生以上所述的流弊，根源在于其不务于克治气质之偏杂、知解之障弊等之实修，而专以心之灵明为现成而任之，由知见而高论玄虚并以此为透性。故而在敬庵看来，论心性之隐微，或是论心性之为一抑或为二，以及立宗旨而精讲说，揭示学术之

255

---

① 据敬庵所说，王门有吉州、淮南、山阴三派。山阴之特色为圆，淮南之特色为肆，得阳明之正传者乃是吉州。而合淮南之肆与山阴之圆者乃是姚安派（《敬和堂集》卷五《答周海门司封谛解》）。姚安派即是李卓吾一派。此外敬庵述王门之变迁又云"其间始于怪僻，卒于悖乱，盖学之大变也"（《敬和堂集》卷五《答周海门司封谛解》）。

② 故而其在给海门的回信中云"窃以为今日此风，使先辈见之，必将忧惶无措，虽良知话头，且钳口结舌而不敢道，而况于无善无恶、空旷不情之谈乎"（《敬和堂集》卷五《答周海门司封谛解》）。

异同而辩难异端等做法不如首先从事于屏除气质、知解之害的实修躬行，以成就真正的人品为"明学"之要道。① 此点与认为议论亦是格物穷理之一途的朱子以及认为辩难异端及讲学论说有"明学"之意义的敬庵之门人冯少墟的立场稍有不同。盖敬庵之讲友中虽多有属于王门派之系统者，但由前述之内容可知，敬庵对于其中之以知解为旨之一派之说进行了严厉批判，而对以实修为旨之一派之说则赠以称赞之辞的做法亦并非没有理由。②

如前所述，敬庵有承认王学之倾向，故而即便其曾论述实修之切要，亦当然应该认为其中有本体工夫合一之处。总的来说，王学之本体工夫主要是以工夫为本体之发用而考虑其合一，故而可以说是先本体而后工夫。然而敬庵认为两者之合一在于工夫复归于本体，故而可以说是先工夫而后本体。像这样的倾向已见于敬庵之师唐一庵（《明儒学案》卷四十《甘泉学案四·唐一庵传》），而到了敬庵那里则感觉更为明显。不过敬庵这一立场亦并非不能认为是一种朱王调停。详细来说，敬庵之本体工夫合一之立场乃是本体在工夫中、在以工夫而复归本体之际工夫得以超越自身，故而在下手之处用功愈切，本体愈能够相应地得到发挥。敬庵留意于《易》中之复卦位于恒卦之前一事（《敬和堂集》卷五《答陈宏宇郡公》）且认为《孟子》所云之"反身而诚"与《中庸》所云之"鸢飞鱼跃"同旨之理由亦可由此而得到理解（《敬和堂集》卷五《简李同野丈》）。由此敬庵进而否定以"精""诚"为现成之周海门之说，认为本体工夫合一乃是在于"精""诚"之扩充

---

① 即其曾云"此学之不明世久矣，非讲说之不精，非宗旨之不立，无真正人品故也"（《敬和堂集》卷五《答陈弘宇郡公》），又云"今之学者，总是好高，务于谈玄说寂，其实玄修禅行，亦鲜其人。若无真实功夫，说同说亦，说一说三，又直是模糊到底也"（《敬和堂集》卷四《与朱偕之水部》）。此外关于异端之辩，敬庵认为只有以孟子及朱子的力量才能做到，而否定徒为辩异端而以为高论为事的做法（《敬和堂集》卷五《答络缵宁丈》）。

② 例如其驳难王龙溪、罗近溪、焦漪园、周海门等人之学，而称赞万思默、徐鲁源、耿天台、耿楚侗、张阳和、邓潜谷、钱淡庵等人之学。关于李见罗之止修说，敬庵虽以其粗过太大为非，但又述其以实修为旨之点而加以称赞，云其有功于救朱子学亚流之支离、王门亚流之陷空之弊（《敬和堂集》卷一《观我堂摘稿序》，卷五《答万思默年兄》）。

积累（《敬和堂集》卷五《答周海门司封来书二条》），又评价罗近溪之现成论之透性为不过是任知解而谈论高玄，而对罗近溪云文行忠信、下学上达、不离日用方为孔门之透性（《敬和堂集》卷五《答罗近溪先生第二书》）。

敬庵本来即认为阳明之致良知、白沙之静养与宋儒之旨并无甚大不同，而云：

> 江门以静养为务，姚江以致良知为宗，其要使人反求而得诸本心，而后达于人伦事物之际，补偏救弊，其旨归与宋儒未远也。（《敬和堂集》卷五《答周海门司封谛解》）

对于认为阳明之致良知乃是以顿悟为事而加以非难者，则认为专以致良知为顿悟的做法乃是出于学者之沿袭，而云：

> 良知即是明德。……立言不同耳，无顿渐之异也。[1]（《敬和堂集》卷五《答沈实卿》）

据此看来，敬庵虽以下手处工夫为切要，但其可以说理解本体与工夫之相即妙结、即两者相即相资而自趋向于真之主旨（《敬和堂集》卷五《答钱吉甫》《答陆以建》《简李同野丈》）。不过其将重点置于工夫，故而不得不排斥龙溪等人的以本体为终始之说，相信工夫中有与本体合一之处，并论述无工夫之本体不可能存在。由此其又对在担心工夫陷于有意之累而以"毋意"为宗的同时又欲从事于立于本体之上的工夫的张阳和论述说，工夫即是本体，工夫真而本体始真，亦即有而无，到此始为无累，否则本体上的工夫最终亦会成为悬想度图、憧憧往来，而不免着有之累，欲以此订张阳

---

① 此论可谓于王门有功。

和之误①（《敬和堂集》卷五《简张阳和年兄》）。由此大致可以推察敬庵以克己为彻上彻下、本体工夫合一之处，而从《论语》之"克己复礼"四字中单提出"克己"两字的理由。而若了解当时现成派亚流单提"复礼"而舍去"克己"，结果徒任见解而已当下之妙悟为事、带来显著弊害的情况，则敬庵之这一意图更为明显。② 对于曾云

颜子之功，只在复礼上做，并无所谓克去己私者。……克去己私之说，此宋儒不得其门的孟我疆，敬庵云"非克无以见复"（《敬和堂集》卷五《答孟我疆符卿》）。

像这样，敬庵曾切论克己，不过对于动、静、几、未发、已发、主意、工夫等当以何者为主，则认为需看各人之力量如何，而没有特意确立定说（《敬和堂集》卷五《答孟我疆符卿》）。不过如同前述，敬庵所云之克己原本是以除去气质之障蔽、即消融气质为目的，故而看起来其特别以精诚、戒惧、收敛为要，其中尤其重收敛。敬庵痛感心之扰动汗漫之弊，而时常论述收敛静养之必要（《敬和堂集》卷四《寄弟仲毅》，卷五《与冯仲好第二书》《答陆以建》）。他给海门的回信中有"云开天见，波静水明"之句（《敬和堂集》卷五《答周海门司封来书二条》），而"云开天见"可以理解为是在论述气质之消融，而"波静水明"可以理解为是在论述收敛静养。不过敬庵之静养乃是广泛横亘于动处静处等各方面，而并非偏执于一边，故而并非属于时境者③（《敬和堂集》卷五《答郭在玄》，卷一《胡子衡齐序》，卷五《答陈宏宇郡公》）；然而从其提出"主静立极"之周濂溪之语、举出"静中养出端倪"之陈白沙之句的做法来看，可以说敬庵之工夫有倾

---

① 敬庵之劝诫径直以"惺然常明"为道心的高忠宪云"童仆之服役中节者，皆道心也"（《高子遗书》卷八上《与许敬庵先生》所引），亦与此说为同功一体之论。

② 据敬庵给周海门的回信（《敬和堂集》卷五《答周海门司封来书二条》）可知，当时论良知之现成者往往有以克己工夫为无用，而只提"一日复礼""朝闻夕死"之语，陷于见解情识之弊。

③ 敬庵将《易》之艮、恒二卦解作述通于动静之嚣寂、烦简之静定之意者。故而其否定求静于境的做法的态度自不待言。

向于静之处。故而从《明儒学案》之《师说》中所记其以静坐而痛行省察克治一事，亦可推察敬庵之工夫乃是以严苦贯穿其中者。故而其门人刘念台在师事敬庵时曾用严苦之居敬工夫（《刘子全书》卷四十《年谱》），亦并非没有理由。

归结以上所述，可以认为敬庵之克己乃是贯穿着程朱式的严肃居敬精神的实修的切实之处，而其中同时蕴含着周子、白沙之端本静澄的面貌，且有王门正统派之本体工夫合一之处。而敬庵之所以就实修之工夫而特意提出克己两字，乃是因为现成派亚流持本来皆无的立场而认为有即无，积极肯定有，摄无于有且认为当下即现成，由此而径直以低俗之己我为现成，其结果认为己私无可克，最终上而失却深造自得之本旨，下而以行履为疏阔，产生了甚大的弊害。

最后想要附带说明，敬庵虽重视心性上的工夫，但其云"性无内外，心无内外"，不立内与外或是体与用、本与末（立本与经纶）之别（《敬和堂集》卷五《与胡庐山先生论心性书》《答李见罗年兄》《答周海门司封来书二条》），而专以严正与笃实、理静与行实的浑然而真切之体认实修为要，且不喜相对于朱王两派以及其他诸儒而别立门户，而是采取取长舍短的态度。①

259

---

① 此倾向已见于敬庵之师唐一庵（《广理学备考》之《一庵集》）。敬庵曾述薛文清、王阳明、陈白沙、胡敬斋四子之学之特色，而在最后云"吾于四先生，各师其所长而已。其未至者，不敢尽以为然也"以作结（《敬和堂集》卷五《答陈实卿》）。

三、冯少墟

　　冯少墟与一庵、敬庵等人一样，排除讲学之中的门户之见，而云宋儒及阳明或论主静或论主敬穷理，又或论致良知，虽门户各异，但归结起来这些均不过是筌蹄，若各以工夫而复性体，则得鱼兔而忘筌蹄（《冯恭定全书》卷十三《郑溪书院志序》，卷七《宝庆语录》）。只是当时上有党争之祸、禁学之事，下有王门末流之禅狂，故值此之际，少墟认为"为天地立心，为生民立命，为往圣继绝学，为万世开太平"乃是天地生我之心，而与顾宪成、邹南皋等人一起遵从以讲论为"明道觉心"之宋儒朱子之主旨，而痛感讲学之切要与使命，且竭力于辩难异端，盖亦为不得已（《冯恭定全书》卷七《宝庆语录》，卷二《疑思录》）。只不过理论性很强的少墟之拔本塞源式的异端辨析有先儒未到之处，其功绩在当时与宪成并称。

　　少墟之所以竭力于论讲辩难，乃是欲救现成派亚流之猖狂以及俗人之冥行之弊，而关于这些弊害，他曾做过以下的论述：

　　（一）以驳佛老之锋转而论时事人物之风（越俎之学），以及以辟佛老之锋转而辟宋儒之风（操戈之学）兴盛，成为世俗非议讲学的口实①（《冯恭定全书》卷十六《辨学录跋》）。

　　（二）不求本源于道德而尊重事功气节之风流行，为此儒者为客气所驱

---

　　① 少墟认为在讲学时评论特定的人物和时事的做法有违圣贤之本旨，因为圣贤之论学只是泛论道理。少墟以为异端者有佛老及越俎、操戈之学，不过其辩难之锋直接指向的乃是佛老，关于其他两者则云无论及之暇，而只不过是提出此两者以为同志之戒（《冯恭定全书》卷十六《辨学录跋》）。

而陷于功利主观（《冯恭定全书》卷十五《答强睿安侍御》，卷十《太华书院会语》，卷十六《百二别言》）。

不过少墟之异端辩难的特色在于专从其本体源头上向这些异端加以辩难之锋。据其所说，此乃模仿《中庸》发明孔子之道德之本体源头而破除异端之法。① 故而其认为若像历来那样只在下学与上达、渐修与顿悟、经事宰物与明心见性、用与体上求儒佛之别，则不仅不能理解儒之本体源头，且会产生以佛为大、以儒为小之弊，而论述说：

> 学者崇儒辟佛，当先辨宗。若宗旨不明，而徒哓哓于枝叶之间，吾恐其说愈长，而其蔽愈不可解也。（《冯恭定全书》卷一《辨学录》）

这一趣旨与陈清澜《学蔀通辨》中所见的异端之辩相通。②

少墟认为论心必说理乃是吾儒之本旨，③ 以理之有无严格区分天理与人欲、道心与人心，或是善与利、善与恶，以及义与利、公与私，而云"中间无路"（《冯恭定全书》卷八《善利图》），以此理之一字为辨别儒佛（老）、儒俗之要领。据其所说，心乃是灵活之物，若不依理则必从欲，两者不可并立，故而心无二用，无一切俱无之道理，无一切总归于无心之道理。因此以理欲皆为无的禅之无心论，由于以理为无而自不得不堕入从人

261

---

① 少墟云"《论语》一书，论功夫不论本体，论见在不论源头。盖欲学者由功夫以悟本体，由见在以觅源头耳。此其为虑甚远，非故秘之而不言也"（《冯恭定全书》卷二《疑思录二》）。据其所说，异端（老子）舍功夫见在而直论本体源头，其误不在舍功夫见在，而在于其本体源头。即其本体源头有误，才导致其舍功夫见在。故而《中庸》在论工夫见在的同时又论及本体源头之内容与本质，而驳倒了异端（老子）（《冯恭定全书》卷二《疑思录二》）。

② 陈清澜有《心图》（《学蔀通辨》终编卷上），少墟则有《善利图》（《冯恭定全书》卷八）。前者乃是以道心与人心之别说明儒与异端之别，而后者则是主要以善与利之别来说明俗人与圣人君子之别，不过两者之根本立场相通。

③ 少墟从相与说理这一点出发而不立程朱与陆王之别（《冯恭定全书》卷一《辨学录》）。

欲之俗习。① 他就儒之所谓"一物不容而万物咸备"之语云前之物乃是欲而后之物乃是理，就禅之所谓"本来无物而实不碍诸物"之语云前之物乃是理而后之物乃是欲，并由此论述说佛欲以理为无，故而不得不堕于情识（《冯恭定全书》卷一《辨学录》）。其之所以论述云"中间虽说欲障，其实是说理障的客语，毕竟要回护这个欲字"（《冯恭定全书》卷一《辨学录》），而切论提出无无空空、真空妙有、无物无碍，认为本来皆无，故而即有为无的禅说乃是投世俗之"好利败名"而伸其辩者，其流祸至于不得不救，原因即在于此（《冯恭定全书》卷一《辨学录》）。

　　本来理在天地为太极，在人为五伦，在物为则，故而其当谓之有。虽然为有，但其又是《中庸》所谓天命、《孟子》所谓人心之固有，故而乃是超越思为思虑者，因此是无。其虽然是无，但其中具备位天地、育万物之大本，故而又当谓有。归结起来，从本体本源上来说，当谓之有而不当谓之无。只不过从工夫上而言，对理来说为有，对欲来说为无，故而有有无之谓。因此终归不可谓之为无。然而佛正以本体源头之有为无，因而在此处已有儒佛之间之异同。且其间之差可谓是所谓"毫厘千里"。少墟论述说这是因为在其发用上产生了德业与利欲之巨大差别（《冯恭定全书》卷一《辨学录》）。其以洪钟与废钟之例恰当地说明了儒佛有无之论。② 其之所以像这样以本体源头上之有无而论述儒佛之别，乃是为了指出儒之性乃是理

---

① 即其曾云"人心原是活的，心之神明原不可测。如无一分公心，便有一分私心；无一分善心，便有一分恶心。公私理欲，原相为胜负，原不容并立，原无一切俱无之理"（《冯恭定全书》卷一《辨学录》），又云"人心原无二用，出于义即入于利，出于善即入于恶，岂有无义无利、无善无恶，一切总归于无心之理乎"（《冯恭定全书》卷一《辨学录》），且又云"无适莫心而有比义心者，君子也；有适莫心而无比义心者，众人也；无适莫心而并无比义心者，异端也。异端之说，恰似高于吾儒，不知心无二用，一无比义心，便有适莫心。既有适莫心，而又无比义心，此异端之学依旧落于众人"（《冯恭定全书》卷一《辨学录》）。

② 即其曾云"洪钟无声，由叩乃有声。虽由叩乃有声，不知当未叩时，虽无声而实有声声之理。惟无声而实有声声之理，所以大叩则大鸣，小叩则小鸣。若无声而并无声声之理，是废钟也。未叩时若与洪钟同，既叩后便与洪钟异。虽既叩后与洪钟异，其实原是未叩时与洪钟不同。知未叩时之不同，则知佛氏之言性与吾儒之言性，佛氏之无知与吾儒之无知，毫厘而千里也"（《冯恭定全书》卷十一《池阳语录》）。

根，而佛之性乃是欲根。① 据其所说，见罗云"天理人欲之辨，乃儒佛心性之分"的原因即在于此（《冯恭定全书》卷一《辨学录》）。故而少墟明辨天理与人欲，而云否定此分别者乃是灭理纵欲之说。盖宋儒之所以分说天理与人欲，乃是基于《礼记》之《乐记》篇之说，而否定此分说者则认为《乐记》以静为天性、以动为人欲的做法乃是来自《老子》之说。例如陆象山即认为是与不是为动静所共通，不可像《乐记》那样以静为是、以动为不是，且否定以此说论天理人欲之别的做法（《象山全集》卷三十四《语录》）。而少墟则一贯将此是不是之别置于天理与人欲之明辨之中（《冯恭定全书》卷十二《关中书院语录》）。归结起来，佛之所以为异端，乃是因为其不得吾儒之体（天理），这可以说是少墟之异端辩的精髓（《冯恭定全书》卷一《辨学录》）。他还从生性论、心性论的角度而就为何应当排斥佛之说进行了以下的论述。

据少墟所说，天之"广生""大生"乃是性。故而性为生之理。故而离生之理而只论性的做法乃是任知觉运动，以之"适己自便"，最终不得不堕于气质情欲之用。佛氏以知觉运动之体为性，这乃是以气质之性、嗜欲之性为真性，与告子之生性论相同（《冯恭定全书》卷一《辨学录》，卷十二《关中书院语录》，卷九《太华书院会语》等）。站在这一立场上，少墟否定据《孔丛子》之"心之精神是谓圣"之语而论述所谓本心的杨慈湖之论（《冯恭定全书》卷十二《关中书院语录》），认为"视听若不一，其不可见则一"之慈湖之说归根结底不外是以知觉运动之体为性的禅，而对其加以排斥（《冯恭定全书》卷九《太华书院会语》）。少墟与其师敬庵一样，遵从程朱之性理学的严肃精神。② 故而其虽基于《孟子》所谓"天下之言性也，则故而已矣"之论而论述了性与气质、理与气之不可分，但又论述说若不

① 少墟同样以《老子》的谷神之论为论欲根者（《冯恭定全书》卷九《太华书院会语》）。
② 敬庵以性为严肃之物，而否定以气质为性的做法，故而与程朱之所论不同，以《论语》所谓"性相近"之性为义理之性。少墟亦遵从这一解释（《冯恭定全书》卷二《疑思录》）。

263

依性理而论气质及气，则必然以人欲为性与理，为此甚而针对宋儒之义理气质兼举之说云"学者只当以义理之性为主，气质之性存而不论可也"（《冯恭定全书》卷九《太华书院会语》）。不过不应忘记的是，少墟曾论述说宋儒之所以提出气质之性，其实是为了开明《孟子》之性善之旨（《冯恭定全书》卷九《太华书院会语》）。少墟之论虽然看起来与二元论的宋儒之说有相异之处，但若充分理解其精神，则可以说其乃是发明宋儒之本旨者。论天理之俨然而以性为理的少墟在先天后天之论方面，亦如其所云"人须要认得天字，明白然后可言先后。此处最要活看。……先后字不可执一看"，高举天字；从同样的旨趣出发，其在论《中庸》之诚时，亦举出《中庸》之"至诚之道，可以前知"之语，指出"道"字之切要；此外关于《中庸》之未发，亦要求注目于"中"字。

少墟与敬庵一样，亦承认阳明的致良知说，而这是因为其将阳明此说看作是论理之一面而以"循理"为旨者。故而其在就阳明所云知之良进行论述时，亦指出此说之意义不在其先天性，而在其道德性，若非如此则此说将会成为纵欲无忌惮者之口实（《冯恭定全书》卷十二《关中书院语录》）。像这样的看法将会使得朱王两学之分别变得困难。

从以上所论亦可看出，少墟之切论性善说、竭力驳斥当时流行的无善无恶说，盖亦属当然。① 正如其所云：

近世学者，病支离者什一，病猖狂者什九。皆起于为无善无恶之说所误，良可浩叹。（《冯恭定全书》卷十五《答杨原忠运长六》）

在其看来，时流之猖狂之弊完全起因于这一无善无恶说。少墟之所以以性

---

① 少墟对于无善无恶说之辩驳的论旨与同时期顾宪成所进行的辩驳之论旨不期而一致（《冯恭定全书》卷十五《答杨原忠运长第六书》）。

为善，乃是与历来之诸儒一样，本于《孟子》之说而留意于道德感情乃是先天、普遍之物这一点，且少墟更进一步，论证了道德感情为不可变，而非道德感情为可变，且后者能够转变为前者，而前者不可能转变为后者（《冯恭定全书》卷九《太华书院会语》），并论述说此事可由静坐而体认心之湛然虚明之处而得到其明证（《冯恭定全书》卷十五《答黄武皋侍御》）。据少墟所说，无善无恶说之源头在于老子、告子、佛氏。如今提倡此说者虽为佛氏之无善说所眩惑，然而却又不能抹杀儒之善，故而由此又论无恶，不过归根结底不外是佛说之改头换面（《冯恭定全书》卷一《辨学录》）。由此少墟致力于论证提倡此说者排斥性善说、即以性善说为相对之论而加以否定之论据的矛盾及流弊。其要点大致如下：

（一）善虽有体与用，但正如水之清无源与流之别，善亦无无善之善与有善之善、即无对之善与相对之善之别。然而为无善无恶说者只以前者为绝对之物而宗之，对后者则以之为相对之物而加以排斥。若从此论，则有善之善会受到否定，而自不得不肯定恶。此乃"君子绌而小人恶"之道。[1]

（二）有善之工夫之所以成为无善，乃是因为其"有"本于私意、即主观功利。像这样的有善当然应该成为不善，故而并非真正的有善。真正的有善乃是去其不善而复归于本来之善的工夫，故而其既是工夫，同时又超越工夫。如此则其间不可能有像助长那样的弄工夫而乱自然之弊。然而为无善无恶说者云真正的善乃是超越工夫者，故而不可能为"有"，而欲否定有善之工夫。若从此论，则不仅不能救人之不幸，反而会生出助长人之不幸之弊。[2]

265

---

[1] 对于阳明之无善无恶说，从"善只是生意""此生意是不可见者"之点而发的"阳明子误认善字，遂云无善，分明是无上又加无也。我故云彼误在善，不误在无"之陈几亭的批评亦是一种见解（《陈几亭集》之《续学言上》）。

[2] 据少墟所说，去不善而复归本来之善的有善功夫乃是所谓学，故而学无助长之弊。故而其非难谓学为助长意外的慈湖之说，且对于慈湖之心学，亦云慈湖没有考虑到心乃是混善与不善者，而径直以其为理、为道，对其加以驳难（《冯恭定全书》卷一《辨学录》）。

由此少墟云所谓"无善无恶是心之体"之阳明四句宗旨之第一句乃是陷《孟子》性善之旨于告子之无善无不善或是佛氏之无净无垢之弊、反而授佞妄者以口实者，而以其为非（《冯恭定全书》卷十五《答张居白大行》《答黄武皋侍御》）。而对于四句宗旨之第二、第三两句，即"有善有恶是意之动，知善知恶是良知"，则与敬庵一样，认为其充分发挥了阳明致良知之主旨。之所以如此，是因为按照少墟之主张，此两句乃是明示心体之善而无恶、即心体之所以为良者（《冯恭定全书》卷十六《别李子高言》）。

如以上所述，少墟虽然对阳明四句宗旨中的无善无恶说持批判态度，[①]但对于致良知说，则认为此乃以性善为宗者，而不吝尊信之。[②]据其所说，良知乃是心体灵明之处，且其之所以为灵明，乃是因为能够对善恶做出敏锐的判断。故而其知为善。少墟云"自良知之说行，而人始知个个人心有仲尼"（《冯恭定全书》卷十五《答张居白大行》），称赞了阳明提出良知而直指性善之本体的功绩。正因为如此，其在否定信奉阳明者反而以可谓是阳明之说之失处的四句宗旨第一句、即无善无恶论为阳明学说之宗旨的做法的同时，更加否定驳斥攻击无善无恶论者一并以致良知说为非的做法（《冯恭定全书》卷十五《答张居白大行》）。除了以上所云，少墟还曾这样论述其承认阳明致良知说的理由。据其所说，阳明所云良知乃是本体，宋儒所云居敬穷理则相当于致之工夫，故而致良知之说乃是能够贯穿本体工夫者（《冯恭定全书》卷十六《别李子高言》）。这可以说是将王门正统派之

① 在此对拥护无善无恶说的王学一派之说中的一部分加以介绍。清初的李穆堂认为虽然王龙溪之《天全桥会语》是否原样传达了阳明之说并不清楚，但其论无病，而就四句宗旨进行了这样的论述：心之体寂然不动，善恶未形，故曰无善无恶，就静言。故即继之曰有善有恶意之动……（《穆堂初稿》卷十八《心体无善恶说》）此说与敬庵之说相近，只不过穆堂与敬庵不同，对四句宗旨的第一句积极加以肯定。故而其对少墟等人之说给予了"后人辄诋之，谓心体不当言无善，是以辞害意，而未审体字之义也"（《穆堂初稿》卷十八《心体无善恶说》）的评价。孙夏峰《理学宗传》之《义例》中亦云"阳明谓无善无恶，是无恶之可名，正是至善"，故而其亦承认阳明之无善无恶论。李二曲亦从同样的立场出发，就针对无善无恶论的非难进行了辩解（《李二曲全集》卷十七《答朱字绿书》）。盖对陆王学持同情态度的学者一般都积极肯定此无善无恶论，而致力于解明其义。

② 少墟对抑朱扬陆的阳明之朱陆高下论加以批判，此乃理所当然。

说再推进一步、欲使朱王两学一致的说法。

少墟认为近世之学术之所以诸说纷纭、议论不能统一，且流行无善无恶说而使得学术不明，乃是因为本体与工夫之辨析不够明白，由此反而使得两者一体之真意不明。故而为明白辨析两者，少墟进行了以下论述（《冯恭定全书》卷十六《答杨原忠运长四》）：

（一）若就本体而论，则不管是所谓"天命之性"还是"率性之道"在圣人与众人之间均无区别；然而若就工夫而论，则两者之间有深与浅、直截与迂曲之差。

（二）若就本体而论，则人性皆善，不假人为而当下即是，并无圣人与众人之别；然而若就工夫而论，则众人自不用说，就连圣人亦需要人为之功。

（三）本体亦有寂感之差，工夫亦有安勉之差，不可相混淆。

若像这样明本体与工夫之别而积体验之功，则"愈体验愈浑融，愈浑融愈体验"，工夫超越人为而自与本体相一致，这便是圣人所谓"尽性至命"之学（《冯恭定全书》卷十六《答杨原忠运长四》）。少墟之所以像这样欲明本体与工夫之别，乃是因为在其看来，若只专一于本体之上，则会产生陷空放肆（异端乡愿）之弊；若只专一于工夫之上，则会产生支离拘滞（俗学）之弊。此外若误本体为工夫，则会只论本体而不要工夫，为此反而会以本体为空虚，其所至之处将会产生放任情欲之弊；若误工夫为本体，则会忽视本体之透悟，为此反而产生陷工夫于支离拘滞之弊。故而其云：

> 若论功夫而不合本体，则泛然用功，必失之支离缠绕。论本体而不用功夫，则悬空谭体，必失之捷径猖狂，其于圣学终隔燕越矣。
> （《冯恭定全书》卷十六《答杨原忠运长四》）

少墟曾论述本体即工夫、即以本体为工夫之上智的立场与工夫即本体、即以工夫为本体之下学的立场的区别（《冯恭定全书》卷十五《答黄武皋侍

267

御》），不过在其看来，本体与工夫两者本来须互为根基、彼此相资，如此本体方始为真、工夫亦始为真。故而其征之圣贤所述，一一详细论述了主意与工夫、悟与修，或是察识与体认、反观与提醒之所以为不可离。① 且其认为陆王，尤其是王阳明充分发明了此主旨。即象山之"墟墓兴哀宗庙钦，斯人千古不磨心"之诗句与孔子之"入太庙，每事问"，孟子所云"怵惕""颡泚"为同旨，其所示乃是一念之不容已、即自本体上用工夫之处（《冯恭定全书》卷二《疑思录》）。而阳明所云"个个人心有仲尼"乃是相信本体内在于己而论述复归本体之工夫之要者（《冯恭定全书》卷四《订士编·又示四氏曲阜两学诸生》），其遵从的乃是孟子提出"不学不虑"之本性而示人以"学虑"工夫之切要之主旨。阳明所谓"君子无入而不自得，正以其无入而非学也"之语正是明示此主旨者（《冯恭定全书》卷一《辨学录》）。少墟认为阳明之论本体乃是"千古之一快"（《冯恭定全书》卷四《订士编·又示四氏曲阜两学诸生》），提出本体而以此论说工夫之切要乃是阳明本体工夫论之主旨，而论述阳明之学云：

> 良知是本体，致知是功夫。识得本体，然后可做功夫；做得功夫，然后可复本体。千流万派而不离其源，千言万语而不出其宗。（《冯恭定全书》卷十三《越中述传序》）

这在某种意义上可以说是述阳明之本旨而不误者。像这样，少墟经由陆王，尤其是阳明而充分理解了为学之际本体与工夫之所以不可或缺、两

---

① 如《易》之论"知崇"与"礼卑"，《尚书》之论"一"与"精"，《论语》之论"约礼"与"博文"，《中庸》之论"未发"与"中节""戒慎恐惧"与"致中和"或是"尊德性"与"道问学"，程明道之论"识仁"与"诚敬"以及"万物一体"与"穷索防检"皆是在论述信与学、悟与修、性与学之两用的必要性（《冯恭定全书》卷五《答逯确斋给事》，卷十四《梦说》，卷十三《学翼序》《薛文清先生全书序》等）。

者之所以相即妙结而为一体。其关于此点之论诚有意尽之感。如

> 学问晓得主意，才好用功夫；用了功夫，才得到妙处。若只谈妙处而不用功夫，则妙处终不能到；若泛用功夫而不晓得主意，则功夫亦徒用矣。此空虚之学与支离之学，皆圣道所不载也。（《冯恭定全书》卷十二《关中书院会语》）

之论便是论说此点而有余者。不过少墟亦是湛门之徒。故而其有见于任本体之顿悟而排斥工夫之规矩、其结果陷于无忌惮、猖狂之当时现成派亚流之弊，而不得不以工夫为切要而论述本体工夫之合一。即其曾云：

> 学问源头全在悟性，而戒慎恐惧是性体之真，精神规矩准绳是性体之真。条理于此少有出入，终是参悟未透。今日讲学，要内存戒慎恐惧，外守规矩准绳，如此才是真悟，才是真修，才是真潇洒受用。（《冯恭定全书》卷十五《答高景逸同年》）

269

且其又举出"欲识浑沦无斧凿，须从规矩出方圆"之阳明之诗句，以戒徒任顿悟而陷于躐等之弊的做法（《冯恭定全书》卷十五《答顾良知布衣》）。故而关于阳明之本体论，少墟亦殷切希望学者不要对其有所误解（《冯恭定全书》卷十五《答顾良知布衣》）。例如其云阳明之所谓"满街皆是圣人"完全是警策之语，若对此加以误解而径直以自家为圣人，则会至于病狂（《冯恭定全书》卷十五《答朱平涵同年》）。故而少墟遵从排良知之空谈而论说"致"之要的王门之邹东廓、南元善之说（《冯恭定全书》卷十三《越中述传序》），又或是认为朱子学者吕泾野之"甘贫改迁"之实修不为肤浅（《冯恭定全书》卷二《疑思录》），评价论明道之《识仁篇》者只以识悟为事而无视其中所述的"明理诚敬"及"穷索防检"、只云"本体工夫一齐俱到"的做法是完全是为

佛论所毒（《冯恭定全书》卷十三《明道先生集抄序》），此外比起任《孟子》之所云"怵惕""夜气（性之端倪）"的做法，更着重论说《孟子》之"扩充"之所以为必要，以及以慈湖之"毋意"以及王门一派常说的"打破敬字"之说为非（《冯恭定全书》卷九《太华书院会语》，卷十一《池阳语录》）等做法，盖属当然。由此我们可以理解少墟在首善书院讲学之际，对提倡解悟之要的邹南皋责以实修之要的做法的深意。

如以上所述，少墟以工夫为切要，不过在其看来，此工夫当然必须是合于本体的工夫，换句话说乃是工夫而本体者，这自不待言。须有这样的工夫，始无支离外驰、葛藤助长之弊。[①]"敬者心之本体"一语可以说简洁地传递出了此中消息。此乃与当时的新朱子学者顾宪成、高忠宪，或是可以说是新王学者的刘念台等人的重修说相通者。故而对于少墟来说，即便论工夫之切要，此工夫亦必须同时是透悟。其诗有云：

> 日用平常自有天，如何此外觅空玄。请看鱼跃鸢飞趣，多少真机在眼前。（《冯恭定全书》卷十七《自省吟》）

此乃论说在日用常行上悟本源之要者。少墟在论说工夫之际常引用"等闲识得春风面，万紫千红总是春"之朱子之诗句以及"不离日用常行内，直造先天未画前"之阳明之诗句（《冯恭定全书》卷一《辨学录》，卷二《疑思录》，卷十三《理学平谭序》，卷九《太华书院会语》等），以论述在日用

---

① 故而其云如《大学》之"诚意"乃是好善恶恶，此好恶之一念乃是善念而自慊者，并非支离。意本来即诚，诚意工夫只不外是复归其本来之诚而已，故而其间并无助长（《冯恭定全书》卷九《太华书院会语》）。此外其对以《孟子》之"求放心"为二心之纠葛者云：能求之心，即是存；不能求之心，即是放。求之云者，不过自有而自照之耳，非心之外复有心也。而关于所谓"洗心""养心"等工夫亦同样云"若以求心为两念，则心谁去洗，谁去正，又谁去存且养"，又论述说孔子之言行皆是"求放心"之工夫，其中无精与粗、人心与言行之别，故而并非外驰（《冯恭定全书》卷二《疑思录》）。

常行中立天地未化前之根极、即本体，换句话说即透悟之必要。其对诸生论对良知（赤子之心）之信的必要（《冯恭定全书》卷四《订士编·示四氏曲阜两学诸生》），又称赞止修派的涂镜源之"知止"之学（《冯恭定全书》卷十六《百二别言》，卷十五《答涂镜源中丞》），归结起来亦不外是述工夫之际之透悟之要。

如以上所述，少墟在论述本体与工夫之合一时，一方面论工夫之要，另一方面则论透悟之要，而云"时时察识，时时体认"（《冯恭定全书》卷十二《关中书院会语》），不过如其所云：

> 学问之道，全要在本原处透彻，未发处得力。本原处一透，未发处得力，则发皆中节，取之左右，自逢其原，诸凡事为，自是停当。不然，纵事事点检，终有不凑泊处。此吾儒提纲挈领之学，自合如此，而非谓日用常行，一切俱是末节，可以任意，不必点检也。（《冯恭定全书》卷十二《关中书院会语》）

少墟乃是以透悟本源之后时时点检而合于本体为道。这亦可以说是得主意而用工夫。归结起来，若先得知本体，则自会以工夫为要。若于此用工夫，则工夫亦自合于本体，此乃少墟之本体工夫论。这或许可以说是王学式的本体工夫论，不过不能忘记的是，其中依然保存着流传于湛门派的朱子学的精神。若联想到之前所述的少墟曾切论以天理为心之体、在首善书院切论重修之要等事，则此点可以较为容易地得到理解。

由以上诸点，少墟之本体工夫论又有了一个新特色。盖道体无静与动、寂与感、未发与已发、内与外等之别，常存而常发用，故而工夫亦必须不分时境而常用。然而道体与时境在其看来即不离又不即，故而工夫若有偏用，则并非没有或陷于异端之寂灭，或陷于俗学之支离之弊。由此少墟兼用静养与洞察而欲救此弊。此乃与朱子学相近者，而少墟如前所述先以本体之透悟为要，故而即便论说上述两者之兼用或不偏，亦自不得不在其间立先后之别。故而其在论述动时之发用之停当时，关于在静时用力于根本之处的工夫与以动时之机栝上之点检为事的工夫，虽论说两者并用之要，又以前者为先，此事便是上述之点之恰好的例证（《冯恭定全书》卷十五《答杨原忠运长二》）。其之所以像这样论说点检，乃是有鉴于藉未发之体之名而终陷于小人之无忌惮之当时现成派亚流之弊，而如上所述，关于工夫而在动静之间设立先后之别的少墟自然倾心于罗豫章、李延平、陈白沙等人的主静说（《冯恭定全书》卷八《善利图说附录》，卷二《疑思录》）。若一读其诗，则自可明白其如何用力于静养之工夫（《冯恭定全书》卷十七《自省吟》）。其静养工夫令人感觉有与王门归寂派之工夫相通之处，而又以如鸡之抱卵时的坚固力量、猫之捕鼠时的心之收敛为必要（《冯恭定全书》卷四《订士编·示宁阳学诸生》），且如所谓"昔人有欲打破敬字者，……盖未知人之所以异于禽兽者几希，只在敬肆之间耳"（《冯恭定全书》卷十一《池阳语录》），其间存有严肃之居敬精神。此事足以让人想起少墟乃是敬庵的门人一事。① 概括而言，敬庵之学中的静之倾向到了少墟那里后并非没有更为显著之感。李二曲对少墟之学的评价比对顾宪成、高忠宪的评价更高，其云：

> 近代理学书，读书、居业二录外，惟《冯少墟集》为最醇。冯与顾泾阳、高景逸同时开坛倡学，大畅宗风。顾高学固醇正，然其集中犹多闲应酬，识者不无遗憾。冯集彻首彻尾，干干净净，粹然无瑕，方是醇乎醇。无论知学者读之不忍释手……（《李二曲全集》卷十六《答吴湑长三》）

不过关于少墟之体认是否有如其论辩之醇正，并非没有难以确证之感。

---

① 不过罗念庵之归寂说亦并非没有要求严肃之敬之工夫之处（《王塘南先生自考录》）。

第九章

东林学的精神——以顾宪成、高忠宪为中心

一

一言以蔽之，东林学的精神乃是宋学精神的体现。或许是因为历来论东林者忘记了其乃是讲学之名目而以之为党名，而遂有将倡清议而尊名检气节的东林学者比拟为东汉之党锢人物的倾向，对于东林之为学精神的研究尚有不能十分尽意之憾。东林之所以不得不倡清议而尊名检气节，当是因为遵从"与世为体"之道的做法在当时不得不变为"与世为敌"。而在此际重要的是，东林对此持"一切动忍，为洗心退藏之助"的态度（《高子遗书》卷八上《答周自淑》）。

※ 这一精神与论"事上磨炼"之阳明的精神亦有一脉相通之处，然而在阳明那里"与世为体"并未发展为"与世为敌"。其原因不应只归于两者所处环境的不同，而是根本上在于为学精神的差异。东林之所以"与世为敌"，乃是因为其遵从欲从至高至纯的理想的立场出发而矫正现实的朱子学的精神。钱穆从东林重好恶这一点而以东林之气节与王学之良知（或者知行合一）为一途，而云两者只不过是因为环境之相异而导致意趣不同（《中国近三百年学术史》引论），此说令人难以赞同。东林的确认为天下诸般之事皆发自人心之好恶而重视好恶，其中亦有激于好恶者，但这乃是对遵从是非之好恶（故而乃是即好恶之格物）的重视，与阳明认为"只好恶就尽了是非"的精神在根本上相异。

故而对东林来说，是非之明辨乃是学之根本。且东林以追求作为内在过程的明辨是非为根本，深切沉潜于理静。故而东林拒斥求理于浑然之心的陆王心学，而遵从追求作为心之体、即理之内在的性的朱子学。

※ 在维持国家、纲纪世界的人伦为王学末流所破坏，且内政外交均面临危机的明末，忧世忧国的东林遵从确立性学而保持伦理之严肃性，且重视国家精神的朱子学的做法或许是理所当然。

不过东林虽讲性学，但其尤其用力之处乃是性之体认躬行、心体之静定自得。这是因为在其看来，性乃是心之体、宇宙生成之根源，若能够体认自得而尽之，则宇宙之元气浩气亦自然能够得以维持，宇宙之伟大的目的自然能够达成。到此则清议之论、是非之辨以及名节事功亦能够摆脱争论拘执、相对着有而自绝对世界自然得以遂行并成为真实。

※ 故而任血气而高唱气节清议，或是扬言名检事功，以及张胆大目而倡大义于天下的做法本为东林所不取。据其所说，正如《菜根谭》所谓"青天白日的节义，自暗室漏屋中培来；旋乾转坤的经纶，从临深履薄处操出"，这些均是由对天理的敬畏或是性之涵养中自然将来者。故而是非之明辨并非只是就外在之事象而严正处之，而更是以作为内在工夫而追求之为根本。面对斗争场里的世局，东林之所以或是排斥斗争，或是以立门户为非，而提倡只应融合宽大、静虚空空，其理由即在于此。他们认为若只就外在事象而保持是非之严正，反而会导致以善杀人。从这一点来说，东林的立场与程明道、陆象山之学并非没有一脉相通之处。不过东林之学虽说以性之体认自得为根本，但其奉朱子学而相信理法之俨然，故而在当时的时势之下并非没有趋向申韩之刻薄不情的征兆（参照《刘子全书》卷四《修学疏》）。

东林之所以着力论述性之体认自得，乃是因为其经由王学而最终以朱子学为宗。为此东林之所谓朱子学乃是具有王学之倾向的新朱子学。若了解东林学发源于王门之薛方山一事，则此点更为清楚。

※ 方山虽属王门，但其排斥良知现成派的空见顿悟，或是论说实务敦行之要，或是重气节清议，否定朱陆之门派之别而论述回归两者源头之孔孟之学的必要。故而其虽遵

从王门，但其学中多有朱子学的倾向。东林可以说是通过薛学而溯源于朱子学者（顾宪成与其弟允成均师事方山）。此外无论是顾宪成还是高忠宪都与当时的陈（白沙）学派、甘泉学派以及王门派有着很深的关系，两者都有在此诸派中舍短取长、以有资于己学之处。尤其是王门之中包含着朱子学要素的一派之学对两者产生了直接间接的影响。由这些事实，可以更好地理解以上所述之事。

277

二

　　东林讲学的目的在于以学术而匡天下，为此其最为用力之处乃是性善说的复兴。尤其是顾宪成、允成兄弟本于排斥陆学之顿悟与陈（龙川）学之功利的朱子之异学辨辟的主旨而强调性所以为善，以致力于辩驳在其看来紊乱性善之体的王学之无善无恶说。这是因为在东林看来，在朱子的时代分别存在的顿悟与功利两弊到王学之无善无恶说而浑然一体，产生了甚大的弊害。之所以如此说，是因为无善无恶说一方面以心体为空而通于至道，另一方面又混善恶而以机巧为事，且其玄则握机自巧，巧则转机益玄，投合世俗之好恶，又因其体微，其辩驳亦更为困难，其流弊至为显著（《顾端文公遗书·泾皋藏稿》卷六《朱子二大辩序》）。

　　※ 尤其高倡无善无恶说的乃是良知现成派，而其中特别是泰州一派的气骨派本于此说而任气机、投合世俗之好恶而甚有紊乱世间纲纪之处。宪成甚至评价他们说"以学术杀天下万世"（《顾端文公遗书·小心斋札记》卷十八）。且从宪成所谓"欲就而诘之，彼其所占之地步甚高，上之可以附君子之大道；欲置而不问，彼其所握之机缄甚活，下之可以投小人之私心"（《顾端文公遗书·小心斋札记》卷十八），亦可以窥见对其说之辩驳如何困难。不过批判王学之无善无恶说的基础已经为王门之归寂派所建立（东林派高举性善说而从正面对无善无恶说加以反击），东林之性善说亦有得力于王门方学渐之《心学宗》之处（故而由这样的事实以可知东林与王门一派有着很深的关系）。

　　据宪成所说，性乃是内在于万物而成之者，相当于所谓太极，乃是所谓帝衷物则、乾元坤道以及仁义礼智等诸德之根源，原本乃是不为动静气禀情欲等所乱的心体，故而性有定体，且并非虚体而是实体、并非善恶不定而是善，不沦于无、不滞于有，超越着与不着，乃是心之本色。

※ 故而东林求性于"人生而静以上"之冥冥漠漠者，而否定求之于"感物而动以后"之纷纷杂然之善恶不定者的做法，并从这一立场出发排斥自告子以下之佛老之性说以及王学之无善无恶说。对于王学之无善无恶说，东林反驳拥护此说者认为无善并非否定善，而是无着于善的说法，而云以无着为事已是着相，以封其口（《顾端文公遗书·小心斋札记》卷十八；《高子遗书》卷八上《观白鹭洲问答致泾阳》）。

东林提倡性善说的理由之一，乃是其认为有无全一之绝对无在性善之体中真正得以保持。

※ 阳明亦认为只有儒道中才有真正的绝对之无，佛老之虚无乃是附加了私意者而并非真正的虚无，由此对其加以否定（《传习录》卷下），而东林亦站在同样的立场上排斥佛老。不过东林相信伦物之俨然，故而不像阳明那样求无之根源于心，而是追求作为伦物之内在的性（从这一立场出发，东林认为阳明排斥佛老之论并未抓住问题的本质——《顾端文公遗书·还经录》）。这乃是因为东林以认为人心乃是偏正纯驳相混者、不将物则即理归于心而是将其归于性的朱子学为宗。故而东林云"知觉虽妙，不察于天理之精微矣"（《高子遗书》卷五《会语》），而排斥认为心即理的陆王之说。而另一个原因是，东林之所以论说性善，乃是为了将理与心之知觉分别开来（不过东林比朱子更加强调心理之一体）以救正性之堕于低俗之人欲、将理归于性以救正性之沦于空无。

东林在论说性善之际论述性与善之即一，尤其是指出善即是性，以明论说性善之主旨。即离善而求性则眩于无，离性而求善则滞于有。告子之性说属于前者，杨墨之唯我兼爱说属于后者。孟子针对前者而高举善，针对后者而高举性，以救其弊，而孟子之性善说的本旨即在于此（《顾端文公遗书·小心斋札记》卷十六；《泾皋藏稿》卷十三）。且善乃性之实，故而

279

善存则性存，善亡则性亡。故性善而始有定体，此乃性之本来面目。

※ 从这一立场出发，东林评论说所谓"善亦能害心"之陆子之说乃是以性为无善恶之空体而使人堕入济荡之中者（《泾皋藏稿》卷六《朱子二大辨序》），而阳明之"无善无恶者理之静"云云之说乃是不追求性之本来面目，使人或是陷于佛老之沉空守寂，或是陷于乡愿之同流合污者（《顾端文公遗书·证性编》卷四《罪言上》）。

不过，东林所谓之性、善不外是事物之法则，故而循性、循善归结起来乃是遵循事物之法则，或者换句话说乃是将事物还原到本来之法则。故而就心而言，其乃是空。不过虽说是空，其乃遵循事物之法则的无心（无我），故而其中有着秩序裁制。故而心虽为空，作为其法则之内在的性乃是实，此乃儒之所以为儒。而在东林看来，佛（老）之空无秩序裁制，即便心为空，却无性之实。东林作为物则而加以重视者乃是义理，他们求性善之根源于义理，而认为从这一点来说，佛之所谓善亦是灭却义理者，故而无法维持世间之纲纪，因此排斥佛家之说（《高子遗书》卷一《语》）。重视义理的东林由此又论述义利（理欲）之辨及分别之性（若对言仁义，则仁为浑然之性，义为分别之性）。不过循分别之性乃是将事物还原到其本来的法则，即"物各付物"，故而就心而言，其乃是超越分别者，即有分别之性而无分别之心（《高子遗书》卷三《心性说》。佛家论心之空，故而有无分别之心，但其灭却义理，故而无分别之性，由此失却裁制之道）。

※ 宪成以分别与浑然为即一，而其之所以提出分别之性，不外是因为当时王学末流在以程明道之《识仁篇》为本而论万物一体时，喜浑然而厌分别（论本体之悟而轻视工夫之修），结果产生以合污任情为仁的流弊，故而欲论述浑然须与分别一体始为真（《泾皋藏稿》卷十三；《顾端文公遗书·东林商语》卷下）。故而宪成有着认为分别之性中有浑然之性的倾向。不过在分别之性中最为根本的乃是智，故而若将宪成的立场继续推

进，则其自然要接近就良知而论浑一的阳明的立场。可能是出于这一原因，宪成虽然对阳明的无善无恶说进行了激烈的批判，但对阳明之良知则未必加以否定，而云认取良知之浑一性乃是所以得阳明良知本旨，且有指出王学末流不契此旨的言论（《泾皋藏稿》卷十八。故而宪成之学被说成是朱陆折中一事亦并非没有理由）。

论说性善而对王学之无善无恶说进行了最为尖锐的批判的乃是宪成（甘泉派的冯少墟亦用力于此），而此事似乎起到了救王学末流之任情肆意之弊的功效。此处不暇对其说一一进行介绍，而归结起来，其内容为：无善无恶说第一打破了善而失却性之定体，故而使得工夫失其主体而无下手之处；第二将性与善、精与粗、心与迹、内与外、有与无、本体与工夫相分离，颠倒体与用、本与末；第三陷于告子之虚无混沌，启佛（老）之空见玄妙，导乡愿之同流合污，其害比荀子之性恶说更甚（荀子之所以论性恶，乃是为了使人致力于学，从这一点来说是有意义的）。

三

朱子认为穷物之理即是心之知至，作为理之内在的性由此得尽。据朱子所说，心乃是具众理者，由此看来比起在物上穷理，似乎在心上穷理的做法对于尽性来说更为简易直截；但朱子认为若就心而观理，则是以心观心，会使得心两头三绪，反而导致在心中产生纠葛，故而不若以心观物，就物（心亦是物）而各穷其理。然而宪成认为如程朱所谓穷一草一木之理之类乃是迂阔，须在近切之性情上格物始能尽心知性；忠宪虽论述了在一草一木上穷理之要，但亦只将其看作养吾心之工夫。

※ 由此亦可知，东林的格物论有着经由王学的痕迹。然而东林并不遵从王学。这是因为在其看来，格物乃是穷至事物之至善，故而应当以善为宗，而不应像王学之良知即天理之说那样以知为宗（《高子遗书》卷三《心性说》，卷一《语》，卷八上《答王仪寰二守》）。据他们所说，若以知为宗，则仁义礼智（物则之大纲）只不过是虚灵知觉，人伦之俨然会陷于危殆。

关于格物穷理，如其所云"妙在体贴两字"（《高子遗书》卷八上《答罗匡湖给谏》三），东林以悬空与泛观为非而以体认自得为本，故而自不得不论心与理之一体。不过他们认为若只云心而不云理则并非真正的心即理，穷理便是尽心，而以朱子之穷理为真正得心理之一体者。

※ 故而东林之论心理一体并非出于心即理之立场，而是出于理即心之立场。由此而在其看来，陆王之心即理说不知穷理即是尽心，为此主内遗外、主心遗理、师心自用，

虽云心即理却将心理分离（《高子遗书》卷一《语》，卷三《理义说》；《顾端文公遗书·还经录》）。宪成从同样的立场出发而云阳明之知行合一论乃是知行分析论）。不过若深观心理之一体，则似乎不得不得出以心为本的陆王格物说与以物理为本的朱子格物说最终乃是同一物的想法（《顾端文公遗书·小心斋札记》卷七）。而实际上东林曾有过这样的言论。故而东林亦有朱王折中之论。比如宪成曾举出朱子《大学章句》中"明德者，人之所得乎天而虚灵不昧、以具众理而应万事者也"云云之语，而云"一部传习录，只恁地看"，便是其中一例（《顾端文公遗书·小心斋札记》卷十）。其结果是东林之格物论自身多少带上了王学的阴影。如其认为应当在格物之中循物（理）而超越物、物我两忘，心中无事之中有着裁制万物之功效，以格物为本体工夫一体之功而欲见格物之无之立场（东林之所以赞同所谓"物格则无物"之魏庄渠的格物说，原因便在于此），便是一例。

东林之格物论之所以具有这样的浑一性，当是因为其有鉴于堕于空见的当时王学末流之弊，而以实知实践、体认自得为事。

※ 东林基本上以朱子之格物说为宗，故而承认穷理之知识性的一面的必要性。但其并没有像朱子那样特意要求博通万理，而是以应事而唯求理一为中心，以随事之精察为事，且亦始终以此为只是求一善。故而分殊便是理一（多便是一）。然而朱子在道德伦理之外，还论述了穷天文地理、文物制度等广泛事物之要，认为若不知这些道理，则道义之实践会不切人情，故而其达成会有缺陷。原本朱子曾论述与此等穷理相并行的、为将道理深刻融释于心中的居敬涵养工夫的必要，不过这亦是应当与知性的穷理并进者，故而朱子的格物穷理在理一与分殊之间自然产生了一定的间隔。然而在东林那里，这一间隔趋向于消失，而最终达到了两者合一。这虽然不像以一而径直为多的陆王那样彻底（故而忠宪云"不是得一万事毕，性道无穷，学问亦无穷"——《高子遗书》卷五《会语》），但从立足于即一性、即浑一性这一点来说，东林与王学并非没有相通之处。故而东林时时发出与王学相仿佛的格物论（参照《顾端文公遗书·还经录》；《高子遗书》卷五《会语》，卷二《札记》），亦并非没有来由。

不过东林之格物论虽然具有浑一性，但与阳明以心为本而论格物不同，东林以物理为本而求格物，故而两者之间有着所谓毫厘千里之差。

※ 阳明从心即理的立场出发论格物，而云自己的格物包罗统括朱子九条之说，但作用不同，故而其间有着毫厘千里之差（《传习录》卷中《答罗整庵少宰书》）。从东林的立场来说，东林之格物与阳明之格物虽同为浑一，但其中可以说有着毫厘千里之差。

即在阳明那里致（良）知即是格物，而在东林那里则格物即是致知。故而东林之格物论在根本上可以说为朱子学的精神所贯穿。东林虽求格物之要于体认自得，但其中充满了伴随着理法的严肃的气象。东林正是以此而欲救因不彻底于义理而堕于气机的王学末流之弊，又以论述体认自得而欲对被王学一派评为陷于见解支离的朱子格物论加以辩护。

东林之心理一体论到了高忠宪那里更为精妙。忠宪虽然遵从朱子学而原则上建立了性（理）与心之别，但其深有见于心理之妙结，而云"心性非一非二，只在毫芒杪忽间"（《高子遗书》卷八上《复钱渐庵》二）。其之所以天理为真心、以得真心为格物穷理，亦是出于此因。

※ 相较强调客观之穷理的朱子格物说，忠宪所论之格物有时更接近于看到在主观之光中有着超越客观之力而欲以之为本的阳明之说。如其认为以明知之光而转妄想为真心，且使此真心之认知成为超越人为的自然本体之力乃是格物之一诀，便是一例（《高子遗书》卷十二《书关僧净六卷》）。此乃与阳明之照妄论、本体工夫论一脉相通者，且其中不无与良知现成派之不措一指的不犯手之法相似之处。

深有见于心理之妙结的忠宪以身心上的反躬自得、即反观默识为格物之要，为此又以"反身而诚"之工夫为格物穷理（不过，这乃是因为其认为若穷理不依身心上的深切体察则有落入见解之虞，其遵从以格物穷理为诚意正心之先的朱子之立场的态度并没有改变）。若论反躬自得，则格物工夫亦自不得不以主静体认为本。其结果是忠宪以格物为未发之法，而认为朱子之格物乃是从已发之法者，并不遵从朱子之说。故而其云"朱子曰：'当因其所发而遂明之。'此四端之说也，《孟子》之法也。吾则曰：'又当因其所未发而遂明之。'此大本之说也，中庸之法也"（《高子遗书》卷九上《桐川会续记序》）。

如以上所述，重视身心上之格物的忠宪又云"天下之理未有不本诸身者，但格物不到物之至处，不知物之本处"（《高子遗书》卷三《大学首章广义》），而以修身为其根本。故而其云"格致诚正为身而设，齐治平自身而推"（《高子遗书》卷三《大学首章广义》），将《大学》之工夫皆归于修身，以修身为《大学》所谓"知本"之本。

※ 由此忠宪以朱子《大学章句》之分章补传为非而从《古本大学》，不过其又云"朱子格物，规模极大，条理极密，无所不有。知本之义，已在其中。……若实做朱子格物工夫，自与知本无二；实做知本工夫，自与朱子格物无二"（《高子遗书》卷三《大学首章广义》），而认为朱子章句之精神与《大学》古本之精神相契。

忠宪之所以以修身为格物之本，乃是为了救因不知至善在吾之心中、只谓"事事物物皆有定理"而用私智测度于外，结果导致其心支离决裂而不能通于是非之真、最终肆人欲而亡天理的朱子学末流之弊，亦是为了匡陷于空见气机而导致猖狂的王学末流之弊。不过应当注意的是，忠宪之修身如其所谓"身修点铁悉成金"（《高子遗书》卷六《戊午吟》），有与阳明之良知之力相通之处。

※ 李见罗有鉴于王学末流之所谓良知流于空见虚无而失其实，为救其弊而论说《大学》之止（于至善）与修（身）之要而提倡止修说，以修身为工夫之根本。忠宪之提倡

修身说似乎亦是受到了见罗的影响。忠宪曾经一时遵从过见罗之说，不过见罗之说终究是以王学之特质为本而有着缺乏对物理之俨然的明确认识的倾向，故而最终令忠宪无法遵从。忠宪并不径直以修身为格物（见罗的立场接近于此），而是以身心上的格物为所谓格物之本，这乃是遵循朱子格物说之精神者。故而虽然同以修身为本，但忠宪之说与见罗之说在根本上有不同之处。据忠宪所说，倾向于王学的见罗之止修说缺乏对于事理的明确性，而陷于平铺放任。其评价见罗之止修说为不知格物为修身之本，故而缺乏对是非之极的明确体认，工夫为"气禀物欲拘蔽万端，恐有不能实用其力者矣，……知诱物化，不能反躬，不宜如此儱侗"（《高子遗书》卷十《三时记》）。

若以格物工夫为体认自得，则格物便是致知，此自不待言。而在此情况下，致知便是得朱子所谓"知得尽，尤要亲切"之真知（体验知）的工夫。

※ 故而在东林那里，朱子之作为知识之推及的致知的一面并没有受到多少顾虑。不仅如此，知被认为是真知，故而知不仅被看作是工夫，亦不无被看作是本体的倾向。由此而东林之致知说自然具有了与王学相接近的倾向。故而忠宪在论人与禽兽之别时，不像朱子那样以仁义礼智之有无为本，而是求之于一点之灵窍（不过这并非只是灵觉，而是仁义智中的灵觉）之有无，这一做法亦并非事出无因（《高子遗书》卷四《讲义·人之所以异于禽兽者章》）。不过忠宪并不遵从明确采取以知为本体之立场的王学。之所以如此，是因为其有鉴于只以灵明知觉为事而陷于虚病的王学末流之说，而认为为学必须依靠朱子之实知实践之学（《高子遗书》卷四《讲义·人之所以异于禽兽者章》。东林将朱子学解释为实知实践之学）。

若致知为知得尽亲切，则致知亦便是诚意。故而在东林那里，格物即是致知、即是诚意，其间并未设定距离。故而如上所述，忠宪亦以"反身而诚"之工夫为格物。这与在格致与诚意之间设立先后之别的程朱之说多少有些不同（黄宗羲云忠宪之格物说相较朱子之说更接近于杨龟山之说——参照《明儒学案》卷五十八《东林学案一·高忠宪传》）。

朱子以理为太极，而否定训中为极的做法，在晚年又以礼为理之最为适当者，而忠宪则求之于中庸。其在晚年以中庸为道之至极，而认为明道之所谓天理与阳明之所谓良知皆不及中庸（《高子遗书》卷三《困学记》）。

※ 朱子以理为太极，以极为中之准则，以中为极之模样，而以训中为极的做法为非，这当是因为在其看来，若以中为极，则会紊善恶是非之别而失却理之严正至精，含糊苟且而有碍于得道（《朱子语类》卷九十四；《朱子文集》卷五十二《答吴伯丰》）。这归结起来乃是出于欲坚持理之严正至精之精神。以朱子学为宗的忠宪虽尊法之正，但其认为若扬言之则可能会失却心之真，而若只强调心之真则有失却法之正之虞。若云天理则堕于法正之一边而失却心真，若云良知则堕于心真之一边而不无失却法正之虞。道必须是真正相因者，故而不若求道于恰好之处、即中（《高子遗书》卷十一上《光州学正薛公以身墓志铭》）。不过所谓恰好乃是真正相因之处，并非就世俗见上圆融委曲、不犯手脚、不惹是非。故而忠宪不以破裂名检为中（《高子遗书》卷四《讲义·中庸之为德章》。薛元台因力排世俗之见，而至于忌此中庸之说——《高子遗书》卷十一上《光州学正薛公以身墓志铭》）。

中乃是恰好之道，发于事而停停当当、"物各付物"之自然之体，故而其自亦是经世之道。然而忠宪在同时亦不无以其为超越世俗之羁绊、立于尘外之道的倾向。这是因为在其看来，若无超然之处，则不能真正体经世之大道。其结果，忠宪似乎并不认为只说体（无）的禅（从儒教的立场来说，禅可以说是舍用而论体）完全不能成为儒道之力（为此刘念台及其门人黄宗羲评价忠宪为半杂禅门——《明儒学案》卷六十二《蕺山学案》）。

※ 故而忠宪似乎认为若学为格物穷理之学，则以禅补之亦未必不可（《高子遗书》卷九上《瞿元立先生集序》）。

忠宪之所以以中为道之至极，不外一是为了从未发之法而求性之体认自得，且因为其认为立体而用自发。故而忠宪所云之中即是未发之道，这自不待言。

※ 不过忠宪并不只以未发为心之本源、即中。即在其看来，中乃是吾之身心之洁洁净净、廓然大公。故而廓然无物时的身心虽然是中，但其必须具有伦理之心的纯粹性（《高子遗书》卷四《讲义·中庸之为德章》）。

中乃是恰好之道，故而是物则之体，其发于日用则"物来自顺应"。故而中亦可以说是平平常常之自然之体。忠宪谓之为庸。据其所说，两者乃是一体，不可以之为二。若以之为二而偏于一方，则或陷于卑琐之俗见，或陷于过高之佛老（《高子遗书》卷一《语》）。忠宪以依靠主静之对未发之中的体认为学之根本，而如上所述，中亦当是庸，其工夫必须是不容人为安排的自然之功。忠宪重视这一主旨，以至于认为平常即本体。

四

朱子认为若不由穷理则居敬会终于弄心绪，若不由居敬则心知难至，而要求两者之并用。

※ 在朱子那里，居敬本来是活心性之工夫，不过其并没有像陆王那样径直认取心之神明、任其作用而一了百当的倾向，而是以身心之内外动静的整齐严肃之谨慎为居敬之要，认为尹和靖之"心收敛不容一物"之工夫以及谢上蔡之"常惺惺"工夫均为此所贯穿。故而朱子之居敬工夫虽然有三法，但其根本乃是整齐严肃。忠宪云"此心神明，难犯手势，惟整齐严肃有妙存焉"（《高子遗书》卷一《语》），此乃是充分体会了上述朱子论居敬之精神之语。

不过忠宪并不像朱子那样认为居敬当与穷理并用，而是论两者之即一，故而在忠宪那里，居敬即是穷理，敬成为本体工夫一体之物（《高子遗书》卷一《语》，卷十二《书赵维玄扇》）。忠宪之所以敬为本体工夫，乃是为救当时之王学末流以自然之本体为宗而无视工夫、陷于光景契机之弊，这自不待言；不过像这样比起朱子更进一步，不仅以敬为工夫，且以其为工夫即本体、即在做工夫的同时而超越工夫，这一倾向应当是受到了王学之本体工夫论的影响。

※ 朱子虽遵从程子之说而以敬为主一（无适），并云"主一只是专一""不必更于主一上问道理"（《朱子语类》卷九十六），但并没有径直以敬为工夫即本体。然而忠宪认为一是本体而亦是工夫、主是工夫而亦是本体，以主一为超越本体与工夫之对立的一体

工夫。故而其云主一乃是"学之成始成终者也"（《高子遗书》卷三《书静坐说后》），又云"性以敬知，性以敬复，性以敬尽"（《高子遗书》卷八上《与许涵淳》）。

应当注意的是，忠宪虽从朱子而论整齐严肃之敬，但在其看来，此乃主静未发之入门（同时亦是入室），故而主静未发之工夫依然受到重视。

※ 朱子担心周子之主静说有偏于静之虞而论通于动静之敬，但若与张、谢、胡、陆氏之说相比较，则可以说其中有着求深潜纯一之静意。故而东林之论主静未发可以说未必违背了朱子的精神（宋学的精神）。在王学末流流于动而产生了甚大之流弊的当时，以朱子学为宗的东林学持主静之立场，想来亦是理所当然（不仅仅是东林，甘泉派的冯少墟亦以朱子学为宗，而同样论主静未发）。

宪成以周子及杨龟山以下之说为宗，以主静未发为事，而论述了作为到达主静未发之工夫的静坐。不过其虽论静坐，但并非只以静之一边为事，而是以其为在静中点出活机之工夫（《顾端文公遗书·小心斋札记》卷四；《泾皋藏稿》卷四《答周仲纯》），故而应当认为其中流淌着以活性心为本来目的的朱子之涵养的精神。

忠宪之主静未发比起宪成更加深潜精微。忠宪在东林的讲会上着力论说静定之功，其自身亦几乎将一生之精力都用在了这一工夫上。作为静定之工夫，其亦重视静坐。

※ 忠宪之所以主静未发为事，乃是因为在其看来，"先天未画以前""人生而静以上"之心雍雍肃肃、湛然虚明、刚健中正，其中有着性善之体。其否定朱子之省察（已发之法）而提倡体认（未发之法）的原因亦在于此（《高子遗书》卷一《语》）。所谓体认之法在忠宪看来乃是反观默识，而反观默识则是未发时之见性之法。不过这在忠宪那里并不是如程子所谓的以思而养未发之体，而是明未发之体自身的工夫，故而乃是积极地发挥心性者、超越工夫之本体之效用。此乃所谓"点铁悉成金"（《高子遗书》卷六《戊午吟》）之力。如此看来，这一体认与阳明之致良知（阳明认为良知有化铁成金之

力）有一脉相通之处，只不过在忠宪那里，此乃主静未发之力，与以动为主的王学有相异之点。且忠宪之体认乃是见性之法，而并非在无事甲里一味求静地，即求气、念、境、时之静。在其看来已发之心中心体（性）被遮蔽起来，故而难以于此处求性体，只有收敛心而使之清澄后求性体才成为可能，故而需用主静未发。从在主静未发上求性体这一点来说，性或许可以说是静体，但此静可以说是性之静、理之静，而并非动静之静，这自不待言。像这样的主静说与王门归寂派之说有一脉相通之处。忠宪谓罗念庵、王塘南之说有可观之处，亦并非没有原因。而据忠宪所说，性乃是物则，故而主静之工夫本来亦应当在顺物则而无情之处（故静亦是定），从这一点来说其与悬空而守心之静寂的佛之静在根本上不同（《高子遗书》卷四《讲义·学犹不及犹恐失之》，卷六《戊午吟》）。

忠宪虽以静坐为求心之收敛之工夫，但其自以中庸为心体且认为平常即心体以后，即云静坐之工夫亦必须是平平常常之自然（《高子遗书》卷三《静坐说》）。这当是因为其害怕工夫有陷于拘滞而逐光景之弊。其接下来又认为初学者若以平常自然为宗则会陷于散漫而难得性之体认，不若以朱子之整齐严肃之主一、即敬为入门以救其弊（不过不应忘记的是，其所追求的整齐严肃乃是主静之工夫，且如前所述乃是工夫即本体者）。

忠宪积深潜之主静涵养而最终到达之境地、所谓"山穷水尽"之处乃是太虚。到达此处后，忠宪真正获得了超脱生死之境地。

※ 忠宪所云之太虚乃是空体（无一物），这一点可拟于禅之无所缘。然而其虽然是空，但其中有着神化不测之妙、天地生杀之用，这一点有异于禅之无着相。故而其虽然是空，但亦是受命造道。

故而据忠宪所说，尽道而平平常常者便是心之太虚。即太虚乃是停停当当、平平常常之心体，故而太虚即是善体、善体即是太虚。由此其认为见性善之体而始能得太虚。

※ 忠宪在死前的一年给同志孙淇澳的信中写道"世事甚危。党人之危，不足言也。年来履虎尾，反觉有用力处。现前于穆之真，绝无声臭，安得有富贵贫贱、夷狄患难。是刀锯鼎镬之所不能及，安得有死生。但在日用炼习，纯是此件，即真无死生耳"（《高子遗书》卷八下《与孙淇澳宗伯》），由此亦可以窥见其在形成太虚思想之前经历了何种锻炼。忠宪之太虚虽是尽道所得之平平常常之心体，但遭逢东林之患难的他时时又在其中显露出追求像佛老那样的超越之境地的倾向。

五

阳明基于致良知说而提出本体即工夫、工夫即本体，确切地论述了以本体之自然为宗自然包含了工夫，而工夫亦是本体之自然之用。不过对于只取本体或工夫中的一方而以之为本体工夫之终始者，阳明采取了调停两可的立场（不过相较朱子之说，其乃是以本体为主者）。然而其末流以本体为宗而轻视工夫，论顿悟而蔑视修证，且与禅一体而堕于猖狂。东林有鉴于此而以工夫为宗，持本体即工夫（修即悟）之立场。

※ 东林虽然并不遵从本体为宗的立场，但充分体会了阳明之本体工夫论的主旨，以本体与工夫、悟与修为不可分。之所以如此，乃是因为在其看来，若将两者相分离，则或陷于方所光景、见解装饰，或有支离迷惑、着相落空之弊，或是守形骸而失生成之道，去真而堕于假。故而忠宪云"欲修者，正须求之本体；欲悟者，正须求之工夫"（《高子遗书》卷九上《冯少墟先生集序》），力说本体与工夫、悟与修之当为一体，而论述了其分离或是偏重之害。东林欲以此而救朱子学末流之支离拘滞与王学末流之任情恣意之弊，而其说主要是用作针对王学末流的武器，故而自然有着以工夫或是修为主的倾向。

从本体工夫、悟修一体的立场出发，东林认为本体之悟亦是赋予工夫及修头脑者而论述其要，但其并不像阳明那样求此头脑于作为浑然之心之体的知觉、即良知，而是求之于性善，认为由此始能得本体工夫，或是悟修之一体（《顾端文公遗书·证性编》卷三《罪言上》）。站在这一立场上，宪成认为阳明之四句宗旨反而是将本体与工夫，或是悟与修相分离者。不过用力之处乃是工夫或者修。这是因为在其看来，若只知本体之悟而不知工夫之修，则会终于禅之虚谈，不仅不能到达实悟，其所至之处将会像王安石那样亡尽畏心，像冯道那样灭尽耻心，其行将会肆无忌惮，最终会做出弑君无父般的不伦之行而破坏世间之纲纪（《顾端文公遗书·小心斋札记》卷五；《高子遗书》卷二《札记》）。

由此东林认为工夫即本体，工夫所在之处即是本体所在之处，而采取重工夫（以及修）的立场。故而宪成在东林的讲会上论工夫（及修）而不论本体之悟。宪成之重修说（重视工夫的立场）在当时与王学派的邹南皋的重悟说（重本体的立场）相对立。忠宪虽然认为两者同归一处，但最终还是遵从宪成之说。不过他认为南皋之说亦有可取之处，故而其本体功夫论更为精妙。比如他以反观默识为觉醒性心之积极工夫，而承认其中有遍照恢宏之力（《高子遗书》卷十二《书关僧净六卷》），或是认为其乃是转妄心为真心之工夫，而深有见于本体与工夫、悟与修之妙结。为此忠宪亦论本体之悟之要云"人不见性，万事俱低"（《高子遗书》卷八下《与魏廓园》一），认为体悟自然有引导工夫之力，有时亦认为悟中有着以假妄为真正之石火之机（《高子遗书》卷八上《答安我素》二）。不过其云若不经事上之磨炼，此亦会陷于光景，故而若要使悟真、实而透彻性体，必须依靠修，悟乃是一时之见、入门下手，若要使其真实，则需要不断的真修，以此论述了悟后之修的重要性（《高子遗书》卷八上《答萧康侯》）。像这样忠宪论述了工夫之要，而其曾云"道无声臭，体道者言行而已"（《高子遗书》卷二《札记》）、"但从庸行庸言里，直彻无声无臭先"（《高子遗书》卷六《戊午吟》），尤其重视躬行之工夫。不过在其看来，此工夫亦当是本体即工夫者。对于认为薛文清以躬行为事而无甚透悟者，忠宪云"薛文清、吕泾野二先生语录中无甚透悟语，后人或浅视之，岂知其大正在此。他……彻始彻终，……何必言悟"（《高子遗书》卷五《会语》），其原因亦在于此。重视工夫及修的忠宪在论性之际亦不径直以生为性，而是云"不是除了这习别有个性"（《高子遗书》卷五《会语》），这亦当是出于同样的主旨（从生与性的关系详细论述了工夫即本体的是钱启新——《明儒学案》卷五十九

《东林学案二》）。

　　归结起来，以上所述的东林之重修说乃是针对以悬崖撒手、不犯手之法（一超直入）为见性之家当的王学末流的武器。故而忠宪云"于今之世，不患本体不明，惟患工夫不密；不患理一处不合，惟患分殊处有差。必做处十分酸涩，得处方能十分通透"（《高子遗书》卷八上《复钱渐庵一》）。此语恰当地表现了东林之工夫即本体的立场。不过东林在宗朱子学之以工夫为主之说的同时，又将其提高到了工夫即本体论的地步，这自然如之前所述，乃是出于王学的影响。

　　〔后记〕此外东林还有关于当下之说，若参考此说，则其提倡工夫即本体论的主旨会更为明白。然而出于篇幅所限，在此只能割爱。不过想要附带说明的是，此说站在工夫即本体的立场上说明了当下的真义，欲以此批正当时盛行的王学末流之当下即是论。详细可参照《顾端文公遗书·当下绎》。

295

第十章

许敬庵的克己说

许敬庵以为为学之要者乃是克己。此如所谓"盖以剥尽形骸之累，独全乎性命之真也"（《敬和堂集》卷五《答吴川楼丈》），乃是彻底克治伴随着人之性命的肉体之累、即气质之障蔽，或者换句话说主观利己之欲念，而复归于性命之纯粹客观之真理，即不外是所谓"复性"之功。敬庵之门人冯少墟以克己为"当下斩钉截铁之意"（《冯少墟全集》卷三《语录》），此语可以说是叙敬庵所谓克己之模样者。《易》之所谓"细心藏密"、《孟子》之所谓"江汉以濯之，秋阳以暴之"亦是其表识。敬庵在论说克己之际举出"破山中贼易，破心中贼难"之阳明之语[①]而云"故思匡济时艰，全以洗心养德为上"（《敬和堂集》卷四《答胡元敬老友》），又举出"断除嗜欲想，永撤天机障。身居万物中，心在万物上"之陈白沙之诗句（《敬和堂集》卷四《答苏紫溪参政》），由此可知敬庵之克己与阳明之廓清扫荡、白沙之端本澄源之工夫有相通之处。故而其类于薛文清之严苦且又透彻，近似于明末清初的阳明学者李二曲之所谓"不经一番寒彻骨，安得梅花喷鼻香"（《四书反身录》）之反身工夫之气风。

敬庵将《大学》之"格物"解作"通物"，这是因为在其看来，若不克治己私之念而除去遮蔽心之虚明之窒碍，则事理之通达亦难以期待。故而在敬庵那里，格物之工夫不外是克己（参照《敬和堂集》卷九《靖吾丁墓志铭》；《明儒学案》卷四十一《甘泉学案五·许敬庵传》）。

在敬庵看来，若由克己而心中不存一毫己私之念，则能够如程子所谓"内外两忘，澄然无事矣"，人我两忘而心静定，与神明相通而以天下为一脉，"格君化物""知人安民"等德业之大事亦能够超越人为而任自然之力，

299

---

① 两"破"字在敬庵之文中作"驱"字。

从容处置之（参照《敬和堂集》卷三《启王荆石阁老又》）。此与以程明道之浑一之学为宗、在"居敬致虚"中求万物之同体、天理之露呈、位育经纶的湛甘泉之太虚思想亦有相通之处。① 不过甘泉有从程朱之学的一面出发而对王学加以批判之处，而敬庵则在继承湛学之浑一性的同时，又将朱子学的严肃性导入其中，且融合了王学的精神。

敬庵认为阳明学者胡庐山之"知觉即是恒性"之说有着使性理之严存陷于危殆、对王学持批判态度的李见罗之严格的心性明辨有着使性理陷于虚无的流弊，而对两者加以批判，但又云庐山以心之浑一为旨、见罗以修身之实修为性学的做法具有功于救学之支离，乃是斯文之所依赖（参照《敬和堂集》卷五《与胡庐山先生论心性书》）。这与甘泉论心性之浑一而欲救学之支离的做法相通。② 不过虽然与阳明之将浑一归于心的做法相比，甘泉之浑一的重点在于性，但在敬庵那里，浑一更为朱子学之严正所支撑。③ 从就性而言之心性浑一之立场出发，敬庵排斥程朱之义理与气质之两性论，而提倡一性论（参照《敬和堂集》卷五《与答朱用韬》），但在敬庵那里，这并非与程朱提出两性的精神背道而驰者，而是发挥、发明程朱之精神者④（参照《论语》之《阳货》篇朱注）。

敬庵与朱子一样，以严正的态度对待心，⑤ 而立道心与人心、天理与人

---

① 参照拙著《湛甘泉的为学精神》（《湛甘泉の学の精神》，《哲学年报》第十八辑）（译者注：即本书第七章）。

② 敬庵论心性云"混而一之，则其义不明；离而二之，则其体难析……非一非二，此心性之喻也"（《敬和堂集》卷五《与胡庐山先生论心性书》），又云"混之则两字不立，析之则本体不二"（《敬和堂集》卷五《与胡庐山先生论心性书》）。这可以说与甘泉的心性论相同。

③ 敬庵以程朱以气质亦为性的做法为非，而认为只有一性（参照《敬和堂集》卷五《与朱用韬》）。原本敬庵认为性不能与气质相分离，不过气质之无杂而纯粹中正者是善，其偏颇者乃是恶，两者之别有如冰炭黑白，其间不可以私意增损（参照《明儒学案》卷三十六《泰州学案五》所引《九谛》）。

④ 冯少墟亦云宋儒之论气质之性乃是发明孟子性善之主旨（参照《冯少墟全集》卷八《太华书院会语》）。据此，则敬庵否定宋儒之气质之性亦可认为是发明孟子性善之旨而发挥宋儒论两性之精神。

⑤ 敬庵针对以顿悟为宗的现成派末流以孟子之"几希"为隐微之性体的说法而将其解作"危之"，便是其中一例（参照《敬和堂集》卷五《与朱用韬》）。

欲、善与恶之别。这乃是因为其知道两者原本是不可分离、间不容发之关系，而以求善去恶、存理去欲、存心复性等工夫之真切为要（参照《敬和堂集》卷五《答孟我疆符卿》《与胡庐山先生论心性书》）。故而敬庵之以克己为学之要亦可以认为是符合朱子之严肃的性学之精神者。《大学章句》中云：

> 明德者，人之所得乎天，而虚灵不昧，以具众理而应万事者也。但为气禀所拘、人欲所蔽，则有时而昏。然其本体之明，则有未尝息者。故学者当因其所发而遂明之，以复其初也。

这不外是站在理想的立场上直视现实之矛盾，而以除去此矛盾而复归于本来之理想为学之要者。朱子在不忘性与心、天理与人欲、道心与人心等之混一的同时又立其分别而提倡二元论，其理由便在于此。故而应当认为朱子学的特色在于上引章句中的后半部分。如前所述，敬庵之学相较朱子更接近一元论，然而其克己说令人感到有与体现在上引章句中的朱子学的精神相通者。不过如前所述，敬庵在另一方面亦承认王学。

　　观察上引章句之说，其前半部分的明德论并非不能认为是在从本体上说心、说理。故而若只取此点，则朱子学亦与王学相通。另一方面，就王学之致良知来说，若强调良知之所以为天理，则其亦与朱子学相接近。[①] 由此而有人以上引章句之说为依据而试图调和朱王两学，即朱子学的穷理说与王学的致良知说。[②] 敬庵对王学的解释及其承认王学的态度可以说与此一

[①]　王门正统派的欧阳南野、邹东廓、陈明水、魏水洲等人的良知说具有这一倾向。

[②]　泰州派的方学渐认为良知现成派之末流之所以达到无体无用、混于释氏之灵明说的地步，乃是因为其只提"虚灵不昧"之语而论明德，删去理、事，并指出《大学章句》之明德论论述了虚灵中之所以有理而为事之根（参照《明儒学案》卷三十五《泰州学案四·心学宗》）；东林之顾泾阳举出这一章句而云"一部《传习录》，只恁地看"（《顾端文公遗书·小心斋札记》卷十）。

致。敬庵云因有见于现成派末流之恣肆不检而忌讳阳明之致良知说的做法等同于"惩噎废食"①（《敬和堂集》卷十《祭耿楚侗先生》），故而其与王门正统派的诸儒等同样，认为阳明之致良知说乃是以性善为宗者。敬庵在就阳明之四句宗旨而论证此点的同时，又以此而驳斥当时流行的现成派末流之无善无恶说。

敬庵以四句宗旨中的第二句以下之善恶论为工夫切实，基于此点而论阳明之致良知说乃是本于性善说者，并认为第一句之无善无恶论只不过是论性体之未发、廓然、寂然，此论虽看起来与《大学》之"止于至善"之语意相矛盾，但并非有深意。由此，敬庵否认将只不过是论述本体的第一句之无善无恶延长到工夫、以心意知物皆为无善无恶的王龙溪之四无说乃是得阳明之正传者，与方学渐、刘念台等人一样对《天泉桥会语》抱有疑问，评价其云"画蛇添足，非以尊文成，反以病文成，吾侪未可以是为极则也"（参照《明儒学案》卷三十六《泰州学案五·周海门证学录》所引许敬庵《九谛》），并且针对当时尊奉龙溪之说而倡导无善无恶的现成派末流而作《九谛》，以修陈其说之谬误与弊害，并与其一派的周海门就此进行了争论。若一读《九谛》，则可发现其中有与朱子站在严守性之纯粹性、客观性的立场上，高举性善说而驳难《胡子知言》之性无善无恶论的苟且的做法（参照《朱子文集》卷七十二《胡子知言疑义》；《朱子语类》卷一百零一）有相仿佛之处。

据敬庵所说，性之为善乃是先天、自然如此，故而其能够作为绝对之存在而具有主体性，成为道德经纶之大本。故而求善之工夫乃是复归性之本体而与之合一，因此既是人为又是超越人为之自然，既是有又是无。然而为无善无恶说者如上所述以善为相对之存在而对其加以否定，故而失却

① 湛门中多有论王湛两家之调停者，如吕巾石、何吉阳、洪觉山、唐一庵、蔡白石等，故而可以说朱王两学之调停大率乃是湛门之风潮。

性之主体性，使人迷于趋舍，又以求善之工夫为安排著存，或者只不过是方便，一味论无而以自然为宗、以一超直入为事，故而或陷于佛老之寂灭，或同于世俗之放肆，将我与人、内与外二分而失却性命与道德经纶之浑然一体之大道，此乃敬庵高举性善说而驳斥无善无恶说之要旨（《九谛》。参照《敬和堂集》卷五《答周海门司封谛解》）。

盖龙溪之四无说所遵从的乃是因本来无而肯定一切有的立场、即当下即是之现成的立场，不过龙溪自身有着能以赤手搏龙蛇的力量，故而与单从见解识上论现成之其一派的亚流难以同日而语，且龙溪自身已顾虑到落于见解识上之流弊而用力于超越工夫之工夫、基于本体之工夫（参照《王龙溪先生全集》卷一《冲元会语》，卷二《松原晤语》《水西精舍会语》等）。

然而其一派之亚流失却邹东廓之所谓"功夫缜密，本体精粹"之道，"愈担当而愈猖狂"（《邹东廓先生文集》卷二《青原赠处》），到了私淑龙溪的李贽等人那里，终于产生了所谓"酒色财气，一切不碍菩提路"（《明儒学案》卷十六《江右王门学案一·颖泉先生语录》所引）之与任诞为旨的魏晋间之老庄亚流同样、无视人伦规矩而肯定低俗的人类自然生活、破坏世间之名教的弊风。[1] 敬庵痛感李卓吾一派之现成派末流的弊害，认为其由来之处在于无善无恶说，如以上所述对其加以辩驳，且指出其说违背阳明之本旨。[2]

敬庵认为现成派末流之所以产生以上之弊，归结起来是因为其不务克

---

① 从《李氏焚书》《李氏藏书》可以看出李卓如对儒教伦理抱有强烈的反感，而从《李氏说书》《李氏续焚书》可知卓吾原本是持三教一致立场的思想家。故而其激烈的反伦理的言行亦并非不能认为是一种权宜。不管其真实性如何，清初的张承武所著的《王学质疑》中详细叙述了这些现成派末流之言行的猖狂程度。

② 敬庵将王门分为吉州、淮南、山阴三派而分别叙述了其特征。后两派当是属于所谓现成派者。且敬庵认为山阴之特色在于"圆"，淮南之特色在于"肆"，而合两者为一者乃是李卓吾一派之姚安派，并述其变迁云"始于怪僻，卒于悖乱，盖学之大变也"（参照《敬和堂集》卷五《答周海门司封谛解》）。其又对周海门云"窃以为今日此风，使先辈见之，必将忧惶无措，虽良知话头，且钳口结舌而不敢道，而况于无善无恶、空旷不情之谈乎"（《敬和堂集》卷五《答周海门司封谛解》）。

治气质之偏杂，专以心之灵明为现成而任之，以由虚见而高论玄虚为透性悟性，为此或论心性之隐微，或论其一二、又或详论宗旨而述学术之异同并以辩难异端为事的做法皆不如首先屏除气质知解之二障，以实修躬行为旨成就真正的人品，而以此为"明学"之要道。① 这与朱子认为议论亦是格物穷理之一途、冯少墟承认针对异端之辩难讲说有着"明学"之意义的态度相异。故而在王学流派之中，敬庵对尊知解或高论的一派加以严厉批判，对以实修躬行为宗的一派则称赞其学。②

论实修之切要且承认王学的敬庵认为工夫本体合一在于以工夫复归于本体之处，此盖属当然。王学之本体工夫合一论以工夫为本体之发用，故而乃是认为本体在先而工夫在后者，而相较之下敬庵则是认为工夫在先而本体在后，即认为两者之合一在于以工夫而复归于本体之处。这一倾向已见于调停王湛两家的敬庵之师唐一庵的"讨真心"之论（参照《明儒学案》卷四十《甘泉学案一·唐一庵传》），而敬庵对此进行了更为明确的论述。或许敬庵调停朱王两家的立场即在于此处。总之工夫之中有本体，工夫超越自身的立场、即本体工夫合一之处在于以工夫而复归于本体之处。故而在下手处用工夫愈切，本体之力愈能够得到发挥。敬庵之说即是以此为本体工夫合一之主旨。敬庵曾论述《易》之《序卦》中"复"先于"恒"的意义（参照《敬和堂集》卷五《答陈弘宇郡公》），认为《孟子》之"反身而诚"与《中庸》之"鸢飞鱼跃"同意（《敬和堂集》卷五《简李同野丈》），否定周海门以精诚为现成之说法而认为工夫本体合一在于其扩充积

① 即其云"此学之不明世久矣，非讲说之不精，非宗旨之不立，无真正人品故也"（《敬和堂集》卷五《答陈弘宇郡公》），又云"今之学者，总是好高，务于谈玄说寂，其实玄修禅行，亦鲜其人。若无真实功夫，说同亦说，说一说三，又直是模糊到底也"（《敬和堂集》卷五《答骆缵宁丈》）。关于异端之辩难，敬庵认为须有孟子、朱子之力量而始为可能，而以为辩难而辩难的高论为非（《敬和堂集》卷五《答骆缵宁丈》）。

② 即其驳斥王龙溪、王东厓、罗近溪、焦漪园、周海门等主要是现成一派之说，而对万思默、徐鲁源、耿天台、耿楚侗、张阳和、邓潜谷、钱淡庵、李见罗等主要是正统派或是守正统派影响的一派，则称赞其学之实修而与其切磋。

累（参照《敬和堂集》卷五《答周海门司封来书二条》），又认为罗近溪所云之透性只不过是徒任知解而谈论高玄，而在给近溪的回信中云文行忠信、下学上达、不离日用乃是孔门之透性（《敬和堂集》卷五《答罗近溪先生又》），这些均不外是在论述这一主旨。不过敬庵充分理解阳明、白沙之以本体为旨、以悟为宗之主旨①而云

> 江门以静养为务，姚江以致良知为宗，其要使人反求而得诸本心，而后达于人伦事物之际，补偏救弊，其旨归与宋儒未远也。（《敬和堂集》卷五《答周海门司封谛解》）

故而其并非不理解本体与工夫之相即妙结，即两者相即而自趋向于真这一点（参照《敬和堂集》卷五《答钱吉甫》《答陆以建》《简李同野丈》等）。不过其最终还是相信本体工夫合一之主旨在于工夫而论无无工夫之本体，并站在这一立场上否定以本体为终始的龙溪之论。通过其给虽以工夫之专一为要，但又担心其陷于有意之累而论"毋意"的张阳和的这一封书信，敬庵之所以不得不做出上述之论的动机更为明了：

305

> 正心不病于有心，诚意不病于有意，比所谓有心意之累者，唯其不从一年真实处下手用功，而悬想图度，憧憧往来，所以病之也。（《敬和堂集》卷五《简张阳和》）

而其告诫最初径直以"惺然常明"为道心的高忠宪云"童仆之服役中节者，皆道心也"（《高子遗书》卷八上《与许敬庵先生》），此亦与上引之

---

① 敬庵认为所谓阳明之致良知专靠顿悟的说法乃是学者之沿袭之见，而云"良知即是明德，致良知即是明明德；良知亦即是仁体，致知亦即是求仁。立言不同耳，无顿渐之异也"（《敬和堂集》卷五《答沈实卿》）。这样的解释可以说于王门有功。

文字为一体同功之论。

敬庵以克己为彻上彻下之语、本体工夫合一之处，又云无克己则无复礼，从《论语》之"克己复礼"之语中单提出克己，其主旨从以上的论述自可得到理解（参照《敬和堂集》卷五《答孟我疆符卿》）。当时现成派末流中多有论克己之不必要、只任见解而说当下之妙悟者，若知道这一点，则敬庵以克己为终始之原委亦更为明了。①

敬庵虽以克己为要，但就动、静、几、未发、已发、主意、工夫等之中应以何者为主，则认为应看各人之力量如何，而并没有提出定说（参照《敬和堂集》卷五《答孟我疆符卿》）。原本敬庵虽重视心性上之工夫，但其云"性无内外、心无内外"，不喜立内与外、体与用、本与末（立本与经纶）之别（参照《敬和堂集》卷五《与胡庐山先生论心性书》《答李见罗年兄》《答周海门司封来书二条》等），而只以严正与笃实、理静与行实之浑然真切之体认实修为事，对朱王诸儒之学不立门户，而是持取长舍短的态度。②

一言以蔽之，敬庵之克己乃是气质之消融，而敬庵所要求的此工夫之切要乃是精诚、戒惧、收敛。其中收敛有着尤为受到重视的倾向。例如其曾云"大率诸火不静，其病多端，调治要诀，只一静字"（《敬和堂集》卷五《答郭在玄》），痛感心之扰动汗漫而时时论说收敛、即静养之要（参照《敬和堂集》卷四《寄弟仲毅》，卷五《与冯仲好》又、《答陆以建》等）。其给周海门的回信中有"云开天见，波静水明"（《敬和堂集》卷五《答周

---

① 现成论者之孟我疆云"颜子之功，只在复礼上做，并无所谓克去己私者。……克去己私之说，此宋儒不得其门"（《敬和堂集》卷五《答孟我疆符卿》所引）。这应当是受到了罗近溪等人的影响。近溪基于明道之"认得为己，何所不至"之说，或是象山之以"能以身复乎礼"为克己复礼之说等，而否定以克己为"克去己私"的说法（参照和刻本《近溪子明道录》卷二。近溪以克为《大学》之"克明德"之克、《尚书》之"克俊俊德"之克，将克解作能或者胜之意）。敬庵在给周海门的回信（《敬和堂集》卷五《答周海门司封来书二条》）中叙述了当时现成派末流中多有轻视实修、高举"一日复礼""朝闻夕死"之语而论当下之妙悟者。

② 如其在评论薛文清、王阳明、陈白沙、胡敏斋之学之际云"吾于四先生，各师其所长而已，其未至旨，不敢尽以为然也"（《敬和堂集》卷五《答沈实卿》）。不过这种倾向亦见于其师唐一庵（参照《广理学备考·一庵集》）。

海门司封来书二条》）之句，"波静水明"便是此静养之意。不过虽然敬庵这一静之工夫亘于多面而不偏执于一边（参照《敬和堂集》卷五《答郭在玄》，卷一《胡子衡斋序》），且被认为是不属于境而通于动静二境者①，但从其以周子之"主静立极"、白沙之"静中养出端倪"为宗一事来看，可以说敬庵的工夫所重视的是静。《明儒学案》所录的《师说》中提到了敬庵以静坐而痛行省察克治工夫一事，由此可以推测敬庵之静乃是以严苦为旨者。总的来说，敬庵之克己乃是贯穿着朱子学之严肃的居敬精神、且以端本静澄为旨者。不过要注意的是，动态的湛学由此而偏向于静。② 而考虑到当时的现成派末流流于动而产生大弊的事实，此亦是理所当然。

归结以上所述，敬庵之所以提出克己而以之为为学之要，乃是因为当时的现成派末流以本来无之故而肯定有，且承认低俗之己我而云己私无可克，为此上失深造自得之本旨，下导行履之疏阔，产生了甚大的弊害。

〔备考〕本文所依据的乃是万历刻本《许敬庵先生敬和堂集》十卷本（静嘉堂文库藏）。

---

① 敬庵认为《易》之"艮""恒"乃是述通于动嚣寂烦之静定之意者，而以求静于境为非（参照《敬和堂集》卷五《答陈弘宇郡公》）。

② 甘泉之学具有动态之倾向，不过与王学相比可以说是静态的。

序

自吴草庐出现以来，在元末明初有朱陆同异论、朱陆早同晚异论之提倡，使得宋末元初之际陡然衰微的陆学之存在逐渐得到承认。然而明代之教学与元代一样，乃是以朱子学为准据，故而陆学之价值并没有得到充分承认。不过阳明出现后对陆学给予了很高的评价，故而随着王学之流行，陆学一派之书亦得到广泛阅读。

在明初尊崇株守朱子学而竭力排斥异端者乃是胡敬斋，不过其主要着力于辩难佛老，对陆学一派用力不深。接下来罗整庵出而同样从朱子学的立场辨析异端，而相较敬庵更通佛学的整庵在补敬斋排佛论之不备而使其精微的同时，又与阳明及其高足欧阳南野书信往来，论证王学之为禅而对其加以辩驳，且不仅对于陆学一派，对在其看来有通于佛学之处的儒者之说、赞成陆学者之说亦加以批判。[①] 阳明殁后，王学如洪水一般流行于各地，[②] 而其间有一派坚持对陆王及佛老持批判态度。这一派的主要儒者有吴廷翰、冯贞白、陈清澜、郝楚望。[③] 其中贞白与清澜不过是强调朱子学的特

---

① 据说在阳明之世，山阴有名为陶庸斋者，排王学、佛学而精论宋学，并著《王学演说》（《张杨园集》之《备忘一》）。王顺渠曾游于阳明之门，但后来对阳明之说加以批判。吕泾野亦与阳明异其说而在阳明殁后对阳明之学多有批判（《吕泾野文集》卷六《赠玉溪石氏》，卷十七《仰止亭记》，卷六《赠石高州序》等）。又据《王顺渠文录》卷六所记，林国辅曾在《讲余问答》中对《传习录》加以批判。

② 据说隆庆以后王学之影响及于科举，为此历来之规准发生了变化（《日知录》卷十八引艾南英《皇朝今文待序》）。

③ 廷翰与楚望之思想与日本的古学派有着很深的关系。伊藤仁斋到底有没有读过廷翰的《吉斋漫录》并不清楚，但荻生徂徕曾云仁斋之古学乃是剽窃《漫录》之说者而对其加以非难（《辨名》上）。而贝原益轩曾读过《漫录》以及楚望的《时习新知》一事已经很明白［（井上忠《关于贝原益轩的〈童子问〉批语》）（《贝原益轩の童子問批語について》），收入《九州儒学思想研究》（《九州儒学思想の研究》）］。

色而对陆王佛老加以批判，而廷翰则有立新说而对宋儒亦加以批判之处，至于楚望，则复归于古学而立论，对宋明之儒学加以彻底批判，丝毫不容其说。

贞白著有《求是编》，在其中列举《传习录》之诸条而对阳明之说一一加以辩驳，其间亦有论及陆学一派及禅学之处。盖相对于汉唐之儒教乃是佛老等，胡安定之明体达用，张横渠之理一分殊，程伊川之体用一源、显微无间，程朱之格物致知等说明确体现了发自新的自觉的宋学之精神。宋学将一般、个别的伦理行为看作是存在于人类内部的深邃的形而上的实在、或者说精神的真切的发露流行，尤其是自伊川至于朱子后，试图（一）阐明人生世界的种种样态、人类伦理生活的多样性和复杂性，即人伦庶物之全体所依据的各个理法的存在性和规范性，并在其间立内外、精粗、本末之别而成就有秩序的位育裁成之大道，（二）并说明此大道须经过内心之深刻体认而始能自得为浑然一体之物。

对此，陆王径直于浑一之心中求此大道，以人类伦理生活之诸方面为心之真切发露，并认为若遵从朱子学，则会失却本于内在性命的切实性与活力。盖朱子之所以如上述那样以就人伦庶物之全体而究明个别之理法为要，乃是因为在其看来，若非如此，即便内心充满道德感情，亦难以做出切合人情的处置。这是因为须使事事物物各当其理，而后始能符合这一意图，如此而理想之世界始能实现。据贞白所说，这乃是圣学致用实用之学、异于佛老的儒道之本质。故而须像朱子那样立本末精粗、先后缓急之别而穷事事物物之理，而后始能到达真正合内外、一体用之大道。这便是其论述云"上律下袭，明物察伦，一腔之中，洒然融释，随处证现，种种皆真"（和刻本《求是编》之《自叙》）的原因。故而在其看来，若像阳明那样就心而直求浑一，则会混淆偏枯而反而失却真正的浑一，且王学最终亦不出朱子学之范围。这乃是贞白之王学批判的根本立场。贞白对于朱陆采取褒朱贬陆的立场,这自不待言,① 不过其对待陆学的态度稍稍有别于其对待王学的态度,并非没有承认其为孔门别派之处。不过虽然对于朱子学来说,若只取上述之(一),则能够清楚地显示出朱子学相对于陆王的特色,但是若轻视上述之(二),则朱子学亦会成为肤浅之物,产生出单以弄该博之知识、驰才气为万事皆了之弊。清初的朱子学者之中并非没有陷于此弊者,而日本之崎门派的朱子学之所以能够深切,当是因为致思于此点而对(二)加以重视。贞白的朱子学不能说没有与上述的清初朱子学一脉相通之处。

近世儒学之所以能够具有深切的内面性,乃是因为其受到庄、列、禅的刺激,在与之纠缠之际试图将人伦世界树立于人类的灵妙之心之上而以之为基础,这自不待言。据清澜所说,求此心之本体于德行者乃是圣学,朱子学便遵从此立场。而只求心之本体于灵妙、即神者乃是庄、列、禅,陆王一派之心学便遵从这一立场。这便是清澜将这些异端之学断为"养神一路",并论述说历来的异端辩之所以不彻底,乃是因为未能明辨此上一截之处的原因(和刻本《学蔀通辨》后编卷中)。故而其切论"养神一路"之体段、下手工夫及患害,详述异端之学皆归一于此这一点并对其进行了彻底批判。清澜既是理论家又是历史学家。其论佛学在中国的变迁而提出罪福轮回、识心见性、改头换面之三障,并分析其给儒学带来的影响,认为其使得学者最初以儒为粗浅迂远,继而为儒佛本同末异之论、儒佛同归之论,最终为改头换面、阳儒阴佛之论,而论述了陆学之所以为阳儒阴佛之

① 贞白当然尊奉朱子之下学即上达之旨,但对于上达之一面并非毫无开发。如其论神明之变通之处即是如此(《贞白五书》之《三极通》)。不过这亦并非遗弃下学而专以上达为旨者。若像民国之张寿镛那样认为阳明之致良知乃是以理之通为旨,则贞白之变通论看起来亦与致良知说有相通之处。不过征诸贞白之《质言》(《贞白五书》)中的《观物》《修学》两篇以及《求是编》中所述诸说,这样的解释未必允当。这是因为贞白的变通论有着摄取慈湖、白沙等人的静悟、总会、神通等思想的痕迹。贞白以将阳明与慈湖之心学等量齐观的做法为非,并指出两者之间有着动静之别(《求是编》之《自叙》)。这当是因为当时王门一派之中有着将陆、杨、王等量齐观之风。明末之王学者陶石篑亦是其中之一人(《二程微旨》之《序》)。贞白此论盖为确论。对于阳明之动的心学,贞白以之为无忌惮并加以排斥(《求是编》之《自叙》)。贞白虽尊崇朱子学,但关于《大学》,则认为朱子之新本说和阳明之古本说皆误,并论述说两者本来无异同(《求是编》卷三)。

313

所以。又论述陆学对朱陆同异论的影响云其最初导致学者褒陆贬朱，继而变为朱陆早同晚异之说，最终成为阳朱阴陆，而论断了王学之所以为阳朱阴陆。[①]

清澜的异端辩以宋代胡致堂的《崇正辨》，明代叶子奇的《草木子》、胡敬斋的《居业录》、霍渭崖的《象山学辨》、罗整庵的《困知记》、崔后渠的《序杨子折衷》等为先驱。而据清澜所说，[②] 敬斋之辨析详于佛而略于陆，故而其在论陆学之是非得失时有欠彻底。整庵、渭崖以王学之辨析为主，在辨析陆学时对养神一路的底蕴及朱陆早晚颠倒之弊的辩驳不够明晰。归结起来，清澜之异端辩的特色在于将陆学断为养神一路而彻其骨髓、尖锐批判了历来的朱陆同异论者之说。清澜以此而欲与陆王一派对决。故而其云"愚谓此辩真是与象山、篁墩、阳明诸人鏖战一阵，直是推勘到底"（《学蔀通辨》终编卷下）。清澜之异端辩的另一特色在于其基于炽热的民族意识而从历史的角度叙述佛学带给中国民族的祸乱之迹，而吐露了对于时世的深切忧虑之情。即其曾云"今日士大夫，奈何犹尚禅尚陆，使禅佛之魂，骎骎又返耶？区区《通辨》，盖亦杞忧殷鉴，抱此耿耿云"（《学蔀通辨》终编卷下）。像这样的论述影响了清初出于民族主义立场而兴起的王学辩难（《王学质疑》之《附录》；《读史质疑》卷四；《吕晚村文集》卷一《复高汇旃书》；《王船山遗书》卷九下），这自不待言。虽有人非难清澜之陆王辨析乃是乘当时阳明与当路有隙，为逢迎于上而作（《李二曲全集》卷十六《答张敦庵》），但清初的顾炎武云此书与整庵之《困知记》共为"今日中流之砥柱矣"（《日知录》卷十八），陆稼书以其与《读书录》《居业录》

---

① 清澜列举唐代的韩柳之下及宋儒之说并一一证明了其之所以为染禅（《学蔀通辨》续编中），又认为陆学之改头换面、阳儒阴佛之源在于以世间法为方便的宗杲之佛学（《学蔀通辨》续编中）。

② 不过《学蔀通辨》、即异端辨辩本是为了详尽朱子之异端辩的原委。清初之陆稼书亦有与清澜同样的异端辨（《三鱼堂集》卷一《学术辨上》《学术辨中》《学术辨下》），但令人感觉更像是拜清澜之余唾。

《困知记》同为论学术之得失者而尤其加以尊敬（《三鱼堂文集》卷四《跋读书分年日程后》），吕晚村亦对其给予了很高的评价①（《吕晚村文集》之《附录·行录》，卷二《与吴容大书》）。

贞白与清澜的论述在思想上并没有值得注意的创见，而廷翰与楚望则立新说而坚持批判的立场，且其思想与日本古学派的思想以及清朝的实学等有着很深的直接间接的关系（参照第311页注释③）。以下对这两人的思想加以介绍。

---

① 不过全谢山对清澜进行了与李二曲同样的非难，且怀疑宪成、炎武、稼书等人曾尊崇《学蔀通辨》（《鲒埼亭集》外编卷五十《端溪讲堂策问一》）。

一

据廷翰所说，天地万物间之生成变化的妙用条理不属于理，而属于气。即其乃是气之妙用条理。故而理乃是气之理，离气则无理。如此则就算气杂糅不齐、纷然舛错，亦不能说没有理。此乃其论断云"若谓理者气之不杂者也，则几矣"（写本《吉斋漫录》卷一）的原因。关于《易》之阴阳与道的关系，其亦同样论述说阴阳即道，并站在这一立场上非难以阴阳为气、以道为理而试图分言两者的程朱之论，以及所谓理先气后的朱子之说为与所谓"道生天地"的老子之说相通。① 不仅如此，甚至对于张子的虚气、太虚、太和之说，草庐的理气一体之论，其亦云不免两言理气（写本《吉斋漫录》卷一）。廷翰之所以像这样重视气而痛斥理气之分言，乃是因为在其看来，若依先儒之理气离合论，则会最终以理气为二物，以先天地者为理，将粲然之物悬于形象之上而以之为性，由此而求理、性于恍惚意见而陷于异端。据廷翰所说，气乃是理之实体，故而若不明确气之存在，则理会沦为空理，阴阳之道亦无用于天地万物之运行发育，仁义之理亦会寂而无感、静而无动，故而陷于无为，其结果是天人分化而失却万物之生化、福善祸淫、经纶裁成之妙活，无法成为全体该被之大道。故而其切论"愚敢断然以气为理，岂有别说"（写本《吉斋漫录》卷一）。像这样痛陈理气之浑一的廷翰在阐明此主旨时引用求道于浑一的明道之论，这自不待言，不过要注意的是，明道是以理为中心而论之，廷翰则是以气为中心而论之，此点

① 廷翰云朱子之《太极图解》亦取理气分言之立场，故而失却周子之浑一之旨（《吉斋漫录》卷一）。

乃是两者之区别。①

关于性与气，廷翰亦基于以上之主旨而认为气即性，若无气质之性则天地之性亦不可能存在。其论仁义亦是气、德性亦是气质，而认为所谓"论性不论气不备，论气不论性不明，二之则不是"的程子之论乃是性气分论的未透之说②（写本《吉斋漫录》卷二）。在廷翰那里气即是性，故而性气分论者一般归于性的善和归于气的不善被分别归于性之偏全。故而不可认为不善非性。廷翰之所以认为以上的程子之论乃是未透之说，当是因为在其看来，此说有着以不善为性外之物而使性善陷入空虚之弊。从气即性的立场出发，廷翰肯定告子的生性论，但又从将善不善归于性之偏全的观点而认为告子之论不知偏全之别而以恶伪为性，乃是陷人于禽兽者，而最终做出"告子语是而意非"（写本《吉斋漫录》卷二）的评价。此乃与以告子生性之语而论性的明道之微旨相通者。故而廷翰肯定所谓"生之谓性、人生而静以上不容说，才说性时，便已不是性"之说，亦并非没有理由（写本《吉斋漫录》卷二）。盖廷翰之所以认为气即性，乃是因为在其看来，性并非未生之前的存在，而是有生之后的存在，若以其为未生之前的存在，则会成为佛之空性。从这一点出发，其认为孟子之性善论虽是从有生之后探其本源者，但在明察性之所以为有生之后的存在这一点上依然有未至之处（写本《吉斋漫录》卷一）。廷翰之所以论述说孟子之论虽遵从《易》之"继之者善"之旨，但在"成之者性"之旨方面尚未明备，其理由即在于此。故而其评价孟子之论云"孟子义明而语犹未究"（写本《吉斋漫录》卷二）。不过廷翰虽然在以性为德性、仁义礼智之本源这一点上与先儒之论无异，但却大胆提出气即性，这乃是因为其认为不应径直以性之德性为善，善恶乃是完全取决于气之多寡、厚薄、偏全、清浊之如何。这便是其认为

---

① 此处令人感到宋儒与明儒的差异。不过廷翰将周子之《太极图说》《通书》亦看作是论理气一体者（《吉斋漫录》卷一）。

② 廷翰认为"论性不论气不备"云云并非明道之论（《吉斋漫录》卷二）。

孟子之性论不及所谓"性相近也，习相远也"之孔子之性论的理由（写本《吉斋漫录》卷一）。此乃与以孟子之性论为发明孔子之性者的宋儒以来之所论在意趣见解上相异者。不过廷翰并不吝与历来同样，有见于告子生性论之流弊而承认孟子之性善论在明示道义之内在方面有着大功（写本《吉斋漫录》卷二）。

由以上所述，廷翰之以不偏不倚、无过不及之中为性之本体，并以之为贯穿道心人心、天理人欲之极则，盖属理所当然。即心皆是性之所生所在，故而《尚书》之所谓道心人心亦无道与人之别，两者皆是心，同时亦皆是性。这是因为性不外是此心之"中"。不过之所以说"人心"为"危""道心"为"微"，乃是因为心流荡而易失却中，故而中之萌芽难验。如此则所谓"允执厥中"之中乃是兼道心与人心者。故而廷翰论述说人心亦可云是中，而道心则难以断言必定是中（写本《吉斋漫录》卷二）。天理人欲与中的关系亦基于同样的主旨而得到论证。故而廷翰举出明道的天理人欲论，而云明道虽以道心为天理、人心为人欲，但又认为善恶皆是天理而不对两者进行鉴别，只以其之过不及为非而以"体贴天理"为要，此乃看得圣人天地之气象者，这一论述亦非没有理由（写本《吉斋漫录》卷二）。像这样，廷翰提出中而不仅排斥分言天理与人欲者，亦排斥分言性之内外、义与利等的做法，而以其浑一之处为旨，这归结起来是因为在其看来，若非如此则会产生遗弃人伦之立场而趋向异端之陷空之弊。廷翰之所以在以性为仁义的同时，又像这样以中为性之本体，当是因为其认为仁义之性亦有偏倚及过不及，而以中（正）为不离仁义而更为高次之体。[①] 不过中虽是比仁义更为高次的存在，但据廷翰所说，气即是性，故而中最终亦不过是气之全而不偏者。廷翰无论何时皆以气为中心而对此加以思考。故而其在

---

① 廷翰之所以举出周子之"中正仁义"之语，当是因为在其看来此语揭示了以上之主旨（《吉斋漫录》卷一）。

论性之善时，亦以气之全而不偏者为善。

　　基于以上所述，廷翰认为为学之切要在于保持性之全而不偏，以性宗为旨而辨心性，对陆王等人之心学进行了尖锐的批判。据廷翰所说，心虽灵活，但终究不过是性之所发。纵然其是敏锐的道德感知，即本心、良心、良知之类，若不以性之纯全为要，则难免污邪之杂糅而似是而非，终会犯下"认贼作子"之过错，而不免灭绝天理而猖狂自恣、沉沦于禽兽之弊。这乃是廷翰提出心性之辨的原因。廷翰对心与性进行比较而云"天下无性外之物，心之在人，亦是一物，而不在性之外，性岂心之所能统乎"（写本《吉斋漫录》卷一），论述了心与形（内与外）俱是性之所生，故而心乃是性内之一物，其虚灵知觉亦不过是性之神明之所发，故而心虽是性之大体，但与性相比，两者之间不可能没有先后大小之差。故而其论断说"非性不知心之为大，此可以知心性之辨"（写本《吉斋漫录》卷二）。归结起来，心离性则无法发挥其本然，此乃廷翰心性辨之要点。故而其云圣人之心学并非认为心即性，而是认为性即道，以性学为根本。若以为心即性，则其心学反而堕于第二义，而不足以见得上一层。若由此而一切任心之妙道灵机，则会离却性之大处、即人伦，失却是非之别，违背大本达道而难期位育裁成之实现，结果与圣人以为宗旨的性相遮隔，而不可能到达圣人之学（写本《吉斋漫录》卷二，卷四）。像这样，廷翰在述心性之浑一的同时而切论两者之辨，并如其所云"张子有心统性情之说，朱子以为性情之上皆着得心字，所以言心统性情。此犹未究心性之生与其本也"（写本《吉斋漫录》卷一），论述说张朱之论犹未能究心性之本源。[①]

　　如以上所说，廷翰以心为性中之一物，洞察人心中的主观、相对、矛盾及驳杂而以严格的态度临之，此点与朱子学的精神一脉相通。故而其认

319

　　──────────

　　① 廷翰有见于张子《西铭》中以天地为心之帅之论，而云此乃以性为心者，张子昏于心性之辨（《吉斋漫录》卷二）。

为禅及陆王之心学昏于心性之辨而对这些加以严厉批判，盖属理所当然。即其云禅之明心见性之论不别心之纯驳真妄而专以其灵活妙机为性，且不解性乃是道心人心之纯全、即中，以心涉形气（有）之故而论无心，以一超径悟、静虚高明为事而认为灵机在此，终至于将虚见看作妙悟而绝理恣肆、弃伦理而去实用，以心性之辨为儒释之别（写本《吉斋漫录》卷三，卷四）。对于陆学，则云陆子不理解其所宗之孟子心学其实乃是以性为宗者，以心为宗而有欠于性上之发明，故而"似禅"。不过其又云陆学不曾离却人伦，故而未陷于禅之绝伦，而并非没有承认陆学之处[①]（写本《吉斋漫录》卷三）。对杨慈湖、陈白沙之学则云其陷禅、乃是禅之改头换面而加以排斥[②]，尤其是对于阳明之致良知说云其依傍陆子却又与陆子旨趣相异，其说乃发源于禅之明心见性、本来无一物、一超直入，完全是禅之改头换面[③]（写本《吉斋漫录》卷三），详细驳论了致良知说之矛盾。即云（写本《吉斋漫录》卷二，卷四）

---

① 廷翰基于孟子之"先立乎其大者""求放心"之语而评价陆子之心学云过于任心而少性上之工夫。据廷翰所说，孟子之所以云"立"云"求"，并非论说以心求心之要，而是论述其工夫乃是来自性上。故而孟子所说的"存心""尽心"亦须依靠"知性""养性"即性上之工夫始能得其地步。然而陆学有欠于性上之发明而专任本心，此乃其被称为"似禅"的原因（《吉斋漫录》卷四）。廷翰论述说孟子的所谓"大者"乃是性（仁义礼智），"立"乃是思，陆子将其解为"以思而立本心"（按此处系据原文中的日语训读转译——译者注）的做法并非得孟子之本旨者（《吉斋漫录》卷三）。不过廷翰认为以陆学为禅而对其进行非难的做法乃是漫说，而以朱子之"似禅"之评为至当。即陆子不离却人伦，亦不废读书穷理，此与以面壁拈坐为事之禅相异。朱子之所以云陆学"似禅"，乃是因为知道其并非真正的禅。不过因为陆学并非没有离却人伦的倾向，故而为防止其流弊而推其至微并做如此评价（《吉斋漫录》卷三）。

② 如前所述，廷翰对于陆子有着较为同情的看法。而对于慈湖，则有见于其以所谓"心之精神谓之圣"之《孔丛子》之说为本的做法，而云此乃提倡心即性者；又有见于其以心下之性无为道、为圣人，而云此不外是释氏之明心，论证了其所以为陷禅（《吉斋漫录》卷二）。对于陈白沙，亦云白沙以为宗旨的简易乃是不体陆子之精识而窃其近似以邀虚名者，而将白沙看作是遵从宗杲、张子韶一派的改头换面之术者（《吉斋漫录》卷三）。

③ 《吉斋漫录》之版本之一（写本）中记载了以下的廷翰之语："致良知之徒多袭佛语。予尝在庙堂广闻渠说顿渐，时众皆环听不省，予说此出坛经"云云。据此可知当时王门一派中人拈佛语而讲良知。廷翰以此为阳明之常套，并举出《传习录》中的萧惠问答（真己论）、陆澄问答（照心妄心论）之语而论证阳明之说由来于佛说，并评之云"诱儒而入异端，真可怪矣"（《吉斋漫录》卷三）。

（一）致良知说以德性之知为先天之真知，而所谓德性之知已属已发，故而乃是性之所发。若不用意于其真妄之察识、是非之明辨、污邪之正洗等工夫而力求性之纯全，则不仅难期知之纯全及其良，且会产生颠倒真与伪、善与不善之弊。

（二）致良知说以良知为自知，而此乃以良知为知良知者，与佛氏之"光烁烁地""观心"之论一样，陷心于两头三绪①。故而此事实为不可能。何况要在并非体之明莹之心中考据认识良知之真，更不得不说实属至难。

（三）致良知说以良知为天理，致良知为有用，虽说是与禅之绝理无用相异，但作为德性之知的良知已是性之所发、偏全相杂者，故而以此为天理、以其扩充发见为致良知而论其有用者不得不说是"近理而大乱真"。

廷翰切论致良知说之流弊云"驾言德性而小闻见，充其类则亦枯坐之僧、幽闭之婴孩而已，乃欲以语圣人之学乎"（写本《吉斋漫录》卷四），又云"其不至于独守自心、抱空妄想，认昏昧以为虚灵、呼情欲以为至理，猖狂自恣、无所忌惮，而卒为佛老之归、小人之党者，几希矣"（写本《吉斋漫录》卷四）。

廷翰认为天下之理虽具备于吾之心中，但亦散在于万事，因此必须在事物言行上用工夫，否则会成为佛之悬空，并以《大学》之格物致知、《论语》之忠信恭敬为为学之要而论述了读书讲学的必要性。关于格致，廷翰尤其以其包括性、实然性及浑一性为旨，在辩驳主观性的阳明之论的同时，对宋儒之论亦持批判态度。即其认为理本身乃是虚，在物上方为实。故而所谓穷理、致知亦验之于物上方为真。如此始能到达内外合一之处。若非如此则想象无实而流为虚。因此以格致为心上之工夫而以物上之穷理为支离的阳明之说反而有悖于上述的一本之旨而陷于虚见。此不异于与求一切于心，以天物之物为粗迹、以物上之工夫为着相而摒绝厌弃之，终至弃去

---

① 廷翰认为朱子对于观心说的批判亦深足以破良知之惑（《吉斋漫录》卷三）。

人伦、以一身为幻而以一个之虚妄为真的佛说。若从其说，则会任驳杂之心之主观而导致工夫失却基准，茫茫荡荡无下手之处，而陷于妄。廷翰又根据《大学》之为学顺序而对阳明之论加以批判（写本《吉斋漫录》卷三）。即若遵从阳明之主观的格物论，则《大学》之致知、诚意、修身之工夫皆无必要，因而有悖于《大学》以这些为要之主旨；对于阳明以诚意为《大学》之头脑的做法，亦从同样的主旨出发进行了批判（写本《吉斋漫录》卷三）。

廷翰虽将格物训为"至物"，但并不遵从以物为事、以格物径直为穷理之说。这是因为在其看来，（一）所谓物乃是掩道、德、学、行等心之内外者，事则是在物之中者，故而事不若物之广大；（二）物为实而理为虚，物为万殊而理为一，故而穷理不若使致知有所着落、使工夫有先后之次序的格物之实地工夫（写本《吉斋漫录》卷三）。像这样，廷翰在格物致知与穷理之间立先后之别，而论述说"致知格物乃穷理之始，穷理乃致知格物之终"（写本《吉斋漫录》卷三）。从这一立场出发，对于明道之格物论，廷翰论述说相比所谓"致知在格物，格，至也，穷理而至于物，则物理尽"之说，"格，至也，物，事也，事皆有理，至其理乃格物也"之说更为理当，不过仍属未备（写本《吉斋漫录》卷三）。

盖陆王之学之所以简易直截，乃是由于其以心为本而管归于行之一路。而对于心之矛盾极为严格的廷翰以主知之工夫为要，论述了由知至行之工夫的次序以及其间之诸工夫之要，且认为这些就此而归一[1]，乃是内外合一，而并非从外逐末而陷于支离者。故而其为知行立先后之序，以知行为工夫之两端两用，同时又认为其本为一，尽管作用不同但仍旧归一，知行

① 故云："夫于学问思辨等之下，下以之字，便工夫归一，有着落处。其曰博、曰审、曰慎、曰明，虽其作用不同，然同于一而以矣。即此便非循外，便非逐末，便非支离，亦不更用解释。"（《吉斋漫录》卷四）故而对于王门一派以行而求归一的做法，其评价说"今人合学问思辨于笃行言之，牵强解释，反为支离矣"（《吉斋漫录》卷四）。

之合一即在于由知至于行之处。廷翰认为这正如舟之有桨舵、车之有衔轮，将其比作行舟车而加以了适当的说明（写本《吉斋漫录》卷三）。据其所说，分论知行乃是真正得知行之合一者。故而忌讳两者之分论，摄行于知之中、摄知于行之中而以此为知行合一的阳明之说乃是论一而反二之者，即使合一成为支离者。故而对于阳明之知行合一论，廷翰批判说其论力行而以求行之是当之致知工夫为无必要，故而陷于冥行，此自不待言。而对于阳明站在致良知的立场上论知行合一的做法，亦评价说其一味任知而以明其真妄、即良与不良（是非）的学问为无必要，故而无法到达真知、即真正之良知①（写本《吉斋漫录》卷三，卷四）。归结起来，阳明之知行合一论违背了由知至行之全体归一的圣学，此乃廷翰之主张。

同样地，廷翰在《中庸》的道问学和尊德性之间亦设立先后顺序而论其之所以为一体，以至于对受到陆学之影响而以尊德性为道问学之本的吴草庐之说亦加以批判（写本《吉斋漫录》卷四）。设立次序而在其中求全体归一的廷翰亦肯定朱子的新民说而排斥阳明的亲民说。即其认为朱子之说设立由上而下、由己及人、由亲及疏的顺序，为教养立次序而能得《大学》之"明明德"的以万物为一体之主旨而对其加以称赞，而云阳明之说颠倒这一次序而堕于墨子之兼爱，乃是陷于《孟子》所谓"生于其心，害于其政；发于其政，害于其事"之弊者，实为"诐淫邪道"之尤，而对其加以批驳（写本《吉斋漫录》卷三）。

盖廷翰之所以认为自知至行之诸工夫用工虽异而其本则一，而云知行乃是异用一本、故而并非支离，乃是因为在其看来，正如纬之相对于经一样，知行应当为凝固扩充其精明、管摄、自然的存养工夫所贯穿。他在论道问学与尊德性之际云问学之所以为"道"，德性之所以为"尊"，乃是由于戒惧，此事便传达出了此中消息。而其之所以有以上论述，实乃因为有

---

① 廷翰对于阳明之知行合一论的批判盖与明末的新朱子学者相通。

着知行以敬为终始的前提（写本《吉斋漫录》卷四）。故而廷翰重视存养之工夫。他论述以"敬"而缀《大学》的朱子补传之意义而批驳以敬为蛇足的阳明之说（写本《吉斋漫录》卷三），又论述孟子的夜气之要，而对认为若致良知则不需说夜气的阳明之说加以批判，其理由亦可由此得到理解（写本《吉斋漫录》卷四）。不过廷翰之存养虽对言之则与道义相并，但其本来乃是与道义浑一者，故而可以说是道义性的东西①。从这一点出发，廷翰云佛氏之心学之所以绝伦无用，并非因为其没有"义以方外"之工夫，而是因为其头上之一念已失却敬，而以"释氏敬以直内则有之，义以方外则未也"之程子之论为误。此外又评价以义为外的告子之不动心云告子不仅不用知言集义，且以敬与夜气之存养为无用，而生出徒陷于把定而失却作用之弊；亦评价阳明之致良知云唯任心而不致存养之功，以至于坏人伦庶物之用（写本《吉斋漫录》卷四）。像这样的存养论令人感觉与受到陆学或王学刺激的程朱学者之说有一脉相通之处。由以上亦可知，廷翰有着本于创意的思想，而以此对陆王一派、有时对宋儒之说亦加以批判，但不得不承认其中尚有宋学之阴影。然而郝楚望则彻底坚持古学，对宋明理学进行了彻底的批判。

---

① 据廷翰所说，若对言之，则敬为内在之操存，义为外在之裁成，其间虽看起来有别，但不过是因敬不离心而云其为内、义不离物而云其为外，不可内外分论之。其遵照孟子之存养之说而对这一主旨进行了如此说明。即孟子之夜气乃是浩然之气、仁义之心之充周发见者。故而此与仁义之心并非别物。孟子之持志（敬）若用于知言则为知道，若用于养气则为集义。故而只是一理，本无内外。故而所谓"有事""勿忘助"（敬）之工夫亦便是集义（《吉斋漫录》卷四）。

二

楚望认为，现实人类社会之中的道德营为，如修身、齐家、治国、平天下等日用常行、经纶裁制之中有着天地之心、性命最为真切之处，像这样的实践实事实乃通天地人之伟大精神、性命神化之所以冥合于大本达道。故而其以日用为养心养性之处，以民物为尽心尽性之处，认为此乃《论语》之"下学而上达"之本旨、儒家之本领。这虽是宋以来之理学家已经论述过之事，但在楚望看来，在这样的实事之显现之外别无至于隐微之工夫。据楚望所说，宋以来的理学家虽以实事为要，但如同朱子以《大学》之诚正为学，而阳明则以致良知为要，他们皆以心法为宗而单举之，故而落入上达即下学之立场而陷于佛老之偏枯无实、绝伦无用①（《时习新知》卷四；写本《小山草堂集》卷九）。因此楚望虽说与理学家一样以实学为旨，但两者之间不得不说大相径庭。不过楚望虽有上述之论述，但这并不代表其否定道德之内面性、形而上性和全体性，而应当认为其彻底追求道德活在现实之中并发挥作用的具体性而做出如上论述。即在楚望那里，日用道德之实事实践便是至于神化一贯、体用一源、显微无间、有无全一之绝对之道。故而其云"大道无隐秘，六经无奥义，惟是日用子臣弟友之常、身心视听言动之间而以"（《小山草堂集》卷九），认为专论下学而不说上达之《论语》方为说明上达之真实路者，并以"下学而上达"为学之正宗。

据楚望所说，由《论语》而《孟子》，由《孟子》而《大学》《中庸》，

---

① 楚望论述说朱子对陆学及杨龟山以下之陷禅感到忧虑而论读书穷理之要，但又意识到此亦是陷于支离者，而终至于以《大学》之正心诚意四字为学；此乃是责难以心法（上达）为旨的禅的同时却又自己陷于禅的做法（《时习新知》卷四）。

上达之境渐次明白，但仍不失下学即上达之主旨①。后世之佛学实乃只偏举剽窃圣贤之上一截、即上达而成论者②。宋儒之说较《中庸》更高，阳明之说较宋儒更高。其结果是离下学而趋上达，终陷于佛（老）之异端。佛学乃是上达即下学（上达而下学）者，故而陷于空灭。宋明理学乃是先上达后下学，最终亦不得不成为佛学之空灭。故而楚望虽云下学即上达（下学而上达），但亦不得不云下学与上达之间有着先后次第（《时习新知》卷四）。

楚望以心法为非，并对其理由进行了如下说明。心虽是神明之宅、具众理而应万事之灵活的存在，并由此而被看作是道德世界的枢纽，但其乃是虚位而不可见的存在，故而只能在具体的实事实践之中加以存养。若非如此而专以心为宗，则是"以心观心"，捕风捉影、骑驴觅驴，反而会使心胡乱失却归着，最终不得不陷入佛氏之明心见性、清净寂灭、顽空无用之弊（《时习新知》卷三）。世儒虽称心法，但孔孟原本无心法。圣贤所云之养心存心其实亦并非述心法者。故而即便是以经世民物为学之本旨，但若以心、知、意等工夫，即心法为学之根本，亦自会离却下学而只以上达为旨，而无法脱却佛老之弊。朱子之格物以致知为入门，故而坠入佛氏之空；阳明之致良知追求一念之不起，故而陷入佛氏之捕风捉影。两者均是发挥禅之意思而为浮图树赤帜者（《时习新知》卷三，卷二，卷六）。此外，楚望又评张子之《正蒙》云隐奥深刻，评邵氏之《皇极经世书》云穷高极远，评《观物篇》云荒诞，论朱子之知识为小道而并非民之急务，而批评其不以下学为要（《时习新知》卷六）。

---

① 如《孟子》在论性时云"故而已"，在论仁义时以"事亲从兄"之实事为之；《大学》在论明德时云"亲民"，《中庸》在论未发时以"已发之和"为之。在楚望看来，这些皆是就下学而论上达者。

② 楚望云"彼二氏语上遗下，自不能出吾范围"（《小山草堂集》卷三），其以儒而掩二氏这一点与阳明之见解不异。

楚望之所以论事即心、行即知，乃是出于下学即上达之旨，这自不待言。与阳明将行扩大到心知而认为心知亦是事行的做法相比，这可以说是将心知扩大到事行而认为事行亦是心知。在楚望看来，事行乃是心知之最为精切之处，故其云"道无可学，事即是道；学无可讲，行即是学"（《时习新知》卷四）。即将心知收摄于事行，而专以事行为学之宗。此即是认为知乃是心之神明、德之性，道德感知之本，《大学》所谓明德其体本虚，故而若无行之实而只探念虑之微或是求闻见之扩大，则内而求影响而无实，外而泛滥而无本，必然陷入揣摩恍惚、虚知荒唐。这便是楚望云"圣学以行为真知"（《时习新知》卷三）的原因。如此则其以"民可使由之，不可使知之"之孔子之教为深谋远虑之所存（《时习新知》卷六），亦并非没有理由。

楚望又论《大学》之正诚格致而说明了以上之主旨。据其所说，致知格物乃是明明德于天下，即齐家、治国、平天下。换句话说，乃是人伦庶物之实事实践、即行（《时习新知》卷四）。《大学》之所以论格物，乃是为了说明正心诚意等工夫必依行之实。这是因为虽然有善行者心必正、意必诚，但心正意诚者则难保其行必善。即行可掩心意，而心意则不能掩行（《时习新知》卷六）。像这样，楚望论述说以穷理为格物之朱子之说①最终不仅在理之隐微上穷理而二分理与事、知与行，且以知为先、以行为后，以至于将意识与知相分离。而欲矫此分离偏枯的阳明致良知说以知为宗，故而终于恍惚、偏枯、无实（《时习新知》卷二，卷四，卷八）。此乃圣贤论"学习温故"而不云良知，论"博约文行"而不云知先行后，并痛论"无已，则先行而后知乎"之所以（《时习新知》卷六）。故而其评价先知后行论云"自先儒解经，分知行为二，谓知然后行，此非至论"（《小山草堂

327

---

① 楚望以"道"字代替宋儒所云之"理"字，这是因为其认为"理者里也，一事一物之里。而道者蹈也，天下古今皆共由之路。理隐而道显，理虚而道实，圣人言道不言理。道达于天下，即理行乎其中矣"（《小山草堂集》卷六）。

集》卷八）。① 楚望所说的行先知后乃是"时习新知""温故知新"之意。此即是行实之学习之所以可得心知之著明。楚望批评说阳明论致良知而废实习之功，流而陷入空虚，朱子则论穷理而局于闻见，荒本源之地而陷入与阳明同样的流弊（《时习新知》卷六）。

楚望之所以针对阳明之致良知、朱子之穷理而论时习温故，还基于以下的理由。据其所说，性与习不可分离，性之存养如鱼之在水中，完全取决于习（《小山草堂集》卷二）。故而可以说习之善化才是存性之关键。若不用意于此而专以性为宗，则会偏于上一截而必然陷于禅（《小山草堂集》卷三）。故而《论语》云"性相近也，习相远也"之主旨亦与宋儒所说不同，其"远"、其"近"并不在于性，而是在于习（《小山草堂集》卷二）。

据楚望所说，温故乃是圣贤所云之学，而学并非觉之意，而是效之意，即效法而行。法乃是古圣贤之所教示、道之寻常当然之处，故而乃是自然之成法，而并非只属于旧闻。此乃《论语》所云"温故"、《孟子》所云"性故而已"之故（《时习新知》卷六）。归结起来，温故乃是效自然之成法，这便是学。换句话说，学便是行。不过此乃依效凭借成法者，故而无偏固之失，无陷虚之弊。楚望指出《论语》不讲天道与性而只说眼前日常之行，《大学》论明德意知时不外家国天下，《中庸》论性命之隐微而不超庸行，论证了圣贤之学以事行为要，且论述说连所谓学亦离却事行、《论语》只云"敏于事"而不云"敏于学"，切言事行之要（《时习新知》卷四）。

基于以上所论，楚望对论直指人心、明心见性、一直超入、不落阶级、不涉文字的禅之心法的态度自不待言，对近世之诸儒或是提出心意命性、不睹不闻、无声无臭之语，或是论默坐澄心、看未发之气象、致良知的做

① 楚望根据《论语》之"知及仁守""力行学文"，《孟子》之"行著习察"等说论证了行即知。

法，亦评论说其落入光景兴趣、凭虚揣摩而无学，并批评他们称道学或是理学而提出学字的做法违背圣教。

故而楚望以学为思之本，认为《论语》之学思之论的重点在学而不在思，责难近世诸儒舍弃有规矩准绳的实地深造之学而涉于直径弄巧之思（《时习新知》卷二，卷六），盖属理所当然。对于先儒之诚敬论，楚望亦从同样的主旨出发而加以批判。

楚望主张说存心之工夫亦必须本于实事实践之学。即若以将虚而能通三才之心收缚于方寸之内、以事物为外为存心，则是所谓"四时不行，百物不生"，心不能通于三才，而成为专以无事中的工夫为要的禅之寂灭无用。基于这一点，楚望论述说《尚书》之"危微精一"之语是论悬空之心学者，故而乃是后世之伪作（《时习新知》卷四），[①]认为周子之"无欲故静"、明道之"有主则虚"之说乃是与危微精一之旨相通者而对其加以责难，并评论说吕与叔之"患思虑多不能驱除"、许鲁斋之"心有之则实，外患不入"、陈白沙之"静中养出未发端倪"之说乃是遵从禅门者（《时习新知》卷四，卷二）。

楚望虽排斥理学家的心法，但并非否定心法自身的存在，而是以离却事实而偏用单举心法为不可。其论述诚敬之要的做法便说明了此事。即诚在天地为阴阳二气之氤氲变化、饱满充足，在人则为成己成物、大公无私、人我妙合之显微无间、生生不息的真实无妄、自然之生德的实体。故而其云诚乃是显示出与以有为空的佛道相异的、以无为实的儒道之本质者（《时习新知》卷三）。而其在以格致为正心诚意工夫之要的同时，又论述说《大学》之道乃是以诚尽之者，诚意以上无可加之物（《小山草堂集》卷二）。从这一立场出发，楚望对朱子以格致为《大学》之本的做法加以批判，而

---

① 楚望认为《尚书》此章中只有"允执厥中"之语是存真者。即此乃述时中之义者、以随时随处之实地工夫为存心者（《时习新知》卷四）。

论述说朱子求知之空虚，以致误解了以行实、即诚为本的《大学》之本旨（《小山草堂集》卷二），并对朱子之格致传的补缀提出了疑问①（《小山草堂集》卷一）。不过不可忘记的是，楚望又认为若不求诚（意）于有事（实用），而是像理学家那样求之于《易》之寂然不动之无事者，则会落入佛之空道，而论述说"凡进德修业，又当务为急，以致用为实。空谈无实，迂阔无用，非至诚之道也"（《时习新知》卷四）。

朱子有见于心之灵活，以心之存养、即居敬为要而以之与格致工夫相并列，并以此求心与事理之通达圆融，而楚望也同样论述了居敬之要。不过在楚望那里，居敬并非纯为内在心地之戒惧，而是如《论语》所云之"执事敬"，乃是临寻常之戒惧、即事上之工夫，若非如此则会着意局促、偏强拗掊，反而不能通达事理而使活泼泼的心受到障碍。这便是楚望在论敬时云"临事接物处吃紧"（《时习新知》卷四）的原因。故而其所云敬乃是即外而收内之工夫（《时习新知》卷二），由此而可云经世之业亦在其中。站在这一立场上，楚望评论说宋儒之敬乃是静坐操心、主一无适，即只专一于内在之心的静修而在念头上弄精神，与老子之"抱一"、佛氏之"禅定"一样陷于悬空无实（《时习新知》卷二，卷四）。故而虽然同是论敬，若极言之，则两者之间可以说有内外之别（《时习新知》卷一）。不过敬为心上之工夫这一点并没有不同。只不过虽是站在这样的立场上论敬，但楚望自不得不以刻苦逼倒、收肃劳扰为非而以宽绰雍和为要，认为若非如此则事理不能通达，心反而会失却其灵活（《时习新知》卷四，卷八）。若能充分理解这一主旨，则以下所述之楚望以敬为养气内之物、以养气为更加根本的工夫之理由亦自可明白。

以存心养性为实事上之工夫的楚望以《大学》所谓"修身"为其真切

① 楚望认为《大学》之"致知"亦不外是不自欺之心之自慊、即诚意（《小山草堂集》卷三）。

之处，并以此为《大学》之本领。据楚望所说，身乃是通于内外上下之气的凝聚，而内乃是心意之实处、外乃是事物之统纪，故而身乃是内不遗心意、外不遗家国天下的存在，即孟子所云万物皆备之身、与天地万物一体的大公之存在。据此说，则修身并非只不过是腔子里之伎俩的心法，而是所谓正诚、齐治、治平皆在其中的工夫（《时习新知》卷五，卷六，卷七，卷八）。故而若不以修身为本而徒然偏举正诚，则必然会悬空无实而成为老佛二氏之玄虚。楚望论述说不仅是《大学》，九经皆论修身而不偏举正诚，偏举正诚的做法乃是始于宋儒（《时习新知》卷七）。其云曾子不云"省心"而云"省身"（《时习新知》卷七），便充分体现了这一主旨（《时习新知》卷七），而排斥以身为己私大患或是恶业的佛氏之说。这与李见罗以修身为为学之要的精神一脉相通。

如之前所述，楚望奉为宗旨的实事实践并非泛然无统之物，而是有规矩准绳的、道德性命之最为真切之处，故而其以礼为实事实践之纲领的做法盖属当然。据楚望所说，礼之体为中、用为和，而中乃是太虚自然、和乃是日用平常之天理，故而"执理"乃是下学切要之处，亦是上达之处（《小山草堂集》卷三）。不过其之所以礼为要，乃是因为在其看来，通过道德之规矩准绳的实践，外可脱由依凭事物所生的泛滥之弊，内可脱由依凭心性所生的空虚无实之弊（《时习新知》卷六）。其训礼为"履"的主旨亦当在于此（《时习新知》卷六）。像这样，楚望认为若舍礼而专论性命，则必然会陷于空虚无实、薄视名法之老佛，并从这一点出发而尖锐批评宋儒从礼书中抽出《大学》《中庸》以为道学之书并对其蹉叹尊崇的做法，论述说宋儒犯了在排斥佛老的同时却空谈心性、奉佛老而残圣学的矛盾。[1]

---

① 楚望重视《大学》《中庸》属于礼书这一点，将其看作是以崇礼为宗旨之书（《小山草堂集》卷三）。他从重视礼的立场出发，称赞张子最初论礼的做法并云其说近于下学上达之旨，又论述说自从张子被伊川评为溺于刑名度数而无滋味之后便改头换面，结果如《正蒙》中之所论那样隐奥深刻，而最终失去上述之要道（《时习新知》卷六）。

　　楚望以实事实践为学之本领的理由可由其自然观而更为明白。他认为天地之大德为生，故而宇宙人物之化成、心身内外之作用，以及其他经纶时务、道德功业等一切皆是生气之所成（《小山草堂集》卷一；《时习新知》卷四）。故而道之实体便存在于此生气之灵机之中。孔子之川上之叹实乃因观此灵机而发。若以道为生气以上之存在，则反而成了循以空无寂灭为道的佛老之死法。据楚望所说，"二氏之学，全用杀机"（《时习新知》卷三）。不过楚望虽认为气有阴与阳、静与动、虚与实、无与有，道之生生不息即在于两者的互根相承、含藏相即之中，并从这一见地出发而云"虚孕实，实包虚，无藏有，有含无，一阴一阳之道也。贵无而贱有，执实而遗虚，皆一隅之见也"（《时习新知》卷二），但其重视生气，以在阴静虚无之一面中求道之主体的做法为非而求之于阳动实有之一面，认为前者其实包藏于后者之中，此中有着一源无间之玄机，两者并非相对之物。故而其云"天地之间，常动而非静也，纯阳而非阴也，阴只在阳中敛，静只在动中藏"（《时习新知》卷四）。楚望以中庸之"莫见乎隐，莫显乎微"之说解《易》之太极而论述说此说述太极之全体而无余地，又论述说三极之道只是动（《时习新知》卷四），皆是本于这一主旨。故而其评价周子之无极太极之论以及以此为宗之儒者之说为循道家之说，又云朱子之无极太极解乃是分离显微者而对其加以批判（《时习新知》卷四）。

　　像这样，楚望认为静其实是动中之消息，动外无静，故而其云"面壁死灰，终无发生之益，造化孤阴不生"（《时习新知》卷三）而以佛老之厌动求静为非，这自不待言。而其对宋儒的主静之论、静坐之说亦加以尖锐批判，认为他们的理学虽然看似在以经世为旨这一点上与佛老有相异之处，但把以主静为旨，故而终与世疏（《时习新知》卷七），且又论述说宋儒以之为要的静坐并非参三才而为人之道，故而即便修习此道，亦无法达成人类所肩负的位育裁成之使命①（《时习新知》卷六）。

不过楚望所说的动乃是虚灵之窍、神化玄妙之枢，因而乃是《中庸》所谓之大本达道、致中和者，故其亦是通于时之动静的、可以说是一动一静之间者。换句话说，其乃是有意无意之间、昏明之界、寂感剥复之际的生生不息之几。楚望认为《中庸》之未发、独，以及《易》之几相当于此。他时时提出的"亥子之中间"之语便简明适当地表明了这一主旨。据楚望所说，此乃宇宙之心、人性之源泉。

盖气之所以成德业而生生不息，乃是因为有神明之用。不过若其体非虚，则会产生间断。故而楚望论述了虚与明、虚与神之一体不离，但重视气之活力的他注目于神，尤其是注目于明（知），将虚收摄于明中而论述明之要。据楚望所说，明知乃是《论语》所谓智者之德、气之灵光活力，故而圣人见此字而范围三才。故而其正是经纶裁成之大本、性命道德之本源、儒道本义之所存（《时习新知》卷三、卷四）。然而佛老二氏的主静空有灭却此明知，以至于失却事实之理、经世之大道（《时习新知》卷三）。此处所云之明知比起朱子所论之知，应当更接近于阳明所论之知。故而此说与楚望之先行后知论让人感觉有所矛盾。

重视生机的楚望在道、理、性与才情，或是形与质之间不设上下先后或是彼此之别，人为这些皆是随时变化之气之名②，对宋儒之理气二元论、气之分论则评价说其失却浑沦之命脉而陷于支离（《时习新知》卷七）。据楚望所说，宋儒所云之性、理乃是经纶裁成之本源，并非一气之在外者（《时习新知》卷四）。故而理（性）与气并非两体，而是浑沦一体。不过这

---

① 由于静被认为是动之根，故而楚望亦并非完全否认静之工夫。即其云初学者必须以主静为要，又云"静坐观心，闲中一乐""明不从静中生者，皆情识"（《时习新知》卷六）。不过，这只是问题中的一面。

② 楚望云命性、神化、道理、心情、气质、形容等皆是因一气之变化而名之者，故而所谓"道"亦是"强名"、即便宜之名目（《时习新知》卷八）。

乃是站在以理（性）为气上的存在的立场上、即以气为中心而进行思考的结果。楚望评宋儒之尊理卑气云偏上无用、乃是佛之空当，[①]又以程子在论性时将其分论为理义与气质的做法为非（《小山草堂集》卷二）。

在天理人欲论方面，楚望亦从同样的主旨出发，认为欲亦是气之用，只有善用之才能全天地之大德，并站在这一立场上排斥程子之分论，论述说程子以人欲为恶而斥之，故无法成就天地之生德（《时习新知》卷三）。楚望以周子之无欲说为非而遵从孟子之寡欲说的理由亦可由此而得到理解（《时习新知》卷八）。

楚望求天地之生德于气，而气本来并非妄生，其中有着道德目的与秩序，这便相当于宋儒所说的理。故而其云气本来为善，故而理乃是善，因而性亦是善，且认为学当以性善为宗（《时习新知》卷四）。故而楚望一方面在云"性不离习，习与性非二也"（《小山草堂集》卷二）的同时又论述说性乃是超越习之善不善的绝对存在而不受习之累，另一方面又在云"善与性非二也，性即善，善即性，一物不离"（《小山草堂集》卷二）的同时又认为以性累善是不可能的，而以善为性以上的绝对价值。若借用楚望之语，则善乃是"太极之全体""人生之太虚"。他以所谓"继之者善也，成之者性也"之《易》之说为斯论之明证（《小山草堂集》卷二），认为只有如此思考方能真正见善、真正见性。站在这一立场上，其评论性不善说、性有善有不善说、性无善无不善说云"今之言性不善者，是习以后之论，未尝见性也；言善不善者，是性以后之论，未尝见善也；言无善不善者，是指性为性，未知指善为性也"（《小山草堂集》卷二）。

---

① 从这一点出发，楚望云周子之无极太极论乃是将浑一之物二分者而拒斥之（《时习新知》卷四），又从同样的主旨出发否定以太极为理、以阴阳为气的朱子之论。据楚望所说，太极是未分之阴阳，阴阳是已分之太极，故而两者是同一物，宇宙只有一气（《时习新知》卷七）。楚望又认为张子之气一元论乃是发明以气为宗之孟子之旨（养气）者（《时习新知》卷八），并站在这一立场上对张子论有无而排斥佛老的做法表示了理解（《时习新知》卷八），不过又云张子晚年改而尊理，而对张子之学亦进行了批判（《时习新知》卷八）。

像这样，以善为性以前之绝对价值的楚望认为连佛氏之"妙净不染"、老子之"自然无为"皆是踏袭圣人之性善者（《小山草堂集》卷二），甚至将其与荀子之性恶说相比较而云"二氏崇高虚无，犹知见性。荀卿溺于习，而反疑性为恶，曾不如二氏矣"（《小山草堂集》卷二）。这归结起来乃是因为楚望坚持善之纯性，且认为若知道此点，则习之不善者亦能自觉善之所以本来为性而得化不善为善之力。此事从其所云"今之言善者，求之性后；今之言性者，求诸善前。求性于善前，则善掩矣；求善于性后，则善杂矣。故知善之为善，虽习于不善者，其初亦善也，况于习于善者乎"（《小山草堂集》卷二）可知。关于心性，楚望亦认为心乃是人身之主宰，故而其一方面难免形质之凝滞。心之所以神明，乃是因为其体虚。虚乃性之德，因此心虽神明，亦不及性之遍满，故而学不应以心为宗，而当以性为宗（《小山草堂集》卷二）。可以推察，楚望之所以像这样在性善之中以善为宗、在心性之中以性为宗，归结起来乃是出于欲像宋儒那样坚守道德本体（本性）之纯全的意图。不过在楚望看来，这一意图乃是基于若不在人伦庶物、日用常行之实事实践中见其真切则会空虚流荡而失却道体之真处骨髓的主旨，这从其力说下学这一点自可明白。故而对楚望来说，无在有中愈发真切，有乃是无之极致，其依然以实事实践为学之本领。

楚望提出"学以性善为宗，以养气为入门，以不动心为实地，以时中为妙用。以性善为宗，则仁无不显；以养气为入门，则用无不藏；以不动心为实地，则感无不寂；以时中为妙用，则应无不神"作为其学之纲领（《时习新知》卷一）。盖据《乐记》之静性论，则心之害生于动；据《易》之寂感论，则寂然不动乃是所以致天下之至神。故而学必须以不动心为要。楚望论述说《大学》之所以论"止安静定"，《易》之所以云"何思何虑"，不外是为了明此主旨（《时习新知》卷一，卷二）。不过其所云之心之不动并非指无念之处，而是指裁成位育生生之中的安定之处，换句话说即是动中之静。此乃其评告子之不动心为厌动求静、反而动心的原因（《时习新知》卷一)。

心原本是神明之舍、气之灵妙，作为一点之灵明而处于主宰之地位，故而其虚寂无为、空无无朕，因此可以说其有为实地皆依存于气之动（《时习新知》卷七）。故而楚望在以心气为一体的同时，又如其所云"苟能养气，气不动，即心不动，更不必气外求心"（《时习新知》卷七），以养气为到达不动心之根本工夫而认为养气之外无养心，并慨叹世儒论养心而不论养气之要的做法（《时习新知》卷七）。这是因为楚望原本便认为若于气外求心之不动，则心会空驰而陷于憧憧之弊。楚望对心气进行比较[①]，论述了两者生成之先后，或是内外、生死公私，而最终认为气乃是通于有无内外、动静虚实之全一的存在，论证了气乃是下而导经纶裁成之实用、上而支撑心性道理的原动力，提出先气后心之论而以养气为养心（不动心）之本，且论述说若不着工夫于气而徒以心性、性理为事，则反而会使工夫失去依据，不仅沉沦于捕风捉影、虚寂虚见，且会偏内遗事，即以经世民物为度外而必然陷入佛学所论之明心见性之弊。故其云"论性必论气始明，论理必论气始备；论学必论气始实，论工夫必论养气始切"（《时习新知》卷七）。如此，则其评价程子之性气说时，以"论性不论气不备"之说为是、而以"论气不论性不明"之说为非的做法盖属当然（《时习新知》卷七）。故而其又以孔孟之养心存心之论为皆是养气之论，这自不待言[②]；而在其中尤其赞赏孟子之养气说，指出此说"正以救明心见性之偏也"（《时习新知》卷七）。故而其评宋明诸儒之学为专论养心之法而必然陷于佛老，亦并非没

---

① 据楚望所说，若论生成之先后，则是气先心后。这是因为心生于人之生后，乃是自气而生者。肉体之精气在外则贯穿民物宇宙，故而气通于内外、无思无为而经纶裁成。故而其无心而大公，诚可谓天地之心。而心则只不过是内之主，若从之则必然会有心自私。心之所以能够无私，不是因为依于内之心，而是因为依于贯通内外之气之公。孔子之所以云"从心所欲不逾矩"，乃是为了说明心遵从气之公而无私。像这样，楚望比较了心气的价值并论其先后（《时习新知》卷七）。

② 据楚望所说，《论语》乃是论一个养气之书（《时习新知》卷七），《孟子》中所引的孔子之操心之说并非论心之工夫者，而是论养气者。且《孟子》所云之良心亦是气之作用，而并非心。《大学》之下手工夫亦同样不在心上，而在气上（《时习新知》卷七）。

有理由①（《时习新知》卷七）。

以养气为为学之要的楚望甚至不厌以主要为佛氏、道家所用的调息、观心、数息等工夫为养气之捷法，对宋儒以养气为佛老及方术家之法而加以否定的做法则反而加以非难（《时习新知》卷七，卷八）。不过其之所以重视养气，乃是因为以其为在人伦庶物之实践中获得活力的工夫，故而虽以此等工夫为要，却以徒弄气之妙用神秘的做法为非，此盖属当然。由此楚望认为养气并非曾点之舞雩浴沂、程子之吟风弄月，或是邵康节之"月到天心处，风来水面时"之诗句那样的风流之事，并非难说此等皆陷于禅。

楚望之所以以养气为要，乃是出于对道体之生意的重视，故而其以养气为《孟子》之"有事"的做法盖属当然。而出于对其自然性的尊重，楚望又以《孟子》之三勿（勿正、勿忘、勿助长）为其调剂而论说其要，以有事与三勿为"千古性命之真宗"（《时习新知》卷一）。故而其在养气工夫方面亦以有心无心之间为旨，并论述说若非如此则会产生正、忘、助长之三弊而失却气之本来性、自然性，反而使心产生动摇（《时习新知》卷八）。在三勿之中，楚望尤其重视"勿正""勿助长"之工夫，即无心之工夫，认为若不以此工夫，则养气之有事亦会恃气而有心，陷于《论语》所云之意必固我，而云"养气不恃气，……恃气是有而正也"（《时习新知》卷七），以至于认可所谓"勿求于气"之告子之说（《时习新知》卷七）。

提出正助之弊的楚望由此在养气之际亦以谦让容忍、克己寡欲、恕、不暴、无为其所不为等看起来消极的工夫为要，② 论《易》之大壮时亦云"大壮不用易之理"（《时习新知》卷七），甚至以佛氏之大慈无畏、老子之谦退濡下亦为养气之工夫而有加以承认之处（《时习新知》卷七）。这归结起来乃是因为如前所述，在楚望看来，神化之妙用乃是阳气使然，造化人

337

---

① 楚望云只有明道能得此养气之旨，其他人皆"遗气穷理"（《时习新知》卷七）。

② 据楚望所说，"天下之至柔，驰骋天下之至坚"并非老子之语（《时习新知》卷七）。

生无不阳刚之处，故而若无阴（阳之静机）之收敛退藏，则会一去不返而最终陷生道于死法，或是习气自用，反而有损毁气之本然之虞（《时习新知》卷三，卷七）。故而其云温柔乃是圣贤常论之处而忌刚直，并论述说道理几微易简，故而不妄动之外无主静，勿暴之外无养，不慢之外无恭，无逸之外无主敬，不昏之外无觉（《时习新知》卷四，卷三）。此乃出于对于生道之自然的深切顾虑，这自不待言。不过楚望之养气乃是应当径直发露于人伦庶物之实事者，在这一意义上如其所云"养气于应务烦难时得力，方是实用"（《时习新知》卷七），更必须是动中之工夫，故而可以说是应当具有积极性者。从这一点出发，楚望对佛老二氏加以批判，认为其之所以扫除世务而鲁莽，乃是因为不养气，而云若不明于养气，则将至于率天下而为二氏，又以理学家之主静之论为非①（《时习新知》卷七）。楚望虽像这样以养气为实事上的工夫，但又认为若不能保持理法，则养气并非没有趋向自私自利之虞。故而楚望在养气的同时又以集义为要，不过其认为若不待养气，则集义有失却生道之虞，故而云集义亦在养气之中。之所以如此，不外是因为其顾虑到论集义之要者误以为集义可由操心而入，为此使心迫窄而失却位育敦化之生德（《时习新知》卷七，卷八）。归结起来，楚望以集义、养气、有事、三勿为彻首彻尾之工夫，认为若依此等工夫，则内可得心之自慊，外可敦化万物，物我咸熙，太和之理想世界由此可得以实现（《时习新知》卷七），而这些工夫之中心正是养气。故而楚望如前所述以孟子之养气说为发挥孔子之秘蕴者的做法亦并非没有理由。楚望认为若以养气为事，则宋儒以之为要的格物穷理、存养省察等诸法亦不需特意去讲，并论断说"千头万绪，一个养气了当"（《时习新知》卷八）。

以实事实践为要的楚望云通于理、事而儒业敦，故而道亦自必须是和

---

① 故而在其看来以静坐而行调息等工夫的做法亦不对。此乃楚望批评白沙之主静的原因（《时习新知》卷七，卷八）。

于世俗而能维持伦理名教者，并站在这一立场上评价佛老及理学家云其以心法为旨而以"执体"为要，故而失却中行而陷于狂狷（《时习新知》卷四）。此乃楚望以时中为学之所归而云"以时中为妙用"（《时习新知》卷一）的原因。时中乃是从时之中之用，即和、庸。求气之生化于道之本源的楚望在论述未发之中与已发之和、中与权、中与庸之一体的同时，又认为若无后者则亦无前者，而论述说已发即未发、和即中，未发在已发之中，中乃是和之中，日庸寻常在庸之中，并以此为《尚书》之"执中"之义（《时习新知》卷一，卷二，卷五）。故而据楚望所说，"执中"乃是日用寻常之随处随时之工夫、即时中。若非如此，则会四时不行、百物不生、天地之运行停息而失却生成之妙道。故而其评论说宋儒因太过希求理之清虚而求未发之中于已发之前，其做法有违圣人"时中"之本旨，而与佛氏之寂灭同类①（《时习新知》卷四，卷五）。

---

① 楚望认为前述之不动心最终亦是存于时中者，而否定以之为心法的理学家之论（《时习新知》卷八）。

第十二章

陈清澜的批判论

在明末之思想界，与时代之风潮相伴，王学左派、即良知现成派的系统极为隆盛。其所论直指良知之现成，并非没有使人直信直悟并自得吾心乃是能够"宇宙在乎手，万化生乎身"（《阴符经》）者之力。不过阳明所说的良知原本是道德感知及判断、道德法则即天理，本来乃是本体工夫合一之处。而良知现成派忘记了这一点而任知解情识，无视工夫行检，轻蔑人伦纲纪，以气骨任侠为事，弄禅机而陷于猖狂肆意，带来了显著的弊害。由此出现了深刻体认发扬朱学王学的精神而欲对此进行矫正匡救者，[①] 而另一方面，亦出现了对王学以及被视作王学源流的陆学、禅学进行批判，其中甚至有将辩难之锋朝向宋明道学者的批判派。[②]

在批判派的著作中，对后世影响最大的乃是陈清澜的《学蔀通辨》。明末清初的朱学之兴起[③]、基于华夷之辨即民族主义立场的清初的王学辩难[④]多有仰赖于此书之处。清澜乃是辩才之雄。他承宋代胡致堂的《崇正辩》、明代叶子奇的《草木子》、胡敬斋的《居业录》、霍渭崖的《象山学辨》、罗整庵的《困知记》、崔后渠的《序杨子折衷》等异端辨析之后，欲穷尽朱子

343

---

① 湛学派的许敬庵、冯少墟，东林派的顾泾阳、高景逸等人从新朱学的立场出发，明末的大儒王蕺山等从新王学的立场出发，分别欲对此流弊加以救正。

② 吴廷翰著《吉斋漫录》，冯贞白著《求是编》，郝楚望著《时习新知》，对于禅及陆王加以批判。其中尤其是廷翰、楚望提唱古学而对程朱之学亦加以批判，影响了日本的古学派。此外，虽然笔者未曾见过，据说张古城之《陆学订疑》、徐养斋之《读书札记》、李大经之《卫道录》及《大学稽中传》亦是批判陆王之书。此外据说在阳明在世时，山阴有名为陶庸斋者精论宋学，并著《正学演说》而对王学、禅学加以辩难（《张杨园集》之《备忘一》），又有名为林国辅者著《讲余问答》而对《传习录》加以批判（《王顺渠文录》卷六）。

③ 参照顾泾阳《学蔀通辨序》；顾炎武《日知录》卷十八；《朱子晚年定论》；《劳余山先生遗书》卷十《迩言二》；张武成《王学质疑》；《吕晚村文集》之《附录·行略》，卷一《与吴容大》；《三鱼堂文集》卷四《跋读书分年日程后》，卷一《学术辨》上、中、下；《鲒埼亭集》外编卷五十《端溪讲堂策问一》等。

④ 参照《王学质疑》之《附录》；《读史质疑》卷四；《吕晚村文集》卷一《复高汇旃书》；《王船山遗书》卷九下等。

之异端辩的原委而写下了此书。不过，其动机则在后来受到了陆王系统之儒者的种种责难。[①] 清澜之说之所以对后儒有很大的影响，[②] 乃是由于三个原因，即：第一，以"养神一路"四字而直指异端（佛老陆王）之真髓，对此进行了确切的论证；第二，对朱陆同旨论加以彻底的辩难，又指出了历来之异端辩的不足；第三，就作为异端的佛氏之变迁及其对儒教的影响、带给民族及国家的祸患进行了论述，明确揭示了其历史事实。当然，历来并非没有此等论述，但与清澜之论相比都是片段性、部分性的，故而不免有欠于彻底之憾。

清澜论述了心性之离合异同，而欲坚守程朱学之二元论的精神。据清澜所说，天地间皆是一元之气，《易》之元亨利贞亦非气外，故而天地间乃是理气相即，而这是因为天地无心。若就人而言，精神作用皆是气，主宰之而使之无违者则是理，故而理气不免为二，而这是因为人心有欲。因此天地之生化虽是气为主，但圣贤之学则是理为主，而气听命（《学蔀通辨》终编卷上）。盖人心之灵活不过是气之妙用，故而其有趋利避害之敏锐直觉，甚至可能善于权谋术数、机械变诈。因此若无理，或是作为理之精的仁义礼智之德性之主宰，则善恶尚难决。由此清澜以"无拣择底心"之语来论人心（《学蔀通辨》终编卷上）。不过清澜并非完全以心与理、心与德性为二物，而是云理乃是"心之德"，其虚灵知觉乃是"心之才"，且"才者德之资，德者才之帅"，以两者为交相为用者。[③] 清澜时常提倡其自身的"心性相随"之说，理由便在于此。此说乃是论作为主宰的性与作为运用的心之相即不离者，清澜以朱子在论心性相即之际所提出了船与舵、卒徒与

---

① 参照《李二曲全集》卷十六《答张敦庵》；《鲒埼亭集》外编卷五十《端溪讲堂策问一》等。这些责难归结起来乃是认为清澜以巧辩而逐名利。

② 清澜著《学蔀通辨》时，此书少为世人所承认；自从顾泾阳言及此书并为其作序后，此书开始受到世人瞩目。

③ 清澜遵从张横渠、朱晦庵、陈北溪之说，以心为形而上之理（性）与形而下之气之间、两者相会之处（《学蔀通辨》终编卷上）。

将帅之例来论证此点（《学蔀通辨》终编卷上）。盖自"心性相随"而言，性亦可以说是心。不过据清澜所说，此处之心并非只是虚灵知觉，而是有性（理）之主宰之心，即德性之心、所谓道心。而单纯之虚灵知觉乃是人心，道心乃人心之主，此乃古来圣贤之垂训。清澜以阳明认为是二心之论而加以排斥（《传习录》卷上）的朱子之"道心为主，人心每听命"之说为宗的理由即在于此（《学蔀通辨》终编卷上）。另一方面，自"心性相随"而言，心亦可以说是性。不过据清澜所说，此处之性并非气质之性，而是仁义礼智之德性，所谓义理之性、本然之性。故而其遵从朱子，明辨义理之性与气质之性，而以前者为本性（《学蔀通辨》终编卷上）。像这样，若统言心性，则二者皆是心、亦皆是性；若析言之，则心有道心与人心之别，性有义理与气质之别。概括起来可以说"心性一而二，二而一"，而清澜云"虽皆心，而有道心人心之别；皆性，而有义理之性、气质之性之殊。君子以统同辩异，须析之极其精而不乱"（《学蔀通辨》终编卷上），明确表达了朱学之二元论的立场。尤其是关于作为儒家与异端之共通领域的心，为阐明以上所述之离合异同，清澜创作了如下之心图：

仁义礼智　德性　义理　道心

心

虚灵知觉　精神　气禀　人心

据清澜所说，圣贤之心学所追求的是道心，故而其追求仁义礼智、德性、义理；而异端之学所追求的是人心，故而其追求虚灵知觉、精神、气禀。故而异端径直以人心为道心，而信奉即心即道。据清澜所说，重要的问题不是心之虚灵妙用、精神知觉，而是主宰心而使之正的理、即德性之仁义礼智，故而圣贤之心以义理为主，此乃其云"非礼勿视听言动"之原因。盖孔门罕言心，其所论之处专在实事工夫，至孟子而始详论心。这大概是因为与道家的接触。① 孟子所谓左右逢源、深造自得之境若无就灵活之心的工夫，则恐难得之。因此尊重性理之实及其生命的陆王学求其源于孟子之心学，盖并非没有理由。据清澜所说，孟子之心学并非立足于前述的人心而提倡即心即道者，而是依据道心、即德性仁义者。故而所谓"仁，人心也"乃是述人心之为德性而论以仁存心之要者，而并非如陆子所说乃是论即心即道、存心便是仁者。其间有道与心、天理与人欲之别。《论语》所谓"其心三月不违仁"便传达了此间消息。陆子之说与禅之即心成佛同类。《孟子》之"求放心""先立其大者"之说亦同样是追求仁义之心、以道心德性为主旨工夫者，只是因为恶人欲之害而如此说。故而此并非如陆子所说那样，是因为恶心之为事所害而论收拾精神、静坐摄心之要（《学蔀通辨》终编卷上）。孟子之良心说亦是惧利欲之害而求"寡欲存心"者，而并非如陆子所说乃是论"弃事澄心"者（《学蔀通辨》后编卷中）。据清澜所说，陆子不止论事对于心之害，甚至云"善亦能害心"，认为心涉于善亦是"逐外伤精神"，又认为意见之害比利害之害更甚，否定孟子之"思"而追求"不可思"；这些比不读书之害更甚（《学蔀通辨》后编卷中）。

　　像这样，清澜论述说陆子之心学要求心不泊一事、不涉一善，而一味追求收拾精神（《学蔀通辨》终编卷上），这不外是"一于虚无"之佛老（《学蔀通辨》终编卷上）；又举出"金溪之学，谓收敛精神、自作主宰。向有欠缺、至于利欲，未为病；才涉于思，即是害事。全似告子"之《草木子》之语而云"据此语，亦看破象山矣"，最终以精神之收敛即养神为陆学之骨髓，并以此为排击陆学之际的标的。故而其甚至以陆子之言行功过上的工夫亦皆为直截论心者（《学蔀通辨》后编卷中）。据清澜所说，若以心体为灵活之本源而于心上一路求其本性，则最终会成为径直以知觉运用为

① 孟子曾游于齐之稷下一事当是其思想与道家发生接触的契机。这是因为如郭沫若所云（《十批判书》之《稷下黄老学派的批判》），齐都稷在当时流行道家思想。孟子之养气说、寡欲论等可作为此论点的根据。

本体的佛氏之所谓识心见性、作用即性而必然陷于猖狂。像这样清澜举出
"儒者养得一个道理，释老只养得一个精神"之胡敬斋之语，而断定佛老异
端之道乃是"养神一路"。即心乃是精神之舍，其虚灵知觉、作用运动皆发
于此精神。故而精神只不过是心之活力之根源，而并非正确赋予其方向、
使其有所主宰者；此乃是德性之功。故而以精神为性者并不真正理解心性
之为何物。佛老即属此类。佛氏只就前述之心图中的人心而论其体用有无，
舍用之有而专求体之无，以至于认为有即无、作用即性。就禅而言，则遗
物屏虑、专以虚静为事而任精神之专修，若凝聚澄莹、豁然而至于顿悟，
则以此为明心见性，而认为光明寂照、神通妙用、广大无边之境皆不外是
精神之作用。此乃养神一路（《学蔀通辨》后编卷上），佛氏之本领、异端
之宗旨。以神为要本是道家之道。如庄子云"神全者圣人之道""精神圣人
之心"。佛氏之养神说便依据于此。①《孔丛子》之所谓"心之精神是谓圣"
之说乃是庄列之末流、故而乃是养神一路（《学蔀通辨》后编卷上）。② 故而
举出《孔丛子》此语而论心体的杨慈湖之说③在清澜看来自然是佛老养神之
说，而清澜又举出慈湖之师象山之所谓"收拾精神，万物皆备"、张子韶之
"觉之一字，众妙之门"、陈白沙之"一点虚灵万象存"、阳明之"心之良知
是谓圣"等语，认为这些皆是以精神知觉为心者，故而不外是养神之说
（《学蔀通辨》终编卷上）。如此则孟子为何要论神呢？据清澜所说，孟子所
说之神并非以上所说之精神，而是指精神之本体、即作为主宰的德性之妙

---

　　① 《庄子》之《刻意》篇中有养神、精神之语，《列子》之《天瑞》篇中亦有精神之语，《鬼
谷子》之《本经阴符七篇》中有盛神、精神之语，《荀子》之《赋》篇中亦有精神之语。司马迁云
道家使人精神专一（《史记》之《太史公自序》）。
　　② 《孔丛子》此语原本见于《记问》篇。据楠本正继博士所说［《宋明时代儒学思想之研究》
（《宋明时代儒学思想の研究》）第 374 页］，此语本来之意义为将心确立为审物之形类、事之真伪者。
　　③ 杨慈湖以《孔丛子》此语而指出了人伦生活之判断中的灵活主体（《慈湖遗书》卷二《申
义堂记》）。

用（《学蔀通辨》终编卷下）。①

由以上所论，清澜以养神之说为假说、故而是以影像为性者，此盖属当然。故而其评价胡敬斋之"禅家所见为假物，非真"之说为自朱子以来人所未能见得（《学蔀通辨》续编卷上）。像这样，清澜认为陆学一派之说乃是养神，即以精神知觉为性，不求实理而追求儱侗恍惚之形象（《学蔀通辨》续编卷上），不过是以见夜间恍惚之形影为悟而论镜像之顿悟之妙，并一一举出例证而对其加以尖锐批判（《学蔀通辨》后编卷上）。② 由此，清澜自然以陆子及其门人杨慈湖之说为陷禅，③ 但又云陆子之禅漫、慈湖之禅直，④ 两者学术虽同而心术相异，在阳儒阴佛这一点上对于陆子责之更切。此足以察清澜之异端辨之锐锋。

清澜认为陆子一派之说乃是立足于与论事障、理障或是无心的禅，以及论资神而养真的庄子等人同样的静虚思想，故而乃是养神一路，而对其加以批判。即陆子之下手工夫乃是遗物、弃事、屏思黜虑、高务静虚而欲完养精神者。这很明显是禅。陆子云"只自完养，不逐物"，这不外是无事安坐、闭目养神之一路，佛氏事障之说。其又云"闲旷虚静，恬淡退寂"，此乃意念皆忘、丝毫无累、只任其自然而欲完养自在之精神者，归结起来乃是欲资神养真者。此亦不外是庄子之养神、佛氏之息心铭。其还以静坐养神而求成圣，此与禅之坐禅成佛之说如出一辙。陈白沙之"致养其在我者，而勿以闻见参之。去耳目支离之用，全虚圆不测之神"之说亦与陆子

---

① 阳明之门人中有人著《图书质疑附录》而以"养神"为圣学之本，并以孟子曾论养神为证，而诋朱子。清澜云此乃老列之流而对其加以责难（《学蔀通辨》续编下）。

② 清澜云陆象山逐影象而进行了以下论述。孟子所谓"万物皆备于我"之万物乃是指万物之理而言。然而象山以之为万物之影象（《学蔀通辨》后编上）。象山所谓见道、知仁亦是见象之见（《学蔀通辨》后编上）。清澜举出象山之"宇宙便是吾心，吾心便是宇宙""收拾精神，万物皆备"，徐仲诚之"镜中观花"，杨慈湖之"鉴中之影象""心之精神是谓圣"、一夜之悟，陈白沙之"一片虚灵万象存"等语，论证了陆学一派之任精神知觉而逐影象（《学蔀通辨》续编上，终编上）。

③ 象山具体阐述了慈湖之说乃是来自于禅（参照《学蔀通辨》后编上、中）。

④ 清澜云慈湖明言鉴像反观而称达摩，而象山则遮掩灵明之空见，论述了两者之禅之所以有直与漫之别（参照《学蔀通辨》后编上）。

相同。陆子云"善亦能害心"，此与六祖慧能之"不思善不思恶"、安心偈之"善恶两忘"同为理障之说（《学蔀通辨》后编卷中）。不过清澜将陆子之学看作与慈湖、白沙一样基于静虚思想的做法应该是有问题的。

清澜之所以对静虚思想持批判态度，乃是因为其遵从朱学，以未发与已发、直内与方外、涵养与省察之不偏，或者说敬与义之夹持为旨，而认为若不如此而以主静存养为事则会成为陷禅。据清澜所说，陆子论未发之涵养而不论已发之省察，故而陷于一扁而流于空寂，终至成为佛氏之本来面目之说。原本孔子无未发之说，其所说乃是已发。这是因为已发之工夫明显而有迹，故而易着工夫，辨别之根据亦明；与此相反，未发之工夫无形而易差，难以捉摸，故而若特意用之，则自会产生驰虚好高之弊。故而《中庸》虽论未发，但又论述了必兼用已发之要（《学蔀通辨》中编卷中）。故而虽云未发之中，亦是平铺。若以静坐体认以见中为未发之工夫，则有违圣贤之意。然而陆子偏求未发之工夫而任无事安坐、瞑目操存，谓"一日下楼，忽觉此心澄莹"，此实不外是六祖之"不思善不思恶，认本来面目"之旨（《学蔀通辨》终编卷中，后编卷上）。此旨原本来自大慧宗杲之"无事省缘，静坐体究"。后儒之存心多依据于此，而此种主静未发之弊程伊川早已有所确认。故而其门人吕与叔、杨龟山之云主静乃是违背了师说。不过龟山及其门人罗豫章虽论未发之工夫，但并没有用心于禅。故而其不否定读书穷理。此与明确地以禅为宗、以经为注脚糟粕、以读书穷理为逐外障蔽（参照后述）的陆学一派不同（《学蔀通辨》终编卷中）。不过对于未发，清澜同样并非完全排除主静工夫，而是如周子所云"无欲故静"，以及胡敬斋所云"儒者养得一身之正气，释老养得一身之私气"，将其彻底看作是去人欲存天理的工夫（《学蔀通辨》终编卷中）。

如上所述，清澜在理与心、即天理与神识之别中求儒家与异端之别，而认为只求之于公与私，或义与利之别的陆王之论为未尽（《学蔀通辨》续编卷上）。据清澜所说，佛氏之所以公之理为空，或换句话说以其为心之

349

累、即理障而至于自私自利，乃是因为其专任神识而以养神之说为旨（《学蔀通辨》续编卷上）。不过清澜虽如前述认为异端皆是养神一路，但并非不承认其作用有别。故而其云老庄重长生、禅佛重出世、陆学重经世，虽评价三者为本同末异，但终归皆是养神一路，故而不依天理之自然而陷于私智之安排（《学蔀通辨》后编卷下）。清澜之所以对只以自私自利而排斥异端的陆王之说感到不满，乃是因为在其看来，陆王之说并未论及自私自利之所由来的养神一路。故而陆子虽云佛氏了此一身、皆无余事，儒家则该备万物，但此论并不足以使佛氏屈服。清澜云佛氏乃是养神一路，故而自私自利（《学蔀通辨》后编卷上），而陆子自身已是养神一路之自私自利，"自家主宰常精健"之陆子之教不外是佛氏之自私自利（《学蔀通辨》后编卷上）。清澜举出朱子在答程正思的书信中以私意人欲而辩异端之语，论述说此切中陆学一派之病（《学蔀通辨》后编卷上）。那么阳明又如何呢？阳明亦认为其格致之说与佛氏之常惺惺大略相似，只不过佛氏之心自私自利，此乃与儒之不相似之处；此乃以佛氏之本来面目为得之，故而同是养神一路、自私自利（《学蔀通辨》后编卷下）。

清澜认为只有依据朱子学才可免于以养神一路为事的异端。那么在清澜看来，朱子学的特色是什么呢？清澜认为朱子之理论在于"主敬以立其本""穷理以致其知""反躬以践其实"之三者之齐头并进，有时只论其中之一的做法不过是"因病之药"（《学蔀通辨》之《提纲》）。故而像朱陆同旨论者那样以涵养之说为朱子之定论、而将其付合与以涵养为本意的陆学的做法乃是诬朱子之论（《学蔀通辨》之《提纲》）。清澜本于朱子之理论，论述了涵养与思索之并用、居敬与穷理之并用、存心与致知之互发、知与行之相须、博与约之不偏之要，认为只有如此方能免于陷于异学。清澜尤其否定涵养与致知之偏用而论述其并用之要，且认为涵养并主敬、致知必穷理，若偏于存心而有欠于致知、偏于致知而有欠于主敬、不穷理而务识心、不依主敬而务存心则会流于禅（《学蔀通辨》终编卷中）。

涵养与穷理之并进虽是朱学之特色，但与前述的辨别道心与人心之际的主旨同样，清澜将重点置于穷理，认为若非如此而重视涵养，则有趋向于异学之虞。盖朱学与陆学相比，可以说其特征在于以穷理、即所谓问学为主。然而征诸朱陆同旨论者的思想亦可明白，元以后，朱学者中关注朱学之居敬的倾向逐渐增强，以至朱陆两学互相接近。朱学之居敬原本与问学相关联而与之浑然一体、乃是问学之助力，但若以居敬为足以掩问学之浑一之力而加以重视，① 则不仅朱学之特色愈发稀薄，且有进一步而与异学相接近之虞。钱穆以《庄子》之精之工夫（《外篇·达生》篇）为凝聚心知之工夫、即心之专一之工夫，以其养神（《养生主》篇）为养心知之明白纯粹之体（《新亚学报》第二卷第一期《释道家精神义》）。由此则其中并非没有与宋儒所云之敬相通者。例如若不以伦理为问题，则《庄子》之《养生主》篇中的养神与程朱的主一无适之居敬有相通之处。朱子曾以所谓"其心收敛，不容一物"之尹和靖之说来论敬，此处亦并非没有与庄子所谓"其心间而无事"（《大宗师》篇）相通之处。故而若于朱学而重视居敬涵养，则势之所趋，自有与老庄、禅佛相接近之虞。清澜以其慧眼敏感地洞察了这一点。其以问学为存心之工夫而加以重视的原因即在于此。故而其针对孟子所云之"求放心"工夫云问学乃是所以求放心，而云先立基本而后从事于问学的朱子《孟子集注》之说乃是以问学为存心之后者，而对其表示了疑议（《学蔀通辨》后编卷上。不过清澜并没有忘记朱子另一方面又以主敬为问学之基的精神）；又云陆子以收拾精神一路为孟子之求放心工夫，而断定此为一乘法、文殊之不二法门（《学蔀通辨》后编卷上）。

　　据清澜所说，儒家惧义理不明而不能为精神知觉之主，故而论学问思辨，以及格物致知之要；佛氏惧事理纷扰而为精神知觉之累，故而不欲心泊一事、思一理而论事障理障。故而儒家之存心自主敬、佛氏之存心自主

---

　　① 日本之山崎闇斋的朱学亦有同样的倾向。

静。主敬而穷理、主静而养神，此乃儒佛之别（《学蔀通辨》终编卷上）。此论可以说明确指出了儒佛存心之别。

清澜谓朱子论学之次第云"格致而后诚意"。故而若论理不论事、说心不说身，则会陷于异端。由此，则若不制外养内而偏于存中、即专事存心，则工夫无下手脚之处，此心反而会弃却其实。故而正心、诚意应当从属于就事物而穷理的格致工夫。朱子在论敬之际论礼的做法亦是出于同样的主旨。清澜之所以制外养内之朱子之格物致知为要，乃是因为有见于内而以心为主而论格物致知者陷于禅而感到担忧。其非难阳明、陆子等人之格致的理由亦在于此。清澜批评阳明之唯心格物论颠倒了《大学》的次序，① 其与陆子之格物一样，乃是追求佛氏之常惺、本来面目者。此正符合朱子所谓"主于中而外欲强为儒"、罗整庵所说的"世有学禅而未至者，略见些光影，便要将两家之说和合为一。弥缝虽巧，败阙处不可胜言"之批判（《学蔀通辨》续编卷下）。

基于以上所论，清澜以读书穷理为儒家之本领而对其加以重视、并对轻视读书穷理的陆王一派加以批判的做法可以说是理所当然。据其所说，禅之弊在于遗弃事物、脱略章句之二端（《学蔀通辨》后编卷中）。而在其看来这固是因为禅取养神一路，此自不待言。清澜亦从脱略章句这一点而对陆王一派加以辩驳。其云陆子亦读书，但这并非以穷理为目的，而是为求血脉骨髓之理解，故而不外是养神一路（《学蔀通辨》后编卷中）。此外

---

① 清澜评价所谓"物者意之用也，格者正也，正其不正以归于正，而必尽乎天理也"之阳明之格物论为混淆《大学》之正心诚意且又窒碍之，又评价阳明所谓"吾心之良知，即所谓天理也。致吾心良知之天理于事事物物，则事事物物皆得其理矣。致吾心良知者，致知也；事事物物皆得其理者，格物也"为以致知为先、格物为后，乃是顺序颠倒之乖戾之论。清澜又云吕居仁、象山、阳明之格物乃是说悟入，此乃追求佛氏之常惺、本来面目者。这是因为居仁去文字而专事体究，象山所云格物乃是格"此者"中之"此者"便是常惺，而阳明云"本来面目，即吾圣门所谓良知。随物而格，是致知之功，即佛氏之常惺惺，亦是常存他本来面目耳"，论述了佛氏之常惺、本来面目。此外清澜还云阳明只说孟子之"有事"而不言及勿忘助之论，此亦是佛氏之论（《学蔀通辨》续编卷中）。

陆子以六经为吾心之注脚，陈白沙以六经为糟粕而专论悟，① 此乃禅之不立文字、识心见性之说。此等之说来自于何晏依据老庄而以六经为圣人之糟粕的做法。而从阳明之《尊经阁记》来看，其亦将六经看作虚器而专论悟。因此对阳明来说，六经不过是糟粕影响、故纸陈编，故而其终生尊信达摩、慧能（《学蔀通辨》后编卷下，续编卷中）。清澜对无视读书穷理的弊害进行了如下论述。若只用心过当而不读书，则不能察气禀之偏杂、不能分辨善恶，而终陷于率意妄行、颠倒错乱，朱子之所谓癫狂失心（《学蔀通辨》后编卷下，续编卷中）。禅之所见虽然高明脱洒，但其用处却七颠八倒，便是因为不在此处用工夫。禅论一截而陷于两截，其原因便在于此；陆学之误亦在于此。若不就圣贤之言而读书穷理以分辨善恶、使天理为人心之主宰，而专求心源而任之、决是非之分于自心，则会师心自用，成为佛氏所云"应无所住而生其心"（《金刚经》）之论而陷于猖狂自恣。阳明之学正是堕入此弊（《学蔀通辨》续编卷下）。

像清澜那样将佛老之说归于养神的做法虽然历来亦有之，② 但以养神为佛老异端，尤其是禅陆之骨髓这一点可以说是清澜之批判论的特色。故而其云"养神一路，则象山之髓也"（《学蔀通辨》后编卷中）。清澜高度评价朱学之释经明道、辟异息邪之功，认为此乃近世儒者所未至之处，朱子出而佛学衰，儒佛异同之辩始息，士大夫自此不复问道于释氏之门，以佛旨解经之书亦不行；③ 而对陆学之辨析则未能达其骨髓命脉，终于导致吴草庐、赵东山、程篁墩以下之朱陆同旨论，或是冤陆之疑。故而若不辨陆子

---

① 清澜还举出"六经尽在虚无里，万理都归感寂中""千古遗编都剩语"之白沙之语，指出白沙以六经为糟粕，而对其加以辩难（《学蔀通辨》后编卷中）。

② 清澜云朱子、胡敬斋以及《汉书》已经指出了佛老乃是养神之论（《学蔀通辨》后编卷上）。

③ 清澜论近世之辟佛云傅太史之武德一疏得其皮，韩文公《原道》一篇得其肉，至二程子方尽。又云朱子之前王安石、张子韶以佛旨解诸经，圣门诸子以佛旨解《中庸》，吕居仁以佛旨解《大学》，朱子辟异后这些书废而不行，永嘉、永康、苏、黄之学亦不复流行（《学蔀通辨》终编卷下）。

之养神一路，则无法暴露其乃是禅而使冤陆之疑止息，并说破其阳儒阴佛、假似乱真之实。而朱子之论尚未能做到这一步（《学蔀通辨》后编卷中，终编卷下）。① 清澜又云明代之朱学者胡敬斋、罗整庵之论虽然较宋儒更为精切，但亦未至于使陆学屏息，而终令王学继陆学而兴起，此亦是未能剔抉陆学底蕴之养神一路所致。故而清澜云"辩陆之要，养神一路"，将养神一路之体段与下手工夫及其患害分为三条，分别加以了详细辩论。此四字实乃清澜辟异之秘诀、排灭异学之利器，清澜高举此四字而欲一举溃灭扫尽陆王之心学以及程篁墩等人的朱陆同旨论（《学蔀通辨》后编卷上、卷中、卷下）。

清澜论述说佛学自传入中国后经历了三变，从罪福轮回之障、经识心见性之障而变为改头换面之障，随其变化而其术愈精、其说愈巧，故而其辩难也愈发艰难。其结果，近世诸儒之论亦始以佛学为高妙简径、儒学为粗浅迂远，接下来变为佛儒同归之说、变为本同末异之说，而终至于改头换面、阳儒阴佛，且断定阳儒阴佛者即是为大慧宗杲所引导的陆学。② 清澜又论述陆学对朱学施加影响之经过，而对其诈术之愈发巧妙进行了以下之论证。即其始由尊陆贬朱之说变为朱陆同归之说，又经朱陆早异晚同之说而变为阳朱阴陆说，且断定阳朱阴陆者即是阳明之《朱子晚年定论》（《学蔀通辨》前编卷中，终编卷下）。清澜认为像这样的陆王之诈术乃是模仿以欲诱人、然后引入佛智的佛氏之术，而陆以孔孟之言代欲，王则以朱子之

---

① 清澜论述说朱子在评价陆子时投以"阴佛""改换""遮掩"之语，此虽得陆学之首，但尚未得其髓。陆子之髓乃是养神一路。论人必得其髓，始无遁情、无遗蔀。朱子之陆子论尚未达到这一地步。这是因为朱子辨陆子之际没有依据透露出养神一路之底蕴的象山语录，而只依据其书疏（《学蔀通辨》后编卷中）。

② 清澜将阳儒阴佛之大罪归于大慧宗杲，将其阴谋诡计比于吕不韦，责骂吕、宗两人为古今之大盗。其云宗杲授予张子韶之"左右既得把柄入手，开导之际，当改头换面，随宜说法，使殊途同归，则入出世间，两无遗恨矣"（《大慧书》）之一语乃是"阴以其学易吾儒之学"，而继承宗杲的张九韶、陆象山虽名号为儒，其血脉骨髓却是禅。且宗杲不信看经念佛，只急于无事省缘、静坐体究，且用儒家之言语而向士大夫说之，故诃佛骂祖之机转而为改头换面之教（《学蔀通辨》续编卷中、卷上）。

语（指《朱子晚年定论》）代欲（《学蔀通辨》终编卷下）。清澜罗列历来诸儒中之染佛陷佛者①而明儒佛之辨，且敏锐地指出了朱陆同旨说之欺瞒。此论始于元之吴草庐，②经虞道园、郑师山和赵东山，至明初之程篁墩而成为所谓"其初则诚若冰炭之相反，其中则觉夫疑信之相半，至于终则有若辅车之相倚"（《程篁墩文集》卷二十八《〈道一编〉序》）之早异晚同说。阳明之《朱子晚年定论》有鉴于《道一编》遭到了朱子学者的猛烈批判而巧妙地避开其锋锐，欲证明自说与朱子晚年悔悟之说同旨（《王文成公全书》卷四《与安之》），但征之当时阳明为陆学辩护之诸论，亦可明白此书乃是以尊陆论为其伏流。③故而清澜评此书为"《道一编》辅车之卷"，亦并非没有理由（《学蔀通辨》之《提纲》）。清澜论述说朱陆同旨论归根结底是立尊陆之赤帜者，故而阳儒阴佛，且早晚颠倒、弥缝陆学而矫诬朱子，诳误后学甚深（《学蔀通辨》之《提纲》），并依据朱陆之年谱行状、语类文集之语而对此加以论证，④——指出《道一编》及《朱子晚年定论》之资料之不备与解释之谬误而对其加以批判（《学蔀通辨》前编卷上、卷中、卷下）。尤其是对于《朱子晚年定论》，指责其不像《道一编》那样将朱陆之语相并列而欲最终明示两者之同旨，而是一言不及陆子之语，只举出朱子之语而示尊陆之旨，论述说此乃变朱陆同归之论而为阳朱阴陆者，"蔀变至此，益深益妙"（《学蔀通辨》前编卷下）。清澜说明其著《学蔀通辨》之动机云"此辨真是与象山、篁墩、阳明诸人鏖战一阵，直是推勘到底"（《学蔀通辨》

---

① 其举出了扬雄、韩退之、李翱、游定夫、吕与叔、谢上蔡、吕正献、吕希哲、吕大防、陈了翁、苏子由、张子韶、吕居仁、汪圣锡、刘屏山、胡籍溪等。

② 全祖望在《宋元学案》卷九十二《草庐学案》中云草庐之调和朱陆两家的做法始于其师程绍开。

③ 参照《王文成公全书》卷七《象山文集序》，卷二十一《答徐成之》第一及第二书，卷五《答席元山》以及《传习录》卷下。

④ 清澜提到篁墩之《对佛问》一篇（《程篁墩文集》卷五十九），以其为引用儒者忠孝之道而掩饰无父无君之说的诐淫邪道之教而评价篁墩为护法之善神，又道破阳明乃是传法之沙门（《学蔀通辨》续编卷下）。

终编卷下）。如前所述，清澜以养神一路揭示异端之骨髓，而据其所说，历来之异端辩均未能究明此点。故而其云胡敬斋详于辩禅而略于辩陆，故而于象山之是非得失犹多为究；罗整庵、霍渭崖相较排王更专于排陆，其论虽切而详，但对于象山之养神底蕴以及朱陆早晚颠倒之弊亦未暇究竟，为此仍不免使人有冤陆之疑（《学蔀通辨》终编卷下）。

总结以上所述，清澜以养神一路为佛老异端之骨髓，并高举此说而致力于对陆学之辩难，其辩难陆学之力胜过辩难阳明。这是因为在其看来，阳明漏露禅机而对其加以明确承认，而象山之禅机深密而工于遮掩（《学蔀通辨》续编卷下）。此外如前所述，清澜之异端辩乃是基于华夷之辨、民族主义。其以佛为异族之阴道，以儒为中华之阳道，且认为阴道会招致猾夏乱华之祸，并举出历史事实而对其害进行了论述。从其所述之"今日士大夫奈何犹尚禅尚陆，使禅佛之魂，骎骎又返耶？区区《通辨》，盖亦杞忧殷鉴，抱此耿耿云"，亦可推察清澜之辩难实乃发于忧国之至情（《学蔀通辨》终编卷下）。清澜对于朱陆两学的辩难从明晰这一点来说的确明晰。但另一方面，其使得朱学沦为乏味之物这一点亦难以掩盖。若能够体味朱子之全体大用思想，则自然能够理解这一点。①

---

① 参照冯友兰著《中国哲学史》第 938 页。

译者的话

本书是日本著名中国哲学史学者冈田武彦先生所著《宋明哲学の本质（下）》一书的中译本，由于（上）没有翻译，且（下）中的内容都是有关明代儒学的，故本书翻译时改名为《明代哲学的本质》。

冈田武彦先生（1908—2004）出生于日本兵库县姬路市，少时就有志于哲学研究。因为家庭经济状况所限，未能如最初所愿进入当时日本最著名的两所高校东京大学及京都大学之一深造。后来冈田先生获得资助，于1931年进入九州大学学习，师从中国哲学史家楠本正继。1934年从九州大学毕业后，冈田先生先是在中学任教，后回到九州大学历任助教、讲师等职，1958年起担任九州大学教养部教授，直至1972年从九州大学退休。此后冈田先生还曾任教于西南学院大学、活水女子短期大学、活水女子大学等高校，并于2000年获得西日本文化奖。冈田先生一生著述宏富，其著作已汇集为《冈田武彦全集》，共24卷，由日本明德出版社自2002年至2013年陆续出版。本书的日文原著即是《冈田武彦全集》的第18卷，出版于2009年。

自楠本正继先生以来，九州大学形成了中国哲学史研究的学术传统，成为日本学术界研究中国哲学史，尤其是宋明哲学史的一所重镇。冈田先生与同为中国哲学史研究大家的荒木见悟先生等人，便是楠本先生的得意弟子。在冈田先生的全部研究成果中，宋明儒学占据了相当大的分量，而以阳明心学为重心的明代儒学，又是先生宋明儒学研究的重中之重。在《冈田武彦全集》中，除《宋明哲学の本质》上、下册外，

357

还有《王陽明大伝：生涯と思想》《王陽明と明末の儒学》《王陽明全集抄評釈》《王陽明紀行》《朱子の伝記と学問》等有关宋明儒学的专著，而从中不难看出先生对明学，尤其是阳明心学研究所倾注的心血实属最多。

冈田先生所著《宋明哲学の本質》一书最初题为《宋明哲学序説》，由文言社于 1977 年出版，后经增订而改名为《宋明哲学の本質》，由木耳社于 1984 年出版。此书再经修订后收入《冈田武彦全集》，即是全集第 17 卷《宋明哲学の本質（上）》。而全集本《宋明哲学の本質（下）》、亦即本书的日文原著，乃是编者汇集冈田先生关于明学的单篇论文而成，其内容都是有关明代儒学各流派及其重要人物的。故而本书相当于一部现代版的明代思想界之学案，读者即便没有读过《宋明哲学の本質（上）》中的内容，亦可以通过本书的各章节来了解这些流派及人物的思想状况。需指出的是，本书日文原著的内容与冈田先生的另一部著作《王陽明と明末の儒学》（此书亦收入全集）有不少类似或是重复之处。《王陽明と明末の儒学》一书已由吴光、钱明和屠承先三位先生译为中文，题为《王阳明与明末儒学》，并由上海古籍出版社于 2000 年出版。读者在阅读本书时，可一并参考。

日本在经历明治维新之后，进入了迅速近代化、西方化的历史时期，学术界也出现了全盘西化的倾向。九州大学中国哲学史研究的开创者楠本正继先生最初也是留学德国，学习西方哲学。然而除却与西方学术的渊源，楠本先生还有着深厚的家学传统。楠本先生的祖父楠本端山是江户时期平户藩（位于今长崎县）的儒学家，而端山之弟硕水同样修习儒学，两人所代表的都是日本明治维新之前在中国的学术思想影响下所形成的汉学传统。楠本正继先生在受到西方学术影响的同时，还继承了自身家庭的这一汉学传统。在结束留学回到日本数年之后，楠本先生开始摆脱单纯用西方哲学的方法论来解读和分析中国哲学的路径，向其家学渊源回归。而到了楠本先生的弟子冈田武彦先生那里，这一倾向就更为明显。

冈田先生曾自称为"儒学家"。据其自己所述，他有一段时间亦是用西方学术的方法来研究宋明的思想，然而后来却对此进行了深切反省，并认识到这种做法不过是空谈理论，而难以把握宋明思想的真谛。由此冈田先生摒弃了以西方哲学的体系来诠释中国哲学的治学理念，而转到了从内部对中国传统思想进行理解、把握这一立场上来。据冈田先生所述，他小时常听父亲追述其故乡的儒者龟山云平的事迹，而冈田先生的父亲亦曾受到过龟山云平的教诲。由此看来，冈田先生从少时便对日本的汉学传统有着很深的认同。对于经过反省之后所形成的治学方法，冈田先生将其称作"体认"的方法、"内在性研究"等。也就是说，并非从外部对中国的传统思想进行纯粹经验、直观的认知和解析，而是深入内部对其展开实践性的体验。为此冈田先生曾专注于静坐的工夫，并认为思想家的语录和行状比起单纯理论性的论说更能打动人的心弦。据先生所说，其之所以走上研究中国哲学，尤其是陆王心学的道路，与其自身在青年、中年时期所体验过的人生的苦恼密切相关。而其在评价高攀龙、刘宗周等明末思想家时，也认为他们的思想不是通过在书桌上的理论思考形成的，而是源于对当时现实状况的深切体验。所有这些都鲜明地反映出了先生重体认感悟、对学问不单是知性理解还加以践行的治学特色，而我们今天所读到的先生大多数的研究成果也都是在这一特色鲜明的治学理念之下所产生的作品。

本书中所讨论的明代思想家自王阳明之高足弟子王畿起，包括了今日所谓阳明后学、与阳明学派同时的湛若水之甘泉学派、继王湛之后而起的东林学派，以及反对王、湛之学的批判派的部分代表人物。

对于阳明后学，作者又将其分为现成派、归寂派以及正统派（修证派）。而对于构成本书讨论基础的王阳明的心学思想，读者可参考前述冈田先生作品中已中译出版的《王阳明大传：知行合一的心学智慧》一书以及《王阳明与明末儒学》中的相关章节；此外，对作者所称的明末新王学的代表刘宗周等人，本书中虽散见相关论述，但并未专门设立章节加以讨论，读者同样可以参看《王阳明与明末儒学》一书中的有关篇幅。

如上所述，冈田先生的中国哲学研究注重内在把握，因此本书通篇不见用西方哲学的体系、方法和概念来对中国传统思想进行把握、解析和阐释的做法，而是处处遵循明代思想家思考、论述的内在理路，多用古人所使用的词汇及表现，犹如起古人于地下，以其自身之口，发其思想内容之精要。如对于阳明后学之划分，即不用左、右或是主观唯心、客观唯心等说法，而是以当时思想家所标举的良知之现成、归寂及修证之语来称呼各派别，使人对各派别之思想特质一目了然。对于吴廷翰这样的重视气的思想家，也并没有因此而以"唯物"之语来称之。

不过，遵循明代思想之内在理路，并不代表只是停留在与古人同样的思维层次上，转述古人所说过的话。实际上，对于书中所讨论的明代中后期的儒学思想，冈田先生进行了非常严肃认真的体系化的努力，力图理清思想发展的内在脉络，把握各思想派别之间的相互影响，并对其整体面貌和特质进行说明。如对于阳明后学各派别，冈田先生立足于王阳明思想中占据根本地位的本体工夫之论，提出阳明后学三派之分化源自对工夫的不同看法，进而说明各派之特点，可谓高屋建瓴，一针见血。而更为全面的体系化的尝试，则建立在从宋学到明学的过渡及发展这一宏大的理论架构之上。在冈田先生看来，以程朱之学为代表的宋学是高度理性、主知、静穆的，而以阳明心学为代表、被阳明后学中的良知现成派发展到极致的明学在本质上则是注重自然性情、主心、流动的，两者正处于相对的两极。在由宋学到明学的展开这一大图景之下，冈田先生尝试对明朝中期之后的各个思想派别进行了定位和阐释。比如对于本书中没有专门讨论的陈献章之学，冈田先生认为其虽然启明代心学之端绪，但仍然具有重性、主静之宋学的特点。对于阳明后学中的三派，冈田先生认为现成派虽将阳明思想中的本体工夫一元论发挥到了极致，但却也因为对情意之流动性的极端强调而失却心之本体，使得工夫无下手之处，带来了猖狂无忌惮、蔑视伦理道德的流弊；而归寂派、修证派则在不同程度上出现向宋学复归的倾向，其中归寂派持本体工夫二元论的立场，追求虚寂之本体，而修证派则在坚持本体工夫合一的前提下强调实地工夫。对于甘泉学派及东林学派，冈田先生定位为吸取了王学之要素、又力矫王学之流弊的新朱子学派。这两派均坚持宋学中强调性理之严肃性的立场，同时又保留了王学以自家心体良知为学问之头脑、宗旨的特质。在批判心学的诸人中，冈田先生认为陈建恪守宋学之立场，将陆王之学均视作源自禅学的异端；而吴廷翰及郝敬则更进一步，以气为中心而提倡理气一元论，在此基础上对明学甚至宋学均展开了批判，而将人伦道德之日常实践置于中心位置。以上仅略述译者所理解的本书内容、性质之大概，或有偏颇之处，各位读者详阅本书正文之后自可鉴别。

最后需要附带说明的是，冈田先生学识渊博、视野宏大，故而行文之际亦是博采众述、恣肆汪洋，颇有古人之风采。或许是因为对古人之论述已了然于胸、在引用资料时常依赖记忆，所引文字之字句、出处有时会出现偏差。译者在翻译之际，已利用手头能找到的文本进行了部分校正工作。考虑到不清楚冈田先生写作原著时所利用的资料版本，故而对正文中的引用文字和书名、篇名以及卷数基本未加以改动，而以脚注的形式附加校记，并注明校正时所使用的版本。有些引用自稀见资料的内容，译者未能进行校正，亦不一一进行说明。若原著中的引用是以日语训读或翻译的形式出现，而译者又未能查到原文的，则从日语转译为中文，并在脚注中说明。凡此种种，还望读者明察。